U0728280

中华中医昆仑

第六集

当代中医药发展研究中心　编

主编　张镜源

中国中医药出版社

·北 京·

图书在版编目(CIP)数据

中华中医昆仑. 第6集/张镜源主编. —北京:中国中医药出版社,2012.11

ISBN 978-7-5132-0898-7

Ⅰ.①中… Ⅱ.①张… Ⅲ.①中医师-生平事迹-中国-近现代 Ⅳ.①K826.2

中国版本图书馆CIP数据核字(2012)第098680号

中国中医药出版社出版
北京市朝阳区北三环东路28号易亨大厦16层
邮政编码 100013
传真 010 64405750
山东鸿杰印务集团有限公司印刷
各地新华书店经销

*

开本 710×1000 1/16 印张 29.25 字数 361 千字
2012年11月第1版 2012年11月第1次印刷
书 号 ISBN 978-7-5132-0898-7

*

定价 128.00元
网址 www.cptcm.com

社长热线 010 64405720
购书热线 010 64065415 010 64065413
书店网址 csln.net/qksd/
新浪官方微博 http://e.weibo.com/cptcm

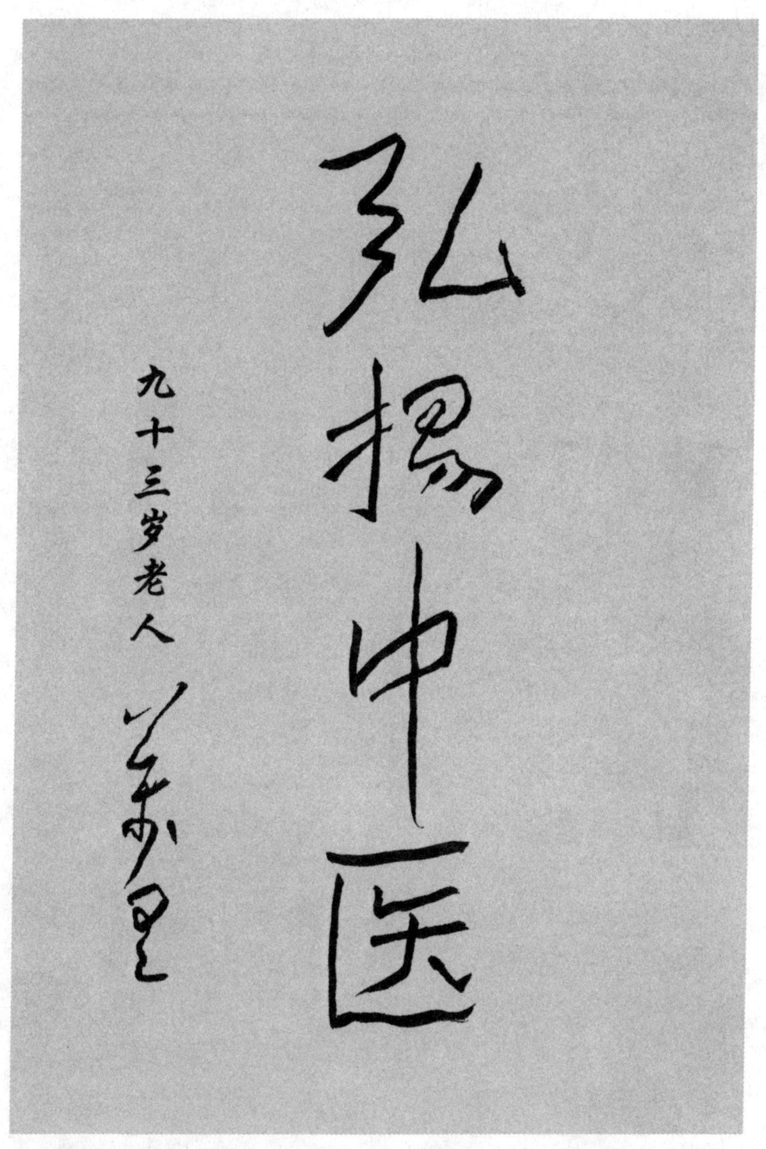

中华人民共和国第七届全国人民代表大会常务委员会
委员长万里于2009年7月29日为《中华中医昆仑》丛书题词

《中华中医昆仑》丛书编委会

内容提要

《中华中医昆仑》是为我国近百年来150位著名中医药专家编辑出版的传记丛书，全书共15集，500余万字。这是一部具有历史、学术、文化、实用、典藏价值的传世著作，有重要的现实意义和深远的历史意义。特别是对于广大中医师坚定中医信念，培养医风医德，提高医术水平具有十分重要的启迪和教育意义。

第六集记载了韩百灵、高仲山、李克绍、王鹏飞、刘春圃、金寿山、哈荔田、何世英、周凤梧、干祖望等10人的生平事迹、学术思想、医术专长、医风医德、养生之道和突出贡献。

简 介

当代中医药发展研究中心，是国家中医药管理局作为业务主管单位，民政部批准成立的民办非企业社会组织。业务范围是：组织研究攻克疑难病症，探讨研发中药及保健新产品，学术交流，专业培训，国际合作，书刊编辑，展览展示，咨询服务。

张镜源，山东海阳市人，现任当代中医药发展研究中心理事长、主任。曾担任国务院副秘书长等职，曾在陈毅、万里、谭震林、叶飞、张彦五位领导身边做秘书工作。离休后，立志在有生之年为中医药事业做些有益之事。在多方支持下，带领全体编审、工作人员用了三年时间，为中华近现代百年来150位著名中医药学家编撰出版了这部弘扬中医文化的大型传记丛书《中华中医昆仑》。以此献给数千年来为中华民族的繁衍昌盛和体魄康健作出不可磨灭贡献的中医伟业。

前言

中医药是中华民族的伟大创造，是世界医学宝库中的夺目瑰宝。数千年来，为中华民族的繁衍昌盛作出了巨大的不可磨灭的贡献。至今，它仍是中国医药卫生事业不可分割的重要组成部分，在维护民族体魄康健、促进经济社会发展中发挥着不可替代的作用。

中医药学，是中华传统文化和科技文明的结晶，是勤劳聪慧的中华儿女在几千年生产生活实践中，在与疾病作斗争的过程中，创造的独具特色的医学科学奇迹。它有着浓郁的民族特色、深厚的文化底蕴和严谨的哲学内涵。经过一代又一代中医药人、一辈又一辈名医大家的实践探索、薪火传承、总结完善、创新发展，逐步形成了系统的理论体系、独特的诊疗方法、丰富的医学内容、实用的制药技术。具有疗效确切、用药安全、应诊灵活、普适简廉和预防保健作用显著的巨大优势，在世界医学之林独树一帜，为人类的文明进步与医疗保健事业，已经并正在作出积极的贡献。

为了弘扬中华民族传统文化，彰显中医药学家的丰功伟绩，当代中医药发展研究中心与中国文学艺术界联合会、国家中医药管理局新闻办公室、中华中医药学会、中国中医科学院、北京中医药大学、世界中医药学会联合会、中国中医药出版社精诚合作，在国家中医药管理局的关怀和指导下，为中华近现代百年来贡献卓著、深受敬仰的150位中医药学家，编撰出版了这部大型传记丛书《中华中医昆仑》。丛书以传主姓名为卷名，生年为卷次，每卷3万字，10卷为1集，共15集；采用评传体裁，记载他们的生平事迹、医术专长、学术思想、传承教育、医风医德、养生之道和突出贡献，使这些宝贵的医学成就和精神财富发扬光大，千古流芳。

丛书取名《中华中医昆仑》。昆仑山，被尊为“万山之祖”，柱西北而瞰东南，立中国而凭世界，凌驾乾坤、巍然屹立。以其高峻豪迈、绵延起伏的磅礴气势，寓意中华中医药学历史悠久、博大精深和永不衰竭；以其挺拔雄伟、高耸入云的恢弘气魄，彪炳一代中医药学家的丰功伟绩、杰出贡献和不朽勋业。

丛书入选传主，从全国范围推荐遴选，遍及中医药界各个领域。有临床家、理论家、药学家、教育家、医史文献学家；有名师亲授、世医家教、学派传人、院校毕业和自学成才者；有师徒并驾、父子齐名和伉俪联袂者。他们学术造诣深厚、诊疗技术精湛、临床经验丰富、学科地位崇高、科研成果丰硕、医风医德高尚、国内外影响较大，从医学理论到临床实践，为中医药事业的传承和发展作出了突出贡献，是近现代百年来中华中医药界的杰出代表。

丛书的出版，对于弘扬中华文化，振兴中医药事业，造就中医药人才，普及中医药知识，具有重要的现实意义和深远的历史意义。这是一项开创性工作，填补了我国为著名中医药学家大规模撰写传记的空白；也是一项抢救性工作，因入选传主已仙逝过半，许多亲历、亲见、亲闻的史料日见散逸，将之收集整理、编撰成书，功垂后世、利国利民；更是一项承前启后的工作，总结传主经验，传承中医药伟业，继往开来，光耀世界医学之林。这部医文结合，富蕴历史性、学术性、文学性和实用性的鸿篇巨制，对医疗、卫生、科研、教育及全球关注中华中医药文化的各界人士，都有重要的参考和阅读价值。

丛书的编撰出版，是一项巨大的中医药文化建设工程，在策划、撰写、编辑、出版过程中，自始至终得到了国家有关领导、政府部门及社会各界人士的关怀和支持。国家中医药管理局高度重视，并组织专家对全书进行终审；数百名专家、学者亲临指导，参与规划；有关省、市、自治区卫生厅、局、中医局（处）给予大力帮助；传主及其亲属、弟子热情支持、密切配合；撰稿人深情满怀、辛勤笔耕；编审专家尽心竭力、精工细琢；关爱中医药事业的企业家热心公益、慷慨资助；全体工作人员不辞辛劳、无私奉献，这一切使丛书得以顺利出版。对此，我们深表谢意。

由于时间紧迫和资料搜集困难，加之水平有限，难免有疏误之处，敬请广大读者批评指正。

中华中医药学，历史悠久，浩浩汤汤，发端于远古，奔向于未来。百年对于历史，不过是短暂的瞬间；百人对于万众，不过是沧海一粟。然本丛书所记载的百年百人，则无疑是波澜壮阔的中医药发展史上辉煌的篇章和光芒闪烁的璀璨星辰。

张镜源

2011年6月

目　录

韩百灵卷

韩百灵（1909—2010）

妙手丹心創奇迹良医
活人百万家

何任教授雅正 一九八六年九月 百灵書

韩百灵手迹

医之基，在习文；医之精，在于勤。

——韩百灵

韩百灵(1909—2010)，于1909年9月24日出生在辽宁省台安县一个普通的中医世家。著名中医学家，当代“妇科八大家”之一，中国现代百名中医临床家之一，我国首批中医界教授之一，首批中医妇科界硕士、博士研究生导师，教育部、国家中医药管理局首批国家级重点学科——黑龙江中医药大学中医妇科学科创始人，首批全国老中医药专家学术经验继承工作指导老师，享受国务院政府特殊津贴，曾两次被评为全国卫生文明先进工作者，多次荣获省、市先进工作者和优秀教师等光荣称号。

韩百灵业医80余载，一直致力于中医临床、教学、科研工作，为弘扬岐黄大业，躬身实践，辛勤耕耘，倾注了毕生的心血。韩百灵有着深厚的理论基础和丰富的临床经验，医术精湛，通晓内、外、妇、儿各科，在妇科方面更是建树非凡，治愈了许多疑难病症，深受广大患者的赞誉。20世纪80年代他就重视“因材施教”的教育原则，并于1989年获黑龙江省教育厅教学成果一等奖。他在学术上尊崇并发挥了“肝肾学说”，发展了“同因异病，异病同治”的理论。发表学术论文60余篇，著有《百灵妇科》、《百灵临床辨证》、《中医妇产科学》、《中西医结合妇产科防护学》、《百灵论文集》等11部中医著作，并将其诊治不孕症和崩漏的治疗经验开发为计算机专家诊疗系统，以易于推广和使用。同时，自创经验方50余首，运用于临床。其代表方剂“育阴汤”、

"百灵调肝汤"已被选入全国统编教材《中医妇科学》。耄耋之年还亲自主持国家科研课题，获省部级科研成果奖多项。由于医、教、研成绩斐然，在其业医65周年之际，黑龙江省教育厅为他颁发了"育人功崇，济世德隆"的牌匾。其成就在中医学界影响深远，被同行专家誉为"杏林医柱"。

少年立志 攻读岐黄

韩氏家族祖居云南，明末清初移民到东北，为四代世医之家。祖父韩儒林，知书达理，通医术。父亲韩殿一，承家传医术，行医故里，声名远播。母亲刘氏，略通诗文，且记忆力惊人，并乐善好施，克勤克俭。父母养育兄妹9人，韩百灵排行在七，取名秀钟。

长兄秀实比秀钟大十多岁，读过私塾，拜过名医，为人耿直，才思敏捷，执医不久就名声渐噪。父兄是秀钟习文学医的启蒙老师。秀钟8岁就读私塾，之后每逢节假期间，父兄即携他应诊，还常与他吟诗对句，以此为乐。

母亲常以孔孟之道教子，循循善诱，约束极其严格。见长子秀实和七子秀钟比较聪明，母亲便期冀长子业医，而希望秀钟求仕，以光宗耀祖。因此，对秀钟要求更高，常常亲自督察学业，或考诵"四书五经"、唐诗宋词，或督练书法。有时母亲还教他一些家务活和力所能及的农活。更多的时间则是讲古论今，教育他长大要有所作为。"头悬梁"、"锥刺股"的典故从小就牢记在秀钟的心中。母亲常告诫他："梅花香自苦寒来"；"求学事大，体健为本"。由于母亲的教诲，秀钟在少年时代，古人的"天将降大任于斯人也"等思想就已铭记在心，影响极深。

秀钟在启蒙之时，先习《三字经》、《百家姓》，继习《论语》、《左传》、《公羊传》、《谷梁传》等文化经典，很多都能背诵。虽是学业优秀，仕途可及，但他每见父兄为患者治病，目睹病人痛苦之状，耳闻病人呻吟之声，同情之心便油然而生。而此时正值国难当头，民不聊生，无数人死于疾病。于是，秀钟自此萌发了弃儒学医、“扶困救危”的念头。那时，他只有十二三岁。他渴望当一名治病救人的良医，也深受张仲景和李时珍精神的影响。张仲景坐堂行医，救黎民百姓于危难之中，付多年心血著《伤寒杂病论》一书，流芳百代，堪称医林之圣。而明代医家李时珍三次乡试未中，放弃科举，随父习医。他冒着生命危险去品尝和寻觅药草，收集观察标本，访问名医宿儒，搜集民间验方，在无数人的帮助下，历经40余年，终于完成了规模空前的巨著《本草纲目》……先贤的坎坷奋斗经历，激励和鼓舞着少年时代的秀钟。

秀钟要拜师学医的想法得到了父母的同意。1922年，父母先让他跟晚清秀才宋清儒学习诸子百家文选。因他聪慧敏捷，深得先生喜爱。闲余之时，父兄又示以《医学三字经》、《汤头歌诀》、《药性赋》让其学习。有了初步的基础，父兄又带他去拜晚清贡生、当地名医臧鸿儒为师。臧鸿儒考核后发现秀钟的功底很好，便决定让他免修《内经知要》、《医宗金鉴》、《汤头歌诀》、《药性赋》等入门医书，重点攻读《伤寒论》、《金匮要略》、《温病条辨》和金元四大家的医籍。

臧鸿儒有他独特的带徒方法，常让秀钟在很短的时间内背熟一本书。每次背书之前，他都用锥子在书上一扎，扎透多少页就得背多少页。先生扎完之后就去应诊了，秀钟就坐在那里哼哼呀呀地背。待一部书背熟之后，先生才逐字逐句进行讲解。一部书学完，先生就指定一些有关参考书让他研读，然后再写一篇读书笔记或心得体会。当览及《素问·著至教论》“诵而未能解，解而未能别，别而未能明，明而未能彰，足以治群僚，不足治侯王”一段时，秀钟反复领会这段话的含义，却不得其解，便问师解惑。

先生解释道：对于背诵的内容要理解，只有理解后才能运用，在运用的基础上才能发扬光大，这样不但可以治群僚，还可以治侯王。“侯王”、“群僚”是指君臣而言，在这里指疑难病和一般病而言。先生的话让秀钟茅塞顿开，使他懂得了要成为良医，就必须具备精湛的技艺，而要使技艺达到炉火纯青的程度又必须得其经旨要义。于是，为了逐渐扩大知识面，秀钟又对《内经》、《难经》以及各家注释细细研读。为了勉励自己，他还写下一首富有哲理的小诗：

有智能理天下事，无谋空忙枉费心。

勤劳可得安身处，怠惰必落失败人。

在臧鸿儒门下，秀钟认真学习了《素问》、《灵枢》、《针灸甲乙经》、《类经》、《医宗金鉴》、《诸病源候论》、《千金要方》、《本草纲目》等多部医学典籍，并阅读了《史记》、《资治通鉴》等著作，还写下了大量读书笔记。那时，秀钟的学习主要是背诵，除白天上课要背诵外，其他可以利用的时间他也从不放过。他利用较多的有三段时间：一是枕上背，每晚临睡前，躺在床上将白天所学如数家珍地背一遍，以增加记忆；二是厕所背，主要背一些通俗易懂、简短上口的四句、八句歌诀等，还有人体经络走向及穴位名称、部位、功用等；三是路上背，每次外出、回家或陪先生往诊都能背不少经典。因为偏僻地区的村屯之间近则七八里，远则二三十里，近的步行，远的骑马，背起书来不知不觉就到了，既复习巩固了所学知识，又不觉得劳累。有一次，先生问他用什么妙法这么快就背完了所学的书，秀钟如实地回答了。先生听后很高兴，笑着对他说：“你比我小时候多下了工夫啊，就叫‘三背之功’吧！”

臧鸿儒不但文学知识丰富，而且医技精湛，诊治水肿、黄疸、小儿惊风、疳积等内、儿科疾病尤为擅长。在随师过程中，秀钟亲见他治愈了不少疑难病症。在跟随先生的几年中，秀钟不仅读了许多书，长了不少学问，还得到临证实践的锤炼，可谓受益匪浅。更重要的是学会了学习方法，懂得了由博返约的意义和提要钩玄的重要性，这为他以后研究古典医籍及取得学术成就打下了良好的基础。

光阴荏苒，斗转星移。六年苦读，一晃秀钟18岁了。1927年，秀钟离开了臧鸿儒先生，又投在吉林省农安县城名医王化三门下学医。王化三当时收徒5人，秀钟是后来的，算是最小的徒弟。在王化三门下学徒跟在臧鸿儒门下完全不一样，生活既紧张，也很清苦。起初，先生只吩咐他干些杂活。白天，师兄们跟着先生临诊，而他只能在柜上按方抓药，拉药匣子，根本接触不到先生，既学不到医术，也没有时间看书。

有一次，先生对他说：臧先生在信中说你很聪明，学问功底厚，我考察这是真的。古来凡欲成上工者，无不治一全一，治百全百，我看你有志于此，想给你改个名字，就叫“百灵”吧，希望你以后功成名就，治百全百，无一不灵。从此韩秀钟就改名叫韩百灵了。

在王化三门下，韩百灵学到了不少治病经验。王先生曾治愈不少沉疴重症，尤其是妇女病，手到病除。比如治疗经、带、胎、产诸病，往往以一方打底，化裁变通，演化出二十几个方子，只要辨明阴阳、表里、虚实、寒热，再酌情加减，未有不应手取效者。对此韩百灵心领神会，觉得这确是一个好方法。

一次闲谈中，他向先生问及此事，先生说：学医恨方多，临证愁方少。东汉仲景用肾气丸加减变化治疗多种疾病，示人以“异病同治”之法。后人不识此中真机，妄创新方，滥投三品，失却辨证大法，冀从标新立异中取效，如此用之何异于草菅人命，涂炭生灵！殊不知，《内经》云：“阴阳者，数之可十，推之可百，数之可千，推之可万，万之大，不可胜数，然其要一也。”正是以离合论阴阳之要义。韩百灵明白了，先生正是受前贤启发，欲提纲挈领，执简驭繁，遍查古方，尽取其所同，去其所异，整理了调经、止带、安胎诸方。“医者不偏不激，平正公允。寒者用热，热者用寒，实者用攻，虚者用补，痰加温燥，血加苦涩，皆从其因而制方，随其证而出入，故有是法是方，姑且名之曰‘同因异病，异病同治’。”先生的一席话，又使韩百灵悟出了几分道理，不到出神入化、炉火纯青的境地，难有如此高论。因此，在以后的从医生涯中，韩百灵一直努力实践，并用以教导学生。如果说韩百灵“同因异病，异病同治”之学术思想是启蒙于《金匮要略》，受学于王化三则一点也不过分。

近三年的学徒生活及随师侍诊，韩百灵在王化三的指点下已经能够独立诊治疾病了。随着时间的推移，他已经掌握了内科病中的水肿、黄疸、中风、臌胀、癥瘕、虚劳、血证、痿痹、消渴、痨瘵、癃闭、淋证、关格，儿科病中的痘疹、惊风、癫痫、疳积、发热、咳喘，妇科病中经、带、胎、产、杂病等治疗的方法，达到了出徒标准。

“人间离别尽堪哭”（唐·赵嘏），师徒分手之际，王先生老泪纵横，吟诗一首为韩百灵送行：

爱徒年少入轩阁，精心灌注未蹉跎。
规经逮百先滥觞，广向人间布恩泽。

学贵精专　誉满龙江

1929年，20岁的韩百灵学有所成，从故里来到其兄长韩秀实在哈尔滨道外北小六道街开的同顺堂诊所，协助兄长诊病，这是他从医的开始。由于初来乍到，人们又看其年轻，故很少有人找他治病。于是长兄就主动介绍一些病人让他诊治。他很用心地诊治每一个病人，从不怠慢。同年秋，经吉林省民政厅考试合格，韩百灵获得了中医师资格证书（当时的哈尔滨归属吉林省）。

一般来说，学医三年有天下无病不可治之雄心；及治病三年又有天下病无方可用之感叹。而对于初出茅庐的韩百灵来说，有了中医师资格，也就有了可以独立悬壶济世、大显身手的机会。因此，他既有雄心，又有信心，可谓踌躇满志。

1932年秋，松花江洪水泛滥，淹了哈尔滨道里、道外、太平三个区，被淹的群众纷纷逃向地势较高的南岗、香坊等地。许多人因来不及逃生而丧命，也有许多穷苦百姓因无处可去而流落街头，过着食不果腹、衣不蔽体的生活。由于感染时疫，患病人数剧增。韩百灵和长兄一起参加了抢救难民工作，义务为难民诊治疾病，直到洪水退后才返回道外诊所。

由于诊所被洪水淹没，哈尔滨又被日本侵略军占领，所以秀实对现状极为不满，便于1934年初只身到关内去了。长兄走后，韩百灵独自撑起了诊所的诊务，这也让韩百灵的诊治水平得到提高，找他诊病的人越来越多。那年夏初，“百灵诊所”在道外北十四道街开业了。那里是居民稠密区，面对着“百灵诊所”的挂匾，韩百灵的心久久不能平静。想到自己可以用所学的一技之长报效民众，为劳苦大众解除疾患，他激动不已。同时，他又感到肩上担子沉重，不能辜负王化三先生对自己所说的“治百全百，无一不灵”的期望。

开业伊始，他就遇上了一次严峻的考验。一天，一男子送一帖来。他拆帖细阅，方知此乃曾子固请他为其儿媳诊病。曾子固是北洋军阀张作霖的老师，曾任晚清巡抚、新民府知府，官高位显，定居哈尔滨市道外十七道街于家大院，张作霖派兵昼夜为其看家护院。

年轻的韩百灵持帖前去看病时，一进院内见房前停放着一口红漆棺木，心中一惊，询问后方知，病人尚未咽气，因屡治无效，正准备后事。出来迎接他的是曾子固的儿子曾瞻原。走进客厅，一番寒暄后，韩百灵被请进内室。只见曾的儿媳平卧榻上，面色白枯而两颧微赤，气息微弱。搭手诊脉，脉细如丝，数过平人。询问得知，曾的儿媳已患病一年之久，一直卧床不起。如今已两日不进水米，奄奄一息，故备好棺木待殓。面对危症，韩百灵镇定自若，细诊后回到客厅，见书案上已摆好纸砚，遂提笔处方：曾王氏，痨瘵（俗称“肺痨”），致血枯经闭证，拟养阴清热法，川秦艽、炙百合、盐黄柏、肥知母、炙鳖甲、软青蒿、大生地、地骨皮、炙白及、酒川军。一剂，水煎频服。写好处方，起身告退。曾瞻原问：“还有希望吗？”韩百灵说：“主要是久治无效，但脉未散乱，真气尚存，或可抢救一二。”言毕告辞。

遵医嘱将药服下，病人当日晚便能进些水米。服药十余日，病人已能扶床站立。韩百灵又去曾家两次，化裁调方，病人竟逐渐痊愈了。第四次去曾家，曾子固亲自出面迎接他，并感谢他为儿媳治好了病。病人一年后月经畅通，好如常人。后来在韩百灵结婚之时，曾子固还亲临贺喜，并送匾一块，上刻“妙手回春”四个大字。这件事在当时可谓近乎传奇，韩百灵的名气大振。

然而，那时中医的社会地位极其低下，一些人在强权压迫下弃医改行，有的人为生计所迫勉强行医，为了糊口而已。对此韩百灵也很苦闷，常常会感到无路可循，便以诗抒发自己压抑的心情：

十年岁月不自由，冷冷清清度春秋。
乌云满布天无日，闷坐窗前待佳期。

由于中医内部有门户之见，像韩百灵这样在中医业内有名气的人，自然会遭到一些人的怀疑、嫉妒。但这反而使他更出名了。有一次，一位颇有名望的中医，打发一个病人到韩百灵诊所看病，还写了一封信让病人家属交给韩百灵。信的内容大致是：久闻韩百灵医技精湛，有“华佗转世、妙手回春”之美誉，今送上病家一位，望略施小技，以救无望于一旦。如是，愿为至交。

韩百灵看过病人之后，发现病人身高体胖，神昏谵语，撮空理线，四末厥逆，舌燥苔厚，六脉散乱。询问二便，知道一周来泻下稀水臭秽，日十余次，并伴有发烧汗出症状。韩百灵看出这是大承气汤证无疑，再看前医处方，也是用大承气汤化裁，但病却一丝未减。原因何在？是用方不对还是病因不明？细问病史，才知病起于腹痛、发热、呕而不食。他忽然想起此少阳、阳明合病，必用柴胡、黄芩相辅才能中病。于是处方时重用大黄、芒硝、枳实，酌加柴、芩，急煎一剂，芒硝冲服，二时许尽服。韩百灵亲自为病人煎药，并看着他服下。病人服药不久，便出燥屎数枚，周身微汗，四末转温。再尽一剂，神清而脉动有序，病家竟霍然痊愈。

此事传出后，在中医界震动很大，那位送病人到他这儿来诊病的中医果不食言，特设家宴相邀，并细问其诊治经过，连连点头称是，佩服得五体投地。从此以后，二人情同手足，相交甚笃。同行中故意为难他的人明显减少，慕名前来就医的人却日益增多。

1948年，韩百灵受聘于哈尔滨市中医讲习班，担任中医妇科讲师。与他同时执教的是当时被誉为黑龙江“四大名医”的其他三人——高仲山、马骥、张金衡。初次受聘教学，韩百灵深感缺少教学经验，担心误人子弟。因此，他备课十分认真。授课前，他用三个月时间重温了《黄帝内经》、《金匮要略》、《诸病源候论》、《千金要方》、《妇人大全良方》、《景岳全书·妇人规》、《济阴纲目》、《沈氏女科辑要》、《傅青主女科》、《医宗金鉴》等数十部中医著作，并结合自己的行医经验编写了《中医妇科学讲义》。这本讲义采用分型证治体例，内含中医妇科40余种疾病、百余种证型。之后他又编写了《医疗八法注释》，以备为不同的学生讲授中医辨证施治理论。在教学中，为了达到良好的教学效果，对于复杂难懂的问题，他常常组织学员进行专题讨论，以求教学相长。例如，他曾提出这样一个问题，“气虚、痰证、血瘀、妊娠四者均可出现滑脉，临床应如何加以鉴别？”对这个问题学员们讨论得非常热烈，都觉得这样的问题能启发思路，引起兴趣，理论与实际结合得紧密。经过讨论，激发了大家学习的热情。在总结时他讲道："这个问题实际上是中医鉴别诊断方面的，没有一定的理论和实践基础是答不完全的，要想答得完全就必须努力，勤于思考，系统地掌握专业知识。"

中西医各有所长和不足。韩百灵非常赞成中西医结合，主张两者互相学习，互相取长补短。为此，1956 年，他积极报名参加了哈尔滨西医进修班，主要学习西医基础知识和临床理论。这个进修班中的许多学员都曾是他的学生。大家敬重他，选他当班长。通过这次学习，他初步掌握了西医理论知识，明确了中西医之间的联系与区别，进一步认识到两种医学体系各有所长与不足，不应采取对立与排斥的态度，而应该相互学习，共同提高。

中华人民共和国成立以后，毛泽东主席提出："中国医药学是一个伟大的宝库，应当努力发掘，加以提高。"中医事业犹如枯木逢春，蓬勃发展。韩百灵极为兴奋，觉得自己浑身有使不完的劲儿。他高兴地参加了中医学会和医药联合会。为了发展中医事业，确保人民的健康水平，韩百灵与西医人员一道，举办中医学习班、中医提高班、西医学习中医班，组织医疗队下乡为农民防病治病。同时，他也获得了很高的荣誉和地位，先后当选为哈尔滨市道外区人民代表、区政协委员、哈尔滨市政协委员、市第二届人民代表等。

1958 年，在政府的号召下，年近 50 的韩百灵关闭了他的"百灵诊所"，进入哈尔滨市道外区人民医院工作。这一时期是他成就事业的黄金时期。他心情愉快，又年富力强，以"业精于勤，荒于嬉"作为座右铭，白天诊务繁忙，在静谧的夜晚，伴着柔和的灯光，他记录下所有的临床体会，阅读更多的经典医籍。为了解决临床疑难问题，常常通宵达旦，却乐此不疲。

1964 年，韩百灵作为名医受邀进入黑龙江中医学院（现黑龙江中医药大学)，先后担任医经教研室教师，附属医院妇、儿科主任，正式开始从事教学工作。同年11月，韩百灵写下了这样一首诗，以回忆其学医和从医经历：

昔日学医处处难，勤习古典几十年。

拜师须劳三年整，方汲师传一二言。

勤勉从教 严谨治学

从一个医者到一个师者，韩百灵必须将自己所学理论与多年从医经验融会贯通，并现身说法，加以发挥。这对韩百灵来说，是一个相当大的跨越。为了当好这个师者，为了振兴中医事业，培养中医人才，探索中医教学规律，韩百灵可谓兢兢业业，辛勤耕耘，呕心沥血。中医学术的传授，历代多以带徒、私塾、口传心授和临证实践的方式流传。韩百灵认识到，要把中医理论系统化，并以教学形式来完成，就必须取各家之长，领悟各科之要。若各承家技，始终顺旧，更不思求经旨，中医学就不能快速发展。

中医的理法方药源于实践，丰富的临床经验是提高教学质量的重要一环。有了丰富的临床经验，教学内容才能丰富。他说：比类取象要恰当，讲湿热带下，有形之湿与无形之热相交结，则如油和面，交结难分，治疗如抽丝剥茧，缠绵难愈。譬如“胎萎不长”一病，以花喻之，花卉枯萎，枯在叶而萎在根，单纯给予水分，恐势单力孤，难使复荣，需要水分、阳光和营养俱足，冀能恢复生机。以此理运用到“胎萎不长”的治疗，则应在补阴血的同时，重用填精补髓、血肉有情之品，并辅以从阴引阳之药，使阳生阴长，缓图生机，方可无虞。如此借鉴比喻，惟妙惟肖，使学生印象深刻，收到较好的效果。

韩百灵随时随地把知识传授给学生，在临证中从病因、病机指导学生如何分析，怎样辨证，如何确定治法，如何选方药，都予以详细说明。若患者用药后效果不佳，则及时查找不效之故，重新对病证进行审视分析，遣方用药，使学生们既知其然，也知其所以然，同时也培养了学生们严谨的治学态度，使之掌握了过硬本领。

20世纪80年代，韩百灵作为我国首批中医妇科研究生导师，在培养研究生工作中形成了一套带教理论和经验。首先是如何选择研究生的科研课题。通过实践韩百灵认为，选题应结合三个方面来进行。

其一，选择课题首先要了解本学科的学术动态，在充分掌握第一手资料的基础上确定研究方向，这样可以避免走弯路。研究生搜集资料的工作，是进行科研准备的阶段。准备得充分与否，直接影响到课题的选择以及科研设计的水平和质量。以往科研课题的选择都是在基础课程结束之后才进行，后来发现为时已晚。所以他要求新生入学在学习理论课的同时着手查新资料。

其二，针对不同的研究生开设不同的课程。由于研究生的阅历、素质、思维方式不尽相同，因此起点也不同。韩百灵采取因材施教的原则，根据研究生的实际水平，具体指定必修课、选修课和自修课内容。这样安排的目的是为了与本学科、本专业能够紧密结合，做到学以致用。韩百灵十分强调自然辩证法和哲学史的学习，因为这有利于建立科学思维，可以为选题和科研方法提供认识方面的指导。

其三，将研究生的科研课题与导师的学术经验相结合。这种方法既是目前研究生科研选题的有效途径，又是抢救老中医经验的有力措施。经过研究生的总结、整理，结合现代科研手段再创新，很有可能产生质的飞跃。

韩百灵要求带教工作要跟上时代步伐。随着形势的发展，社会对研究生的要求也越来越高。为了适应这一要求，为国家培养有用人才，韩百灵在总结经验教训的基础上，制订出导师定向把关，在抢救老中医经验的同时，迅速掌握现代科技这一方案，旨在使研究生的科研水平在中西医两方面同步提高。导师定向把关，即研究生的课程设置、选题、科研步骤和方法、撰写毕业论文等均由导师作原则性指导，充分发挥研究生的主观能动作用及聪明才智，不束缚他们的手脚。抢救老中医经验方面，规定研究生随导师出诊，随时整理导师的学术经验，对于行之有效的方剂及学术思想的精华部分，要笔之于书，撰写成文并公开发表。这样研究生既可掌握导师的学术思想，又可锻炼写作能力，可谓一举两得。借助现代科技手段发展中医，是中医现代化的必由之路。西医诊病可以利用X光机、超声波、电子显微镜、电子计算机、放射性同位素，中医同样也可以利用这些先进科技手段为辨证论治服务。洋为中用、古为今用都包含了为我所用这么一个简单道理。基于这一认识，韩百灵多次送研究生赴西医院校学习，要求他们迅速提高西医理论水平，重视现代科研、技术方法的学习。

中医学在人类文明史上占有重要地位，并以其实践医学的特点显示着旺盛经久的生命力。韩百灵一直认为，中医研究生不应该是故纸堆里的夫子，也不应该是夸夸其谈、纸上谈兵的书生，而应该是具有一定科研能力的中医临床实践者。因此，韩百灵要求他的研究生必须要过临床关，要把中医的理论学以致用，充分发挥中医中药治疗常见病、多发病的优势，掌握疑难病和危重病诊治原则，确保中医科研的质量。希望他们具有老一代中医和新一代中医的双重本领、双重气质。他认为，学医只知无方之书，不知理法，虽有学而无术，虽知方药，不知其理，不足成为良医。只有遍读理、法、方、药之书，勤做笔记，潜心研讨，躬行实践，验之患者，不断提高，才称得上有学也有术。

博采古今　辨治百病

韩百灵幼承庭训，治学严谨。早年攻读《黄帝内经》、《伤寒论》、《金匮要略》等经典著作时，对其中重要条文至今仍可流利背诵。他治学先明其源，再辨其流，熟记经典之后，诸家疏注，亦广为博览。至于《左传》、《公羊传》、《谷梁传》、《周易》等凡与中医理论相关者，必探幽索隐，以富其学。对历代医著，博采众长，兼收并蓄，绝不存门户之见。

中医古籍浩如烟海，中医学博大精深，怎样学懂、学精，韩百灵常记恩师及父兄教诲，宗古医之训，采百家之学，总结自己多年的临证经验，不断更新知识，接受现代科学技术的诊疗方法，他认为这对继承发扬中医学会有帮助。韩百灵不仅精通妇科，对其他各科也颇有研究。早在20世纪50年代，他即从中医学角度，对癌症的病因病机、克山病的辨治、小儿麻疹的防治等进行了深入的研究，发表了多篇论文，对再生障碍性贫血、红斑狼疮、病毒性肝炎、癫痫等亦有深入研究。

20世纪70年代，再生障碍性贫血被认为是“不治之症”，死亡率极高。1972年秋，家住哈尔滨市道外区万宝镇的十二岁男孩郭某，在其父的陪同下前来韩百灵处就诊。来诊前曾在哈尔滨医科大学住院治疗，经各项检查后，诊断为“再生障碍性贫血”，病情严重时予以输血控制病情，住院两月余。后经人介绍来寻韩百灵医治。韩百灵望其形体消瘦，全身有散在的出血点，精神萎靡不振，面无血色，唇舌淡白。询其不适，家长告知，发热数日不退，午后热甚，倦怠无力，口干欲饮冷水，经常牙龈出血，偶有鼻血流出，大便秘结。诊其脉象弦细而数。通过四诊分析，韩百灵辨证此属阴虚血热、热伤血络而为之。治法：清热凉血止血。

处方：生石膏20g，白茅根25g，小蓟20g，白芍25g，龟板25g，生地20g，知母15g，地骨皮15g，牡蛎20g，牡丹皮15g，玄参15g，栀子15g，天冬15g。水煎，日一剂，早晚分服。忌食辛辣。

二诊：患者热势减轻，身上血点及齿龈出血减少，精神状态较前好转，余症同前，舌淡，脉细而无力略数。遵上法，按前方减生石膏，继服20剂。

三诊：自觉倦怠乏力减轻，口不渴，大便日一次，身上现褐色斑点，下肢偶见鲜红色出血点。继守上方减地骨皮，加旱莲草、阿胶，再服15剂。

四诊：患者感觉良好，由于天气突然转冷，不慎起居，复感风寒而致发热恶寒，咳嗽，流涕，舌苔薄白，脉浮。韩百灵认为，此时治疗应先表后里。

处方：金银花（后下）20g，连翘15g，桔梗15g，杏仁15g，前胡10g，川贝母10g，防风10g，荆芥10g，生地20g，栀子10g，甘草5g。3剂，水煎，服法同前。

五诊：服药后感冒症状悉除，又觉疲劳，身上隐现陈旧性血斑，舌质淡红，脉虚细。再投生地20g，白茅根25g，小蓟20g，知母15g，地骨皮15g，白芍25g，山药20g，党参20g，龟板25g，牡蛎20g，旱莲草20g，阿胶（烊化）15g。15剂，水煎服。

六诊：患者自述无任何不适，已有半月余未见牙龈出血，精力较前充沛。舌质红润，脉较前略有力。此时热势已大衰，予益气养血、清热凉血之剂。

处方：党参20g，山药20g，茯苓15g，熟地15g，生地20g，白芍20g，何首乌20g，女贞子20g，龟板20g，阿胶（烊化）15g，旱莲草20g，白茅根20g。再进数剂。

七诊：患者自觉体力增强，精神状态良好。韩百灵又嘱其暂停汤剂，以上方量加倍，加紫河车两具，共为细末，蜜制成三钱重丸服用，以巩固疗效。

患者前后服药半年之久，经哈尔滨医科大学复查血象，未见异常。韩百灵再嘱其注意避免外感六淫，不要过劳，虽以痊愈告捷，但应定期复查。此后十余载，直至郭某长成20几岁的男子汉，一直未见发病。

在此案的按语中韩百灵总结道：西医学认为，再生障碍性贫血是骨髓造血系统严重病变引起的一种血液病，临床上分急、慢性两型，属于疑难重症，前者更为严重。中医虽无此病名，但古代医家对该病早有一定的认识，其临床症状符合“虚劳”、“虚损”的范畴。《灵枢·决气》篇云：“血脱者色白，夭然不泽，其脉空虚，此其候也。”指出该病表现为严重的贫血现象。西医主要运用激素类药物治疗，必要时予以支持疗法，给予输血。中医学认为，此病的发生有脾虚、肾虚、血热、血瘀等原因，临证时必须充分了解引发本病的病因及转化机理，治疗重点在于辨证施治。本病固然以虚为本，但万不可忽视就诊时的临床表现，妄投补虚之药。本案当属内伤发热，火热内炽，灼伤血络，以出血为主，必先用釜底抽薪之法，清热凉血止血，热邪消除，血则自安；脾为后天气血生化之源，肾主骨生髓，精血互生，故应用健脾补肾、生精益髓、凉血之法，以助先后两天，调其善后，则可使病不再复发。

1970年，一则奇怪的病例，使医术精湛的韩百灵感到了困惑。哈尔滨市一名21岁女青年于某得了一种怪病，嗜肉若狂，非肉不吃，而且一次不想方设法吃足三四斤肉不能罢休。因此，于某常常流连于饭馆之间，抢食顾客肉菜，或偷食邻里鱼干、肉干。无肉可食之时，则精神狂妄，饥渴难忍。得病年余，经闭一载。可怕的是，吃那么多肉，却瘦得不成人样。一家人愁苦不堪，病人多处求治都不见疗效。经人介绍，随其父前来就诊。

韩百灵虽出身世医之家，自身业医已数十载，但是对于某这种病却是见所未见，闻所未闻，一时无从下手。眼看于某骨瘦如柴、万分痛苦的模样，医生应有的责任感使他不忍心置病人于不顾。他详细询问病情之后，让患者一周后再来诊病。嗜肉若狂？

何以嗜肉，何以若狂？他在一周之内，可谓食不甘味，夜不成眠，翻阅一本又一本医方医书，足足有30多部，查找了100多份资料，最后在《本草纲目·兽部第五十卷》中查到此病为“肉症”。处方是：用白马尿可治。韩百灵喜出望外，他想，既然白马尿能治，那白马粪也应该可以，于是他立刻将此方和配制方法告诉了病人的父亲。于父依法炮制，给女儿加倍服用。服药月余，于某肉症一病尽除，月事亦通，好如常人，后来结婚并生子，至今仍深念韩百灵的恩德。

1967年初夏，韩百灵家里来了一位特殊的女病人——几个人抬着一副木制担架，担架上躺着的人被大口罩遮住整个面部，只露出一双无神的大眼睛。入室时，病人由两人搀扶，落座后，病人气喘吁吁，气若游丝。一经询问病史，病人立刻泪水涟涟……听完一段诉说，韩百灵得知，女病人24岁，未婚，毛织厂工人，三年前曾患一次高热病，此后时觉周身不适、乏力，继而面部红斑时隐时现。去医院诊治，初期按皮肤疾病治疗，用激素类软膏擦抹，当时收效。半年前全身症状加重，面部斑已至鼻甲，故住院系统检查，确诊为“红斑狼疮”。经中西药治疗数月无效，一周前眼见同病房患友死于此病，遭受打击，因此出院，求于韩百灵处诊治。

医治这类危重病人是艰难的，如果怕治不好丢名声是不能收治的。但韩百灵对个人名声不以为然，他认定救死扶伤是医生的天职，只要尚存一线希望，就应该全力抢救。他认真进行了四诊检查。

患者现状：形体消瘦，唇色深红，舌质暗红，切其脉象弦而有力。问其症状，自诉手足干热，心烦少寐，月经提前，脸部瘙痒，周身关节疼痛。韩百灵认为，该病属火热为患，予以清热凉血、活血解毒之法治之。

处方：金银花20g，生地20g，赤芍15g，牡丹皮15g，怀牛膝15g，苦参15g，蒲公英20g，紫花地丁20g，天花粉15g，当归15g，连翘15g，黄芩15g，栀子10g，甘草10g。每日1剂，早晚各服1次。嘱其服用10剂再诊，避免感受风寒，忌食辛辣食物。

方中生地清热凉血，养阴生津。赤芍活血散瘀，《滇南本草》云：赤芍“行血，破瘀，散血块，止腹痛，攻痈疮”；该药味苦性凉，为凉血活血、调经之要药。牡丹皮苦凉泄热，辛通散瘀，凉血热而不致瘀滞，散血滞而不致妄行，故被称为血热血瘀之良药。以上三药相伍，共清血中之瘀热而不伤其阴液。金银花、连翘、蒲公英、紫花地丁清热解毒，消痈散结，四药具有升浮宣散之力，流通气血，治十二经血凝气聚，主一切热毒，均为治热毒疮痈之要药。苦参清热燥湿，苦能泻火以断热之源。当归、怀牛膝补血活血，行血逐瘀。天花粉清热生津，消肿排脓。《本经》曰：天花粉“主消渴，身热，烦满大热，补虚，安中，续绝伤”。甘草清热泻火，调和诸药。全方共奏清热解毒、凉血活血、消痈散结之功，亦符合“热者寒之”之意。

二诊：患者虽体虚仍现，但能自已慢慢行走，手足干热、心烦均有所减轻，面部红斑见暗，表面出现皮屑，大便略稀，并心悸失眠，食欲不振，唇舌红，脉弦力弱。此时热势稍退，虚证已显，恐苦寒损及脾胃，遵古训“衰其大半而止”，再以清热之剂缓缓医之，同时兼顾他病，扶助气血。

处方：金银花20g，连翘15g，生地20g，白芍15g，牡丹皮15g，苦参15g，天花粉15g，当归15g，山药20g，白术15g，酸枣仁20g，黄连10g，阿胶（冲服）10g，甘草10g。每日1剂，嘱其再服10剂。

三诊：体力有所恢复，食欲有所增进，虚烦少寐明显缓解，二便正常，红斑日见浅淡，舌质淡红，苔薄白，脉细而无力。月水来潮，周期基本恢复正常，经行4天，血量不多。此为热邪消退、病见好转之象。继守上方加减变化。

处方：西洋参10g，生地20g，白芍15g，当归15g，牡丹皮15g，山药20g，酸枣仁20g，金银花20g，连翘15g，黄连10g，阿胶（冲服）10g，甘草10g。每日1剂，早晚各服1次。嘱其服数十剂再诊。如有其他变化随时来诊。

四诊：时过月余，患者再诊，精神饱满，已摘去口罩，面部红斑隐隐可见，瘙痒已除，食欲尚好，余症已不明显，观其舌质红润，苔薄白，查其脉象和缓。虽病证大有转机，但万万不可轻视，调下方服之。

西洋参10g，生地20g，白芍15g，麦冬15g，枸杞子20g，怀牛膝15g，当归15g，牡丹皮15g，山药20g，知母15g，连翘15g，甘草10g。服法同前。

五诊：患者自觉诸症悉除，体力恢复如3年前，月经已按周期行止，问是否还需服药。韩百灵说："此乃重症，不可掉以轻心，药虽苦，但可保全性命。"于是，韩百灵又以上方加减。

处方：党参20g，黄芪20g，生地20g，白芍15g，麦冬15g，枸杞子20g，怀牛膝15g，当归15g，牡丹皮15g，山药20g，连翘15g，甘草10g。令其再服1个月，而后改服丸剂。

先后共享药半年之久，患者终于痊愈。于1974年结婚，30多年过去，再未见复发。

韩百灵在按语中这样总结：红斑狼疮在临床中较为难治。西医学认为是免疫系统疾病。中医学认为，红斑狼疮的发病机理多是由体内阳盛血热，淫邪客于脉络；或素体肝郁，郁而化热，热伤血络；或心火内炽，迫血妄行，久而成瘀所致。经云："诸痛痒疮，皆属于心。"初以清热凉血、活血解毒之法医治，实属对症下药，方中金银花、连翘、蒲公英、紫花地丁、黄芩为清热解毒之佳品。病久心必焦虑，心火油然而起，苦参味苦性寒，《本草经百种录》云："苦参，专治心经之火。"栀子清心泻火而除烦，凉血止血。天花粉、生地滋养阴津。赤芍、牡丹皮凉血，活血，逐瘀。当归、牛膝补肝肾，养血活血。10剂之后热已减其大半，考虑病久体已多虚，恐苦寒太过损及脾胃，于是，效古人"衰其大半而止”的治疗法则，二诊之时除以清热之剂缓缓医之，同时兼顾他病，扶助气血。在首方的基础上加山药、白术健脾益气，以助后天气血生化之源；酸枣仁、黄连、阿胶清心除烦，宁心安神。三诊之后患者标实已去，本虚已显，此时应以治本为要，故予参芪以补其虚。现代研究证实，该药具有调节免疫功能的作用。麦冬、枸杞子滋补肝肾，填精益髓，使气血旺盛，以御外邪。

功善百术　专攻一艺

韩百灵学医，秉承师意，治学先明其源，再辨其流，熟记经典之后，诸家疏注广为博览，凡与中医原理相涉者，虽不是医著，也要探索，以富其学。在广泛涉猎各家医著的基础上，他重点精研《妇人大全良方》、《丹溪心法》、《女科准绳》、《女科撮要》、《景岳全书》、《傅青主女科》、《沈氏女科辑要笺正》等中医妇科专著，注重日积月累，由博返约。他认为，“功善百术莫如专攻一艺”。在通晓内、外、妇、儿诸科之后，他重点专攻妇科，通过多年理论与实践的研磨，终于有了独识独得。如善用大黄通腑气，降逆止呕，治疗妊娠恶阻；借用皂刺疏解之力通利冲任，治疗肝郁不孕；运用逍遥散加减，治疗妇科20余种疾病，这都是由博返约的最好例证。

在诊疗中，他提倡尊古而不泥古，以辨证为纲，施治为本，据证加减，借前贤之见，创个人之举。欲要达到这一点，必须博览医书，不断实践探索。

通过数十年的临床，韩百灵治愈了无数疑难病症，尤其是在治疗崩漏、不孕、滑胎和妊娠恶阻等方面更有其独特之处，留下了许多珍贵的病案记录。

一、育阴止崩汤治愈青春期崩漏病

那是1980年的初冬，少女邓某来找韩百灵求治。只见她面色苍白，形体虚弱，语声低微。是什么缘故使一个妙龄少女变得如此憔悴？韩百灵询问病情，其母泪流满面地告诉他：患者13岁月经初潮，即三五个月一行，行则崩漏不止，延续月余，曾多方求医，几次住院医治，皆未收效，无奈辍学。近半年流血益甚，常靠输血维持生命。有一家大医院妇产科医生建议将其子宫摘除。摘除子宫，这对于一个只有16岁的女孩子来说意味着什么？患者及家属均不同意。家人苦苦寻医，经人介绍来韩百灵处求治。

月经长年淋沥不断，或时而突然大下，属于中医的崩漏之病，西医学称之为功能失调性子宫出血。患者此次就诊时经血已流50余日，量时多时少，量多如崩，量少如器皿之漏下淋沥不断，而且色红无块。曾服用凉血止血之中药，病势暂缓，后又淋沥不断，不能遏止。经血鲜红，质稠，伴见头晕乏力、腰疼痛、口干、烦热汗出。望其体瘦如柴，心悸气短，面色苍白，两颧红赤，唇舌干红无苔，言语断续，气力不接。现状为头晕健忘耳鸣，五心烦热干咳，自汗盗汗，口干不想喝水，腰膝酸软，足跟痛，脉弦细数。据四诊合参，韩百灵认为此疾属肝肾阴虚，热伏冲任，灼伤胞脉，气血耗伤，致血海不固而崩漏，为重疴重症，很难治愈或者难以速愈。但医乃仁术，救困扶危，不能眼睁睁看一个如花似玉的少女就这样被病痛折磨乃至于命悬一线，更不能听任一个如花似玉的女孩子的子宫被摘除而无动于衷。于是，他安慰患者说此病可治，并很快开出处方。韩百灵经过分析确定了治法，即宗张山雷所言："不知血之所以妄行，多是龙雷相火疏泄无度，唯介类有效，能吸纳肝肾泛滥之虚阳，安其窟宅，正本清源，不止血而血自止。"根据这一原理，投以滋阴潜阳、固冲止血之方——育阴止崩汤加味。

处方：生地25g，白芍20g，鹿角胶25g，山药15g，川断20g，桑寄生20g，杜仲20g，海螵蛸25g，蒲黄炭20g，炒地榆50g，黄芪15g，党参20g，当归15g，山萸肉15g。10剂，水煎服，日 1 剂，早晚分服。半月后再诊。

两周后复诊时患者诉称，病势大转，虽流血未止，但量减半，精神日振，饮食知味。经诊脉辨证，倍加地榆，嘱再服数剂，其血当止。

一周后复诊，腰腹无痛，病情好转，夜卧得安，诊其脉象弦细有力，知其肾气恢复，冲任气盛。又按原方减去塞流之品，加五味子、龟板、巴戟天各 15g，嘱其连服月余后配成丸药久服。经半年调治，邓某月经恢复正常。一年有余，邓某崩漏之疾痊愈，病体康复，重返学校。两年后，恢复了青春芳颜的邓某持高考录取通知书喜不自禁地来告知韩百灵："爷爷，我已经考上大学了。谢谢您，是您给了我第二次生命，让我拥有今天的幸福。"

对此病案，韩百灵在总结时写下这样的按语：初潮女子患崩漏者，以肾虚为多，且下血不止，但无所苦，致使医者举措茫然。本病从肾阴不足、封藏失职论治者，其因有二：一则初潮即崩，为肾气尚未充实；二则症见腰膝酸软、足跟痛、头晕耳鸣、自汗盗汗、口干不欲饮、五心烦热，乃阴亏之象也。舌红少津，脉弦细数，主水亏火旺，正合《内经》"阴虚阳搏谓之崩"之旨。及其治也，塞流，澄源，先止其血；固本，澄源，再善其后。阴虚者，阳必不足，是以气弱、水亏者，火必炎上，因而生热。故阴虚为患，可致虚寒虚热两端，不可不察。育阴止崩汤中生地、白芍、山茱萸育阴；杜仲、桑寄生补肾；当归和血，鹿角胶止血，海螵蛸涩血；黄芪、山药补气摄血，蒲黄、地榆凉血止血。全方从阴引阳，从阳引阴，所固在肾，所摄在血，有固本塞流之妙用，为治崩之良方。

二、调肝汤治愈日本专家夫人久婚不孕

1976 年初夏，在黑龙江大学任教的日本专家大石智良的夫人坂本志计子请韩百灵为自己医病。原来，大石智良夫妇已结婚 12

年，但近40岁的妻子坂本志计子始终未孕，夫妇双方均排除器质性病变，也曾在日本及中国经许多著名妇科医生检查多次，均无结果，除女方子宫稍有后倾外，始终查不出真正的病因。因此欲借助于中医治疗。经有关方面介绍，前来黑龙江中医学院请求韩百灵往诊。

韩百灵望其形体，三十几岁的年纪，却面色暗滞，精神抑郁，肌体消瘦，声音细弱，一副弱不禁风的模样。问其发病之由，云：性情急躁，无故多怒，胸胁胀满，经期乳房胀痛，小腹坠胀，血量涩少，色紫暗有块，经后乳痛、腹胀轻，手足干热，呃逆，不欲饮食，喜食清淡，厌油腻，大便秘结，小便短赤。诊其脉，弦涩有力，舌苔微黄。根据症状分析，韩百灵认为这是肝失条达，造成肝郁气滞、胞脉受阻、疏泄失常而致不孕。遂投以调肝理气通络之方（即百灵调肝汤），以疏肝理血补肾。

当归、赤芍、川牛膝、川芎、瓜蒌、丹参、香附、王不留行、通草、川楝子各15g，皂刺5g。3剂，水煎服。

7日后复诊，症无变化，脉象如前，食欲不振。因肝气乘脾、脾气不运之故，前方加白术、山药各15g，以扶脾气。又服3剂。

1周后三诊，坂本志计子告知：经期胸闷、乳房胀痛减轻，饮食增进，但腰酸痛。韩百灵以原方减皂刺、瓜蒌，加川续断、桑寄生各15g，以补肝肾，嘱其久服为佳。经治疗月余，吃下十几副中药，坂本志计子诸症逐渐消失。

1977年，大石智良夫妇任教期满返回东京。翌年春天，坂本志计子生下一女孩，取名大石花。大石智良来信告诉韩百灵："您让我们夫妇的人生再无遗憾了！我为女儿取名大石花，是借松花江的'花'字之意，是为纪念中国和感谢韩百灵先生，更愿中日友谊源远流长。"

坂本志计子的病为"肝郁不孕"证，是妇女最常见的疾病，也是最难医治的疾病之一。韩百灵通过多年的临床验证，对此证选用该方药，故能治愈。为此，韩百灵在此医案的按语中这样总结：肝郁肾虚是导致妇女不孕的主要原因，因为肾为先天之本，元气之根，关乎生殖；肝司血海，疏泄为用。封藏固秘，疏泄以时，胞宫蓄溢有常，方能经事如期，摄精成孕。若先天不足，或后天房事所累，或欲念不遂，情志抑郁，则易致肾虚、肝郁而不孕。治疗贵在调经。具体方法有调肝、补肾、化痰等法。本案当紧锁肝肾二脏而立法，疏肝之郁，补肾之虚，以“百灵调肝汤”加减最合适。其中，川楝子、瓜蒌、丹参、香附以疏肝解郁，理血调经；川续断、桑寄生以滋补肝肾，调理冲任；当归、赤芍补血、养血、活血以助调经；白术、山药培补后天，益气养血；而妙用王不留行、通草等通络下乳之药，则取其行走通络之意。诸药共伍，使肝气得调，胃气得和，肾精得益，冲任得畅，因此孕育而成。

三、“补肾填精”法治愈滑胎

韩百灵的“补肾填精”法也是他经多年医疗实践总结出的又一治法。此法对胎动不安、滑胎等症最有效果。

胎动不安、滑胎是妇女妊娠期的常见病、多发病，严重影响患者的身心健康和家庭和睦。造成此病的原因大抵有两个方面：一是先天不足，男女双方精血亏少，两精虽能相合，胎虽能成而不能实；二是源于母体禀赋不足，肾气虚弱，或多次堕胎、小产屡伤肾气，或多囊卵巢综合征等，而发生屡孕屡堕。韩百灵认为，造成滑胎的原因很多，但总其大要，肾虚是产生滑胎的主要原因。

因此，在治疗上，他提出了“补肾填精”为防治滑胎之根本大法。这一认识也符合古人提出的“预培其损”的理论，即在孕前补脾肾，调冲任。这一医术，在韩百灵女儿韩延华（也是韩百灵所带的研究生和学术继承人之一）的验案中也得到充分体现。

李某，时年 39 岁。15 年前曾怀孕 50 天，之后行人流术。由于术后调养不当，李某经常头晕、腰酸、疲劳，五心烦热，夜间尤甚，自用肾气丸等药治疗。在之后十几年中，李某先后怀孕五次，都在三个月左右无任何缘故而发生自然流产。2007 年 3 月，李某停经 47 天，尿妊娠试验阳性，经友人及家人劝说后动了保胎之念，于是来到黑龙江中医药大学附属第一医院韩延华处求治。

韩延华诊后认为，李某屡孕屡堕使肾气大伤，阴血大亏。初诊时，以肾虚为本，但见阴虚血热为急。热既可煎灼津液，又可扰动血室伤及胎元，故以清虚热为先，兼以补肾固冲安胎。投以熟地、生地、白芍、枸杞子、何首乌、阿胶、银柴胡、地骨皮、青蒿、狗脊、续断、龟板等。水煎服，日 1 剂，早晚分服。

方中银柴胡、地骨皮、青蒿清热凉血，退热除蒸。《本草正义》载：银柴胡为“退热而不苦泄，理阴而不升腾，固虚热之良药”。生熟地、白芍、枸杞子、何首乌滋阴补血，以调冲任。《本草经疏》云：枸杞子“润而滋补，兼能退热，而专于补肾润肺，生津益气，为肝肾真阴不足、劳乏内热补益之要药”。阿胶、龟板为血肉有情之品，能吸纳肝肾泛滥之虚阳，以补血养血敛阴为主。续断、狗脊以补肝肾、强腰膝、固冲安胎为要。

经过两个半月的治疗，李某经 B 超检查，结果提示：宫内见胎动，胎心良好。韩延华又嘱其再服汤药10 剂，而后用保胎丸，每日 3 次，每次 1 丸，连服 1 个月。2008 年 1 月 20 日，李某产下一男婴，母子平安。

四、治疗“妊娠恶阻”

这种病虽然不是痼疾沉疴，却也并非从医者人人能医。韩百灵治疗此病称得上是手到病除。刘某，26 岁结婚。婚后怀孕，全家为之欢愉。可是，她未来的小宝贝却从孕育之时起就不让母亲消停。随着孕期一天天增加，刘某的妊娠反应也一日日加重，呕吐不止，饭不能吃，水不能喝，药也不能进，只能在医院靠输液维持生命。住院两个月，妊娠反应不见缓解。近半个月，更是头晕目眩，呕吐痰涎，量多，色白，口中淡腻，胸闷，心悸，气短，只好回到家中。此时孕期已有4月余，痛苦的折磨让刘某撑不住了，眼看着连走路的力气都没有，她想：算了，做人工流产吧。可是，要把4个多月的胎儿打掉，全家人都舍不得。就在一天深夜，刘某吐得实在忍受不了了，便让家人开车将韩百灵请进家里。

经过四诊和辨证，韩百灵认为，患者舌质淡，苔白腻，脉滑缓，面色略黄，体形偏胖，属于痰湿之体，孕后血壅气盛，冲气夹痰上逆，故呕吐痰涎；痰阻中焦，则不思饮食；饮邪上扰清空，故头晕目眩。舌质淡、苔白腻、脉滑均是痰饮之特征。故刘某妊娠呕吐不止，是由于肝胃蕴热、胎气上逆所致。治法：化痰除湿，降逆止呕。

处方：半夏15g，橘红15g，茯苓15g，生姜10g，苍术15g，神曲10g。3剂，水煎服，日1剂，频服。

二诊：自诉呕吐痰涎减少，头晕、目眩减轻，仍不思饮食，心悸气短。望其精神面貌较前有所好转，舌脉无显著变化，按上方加枳壳10g，竹茹15g，以增强宽中化痰之力。6剂，服法同前。

三诊：刘某如同常人，病已痊愈，无不适之感。告之可以停药，但要注意饮食的调护，不可贪食膏粱厚味，应多食水果或酸咸清淡食品。

在本病案中，韩百灵认为，痰湿型恶阻与患者平素体质关系密切，一般多见于素体肥胖或平素脾虚胃弱之人。此种类型之人当妊娠之时，脾气愈虚，导致运化无力，水湿停聚，出现饮停胸膈或饮邪上犯的现象。所以治疗时应以祛湿为主，兼以健脾，脾气健旺，则水湿得运，诸症消除。但用药时须掌握中病即止的原则，以免燥湿药太过而损伤胎元。

同样是妊娠恶阻，但在治疗时，又投以不同的处方。如患者许某，妊娠两个月左右，开始恶心呕吐，逐渐发展到食入即吐，不食亦吐酸苦水，时而呈黄绿色或夹有血丝，虽经中西医多方治疗，但病势不减。有医者认为是脾胃虚弱、中阳不振、痰水潴留所致，投以健脾和胃、祛痰降逆之药；亦有认为乃肝气郁滞、升降失常、冲气上逆而致，投以理气降逆之品，治疗数日，呕吐反而加剧；后又服偏方藕汁、白梨汁等物，服后暂安，但不过半日，仍然呕吐。十余日粥米不入，大便秘结，小便短赤，患者痛苦难忍，欲求行人工流产。其婆母却不应允。经人介绍，前来找韩百灵就诊。

韩百灵望其神情郁闷，形体消瘦，面红舌赤，苔黄而燥，闻其语声高亮，时有叹息。问其病情，经闭两月余，半月前开始呕吐酸苦，心烦，易怒，胸胁胀满，喜冷饮和酸咸果品。切其脉象弦滑有力。四诊合参，韩百灵认为，该患者属性躁多火、肝气益急、气火越上而致呕吐，非脾胃虚弱、痰郁阻滞之呕吐，需施以调肝清热、通秘降逆之方。

处方：黄连、黄芩、麦冬、竹茹、芦根、陈皮各15g，枳实10g，大黄3.5g。2剂，水煎服，日1剂，3日后复诊。

二诊：病人服药后，呕吐稍止，大便已通，小便红赤，日进半碗米粥，脉弦滑稍缓，其病势渐退。仍守上方加白芍、生地各15g，以滋阴生血柔肝，嘱其再服3剂。

三诊：一周后复诊，观其精神如常，问其现状，诸症消失，饮食正常，察其脉象，弦滑有力。知其胃气已复，无需再服药，告戒房事，可保万全。次年后得知，刘某顺利分娩一男婴。

韩百灵在按语中总结道：本病案为肝郁化热之妊娠恶阻。该患者由于初次妊娠，精神过于紧张，加之素体肝火偏盛，孕后冲气夹肝火上逆，横犯脾胃，脾胃升降功能失常，故致呕吐。《傅青主女科》云："夫妇人受妊，本于肾气之旺也……而肾水不能应，则肝益急，肝急则火动而逆也；肝气既逆，是以呕吐恶心之症生焉。"又当气机不利，腑气不通，则胸胁胀满，嗳气频作，大便秘结；肝火上炎，则头晕口苦；热甚伤津，则出现溲赤之症。此案绝非脾虚痰滞之呕吐。临证时要细审病机，分辨虚实寒热，灵活加减，勿拘泥于一方一药。

韩百灵临证数十载，用药有其独特性。例如：在治疗上述肝郁化热型妊娠呕吐一症中，韩百灵采用“温胆汤”减去甘温助热的甘草，加上能引药下行、止呕清热的大黄而治之。中医人士都知道，大黄这味药对孕妇一般慎用，但韩百灵大胆使用，目的是取其清热通腑、降逆止呕的功用，果然奏效。

学术思想　一代风范

通过几十年理论与实践的精心研磨，韩百灵提出妇科疾病主要在于肝、肾、脾、气、血五字，其变化不外乎虚、实、热、痰、郁、积聚，而关键在于审因论治，四诊合参，切不可拘泥偏执，使病人遭殃。韩百灵于20世纪80年代初期形成了自己独特的学术风格，发挥了“肝肾学说”，发展了“同因异病，异病同治”的理论体系。其“肝肾学说”的学术思想，源于《黄帝内经》，并根据女性特有的生理、病理特点而提出。他认为，人体脏腑、经络、阴阳、气血、津液、情志之间的生理活动是相互联系、相互制约、相互滋生、相互依存的。妇女的经、带、胎、产、乳的生理活动皆根于此。反之，脏腑、经络、阴阳、气血、津液、情志等生理活动失调都会影响妇女经、带、胎、产、乳，而导致妇科疾病。他特别强调“肝肾”在女性生理、病理方面的特殊地位及重要性。

韩百灵从精血互生、乙癸同源、肝藏血、肾藏精的理论出发，认为肝所藏之血，除营养全身外，并注入血海，故有“肝司血海”、“肝为女子先天”之说。因此，肝在女子月经的调节方面起着重要的作用。肾藏精，主生殖，为先天之本。胞脉者，系于肾。韩百灵认为，肾为先天之本，肾气旺盛，天癸才能秘至，而注于冲任，促进冲任二脉通盛及男女生殖之精的成熟。此时阴阳和合，两精相搏，生命使然。又冲任二脉皆起于胞中，在经络上与肾密切相联，并受肾的主导，所以他认为肝肾的关系密不可分，不失为“母子之脏，水火之宅”。肝肾之间，息息相通，相互制约，协调平衡。

在病理方面，韩百灵认为，肝者属木，性喜条达，体阴用阳，不遂则郁；肾者属水，内居元阴，贵在沉潜，妄动则耗。肝肾二脏主藏精血，伤则俱伤，耗则俱耗，必然相互影响，互为因果。如肾阴不足，亦可引起肝阴不足，若“水不涵木”即可导致肝阳偏亢；反之肝血不足也可导致肾精亏损，肝火过盛也可下劫肾阴，而形成肾阴不足的病理变化。在妇科疾病中，经、带、胎、产、乳、杂诸多病症，皆可因肝肾失调而引起。由此可见“肝肾学说”在中医妇科中占有的重要地位。韩百灵每每临证，对凡由肝肾阴虚所引起的诸多病证，均以滋补肝肾为主，提出“养肾之阴，敛肝之阳，壮水之主，以制阳光”的根本法则。

韩百灵在妇科疾病的辨治中突出“同因异病，异病同治”的学术思想，启蒙于《金匮要略》，受学于名医王化三。韩百灵认为，疾病的发生和发展、治疗和转归是相互联系的，是变化的，而不是孤立的、静止的，二者是对立统一的整体。同中有别，注意个性；异中求同，寻其共性，这恰恰是中医辨证论治的独到之处。他认为，中医证候虽千变万化，但总有规律可循。妇女在生理上，因经、孕、产、乳数伤于血，在病理上也就容易产生“气血两虚”。在七情方面，女子性多忧思，情志不遂，气机不畅，气病及血，易致“气滞血瘀”。脾为后天气血生化之源，肾为先天，内寄真火，气血不足，命火虚衰，则导致“脾肾阳虚”。肝藏血，肾藏精，精血亏耗，则多有“肝肾阴虚”发生。以上四者，皆可表现在妇女生命活动的各个阶段，而导致妇科各种疾病。因此韩百灵提出了妇科“肝肾阴虚”、“脾肾阳虚”、“气虚血虚”、“气滞血瘀”的“同因异病，异病同治”理论，以指导临床实践，并自拟“百灵育阴汤”、“补阳益气汤”、“益气养血汤”、“调气活血汤”四则，且每一方于加减变化之中，用于治疗妇科诸多疾病而收到满意疗效。

总之，韩百灵所发挥的“肝肾学说”理论，熔辨证论治和临床于一炉，自成体系，形成了独树一帜的学术风格，为丰富中医妇科理论、规范中医证治类型开辟了新的领域。

著述不辍　老而弥坚

韩百灵对古典医籍、当代医著博览酌取，并总结前人和自己多年的临床经验，撰写或主编了《百灵妇科》、《中医妇产科学》、《中西医结合妇产科防护学》、《百灵论文集》等十几部著作，共有数百万字。其中，《百灵妇科》被中医工作者誉为中医妇科临床指南，书中收录韩百灵验方40余首，具有宝贵的学术价值。《百灵论文集》中收入了多年来他在国内各级杂志上发表的论文30余篇，其中，《崩漏症分型和治疗》、《肝肾阴虚、脾肾阳虚、气虚血虚、气滞血瘀“同因异病，异病同治”的临床体会》、《不孕症的辨证与治疗》、《习惯性流产辨证施治》等都具有较高的学术水平和临床指导意义，得到国内中医名家很高的评价。如浙江中医药大学著名教授何任曾对《百灵论文集》评价云：集理论探讨者，多列章经文，揭其精义，纵论并发挥，所谓知其要者，一言而终也。其于阐析疾病方面者，则型类栉比，条明缕清，楚楚可观，引用文献也确凿有据。其于释述新义方面者，既不泥惑于古亦不附会于今，无所偏倚，不落旧注窠臼，然内容瀚广精深，自非一般泛泛言者可比。

在临床上，韩百灵创制的育阴止崩汤、调肝汤、调气活血汤、益气扶阳汤、止血灵、保胎灵等50余首验方，被中医妇科医生广为应用，造福于民。

由于韩百灵的努力和贡献，由他一手创立的黑龙江中医药大学中医妇科学学科在近半个世纪的建设期间承担了大量科研课题，其中国际合作项目3项、国家级课题5项、省（部）级8项、厅局级29项、校级10项，科研成果获得省（部）级科技进步奖多项，厅局级科技进步奖27项，省级教学成果一等奖2项、二等奖1项。其间发表论文372篇，SCI收录12篇；主编或参编专科、本科、七年制规划教材多部，教学辅导丛书5部。1977年，韩百灵成为全国首批中医界教授；1979年，该中医妇科学学科获首批硕士授予权，1983年，获首批博士授予权，韩百灵成为中医妇科博士研究生导师；同年，韩百灵被确定为国家级重点学科学术带头人，国家投资2500万元作为医院建设资金和科研资金，不仅促进了学科的发展，推动了全院的医疗、科研、教学工作，同时也为医院赢得了荣誉；1986年，科研项目“血瘀型功血的临床与实验研究”在国家“七五”攻关科研项目中一举中标；1989年，该中医妇科学学科被教育部确定为首批国家级重点学科；1991年，韩百灵被遴选为全国首批老中医药专家学术经验继承工作指导老师；1993年，该中医妇科学学科被评为国家中医药管理局首批局级重点学科；2003年，该学科实验室被国家中医药管理局批准为中药药理（妇科）三级实验室。由于韩百灵的学术地位和培养继承人的作用，黑龙江中医药大学附属医院妇科已成为全国中医妇科师资资格培训基地和全国重点专科建设单位。“中医妇科学”2005年被黑龙江省教委评为省级精品课程，2009年又被评为国家级精品课程。

该学科的临床妇产科2002年1月被国家中医药管理局正式批准为“妇产科重点专科”后，确立了以中医药为主、中西医结合治疗不孕症及其相关疾病多囊卵巢综合征、盆腔炎、子宫内膜异位症的专病研究方向。因对不孕症、慢性盆腔炎、子宫内膜异位症、多囊卵巢综合征等常见疑难病的诊治“医疗特色”明显，故吸引了大量国内外患者就诊。与此同时，研制了调经助孕冲剂、育阴灵等制剂13种，用于临床取得了良好疗效，充分体现了中医妇科学治疗疾病的优势和特色。育阴灵冲剂的研究于2003年获黑龙江省中医药科技进步成果奖。

自1983年起，70多岁的韩百灵在诊余之时进行了计算机专家诊疗系统的开发，将其诊治“崩漏”、“不孕”的经验输入电子计算机，为千百万患者解除了疾病之苦。1984年，他的“计算机仿真韩百灵教授诊治妇女不孕症程序的研究”荣获黑龙江省卫生厅卫生科技进步三等奖；1987年，“计算机仿真韩百灵教授诊治妇女崩漏程序的研究”获黑龙江省人民政府科学技术进步四等奖。“七五”期间，韩百灵已年近八旬，仍带领科研小组进行“补肾活血法治疗肾虚血瘀型无排卵型功血的临床与实验研究”的课题设计，该课题一举中标，于1993年获黑龙江省科学技术进步四等奖、黑龙江省中医管理局科技进步二等奖。1989年，韩百灵的“因材施教在研究生中的创新与应用”获黑龙江省优秀教学成果一等奖。由于韩百灵在医、教、研工作中的杰出贡献，在他从医65年之际，黑龙江省教育委员会授予他“中医学家、教育学家”的光荣称号。

1978年3月韩百灵出席了全国科学大会。1981年赴日本进行学术考察。他的医术和学术成就在国内外都有较大的影响，英、美及东南亚一些国家多次来函约稿并聘请他进行学术讲座。其医术专长、学术思想和事迹分别编入《中国现代百名中医临床家丛书》、《中医当代妇科八大家》、哈尔滨市《道外区志》、《中医妇科名家医著医案导读》等国内外的许多书籍和辞典之中。在诊治中，韩百灵从不拘泥古方，而且灵活运用四诊八纲（寒热、虚实、阴阳、表里）辨证施治，据证加减变化。

在医学著作中，韩百灵毫无保留地将自己的医疗经验介绍出来，如运用逍遥散加减变化治疗22种妇科疾病就是一例。月经提前、月经过多、崩漏等多为性躁多怒、肝郁化热、热灼胞脉而致，一般症状为头眩心烦，口苦咽干，舌红苔黄，脉弦而数，以此方减煨姜加丹皮、栀子、黄芩、生地以清热凉血。如月经不按周期淋沥不断，或突然大下者加炒地榆、侧柏炭以凉血止崩。经期吐血、衄血乃肝火犯肺、热伤肺络而致，其临床表现为气促、胸胁胀闷、咽干便秘、颧赤、脉弦滑数，以此方减煨姜，加茅根、小蓟、大黄以清热降逆止血。肝热冲气上逆，致使阳明胃热而乳汁自出，或流血乳，以此方减煨姜，加生石膏、大黄以清热降逆凉血。妊娠呕吐乃是肝气上逆、胃失和降而致，临床表现为呕吐苦酸、胸闷心烦、咽干口苦、便秘、脉弦滑数，以此方减炮姜、甘草，加黄芩、芦根、大黄以清热降逆止呕。产后胁痛乃肝失条达、疏泄失职所致，其表现为胁下胀痛，或刺痛不得转侧，气促，脉弦有力，以此方加郁金、延胡索调肝理气而除胁痛。肝积乃思虑过多，肝气郁结，疏泄失司，气、血、痰、食聚积而致，表现为胁下硬满拒按，胸闷呃逆，饮食欠佳，气促，脉弦滑有力，以此方加三棱、莪术、川楝子、鳖甲以消积而通行气血。韩百灵持一方加减变化通治妇科多种疾患，灵活自如而有法度。他通过著作将自己的经验传给了后辈。

百岁名医　益寿延年

在韩百灵从医的80多个春秋中，教授过多少学生，治愈了多少病人，帮助过多少贫病交加的人，谁也说不清楚，韩百灵自己更是记不清了。他总说“医乃仁术”，“救死扶伤，发扬人道主义是一个医生的分内己任”。从他的历史资料、他的医学论著、他的获奖证书、他的来信、他的照片、他的诗作中，尤其是他书房中那些书写着诸如“精诚自有回春手，恩泽万千种杏人”的众多条幅中，人们可以体会到“种杏人”与众不同的人生境界，这也是他用心血、汗水、理想、追求谱写的人生真实的写照。

据韩百灵的学生和同事讲，韩百灵为人聪慧、勤勉，加之多年的积累和心悟，所以治病疗效卓著，但他的久负盛名还有一个原因，就是心地善良。韩百灵也反复强调，自己最看不得病人流眼泪，所以早年为患者垫钱买药是常事，患者的痛楚也是韩百灵诊余多悟的不竭动力。在韩百灵多年行医过程中，很多农村贫困患者慕名登门求治，他从不拒绝，而且常常免费为其治疗。临证几十年，只要患者有求，他都亲自往诊。

患病之人，总渴望名医手到病除。韩百灵十分理解患者的心情，他耐心解除患者的疑虑。患者们说：“这老爷子挺亲切，还没吃他的药，病就好了一半。”“病”和“穷”常常是连在一起的。有的人有钱看病却没钱拿药，遇到这种情况，他总是解囊相助，病人还与不还，他也不放在心上。人得病没有准时候，不管白天黑夜、节日假期、刮风下雨，只要有患者求诊，韩百灵都是热情接待，认真诊治，遇有疑难病症，更是用心思索，以最便宜的药、最好的方法予以医治。

行医多年，韩百灵谨记“救病人于危难乃医者之天职”。1950年，一位农家妇女领着孩子来看病。他为其诊病开方后见农妇面有难色，就问她有什么困难。农妇说：“患病多年，无钱就医，今天抓几只自养的鸡雏，想到集市上卖了，才有看病买药钱，可孩子淘气，掀开筐帘，放跑了几只小鸡。如今只有看病钱，没有买药钱，看病也是白看。”听完农妇的诉说，韩百灵很是同情，就送上几元钱，让其取药，这位妇女十分感动。

生儿育女牵动着人们的喜怒哀乐、安危祸福。婚后不孕、滑胎等是女性的常见病、多发病，韩百灵接诊这方面的求医者，对她们几乎倾注了自己的全部心血和深情。夜深人静，他常翻阅全国各地的来信，“聆听”妇女婚后数年、十几年不孕，经过医治已生儿养女的喜悦心声，也体味着不孕或流产妇女的悲哀心境。

1986年夏，韩百灵收到江苏省海安县妇女江某的一封来信。信中除求医外，还叙述了她因为婚后数年不孕，受到丈夫虐待以至被逼迫离婚的苦难遭遇。韩百灵读信后很是激愤。他请学生给江某复信，予以安慰，同时又给江苏省妇联写信，请妇联为江某伸张正义。10月初，江某回信，她对韩百灵说：您老人家是位威望很高的老中医，为治愈不孕者花费了多少心血啊！在百忙之中，您老对一个千里之外的陌生人如此关心、同情，而且还为我伸张正义，当我看到这一切的时候，老人家，我再也无法控制自己的感情，像一个荒凉原野中的孤儿遇见了亲人一样，放声大哭……

每年，韩百灵都会收到许多全国各地寄来的求医信，对此他总是认真阅读，或亲自复信，或请学生代笔给患者处方，约定出诊时间，告诉来哈路线。这都是他高尚医德的真实体现。

在同事眼里，韩百灵是位没有架子的名教授。“1981年我刚到医院上班，那时，韩百灵教授是我们妇科的主任，却一点架子都没有。”黑龙江中医药大学附属第一医院妇科主管护师王胜华回忆说：“在我们医院里，韩百灵可称得上是一位德高望重的专家、学者。但是，我与他共事这么多年，他一丁点儿架子也没有。”曾任黑龙江中医药大学党委委员、附属医院党委书记82岁的李世恩说：“通过与韩百灵的接触，我们成了无话不谈的好朋友。与韩百灵聊天，你会发觉他是一个非常随和、谦虚的人。这样的人，不但同事愿意与他合作，就连他所带的学生也非常亲近他、尊敬他。”

韩百灵成功治愈日本友人坂本志计子的不孕症，全国有几十家新闻单位报道了此事，中央新闻电影制片厂还拍了电影，韩百灵因此驰名中外，国内国外许多患了不孕症的夫妇纷纷给他写信，寻求医治的方药。虽然他每天都要授课、出诊、带研究生，工作确实繁忙，但是望着这些从四面八方飞来的渴求治疗的信件，如同望着一双双渴求的眼睛。他在夜阑人静的时候，反复读着每封信里对病情的叙述，然后逐个作出诊断，开出方药。在不到1年的时间里，他给素不相识的患者寄出500多封信。

中医最注意养生保健，《黄帝内经》即有“上工不治已病，治未病”之言。已是期颐之年的韩百灵仍身子骨硬朗，虽听力较差，视力因几年前患了白内障而略有减退，但眼神仍然明亮，头脑清晰，家里来了客人，或者儿孙们回家了，他都像孩子一样高兴地与他们寒暄、聊天，还经常给人家把脉，并谆谆告诫注意事项。

“心底无私天地宽，精神爽朗力量添。”他常说，一个人光光地来到世界上，又光光地离去，名利都是身外物，只有为人民努力工作才是生活的目的。因此，在几十年的生活历程中，他从不去谋官职、营私利，而是勤勤恳恳、兢兢业业地为患者诊病治病。他常说，为人处世要胸襟宽广，若心胸狭窄，斤斤计较功名得失，难免会引起精神抑郁，情志失调，降低身体的抵抗能力而诱发疾病。就是在身处逆境的时候，他仍豁达处事，热心为群众治病，或奋力写作，整理经验，从不抱怨环境、抱怨命运。他能够以平常心态接受现实生活，在回忆过往时，也能以包容的心态笑泯恩仇。

韩百灵在临床、教学和科研一线工作到90多岁，直到2003年冬天才被儿女力劝回家。很多人见韩百灵长寿，便询问长寿之道，他向人们传授他的养生方法，即养生延年九招46字：一、饮食有节；二、劳逸结合；三、注意情绪调节；四、注重环境变换；五、保持思维灵活；六、坚持眼部保养；七、调整呼吸；八、注意气候变化；九、适当运动。韩百灵遵循《黄帝内经》“食饮有节，起居有常，不妄作劳”的经旨，身体力行。生活中，他极少饮酒，90多岁时又戒了烟。其日常三餐以五谷杂粮、荤素搭配、五味适宜为原则。每餐不过饥过饱，所爱食物亦不超过八分饱。对于厚味，如牛、羊、猪肉，喝汤多而食肉少。对于鸡、鱼、虾等，虽喜食而不多进，且很少给自己配制什么“独门补药”吃。

劳逸结合是他养生的重要内容。“勤劳可得安身处，心旷神怡保安康。”韩百灵在青少年时代就养成了勤劳的习惯。奋发刻苦，朝夕攻读，几十年如一日，耄耋之年仍鸡鸣灯影，起早贪晚，孜孜以求，勤奋不止地学习。

他在80多岁高龄时，仍坚持散步，打扫室内卫生，种花养鱼，做些力所能及的事情。同时，他还要应酬许多社会活动，培养博士研究生，查房处理病例。每周两次出专家门诊，并带徒授课。

晚年的韩百灵作息非常有规律，春、夏季节早五时起床（秋、冬则七时起床）。首先打开窗门，深深吸入外界的清气，缓缓呼出体内的浊气，这种吐故纳新能增强肺的功能，防止邪从外侵。然后站在封闭的阳台上活动肢体，眼观八方，使眼珠上下左右转动10分钟，再闭目深呼吸10分钟，并用手指按摩两耳10分钟。早餐后休息半小时，开始日常工作。在工作中，稍感疲倦即暂停，稍事休息再继续工作。午饭后卧床休息一小时，再进行日常工作。每天保证8小时的睡眠。每晚睡前用热水泡脚，促使局部血液循环。因为北方天气寒冷，他还特别强调要及时增减衣被，保养正气。

所谓注重环境的变换，是因为韩百灵喜欢变换家里的家具摆设。他认为变一次摆设，就变一次环境，也变一次心境。

曾经有人问过韩百灵的养生秘诀，韩百灵说：“归纳为一句话，就是‘刻意保护精、气、神’。”保精，要节房事，节欲望。保气，就要坚持练气，每日临起床前空腹仰卧，做腹部筛式运动20分钟，以使气海、丹田真气充沛。起床后到户外做深呼吸运动20分钟，常言说要吐故纳新，增加肺活量。保神，尤为紧要。注意预防情志疾患，保持精神愉快。过度思虑则气机郁结，过度恼怒易气机逆乱。要心绪有常，大小事不扰乱方寸。让烦恼和不快留给已经过去的昨天，用微笑迎接初升的太阳，度过愉快的今天。要做到这一点，就要提高自己的修养。常言说，要有健康的身体，首先要有健康的思想。

修养就是志趣。韩百灵爱好广泛，书法、诗词颇有功底。《韩百灵诗集》中汇集了他几十年来的大量诗作，有歌颂农村面貌、社会变化、重大历史事件的，还有相当一部分是咏颂党的领导和壮丽的大好河山的。

比如，1964年9月参观五常河作登山感怀一首：

此地山河秀，高峰白云间。
绿柳垂河旁，青松漫山岩。

1981年出国访日感怀一首新诗：

云锁高峰瀑布长流，
青松白雪鸟兽群鸣。
雾蒙蒙雨纷纷，时有阴晴，
湖泊、浪涌，一望无穷。
访日团乘车绕山越岭，
一路上满怀喜悦心情。

在生活中，韩百灵有一位相濡以沫的老伴，几十年来，他们相敬如宾。老伴操持家务，井井有条。节假日，全家聚在一起，儿孙绕膝承欢，其乐融融。

在家教方面，韩百灵注意品德教育，身教重于言教。在其子女中，长女延春是黑龙江中医药大学附属医院儿科主任；四女延华是黑龙江省名中医，黑龙江中医药大学妇产科教授，研究生导师；次子延博是中医妇科副教授。姐弟三人很早就随父侍诊，继承了父亲的妇儿科临床经验。父母是子女的家庭教师，“养不教，父之过”，父母的言行对子女具有潜移默化的作用。所以他和老伴非常注意对子女的教育。当孩子懂事后，他常讲古今著名人物勤奋好学、艰苦奋斗的感人事迹；孩子们工作以后，常对他们讲要坚守岗位，尽职尽责，生活上保持艰苦朴素，粗茶淡饭，不可求荣华富贵，贪图安逸享受。如今他的儿女们都已成为国家的有用人才。

韩百灵经历了清朝、中华民国和中华人民共和国三个历史时期；从坐堂先生到一代名医，从自办诊所到大学教授，再到妇科大家。这是一代老中医的人生缩影，也记载着近百年中国中医药事业的发展历程。

2007年9月28日，在韩百灵从医执教80周年纪念日及百岁华诞之时，全国政协副主席周铁农亲笔为其题词："百岁名医，千秋楷模"；卫生部副部长、国家中医药管理局局长王国强也亲书："悬壶济世八十春，哺育桃李千万人"；中国中医科学院院长曹洪欣亦送上美好祝词："天增岁月长青柏，春满乾坤鹤延龄"；中国中医科学院王永炎院士贺韩百灵为"苍生大医，吾辈良师"；教育部高教司副司长石鹏建贺词道："韩百灵老人从医执教的八十年，是救死扶伤的八十年，是无私奉献的八十年，是探索创新的八十年，是硕果累累的八十年"。

2010年4月24日，一代"国医楷模"韩百灵因病逝世，享年102岁。

（撰稿人 红 柳 韩延华）

高仲山卷

高仲山（1910—1986）

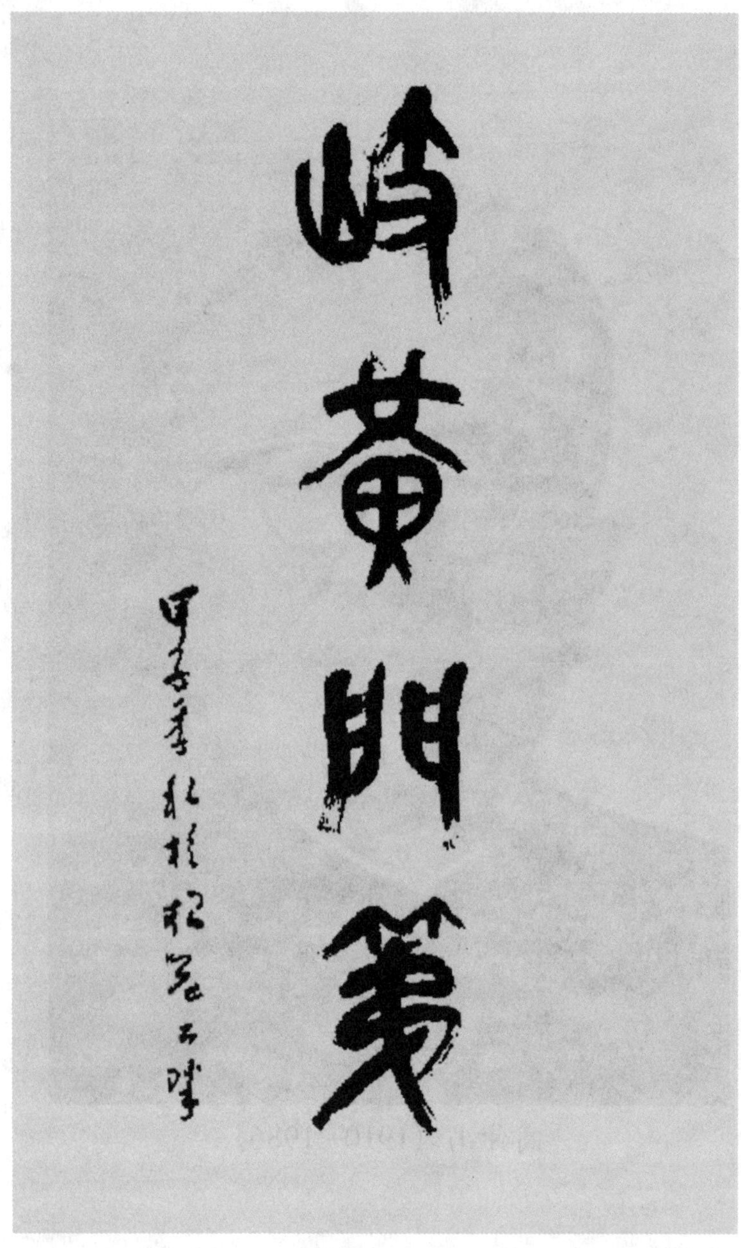

高仲山手迹

谋国民之健康是尽忠卫国的唯一要图。

医术之盛衰影响于国计民生，医术之精窳关系种族之强弱。

欲期中医学术之价值不日就低落，必须向社会多种善因，必须在学术上多作修养。

——高仲山

高仲山（1910—1986），原名高仑，字仲山。祖籍吉林省永吉县（今吉林市）。在行医、教学、参加社会活动时，他一直用“高仲山”一名。

高仲山出身中医世家，为第三代传人。他幼承庭训，学有渊源。1927年赴上海中国医学院深造，以优异成绩毕业，获学士学位。1932年悬壶于哈尔滨市，后被推举为哈尔滨市汉医学研究会会长、滨江省汉医学会会长。毕生致力于中医临床和中医教育工作，以发扬中医学为己任，曾先后培养出500余名中医后生，均为当今东北中医事业之砥柱。学术上，尊崇岐黄，效法仲景，虽有家学可承，但不固步自封；兼听博采，熔各家之长于一炉，邃密医理，探幽阐微，独具新意。主张远读《黄帝内经》、《难经》，精研《伤寒论》、《金匮要略》，近习《温病条辨》等专著，并要提纲挈领，明其主旨，验于临床，不能有学无识而为藏书之箱匣。临证内、外、妇、儿无所不及，长于内科，更以治疗急性热病

（传染病）而闻名东北。

高仲山为中医药事业作出了突出贡献。1929年曾作为中医代表赴南京参加抗议《废止旧医以扫除医事卫生之障碍案》的斗争；1937年创办哈尔滨汉医学研究会，并主编《哈尔滨汉医学研究会月刊》杂志，为继承和发扬中医药事业不遗余力。1955年出任黑龙江省和哈尔滨市卫生工作者协会会长，同年由国务院任命为黑龙江省卫生厅副厅长。先后领导创建黑龙江省祖国医药研究所、黑龙江中医学院（现黑龙江中医药大学），并兼任黑龙江省祖国医药研究所所长和黑龙江中医学院副院长。历任黑龙江省人民委员会委员，黑龙江省第一届（1955年）、第二届（1958年）、第三届（1963年）、第五届（1979年）、第六届（1983年）人民代表大会代表，省人大常委会委员，省政协常委，黑龙江省中医学会理事长，中华全国中医学会理事等职。

高仲山是著名的中医理论家、临床家、教育家，是出色的医政管理工作者。他医术高超，著述丰富，桃李济济，政绩丰硕，为黑龙江省中医药事业的发展和培育高质量的新一代中医人才作出了贡献；名列黑龙江省“四大名医”之首，在黑龙江中医药事业发展史上占有非常重要的地位。

高仲山著有《妇科学》、《汉药丸散膏酒标准配本》（医界简称“高方配本”）、《黄帝内经·素问合解》、《湿温时疫症之研究》、《高仲山治疗新律》、《高仲山处方新例》等著作，并先后发表了《血证辑要》、《麻疹证治》、《疫痧草（校订）》、《时病新论》、《温病病理的研究》、《整理汉医学术的先决问题——统一术语》、《关于肺结核——肺痨》、《由流行性感冒——谈到汉医的一般治疗》、《肺结核及其预防与自疗》、《整理改进汉医药学术刍议》、《现代汉医应有之觉悟》、《病理学》、《疾病之治疗与预防》、《中医肿瘤学原始》、《对几种口腔颈项癌症的探讨》、《论暑瘟证治》、《八纲八法与辨证施治》、《内经之研究》等学术论文150余篇。

愿为良医济世　负笈南下求学

1910年的农历正月初九，吉林著名中医高广德家中喜添一子。这是广德公的次子，取名仑，字仲山。长子高昆（字仰山）比弟弟年长9岁。正值春节，家中添丁，可谓双喜临门。

高广德出身贫寒，父亲是乡村医生。高广德青年时期靠随父学的几个成方为邻舍看病，却难以维持生计，遂开了一间烧麦铺补贴家用。但是他不甘心这样终老一生，立志勤学苦读，拼了命也要完成老父亲要他学医的遗志。父亲没有遗产，临终给他留下的只有一部木版医书《东医宝鉴》，还有巨额的债务。

苍天不负有心人，虽然不能享受“二月桃花三月杏”的风光，但是“三更灯火五更鸡”的滋味却尝尽了。多年以来，广德公读遍了他能收集或借到的医书。邻家小药铺的学徒成了他的“良师益友”，帮助他认识各种药材。遇有难懂的问题，则去请教药铺的坐堂医生。广德公与妻子吴氏节衣缩食，惨淡经营，稍有余钱就替父还债，偶尔才能买上一两本医书。

长子降生时家境已见好转。广德公关闭了烧麦铺，靠积蓄和借债把一间濒临破产的小药铺廉价兑了下来，改名为“成德堂药店”。从此，他便悬壶济世，并留下一个传统：每年立秋全家人必须吃一次烧麦，借以表示不敢忘本，不敢忘记创业之难。

吉林始建于康熙年间，为满语，全名为“吉林乌拉”，意为“沿着大江”。雍正年间，宁古塔将军迁来此地，改名为吉林将军，作为吉林将军驻地的吉林城也随之兴旺发达起来。几百年的建设使吉林成为花团锦簇、市井繁华、商贾云集、人文荟萃、车船辐辏的水陆码头，成为中国北方的大都市及政治、经济、文化的中心之一。这里有繁华不让京都街市的河南街、牛马行街；有驰名关外的百年老药店“世一堂”；有风景秀丽、游人如织、佛鼓梵钟不绝于耳的名胜北山。这里既有饱学宿儒、诗人墨客聚会的诗社、文馆、画苑，也有传播新知识、新思想的新型学校——毓文中学。吉林四面环山，地形险要，素有“铜帮铁底吉林城”之称。

高仲山就是在这样一个文化积淀深厚的地方长大成人的。童年他在私塾学习。老师花大先生是一位清朝末科举人，曾经参与康有为的“公车上书”运动。他腹笥渊博，思想比较激进，推崇康梁主张。他不仅为学生讲解“五经四书”，而且鼓励学生涉猎史籍、诗词。1920年，高仲山考入毓文中学，开始接受新型教育，接触到数、理、化等新学科。时值“五四”运动之后，青年学生言必称“德先生”和“赛先生”，新文化思潮的巨大冲击，使高仲山的思想起了天翻地覆的变化。他与广大同学一样接受新知识、新思想，卷入了这场新文化运动，在“旧学”和“新学”两方面都打下了雄厚的基础。

1926年，高仲山中学毕业，面临职业选择。父亲想让他继承祖业学医，并用“不为良相、愿为良医”的古训说服他。于是高仲山便随父亲学医，把为国效力的一腔热血化为学得一技之长，为民众解除病痛的具体行动。

1927年秋季，高仲山的哥哥高仰山从上海回到吉林度假。兄弟二人这次见面使高仲山的生活发生了重要转折。高仰山在上海美术专门学校读书，是校长刘海粟先生的得意门生。高仲山一向尊重哥哥，重视他的见解，遇有问题便要向哥哥讨教。此次高仰山回来，向高仲山言及北伐军征战军阀的形势。高仲山听了大为振奋，遂萌发了投考黄埔军校的愿望。高仰山听了他的想法后，提出不同意见。哥哥接着开导他道：“我知道，爹让你学医，你心有未甘，觉得这不是你的抱负。但干什么职业才算有抱负呢？古人把良医比作良相，说良相医国，良医医人。有多少良医已流芳千古，远的如扁鹊、张仲景、华佗、孙思邈，近的有叶天士、吴鞠通。就以爹为例，他学识不高，从爷爷那里仅学得几个经验处方。可是他肯下苦功，以勤补拙，靠着投师访友，死啃硬记，总算读到了几部医书。多年来，他身背药箱，在四里八乡游历。一面为人治病卖药，增长经验和见识，一面收集民间验方秘方，拜访各处医家，虚心求教。十几年后他才敢于停下脚步，不再做走方郎中，开办起“成德堂”坐堂应诊。谁敢说他没有值得人尊敬的抱负呢？”“我理解你渴望接触新事物的心情。我听说上海近来开办了专门培养中医的学校，而且不止一家。待我回上海打听确实后，你也来上海读书吧。”

哥哥的劝导使高仲山安下心来学医了。

高仰山临行时，三弟高岩患了急性传染病白喉，病情日渐恶化。喉内白膜，饮水则呛，热势日盛，大便燥结，昏不认人，口出臭气。广德公几经医治，均无转机。延请中西医同行老友会诊，群医束手。迁延数日，高岩终于不治身亡。全家悲痛万分。可是医生家有人病死一事，竟然引起一些好事之徒议论纷纷。

“常言说‘医不医己’，这句话还真有些道理。高先生行医半辈子，名气那么大，可是治不好自己儿子的病，眼睁睁看着儿子小小年纪就死了。这不是应了这句话吗？”

“这也不能怪高先生医术不精，听说他儿子得的是绝症。西医说这种病叫‘白喉’，只能等死。”

这些闲言碎语传进高家，家人只能报以苦笑，不予理睬。可是高仲山听了心中却波澜起伏，愤懑不平。他从此坚定了学医的决心，暗暗发誓：“哪怕千难万难，我也一定要找到治疗这种病的方法。我就不信有几千年历史的中医中药治不了这种病！”

哥哥终于来信了。信中写道：“我已经托人与上海中国医学院的包院长谈妥，你可以随时来上海报到插班就读。”

高仲山大喜，征得父亲同意之后，立即打点行装，准备动身。同行的有他的中学同学辛元凯（字瑞锋）。抵达上海之后，高仲山和辛元凯顺利进入上海中国医学院，开始了学医生活。后来高仲山在一篇回忆文章里写到这一段经历时说："始吾读书识字，辄欲就医，盖以吾家世传医学。严父又以改进中医为训。吾于是之海上就傅，据家学，参西法，秉师传，青灯黄卷，稍有寸进。""据家学，参西法，秉师传"——这就是高仲山成长为一名有别于老一辈中医的新型中医所走过的道路。

中医需要振兴　振兴必须奋斗

1927年，高仲山在上海中国医学院开始了紧张的学习。学院设置的课程很多，有必修课，也有选修课。学校常常聘请一些名医学者来校讲学，例如陆渊雷、章次公。丁甘仁老先生也经常应邀讲学。校内最受同学爱戴的老师当推秦伯未先生。秦先生精研仲景学说，对于《伤寒论》、《金匮要略》等有独到而精辟的见解。他的观点与陆渊雷先生虽有不同，但两人各成一家，相互尊重。秦先生礼聘陆渊雷先生来学院兼课，而且开的课恰恰就是"伤寒论"、"金匮要略"，可见学者心怀不同一般。这种自由探讨、不囿于一家之言的学风是上海中国医学院的特点，它培养了学生善思考、求深入、博采众家之长、敢于探索创新的素质。高仲山除正常随班上课以外，把学习重点放在了"伤寒论"、"金匮要略"等科目上。围绕这几门课，他广泛阅读各家著述，诸如《伤寒大白》、《伤寒来苏集》、《伤寒贯珠集》、《张隐庵伤寒论辑注》。高仲山还常常利用课余时间拜访秦伯未先生，请求解答一些阅读中遇到的疑难问题。久而久之，他与这位只比他年长9岁的老师建立了亦师亦友的亲密关系。秦伯未先生对这个来自北方并勤于探讨、虚心求教的学生也钟爱有加，每次问一答十，循循善诱，把自己的研究心得倾囊相授。两人在振兴中医药学术方面观点几乎一致，都主张以现代科学为基础，改进和丰富中医的传统理论，总结和发扬中医行之有效的临床经验。对待西医学术，不应持固步自封的排斥态度，应择其善者而学之。“他山之石，可以攻玉”。西医学术乃是帮助中医科学化可以借用的力量之一。秦伯未先生鼓励高仲山在这方面多下些工夫。

20世纪20年代的中医面临着空前的危机。由于“西学东渐”，西医传入了中国，并逐渐显示出它先进的科学性。对此，一部分思想保守、囿于狭隘民族意识的人打着发扬国粹的旗号，抱残守缺，拒绝接受新兴科学。加之中医人数众多，水平不一，一些庸医误人致死，一些披着医生外衣的江湖骗子坑人、害人，其行为更进一步败坏了中医的声誉。这内外两种因素，使得一些门户之见颇深的西医乘机否定中医学术，打击中医，围剿中医。

在这种形势下，中医为了存在下去就只有自身奋争。当时的政府崇洋媚外，倾向于保护西医，排斥中医。而自身奋争之道首先在于壮大自身，提高自身素质。高仲山及其师友知道，这是一项重大的历史使命，实现这项使命，绝非一朝一夕之功。而他们这一代所能起的作用就是承上启下。他们应做和能做的，一是团结老一代中医，帮助他们提高素质；二是培育新一代具有科学知识、新型思维的青年中医，使他们能继续为振兴中医药事业奋斗。

1931年高仲山以优异成绩从上海中国医学院毕业。此时他不仅学业有成，还取得了在上海开业行医的资格。在此期间，他经常与良师益友探讨振兴中医之策，明确了奋斗的方向，确立了以医学研究为基础，一方面进行医学临床实践，提高医疗水平；另一方面开展医学教育，培育新型学生。他为自己的书斋取名为“半半斋”，意为“半积功德半育才”。他还经常以“半半斋主”的署名在医学刊物上发表见解。

1929年，高仲山与上海中国医学院的女同学张培民结为夫妇。夫妻二人志同道合，共同创业，生活虽然艰苦，但充满着希望和乐趣。

1931年4月，高仲山夫妇回乡探亲，登上了日本游轮“关东丸号”，离开了东海之滨的上海。谁知此去竟成长别，直至48年之后，他们年逾古稀时才得以重返故地。

位卑未敢忘国忧 忍辱负重志不移

高仲山夫妇回到了故乡吉林市。一路上他们饱受颠簸之苦，尤其是海上的三天三夜，更是不堪回首。张培民因为妊娠反应，加之晕船，呕吐不止。在大连转车时，他们目睹了关东军士兵和日本浪人横行霸道、欺凌中国同胞的情景。辽东半岛俨然已经成为日本领土，这里的国民已经沦为亡国奴。

“九一八”事变后，东北沦陷了。日本扶植清朝逊帝溥仪成立傀儡政府——“满洲国”，从此开始了对中国东北长达14年的残酷统治。

经此变故，高仲山夫妇只能留在吉林，与上海已是关山阻隔，音信不通。此时的高仲山虽然是正规中医院校培养的高材生，但是在名声显赫的父亲身边开业行医也难免打不开局面。吉林市名医有“东高西王”之称，“东高”即指高广德，其诊所整日门庭若市，但病家只认“老高先生”，不找“小高先生”。高仲山终日赋闲在家，闷闷不乐。

1932年春，高仰山向父亲建议：父子共同出资在哈尔滨开办成德堂分号，让高仲山前往哈尔滨开业行医。于是高仲山带着金文华、陈文明两名学徒到了哈尔滨，开始筹办成德堂分号开张事宜。他们先是在哈尔滨道外南十六道街路东租到两间门市房，挂起招牌“成德堂”，立起由秦伯未先生亲笔题写的“高仲山内科医家”的牌匾。由于草创不久，未及准备药物，暂时只能应诊，不能配药。金文华、陈文明两名学徒一边帮助料理内外事务，一边抽空读书。

同年夏末秋初，哈尔滨阴雨连绵，松花江堤年久失修，突然决堤，洪水涌入街区，道外付家甸区顿成一片泽国。祸不单行，水灾带来了瘟疫，饮用水严重污染，酿成了霍乱病大流行，染病者不计其数，死者横尸街头。

在此紧急关头，高仲山应红十字会之聘，担任义务医师，在灾区每日昼夜诊治患者一二百人。连续工作两月有余，治愈病人数千人。自此高仲山在哈尔滨市崭露头角，博得了百姓的赞誉。

1933年初，高仲山在正阳十四道街（现靖宇十四道街）路北买下了一家药店，有门市房五大间，二楼还有七间，可以作为居室。药店内药架、药碾、切药刀具应有皆有，装药的坛、罐、瓶、盒一应俱全，甚至还存有一些配好的丸散膏丹。稍加修缮，“成德堂”便正式迁入新址。从此，一楼开业应诊，二楼高仰山、高仲山分别安家入住，生活从此走上正轨。

在伪满时期，中医被称为“汉医”。这个名称显然含有贬义，把具有国别性质的“中”字，改变成只有民族属性的“汉”字。然而无论如何它否定不了汉民族医学拥有近五千年历史的事实。这样虽身处日本人统治的“满洲国”，过着时时处于威胁之下的亡国奴生活，但总算还有一个可以保持汉民族文化的狭小空间。正是利用这个空间，高仲山得以实现自己确定的振兴中医药事业的奋斗目标。他相信，有着雄厚历史积淀的中华民族不会灭亡。如同历史上的历次劫难一样，日本统治及其卵翼下的“满洲国”只不过是强霸一时，而包括中医药在内的中华文化将永远存在并继续发扬光大，中华民族必将取得最后胜利。

作为现代化城市，哈尔滨随着中东铁路的修建而诞生于1898年。哈尔滨俄国人极多，几乎占到了全市居民的二十分之一。他们绝大部分居住在秦家岗、马家沟和道里区。道外区为贫民区，几乎没有俄国人。因此，哈尔滨的中医主要分布在道外区，其他地区只有极少数人。中医相对集中，便于开展团结和组织工作。

道外正阳十四道街是个得天独厚可以成为中医活动中心的地

方。一条不长的街道上坐落着樊景洲、成德堂、老福春堂、于龙潭诊所、德泰恒药店、锦和盛药店，只有百步之遥的北十四道街还有韩百灵妇科诊所。高仲山每天抽出一定的时间遍访哈尔滨有一定声望的医生。不久他结识了左云亭、刘巧合、安子明、安世泽、高香岩、王子良等中医名宿。高仲山向他们介绍在上海学习和行医的情况，着重讲述了1929年那场关系中医生死存亡的斗争。他说，中医界必须团结起来，共同提高学术水平，加强自身素养。只有这样，才能振兴中医。他的话得到了同行朋友的认同。大家一致认为有必要组建一个学术团体。

于是这些有志之士自1934年开始筹备，历时两年半，终于在1937年3月8日成立了中医学术团体“哈尔滨汉医学研究会”，高仲山任会长，安世泽、高香岩任副会长。在成立大会上，还决定编辑和发行会刊。5个月后，第一期《哈尔滨汉医学研究会月刊》问世了。发刊词中写道：“哈尔滨汉医学研究会为本市汉医唯一之职业团体。本月刊为会员唯一之学术讨论平台。本刊除竭力贡献于会员，并请会员爱护外，更愿竭力贡献于外埠诸同道。尚祈诸同道加以匡助。”

该月刊一经出版便受到市内外中医界的欢迎，印数一期比一期多。1939年12月出版至第30期时，因哈尔滨汉医学研究会升格为滨江省汉医学会，故改刊名为《滨江省汉医学月刊》，成为全滨江省中医的学术刊物。后因伪满全国汉医会成立，《滨江省汉医学月刊》于1941年11月由中央汉医会接办而停刊。该月刊的出版历时三年半，共出版53期。

该刊出版期间，高仲山不仅亲自审稿，编辑加工稿件，组织专题讨论，联系出版，而且还亲自撰写文章，几乎每一期都有他的文章发表。他既撰写学术论文，发表研究心得及防疫养生等科普演讲稿，也撰写《整理改进汉医药学术刍议》、《整理汉医学术的先决问题——统一术语》一类宣传振兴中医药事业的论文；既校订中医古籍（如清陈耕道的《疫痧草》等），也把自己的著述连载在月刊上，以求同道的指正；还经常推荐西医学者论述中医的有价值的文章，如哈尔滨医学专门学校校长阎德润博士的文章《医学与科学》。高仲山为其所写的按语是："本刊内容，欲尽力洗除五行生克之说，希以科学方法解释汉医学术，用图整理改进。不过此种学说，在吾汉医界，尚是萌芽时期。今拜读哈尔滨医学专门学校校长阎博士之大作，以汉医学与科学相提并论，诚堪为整理改进汉医学术之准绳。望吾同道共勉之，以期汉医学之现代化焉。"更主要的是，高仲山通过这一刊物向社会普及了中医知识，吸引了一批有志于学习中医的中青年。

尽管该刊后来停刊，但它所起的作用却是不容轻视的：它为哈尔滨的中医从业人员交流临床经验提供了平台，在一定程度上提高了他们的医学素养，学术气氛更浓了；它使哈尔滨的中医从业人员读书蔚然成风，互助精神加强，一些应诊不多、生活困难的老中医得到了资助。

1937 年 3 月，高仲山主持召开了哈尔滨汉医学研究会全体会员大会，会上通过了几项决议，如刊行局方丸散膏酒标准配本，设立汉医专门学校，整理汉医要籍，设立巡回汉医图书馆等。

1940 年春夏季，东北流行瘟疫，高仲山带领黑龙江 14 个县市汉医学会和医学会联合进行了湿温证的防疫和研究，于同年 8 月亲自撰写《湿温时疫症之研究》，有力地指导了各地防疫工作。

1941 年夏，"伪满洲国"民生部保健司日本副司长沼边在司员兼翻译辛元凯的陪同下，到哈尔滨"视察"滨江省汉医学会的工作。在道外松江春饭店举办的一次宴会上，沼边半醉时大放厥词，说："汉医虽然产生在中国，但是必然在日本才能发扬昌盛，因为日本强大、先进，现在就有了超过所有汉医的著名日本汉医汤本求真。他的著作是前无古人的经典著作，所以汉医都应该向他学习……"高仲山听后勃然大怒，大声喊道："屁话！"接着忍不住把手中的啤酒瓶猛地摔在餐桌上，摔得粉碎。在座的无不大惊失色，同仁们都暗暗为他担心，沼边也被吓得愣住了。事后高仲山多次讲到此事，认为这是中国人和中医界受到的奇耻大辱，用以告诫子孙和门生：自己若不努力奋斗，就会受到外国人的轻视和侮辱。

祖国喜庆新生 古树重放新葩

1945 年 8 月 15 日，日本天皇宣布日本无条件投降。对于东北人民来说，持续了 14 年之久的亡国奴生活结束了。第二年，即 1946 年 4 月 28 日中国共产党领导的东北民主联军（即后来的中国人民解放军第四野战军）开进了哈尔滨。从此哈尔滨人民得到了彻底解放。

哈尔滨市人民政府成立之初百废待兴，面临的形势格外严峻。就全国而言，它是当时唯一由人民当家做主的大城市，因而担负的支持解放战争的任务最重。日本 14 年的统治使哈尔滨市的人民生活在水深火热之中，生活水平低下。加之日本人战败时炸毁了位于哈尔滨市平房区的“七三一”细菌工厂，使带有各种细菌的老鼠、昆虫散布各地。哈尔滨特别是贫民聚居的道外区、太平区等地不时流行伤寒、鼠疫等传染病。对此，人民政府专门组织医务人员开展疫病防治工作。高仲山被推选为新成立的哈尔滨市国医学会会长。他积极组织学会会员参加防治工作，采用中医药手段治疗伤寒、斑疹伤寒和猩红热等传染病，并积累了宝贵的诊治经验。

在此期间，地方卫生行政部门则发布了排斥和歧视中医的规定。他们认为，中医是“封建医”，是“封建时期的产物”。除了有中医院校毕业文凭的人以外，所有开业的中医人员必须参加考试，受到甄别之后，合格者方可领到新的行医执照。规定发布后，哈尔滨市中医界一片混乱。高仲山是唯一可以不必参加“考试”和“甄别”的人，但他没有置身事外，因为这是关系到中医存亡的问题。他挺身而出，带领中医学会的陈志和、马骥等人共同起草了申诉书，说明中医是维护哈尔滨市人民健康的一支不可缺少的力量，在卫生防疫和医疗工作中作出了贡献。同时指出，由于历史原因，中医从业人员的知识结构与西医不同，如果用西医的生理学、解剖学、诊断学、病理学等作为考量他们的科目，既不合情，也不合理。一旦这些人员被不合理地淘汰，将严重影响当前迫在眉睫的传染病防治工作，并危害到今后维护人民健康的实际工作。哈尔滨市数百名中医在这份申诉书上签了名。人民政府认为这份申诉书有理有据，有利于革命工作，而那些排斥和歧视中医的言论会对卫生事业造成极大危害，因而立即撤销了“考试”和“甄别”的规定，支持中医参加防疫和医疗工作。

虽然这次排斥中医的风波暂时平息了下去，但在以后的年代里，这种风波仍然不时以各种不同的方式出现。

1954 年，高仲山兼任黑龙江中医进修学校校长。当时东北地区主管卫生工作的某领导曾说：中医不科学，治不了病。并佐证称：外国没有中医，但外国人都生活得很好、很健康，等等，大有取消中医办学立意。这种错误主张干扰了中医进修学校的正常教学。高仲山针锋相对地说：“说外国人没有中医也很健康，那么也可以说山林中的老虎同样没有医生，老虎们都很健壮。”他不仅驳斥了错误观点，还坚持加强学校的中医课教学。据黑龙江中医学院院史记载：“在纠正了某些人推行的‘改造中医’的方针后，学校加强了中医课的教学，以学中医课为主、西医课为辅……这一学校的创办是黑龙江中医正规办学之开始，对全省中医事业的发展起了重要作用。”

1962 年，黑龙江省有关部门个别人拟借调整的机会，要求停办黑龙江中医学院（即 1959 年由黑龙江中医进修学校更名）。黑龙江中医学院院史是这样记载的："这一消息传来引起了全院教职员工的强烈反响，一致抵制这一错误决定。黑龙江省中医界元老、卫生厅副厅长、学院副院长高仲山，学院党委副书记李延新等人多次向上级反映群众的呼声，陈述黑龙江省中医教育事业发展的需要，据理力争，终于使学院免于夭折。"

以后，随着中医政策的落实，中医人精神焕发，中医学得到长足发展，中医教育和科研水平不断提高，中医的社会地位得以巩固，中医药事业欣欣向荣、蓬勃发展。如今黑龙江中医学院已经发展成为黑龙江中医药大学，黑龙江省祖国医药研究所升格为黑龙江中医研究院，伟大祖国为中医学这棵古树提供了肥沃的土壤和广阔的发展空间。

传承岐黄古训　教书育人不倦

高仲山认为，振兴中医事业当从提高中医界人员素质开始。因此，他在行医治病之余很注重培育新一代中医人才。早在 20 世纪 30 年代，他发现东北地区（特别是黑龙江）现有的中医从业人员大都没有接受过系统的中医教育，老龄化严重，青壮年中医不足。他们的中医学知识很浮浅，甚至少有人知道中医的"四大经典"。而且社会上有许多人愿意学习中医却求学无门，特别是一些药店学徒，他们渴望能系统学习中医知识。对此高仲山心急如焚，发誓要改变这种人员素质低的局面。但在当时没有办学的条件，于是他就决定开展函授教育，在报纸上征召函授学生，果然有很多人踊跃报名。他和夫人在诊余挑灯夜战，刻钢板，编讲义，并装订成册，分发邮寄给省内外的函授学生，最多时一期函授学生就达两百余人。此外，他还在哈尔滨市开设中医讲习班，以汉医学研究会为依托，为中医界交流经验、磋商疑难提供了一个平台。为了办好讲习班，高仲山率领一些热心会员殚精竭虑，费尽苦心，租借校舍，编写教学大纲，印讲义，安排各科教师。开课后，他又随班听课，帮助教师改进教学。高仲山亲自开设“伤寒论”、“金匮要略”等课程。两期讲习班共有上百名学员参加。他们经过政府考试，都取得了开业行医的资格证书。其中的佼佼者如马骥、谭生源、张金衡、张琪、赵正元、滕捷、赵麟阁、姜淑明等后来都成为黑龙江省中医界的中坚力量和国家级名医。

高仲山出任黑龙江省卫生厅副厅长后，在他的积极倡导和筹备下，黑龙江省祖国医药研究所和黑龙江中医学院先后成立，并由高仲山兼任所长和副院长。为了提高教学和科研水平，他遍访黑龙江省各地有教学能力的名医贤士，请他们为了中医事业的发展放弃临床工作，心甘情愿来到“清水衙门”——中医学院教书。他请求地方政府同意调动他选定的人才。其中便有马骥、韩百灵、刘快虹、孙继常、杜万春、于盈科、赵麟阁、赵麟山、邹德琛等。他们组成了黑龙江省第一支高水平的中医中药师资和科研队伍。为了解决教材问题，在没有任何先例可以借鉴的情况下，高仲山一方面亲自制订培养方案和教学计划，一方面组织教学人员和省内名老中医，夜以继日地编写出《中药学》、《方剂学》、《中医诊断学》、《温病学》等中医教材。

高仲山认为，黑龙江中医学院的建立是中医药事业现代化、科学化道路上的一个里程碑。遍布全国各省市的中医院校有政府的领导和支持，有国家在财政上的保证，招收的学生都是受过高中教育，拥有现代科学知识的青年，这是一种全新的中医教育体制，尤其在师资力量方面更是旧中国的中医学校所无法比拟的。就以黑龙江中医学院为例，它的师资队伍中不仅有临床经验丰富、熟谙中医经典的名老中医，而且有毕业于西医院校、学有专长的专业人员担任生理、解剖、病理、微生物、实验动物学等学科的基础课教学工作，如黎全、李智、张德山、常福久、伍金满等教授；还有著名的西医学习中医的教授与中医教师一道从事科学研究和临床实践，如王刚、贾宝善、姚世茹、黄殿栋等著名教授。这种全新的教学、科研体制预示着中医及其教育事业的光辉前景。

1979年以后，在改革开放的大好形势下，黑龙江中医学院进入了一个新的发展时期。年逾古稀的高仲山一方面抓科研，一方面抓教学。他亲自听课、讲评，鼓励教学改革；为名老中医配备高徒，帮他们整理宝贵经验；举办各种学术交流，到黑龙江、吉林、辽宁各地、市讲学传经。高仲山是中医内科学教授，也是教育部首批颁布的硕士研究生导师之一。他所在的伤寒教研室也被首批批准为重点学科和伤寒论学科硕士学位授予资格单位。

高仲山亲自培养出一大批研究生。其中佼佼者有李敬孝、杨丙辰、高润生、张友堂、吴文刚、高雪、于永杰、金东明等十余人。他们有的走上管理岗位，有的活跃在临床、教学、科研第一线，还有的人在海外从事中医学的传播和应用，可谓桃李满天下。

1979年9月，正值黑龙江中医学院庆祝建校20周年之际，高仲山抚今追昔，心绪万端，提笔写下一组诗词，抒发自己的感情，其中如《调寄〈青玉案〉·院庆感怀》：

廿载崎岖创业路，
苦经营，无歇处。
满园桃李花千树，
三迁颠簸，二度“下马”，
从容险关渡。
幸赖吾党除枷锁，
中西团结写新赋，
协力探讨回生术。
新英辈出，前程锦绣，
征途莫停步！

制订行业标准　维护中医声誉

早在20世纪30年代，高仲山在为患者治病的过程中不时受到所开药物达不到预期效果的困扰，同行们也时常遇到类似情况。作为中医学术团体的“哈尔滨汉医学研究会”时常接到患者投诉，说同一种中成药，在不同药店购买，其效果大不相同。这种情况不仅严重败坏了中医药的声誉，而且也危及了患者的身体健康，甚至生命安全。假药、劣药充斥市场的情况，引起了中医药界的忧虑和深切关注。草药的真伪优劣尚可由有经验的药师、药工辨认比较，而中成药则是“丸散膏丹，神仙难辨”。尽管各家药店都宣称“修合虽无人见，存心自有天知”，但是药商之中鱼龙混杂，一些逐利之徒仍大行其道，制假造假，置患者的性命于不顾。面对事关中医药发展的大事，立志振兴中医学术的高仲山不能置之不理，他下决心要为丸散膏酒制订一个配方标准。

1937年3月，《哈尔滨汉医学研究会会议纪要》记载：刊行丸散膏酒标准配本，目的在于建立一个行业标准，使各家药店所配制的丸、散、膏、酒等中成药能够统一标准，铲除粗制滥造、偷工减料、以次充好、以伪乱真等现象，排除配方中各种药物剂量不准确、药品质量不统一、炮制方法不一致、药品名称和药品成分不相同等等弊端，以此来保证中成药的疗效，保障患者服药安全的权益，保护中医中药的声誉。研究会常务理事会几经商讨之后，决定由会长高仲山亲自执笔完成这项编写任务。

高仲山得到授权以后，遍访哈尔滨、吉林等市各家大小药店，收集或摘抄了各种自家配本，甚至秘不外传的配本。同时，他还购买或借阅了几百种中医药古代典籍和医史医话。然后他把每个配方的不同版本一一比较、对照、校勘，根据药性和临床心得加以抉择，或增或删，最后确定了最佳方案。每一个配方都追溯到最初出处：出自何书，何人初创。每一个配方都注明其本名、别名、坊间用名等。在此期间，高仲山经常向同行及中药人士请教垂询，探讨疑难问题，并多次在《哈尔滨汉医学研究会月刊》上刊载某些配方的草稿，尽可能广泛地征询各方意见。他殚精竭虑，力求保质保量地编好“标准配本”。

经过三年孜孜不倦的劳作，一部洋洋12万言的《汉药丸散膏酒标准配本》(以下简称《配本》)终于脱稿。其中收录通用中药局方500余种。为表文责自负，本书署名为高仲山著，并由他个人出资，由哈尔滨精益书局印刷发行。几年间，该书先后重印三次。在此后的几十年里，该《配本》一直被业界尊称为“高方配本”。

《汉药丸散膏酒标准配本》问世之后，受到中医药界极大欢迎和重视，人们多以能获得一本《配本》为幸事。当时东北三省的绝大多数药店、药厂都曾经按照这一具有行业标准效能的《配本》进行生产。可以说，该《配本》对于当时中成药市场的规范化、标准化作出了突出贡献。时至今日，仍有很多中药厂在按照《配本》来生产某些传统中成药。后来，卫生部编撰《中华人民共和国药典》时，该《配本》成为一部重要的参考书，其中不少章节被吸收进入《中华人民共和国药典》。

中西论战化干戈　团结御侮为中华

20世纪20年代末，中医药事业面临一次空前的生死存亡的危机。中医与西医之间的冲突不可避免地发生了。这本来是两种文明的碰撞，不是简单的“同行是冤家”的对抗，如果处理得当，二者本可互补相长，共同发展，从而促进医学进步。但是在那个时期，这一冲突却演变成了一场对抗性的政治斗争。

1929年，上海著名西医、时任国民政府卫生部中央卫生委员会委员的余云岫率先向中医发难。他联合一些同仁向当时的南京国民政府卫生部第一届中央卫生委员会提出了《废止旧医以扫除医事卫生之障碍案》。该提案极尽污蔑诽谤中医之能事，猖言中医理论皆为“凭空构撰，全非事实”，乃是“迷信之巫祝之道”；甚至说“要而言之，旧医一日不除，民众思想一日不变，新医事业一日不向上，卫生行政一日不能进展”。这样一个不敬祖宗、污蔑中华文明的提案竟被南京国民政府卫生部第一届中央卫生委员会通过了。

消息传出，举国震惊。中医药界同仇敌忾，奋起自卫。1929年3月17日，全国医药团体代表大会在上海召开，会上成立了“全国医药团体联合会”，并组织请愿团于会后赴南京请愿，要求国民政府收回错误决定。

当时，高仲山刚刚取得在沪开业行医的资格。为了中医的生存，他不顾个人安危，奋勇当先，写文章，做讲演，与余云岫等人公开辩论。他公开阐明中医学同样是一门科学，尽管它不够完善，但在新时代它仍可发展、变革。几千年来中医学为维护中华民族的身体健康、子孙繁衍作出了不容忽视的重大贡献，今天中国人口多达四万万，居世界之首，便是鲜活的证明。余云岫等人数典忘祖，不经深入研究，凭空想象，主观臆断地否定中医理论，完全违背了他们口口声声提倡的科学观。高仲山认为，“尺有所短，寸有所长”。中医虽有“所短”，但“罪不当诛”。历史证明，中医始终自强不息，不断进取，可以取他人之长，补自己之短。这个“他人”也包括那些正在攻讦中医的以余云岫为代表的西医，包括西医所拥有的种种“所长”。高仲山的积极热诚，据理力争，有理有节，博得了同行们的首肯和赏识。他被推举为上海的代表，参加了请愿团。

在全国中医药界的共同努力下，“废止中医”的议案终于被撤销了。为了庆祝此次胜利，中医界将3月17日作为“国医节”。

1950年8月，第一届全国卫生工作会议召开了。毛泽东主席对会议非常重视，专门为大会题词："团结新老中西各部分医药卫生工作人员，组成巩固的统一战线，为开展伟大的人民卫生工作而奋斗！"这次会议所强调的与中医工作有关的两大中心主题就是中西医团结问题和中医科学化问题。

高仲山被推选为黑龙江省中医代表参加了这次盛会。会议期间，他见到了阔别20年之久的师友陆渊雷、叶劲秋、汪绍笙等，也遇到了20年前的论战对手余云岫。会上他们聆听了朱德、陈毅等国家领导人的讲话，感受到了国家对中医药工作的关怀和对中医药工作的重视，也体会到了中西医团结和中医科学化的重大意义。大会特意安排了8月13日的一次中医座谈会，并且专门邀请余云岫与会。座谈会充分肯定了中医在历史上的成就和贡献，同时也指出由于历史原因，中医缺少近代科学的研究方法。座谈会指出，中医走向科学化，需要补充现代科学知识；要用科学方法研究和整理中医的学术思想，进而提升其理论。同时必须保持中医学术的独立性。会议还着重指出：过去中西医的不团结乃是历史造成的。今后中西医应在共同一致的目标下团结起来，这个目标就是为了人民大众的健康。与会者认识到，为了实现这一目标，为了发挥中医最大的功效，改造自己是必要的，不仅中医要改造，西医也同样需要改造。

在座谈会上，继李德全、汪绍笙、陆渊雷之后，高仲山发言说："从几十年前反对余云岫的主张开始，我就主张用科学方法来整理中医学。可是现在，中医还没有什么像样的成就。""科学是有规律的。中医只讲究经验秘方是不够的。社会发展得很快，如果仍因循守旧，人民是不会满意的。中医学是中国特有的古老文化，对待它的态度应该遵照毛泽东主席所说的：有批判地继承，吸收和继承其精华，批判和扬弃其糟粕。中医要科学化，再也不要用旧方式、旧方法培养旧式的'新'中医了。中西医团结有利于中医的科学化，西医有许多东西是值得中医学习和借鉴的。中西医需要的是团结，互相取长补短，而不是相互攻讦，相互排斥。面对崇高的目标——为了中华民族的健康发展，任何门户之见、任何个人恩怨都是渺小的，不足挂齿的。从这一高度考虑问题，中西医有什么理由不加强团结呢！”

会议中举办了一次文娱晚会。著名京剧演员李少春和袁世海联袂演出了新编剧目《将相和》。此剧的“团结御侮”主题深深感动了与会的中西医代表。高仲山恰好坐在离“夙敌”余云岫不远处。演出结束后，两人同时走出剧场，心绪难平，深感这次会议对于中国的卫生事业和中西医学术的发展具有划时代的重要意义。他们不约而同地向对方伸出手来，并紧紧握在了一起。往昔的龃龉不和全部化解在笑语当中。他们的和解是共产党的团结中西医政策感召的结果，也堪称一段医林佳话。

借近代科学成果　倡中华大医学观

摒弃中西医论争，鼓励后辈掌握现代医药学检测手段和科研方法，丰富和发展中医学、中药学，是高仲山教书育人的理念之一。他在很多场合都在倡导“中华大医学”概念。他认为，中医学术的发展，不能脱离时代的进步。一切科学成果都应该“为我所用”。学术上，他主张古尊岐黄，效法仲景，邃密医理，探幽阐微，兼听博采，熟读《黄帝内经》、《伤寒杂病论》、《温病条辨》等经典著作，并要提纲挈领，明其主旨，验于临床，熔各家之长于一炉，提倡中西兼收并蓄，以中为主，以西为辅。在师资队伍建设方面，他不仅广纳中医名家贤士，还招聘西医基础与临床的名师大医。在课程设置上，他主张七成学中，三成学西。学习中医重视经典，重视临床实践；学习西医重视生理、病理、药理、生化，重视临床诊断。在临床思维方法上，他主张建立中西两套独立思维方法，用中医的理论指导辨证施治和理法方药，用西医的理论指导对现代病的认识。

在学术和教学上，他主张继承中医经典时，不能泥古不化，墨守成规。他认为，现代科学技术是所有学科的共有财富，中医要想跟上时代的发展，也必须吸收现代的科学技术，用现代科学的知识、观点、方法来研究、充实和发展中医学，使中医学术与时俱进。在临床上，他强调辨证论治和整体观，认为辨证论治是中医学的精髓，离开辨证论治中医学就会失去生命力。整体观是建立中医临床思维的基础，离开整体观就难以体现中医学的诊疗规律。他最经典的课程是“八纲八法与辨证施治”。在晚年多病时，他还坚持撰写《高仲山治疗新律》、《高仲山处方新例》等著作，以阐明自己的学术主张。

梨杏相同天职 灵肉皆需健康

参加行政管理工作之后，高仲山的思想认识逐渐发生着变化。如果说以前他为中医命运的担心、为中医药事业发展而奋斗，还仅仅是不甘心延续了几千年的中医药文化在自己这一代灭绝，不甘心中医被外来的西医排斥和取代，不愿看到靠行医养家糊口的千千万万中医无以为生，而如今他认识到应该站在更高的高度来看待中医的命运问题。中医药事业是我国“伟大的人民卫生工作”的一个组成部分，它的发展不是个人或某个社会群体的问题，不应怀有“门户之见”，也不能抱有狭隘的民族主义观点。卫生工作是国家之大业，民族之大业，为祖国、为人民是考虑一切问题的出发点和落脚点，这应该成为自己后半生的方向和指针。高仲山感到时代变了，自己的心胸也开阔了。这种思想的变化在与梅兰芳先生的短暂交往之后就更加明显了。

京剧艺术大师梅兰芳先生要来东北巡回演出，定在1954年春到哈尔滨市。消息传来，民众翘首以待，预售的剧票早已抢购一空。不料，梅先生突发眼病，双眼红肿，畏光疼痛，已经不可能上台演出了。梅先生非常着急，刚刚下榻在哈尔滨国际旅行社，即向前来迎接他的省市领导表示歉意，并提出请一位医术好的中医来看看眼病。在座的领导一致向梅先生推荐高仲山。

高仲山见到梅先生，经过诊查，断为“暴发火眼”，并向他解释了发病的原因、治疗的方法、生活上的忌宜事项。梅先生听后深表同意，要求快一些给他处方医治。高仲山开具处方后嘱咐连服 3 日，并答应会每天来看望梅先生，以便随时调整治疗方案。

梅先生服药 3 天，病情很快好转，5 天后便痊愈。经过这 5 天的接触，两人感情日深，经常谈起中国古老文化与京剧、中医的传承问题，共同的理想和志向使他们成为莫逆之交。在梅先生患病期间，梅葆玖先生代替父亲登台演出。巡回演出结束，梅先生与高仲山惜别，他取出一张自己的便装照片，亲自在左上角题写“梅兰芳”三个大字赠给高仲山留念，并感慨道：“这场大病，真没有想到好得这样快。可见，医者，艺也！”高仲山闻言，想到平日对梅先生的敬仰，不禁接口说道：“梅先生谬赞了。岂不闻，艺者，亦医也。梅先生以戏剧为良药，净化人的思想、灵魂，涤荡人们心灵上的污垢，才称得上良医呢。”言罢，二人相对拊掌一笑而别。这件事情被《哈尔滨日报》记者得知，很快就在报纸上以《高仲山与梅兰芳》为题发表出来。

融会“伤寒”与“温病” 别出新解治顽症

高仲山虽然以研究《伤寒论》见长，但在 20 世纪 30 年代行医的早期，他却最先以治疗瘟疫而传名。他之所以能够在重大疫情面前展示中医药的威力，得益于他没有门户偏见，博采众长。这里仅列举高仲山治疗霍乱、大头瘟毒、白喉、瘟黄、温毒发疹、烂喉痧等方面的经验，从中可见其深厚的中医学功底，亦可窥其学术思想与医学造诣之一斑。

一、急救回阳汤治霍乱

高仲山认为，霍乱为患，病势急骤凶险，且有阴霍乱与阳霍乱之别，临证须细别阴阳，不可混淆。阴霍乱者，系瘟毒传染而成。一经染之，即吐泻不止，以致阴津暴失，阳随阴脱，危在顷刻，急当救治。正所谓："吐下之余，定无完气。"然医者，当明"津以载气"，"气以摄津"之理。此刻，若不立回其阳，反补其阴，则雪上加霜，适得其反，终误人命。当知回阳者所以敛阴，阴阳调和，是为正治。急救回阳汤用之应手，灵验无比，使用时亦可随证变通。若转筋剧者，加木瓜、乌梅；痛剧者，加吴茱萸；体弱者，重用党参、白术；呕甚不能进药者，先调服玉枢丹；病危者，于服药间隙予淡盐汤，服药时间不必拘泥，可频服多饮，以求回阳救阴。阳霍乱者即今之所谓急性肠胃炎，多由外感风寒、内伤饮食所致。治疗常用藿香正气丸、解毒活血汤、苏合香丸等变通，均为有效良方。

1932年，松花江洪水决堤，哈尔滨半城被淹，粪便污物浮留地面，腐臭冲天，饮用水严重污染，终于在夏末秋初之际酿成霍乱病大流行。染霍乱者不计其数，尸横街头，惨不忍睹。高仲山担任义务医师，每日诊治患者一两百人，昼夜应诊不停。所见之霍乱多属阴霍乱，症见大吐大泻，吐泻无度，脘腹绞痛，大渴喜冷饮，冷汗如油，四肢厥逆，或两腿转筋，或两臂抽搐；脉象沉伏，指纹塌陷，如洗衣妇手。顷刻虚脱，立见危亡，死不旋踵。治当温中回阳，急救回阳汤主之。

处方：熟附子40g，党参40g，干姜20g，白术20g，甘草15g，红花15g，桃仁15g。水煎服。药入即吐者，冷服；频吐者，频服；吐甚者，先以玉枢丹与小苏打同研调服止吐，再服汤药以发挥药力。

周某，年七旬有余。1932年8月初诊。诊查：患者蜷卧榻上，目眶塌陷，面色死灰，气息微弱，几无生机。自昨日起吐泻无度，至天明已不省人事。诊之，头面湿冷如油，四肢厥而不温，皮塌肉陷，脉象微弱，仅存一息，卧如僵尸。虑其年高之体，病入膏肓，恐难回生。无奈其家人苦求，遂处以前方，参、术用至50g，红花、桃仁增至25g。嘱取大砂锅，3剂同煎，即刻灌服，不拘时间，以不吐为度。

当晚，周家管事回复，病人吐泻均止，手足渐暖。遂往，见冷汗已止，面色苍白，可扶坐言谈片刻。舌质淡，苔白腻，脉沉中兼缓。知其已有转机，阳气来复。予附子理中汤，每日1剂，旬日瘳。

二、清开苦降治疗大头瘟

大头瘟多由天行温热疫毒感染而成。发病之初状似感冒，继之则以鼻额焮红肿起，渐及耳目头项。高仲山的治疗经验：清开苦降，随证治之。初起要清瘟解表，用荆防败毒汤；及重当用李东垣普济消毒饮主之；若失治误治致邪陷心包、津伤热结，可加芒硝、大黄通腑泄热，兼服安宫牛黄丸，以外攘温毒，内降实火。

古某，男，45岁。1937年8月初诊。主诉：头肿大如斗，皮色焮红，病已半月，延医数人，其效不显，病渐恶化，邀请往诊。诊查：见其仰卧床上，神昏谵语，胸高气粗，体若燔炭，头肿如斗，目合难开，眼角流脓，耳孔肿塞凸出并流出脓水，烦渴，喜冷饮。家人告之：大便已十日未解。切其腹坚而满，诊其脉数而大，望其舌苔黏黄干厚，咽喉红肿。辨证：此乃感受温热疫毒之邪，上攻头面而发。病久失治，热陷心包，兼有腑实之证。治法：清瘟解毒，豁痰开窍。

处方：连翘15g，川黄连10g，黄芩15g，牛蒡子10g，玄参20g，桔梗10g，板蓝根15g，马勃10g，僵蚕10g，薄荷7.5g，贯众10g，柴胡10g，大黄（后下）20g，芒硝（分两次冲）10g。水煎，分2次服，同时以汤送服安宫牛黄丸2丸。

翌日复诊，身热大减，大便已解，便出燥屎黑硬，患者神志渐清，偶能识人，烦渴亦减，舌脉同前。嘱继服前方药。十日后，一男子忽入诊所，倒身跪拜，连称“感激救命恩人”。仔细观之，此人正是古某。见其头肿全消，舌转红赤，脉象稍数，投以清瘟败毒饮两剂善后。

三、重剂养阴清肺汤治愈白喉

时疫白喉属凶险重症，虽有风火、风毒、阴寒、伏热、虚火、燥疫之分，但以燥疫为多，非一般药力而能获效，临证时须当机立断，大胆施药。方药击中要害，常能起沉疴危症于一旦。郑梅涧《重楼玉钥》之养阴清肺汤专为燥疫白喉而设，但视病情之轻重，药量常需倍增，始能药到病除。此外，值病人火盛津枯之际，高仲山遵张仲景急下存阴之法，重用大黄、玄明粉，以冀获釜底抽薪之功；但应中病即止，以防伤正。白喉之治，当时刻顾及津液，禁用发汗解表之法，犯之则发痉厥，立见危亡，不可挽救，常须识此，勿令误也。

邹某，男，24岁。1938年10月初诊。家人代诉：神昏谵语，壮热躁扰。发病十余日，初时以为感冒，但自觉喉内介之如梗，满喉发白，硬而不痛，饮水则呛；继而热势转盛，大便燥结，昏不识人。几经医治，均无转机。诊查：舌苔黑燥，舌面及口唇均干裂，喉内白腐如垩状，口出气臭。辨证：此属白喉重症，火盛津枯之势已成。治法：观其前服诸药，亦均以养阴清肺为主，本属正治，其病当愈，何以不效？细思忖之，乃剂量不足耳，遂以增大其量而治之。

处方：生地黄100g，玄参50g，麦冬50g，贝母25g，薄荷10g，牡丹皮25g，白芍25g，大黄25g，玄明粉（另冲服）20g，甘草10g。嘱其水煎分3次服，每3小时1次，日进3剂。

次日凌晨，病人家属来告：昨夜服完1剂后，排出燥屎甚多，神智渐清。但见胸背起斑疹如栗，色鲜红，询问是否再服前药。此乃药见功效，热毒外解之征，需继服前方药。只将大黄、玄明粉减半服之。

两日后前往诊视，家人告之：为逃避“隔离防治”（伪满时期之传染病法，凡属烈性传染病患者必须收容隔离，被隔离者生还无几，故病家多设法避之），昨日病人已起身行走，现藏在4楼棚顶。遂上楼探望。见病人神清热退，喉内白腐渐脱，饮食无碍，二便已趋于正常，脉象无力。故于前方减去大黄及玄明粉，余药改为常量；嘱服药期间慎起居，忌油腻，糜粥自养。前后共服药20剂，完全康复。

四、牛黄承气汤抢救瘟黄

高仲山认为，瘟黄多为传染病，可因外感瘟毒突然而起，亦可由中焦湿热迁延而致。初期卫分被郁，若失于疏散，可致传里化热；进一步胃腑热结，不能清降，邪热深入营血，内陷心包，熏灼肝胆，最终热盛动风，发展至猖獗难止。这种传变完全符合温病的发病规律，却无不以阳明为变化的枢纽，正所谓“阳明为成温之薮”（《伤寒来苏集·伤寒论翼·温暑指归》）。此乃本病辨证的重点，也是治疗的关键。

治疗上重在清心泻火抢救昏迷，急下存阴以阻遏病势的发展，牛黄承气汤（安宫牛黄丸调生大黄末）为有效的方药，另加牛黄提高药效，助其不及。若热入营血，阴液受损，宜采用釜底抽薪的急救方法。但只能阻止热邪继续伤阴，不能回复已伤之阴液，需配合白虎汤清气，黄连解毒汤泻火，犀角地黄汤（犀角现已代用）及增液汤凉血育阴。治疗过程中，要根据病情变化，灵活给药，重点突破，但始终不离以上原则，方可使濒死者得生。

柴某，男，35岁。主诉：1960年3月17日午夜因意识不清七八小时而急诊入医院治疗。经检查，诊为急性传染性肝炎、急性黄色肝萎缩、肝昏迷。3月27日下午高仲山应邀会诊。诊查：患者不省人事，知觉全无，目赤睛定，瞳孔缩小，舌短口噤，遍身黄染如金，身热不扬，躁扰不宁，循衣摸床，时时呕呛，呕出暗红色汁液，已十多日未大便，小溲每日1次，色如啤酒。脉数而实。辨证：脉症合参，此病属于瘟黄，已热入心包，肝风内动。治法：开窍清心与釜底抽薪同进。

处方：牛黄承气汤，安宫牛黄丸两丸，另加牛黄1g，大黄25g。每次以大黄煎汁送服丸药及牛黄，每4小时服一次，夜间停服。待能大便两三次，则停用大黄。

因病人口噤难开，采用鼻饲；鼻饲失败，改由灌肠给药。当夜很平静，无躁动谵语，无呕呛，仍昏迷。次日午夜，突然抽搐，经用葡萄糖酸钙仍不能控制，继续以前方保留灌肠。

3月24日诊：晨始呢喃自语；9时挣扎坐起小便，10时能识亲友，但时发抽搐，全身颤动，间有幻视、抽搐、谵语，脉象滑实。此乃肝阴耗损，肝风内动。虽经灌肠导便，但胃肠津液未复，仍有燥粪结滞。拟急下存阴，加用清心疏肝解毒之品。

处方：犀角（现已代用）5g，生地黄20g，白芍10g，牡丹皮10g，黄连8g，生石膏30g，柴胡10g，黄芩10g，栀子10g，知母10g，黄柏10g，茵陈15g，甘草10g。水煎服，一日2次。兼服安宫牛黄丸2丸，每日3次，另加牛黄1g，大黄25g，煎汁送服，夜间停服。

3月27日诊：虽见清醒，但狂躁加剧，骂詈抓胸，舌起芒刺，苔黄腻，脉滑实，仍无大便。急投利胆通便、救阴泄热、急下阳明之剂。

处方：大黄30g，厚朴10g，枳实15g，玄明粉（冲服）15g。水煎服，一日2次。嘱服后大便泻下两次即停服。兼服安宫牛黄丸 3 丸，牛黄 1g，每日 6 次。

3 月 29 诊：大便 1 次，极干燥臭秽。近两日抽搐较频，每 1~2 小时发作 1 次，口角㖞斜，目珠上吊。不发作时意识清楚，精神萎靡，极度倦怠，黄疸日益加深。于处方中加羚羊角 2.5g，以清热息风。

4 月 3 日诊：病人抽搐已除，但黄疸不退，神志呆滞，倦怠懒言，有时狂躁不安，骂詈谵语。再予安宫牛黄丸 3 丸，加牛黄 1g，1 日 6 次，连服 12 次，汤药暂停。

4 月 6 日诊：病人精神好转，但脉散，全身发斑，紫红如云片，皮肤金黄。此系正邪交争关键时刻，如果脉能逐渐恢复，斑能顺利透发，则病势可趋好转；若正气不能胜邪，脉不能复，斑不得透，则危险难救。前方加重剂量，以清热解毒，凉血化斑，维护心包。予安宫牛黄丸 4 丸，每日 6 次，每间隔 1 次加服牛黄 1g。

4 月 8 日诊：已无狂躁谵语之象，能自进饮食，自知便溺。红斑布满全身，脉转弦数。病人自觉胸中满闷，心烦不宁。此乃温邪未尽、邪热伤阴之故。拟滋阴清热、化斑解毒法。

处方：犀角（现已代用）10g，生地黄 20g，白芍 15g，牡丹皮 15g，玄参 15g，麦冬 15g，黄连 10g，栀子 10g，石膏 50g，知母 20g，柴胡 10g，黄芩 10g，黄柏 10g，茵陈 15g，粳米 10g。水煎服，1 日 2 次。兼服安宫牛黄丸 4 丸，1 日 4 次。

4 月 12 日诊：病情好转，言谈清楚，能翻身活动，三餐均可自进。昨夜颈项胸背满起白㾦，胸闷随之减轻，心中稍感清爽。黄疸与红斑均渐消退。继服用前方药至 4 月 17 日，白㾦消退，遍身瘙痒，肝脏肋下可及一横指，剑突下四横指，质硬有压痛，脾不大，无腹水。安宫牛黄丸改为每次 2 丸，每日 2 次。汤药同前。至 5 月 4 日，胸中闷热、身麻木已除，黄疸减轻，可以下床活动，饮食、二便、睡眠、意识等均正常。

7 月 6 日诊：黄疸全退，一切症状均消失，肝脏未触及，停服中药观察。实验室检查：总蛋白6.57g%，白蛋白3.65g%，球蛋白2.82g%，高田氏反应阴性，麝香草酚浊度试验3U，黄疸指数3U，凡登白试验直接反应与间接反应均阴性，胆红质0.35mg%。

1960年8月23日痊愈出院。愈后25年中曾多次随访，一直健康工作，无任何自觉症状，肝功能完全正常。

以上方法治疗瘟黄（传染性肝炎、急性黄色肝萎缩、肝昏迷），经哈尔滨医科大学和黑龙江中医学院临床反复验证效果满意，经得起重复和时间的考验，得到中西医同行普遍认同。

五、清温解毒透疹法治疗温毒发疹（斑疹伤寒）

本病即斑疹伤寒，为传染病。初起症状如感冒，适用银翘败毒汤治疗。汗出热仍不解，二三日后则现烦躁口渴，皮肤隐现红色斑点疹粒，颗粒不甚清楚，胸背比较密集，头面、四肢、腹部则稀疏散见。高热持续不退，继而神昏谵语，耳聋目赤，烦躁喜冷。此证乃温病毒热蕴于血分，脉见浮、大、滑、数诸阳证脉象者，多吉；脉见沉、弦、涩、弱、迟诸阴证脉象者，多凶。心脏素来衰弱而患本病者，其预后多不良。舌质鲜红，舌苔黄，黏厚腻。此病高热缠绵至20日以上，方能痊愈。治以清温解毒透疹法，斑疹透于皮表，则温毒解，消斑青黛饮主之，结合服用安宫牛黄丸。

经验方：犀角（现已代用，水牛角50~100g），青黛10g，生石膏20g，知母15g，黄连10g，栀子7.5g，玄参15g，生地黄20g，柴胡10g，人参10g，生甘草10g，鲜姜10g，大枣10g，米醋1匙。水煎服，日3次，隔5小时服1次，可以连服4~5剂。大便秘结者去人参，加大黄20g。随同前方汤药服用安宫牛黄丸1~2丸，用凉黄酒调服，取其寒凉辛散以透发血分蕴伏之温毒，透疹出表。

六、清热透痧治疗烂喉痧（猩红热）

本病又称丹痧、疫喉痧，即西医所称之猩红热，为烈性传染病，属天时寒暖不定，秽霉浊气发为温毒，从口鼻传入肺胃之气分，互相感染而发。病之初起与感冒症状相似，但特点是咽喉红腐糜烂疼痛，疹痧隐现于颜面、躯干、四肢，疹与疹之间无好皮肤，如涂一片红墨水，且尤以胸背为甚，但口唇四周呈灰白色而无发疹。随高热而神昏谵语，耳聋狂躁，干呕不眠，口干喜冷饮，脉象洪数，舌起芒刺（覆盆子舌）。舌苔黏腻，或黑干如胶皮。压舌板检诊按之则粘连脱皮。

本病之治疗方针以清热透痧为主，否则痧毒闭而不透，毒热反攻，易痉厥而死。不可纯用滋阴之药，如养阴清肺之类。用则易化为湿热而发黄疸，陷于危亡。必须辛凉清解，清内热与攘痧毒兼顾，方可收效，痧透热解则喉烂随之而愈。病程经过约需十四五日，自拟喉痧汤主之，结合安宫牛黄丸内服。

处方：连翘 15g，金银花 15g，菊花 20g，牛蒡子 10g，芦根 15g，黄芩 10g，生地黄 20g，玄参 15g，麦冬 15g，竹茹 15g，栀子 10g。水煎服，日 3 次，每 5 小时 1 次。可以连续服用，以痧透热解为止，丹痧未透不宜攻下。如大便严重秘结者，可用大黄 20g 入汤服用。结合安宫牛黄丸 1~2 丸，以凉黄酒调化，随上方汤药同时服用。

七、巧用“通因通用”治疗奇恒痢

奇恒痢是异于一般恒常痢疾之意，是痢疾中较凶险的一种。此症成因多为久痢不愈，复伤于饮食不当，或感于时邪疫毒而发，症见下痢喉痛，日夜便脓血数十次，食水难进，肠腑败坏。若气呛喘逆，则火逆攻肺，有立时败绝之势。治疗不当则立见危亡，多难治愈。高仲山救治此病，抓住湿热毒邪壅滞这一症结，取通因通用之法，卓然见效。继而根据邪祛正虚之象，再进益气固脱之法随证调理。嘱咐切不可急于固涩，避免关门留寇。

王某，男性，13岁。1975年10月19日会诊。主诉：半年来时见便中带血，或便后滴鲜血，以后呈脓血便。曾诊为阿米巴痢疾、结肠炎。转某医院小儿科，确诊为“多发性非特异性溃疡性结肠炎”。经服中西药无效，病情日剧，卧床不起，精神萎靡，颜面苍白，口唇干裂，口角糜烂渗血，腹痛里急，便脓血频频，日夜50余次，色黑褐，每次20ml左右。因口舌、咽喉疼痛，水食不能下咽。心悸懊侬。经外科剖腹探查，结肠呈灰黑色，聚集成坨，探针轻触即出鲜血，认为肠已坏死，无法施行手术，随即缝合。会诊所见：蜷缩在床，消瘦疲惫，两目无神，面色苍白，口唇干裂，口角有血迹。病人腹痛里急，大约每半小时即便血一次，1日夜多达54次。血便呈黑褐色，无脓液，每次便出大约有20ml左右。病人口舌及咽喉疼痛，水谷不能下咽。舌红糜烂无苔，脉象滑数。辨证：初看病人一派衰竭之虚象，细辨则属湿热毒邪滞留肠中，日久不得荡除，致使肠腑败坏，频频下痢脓血的实证。肺与大肠相表里，大肠湿热邪毒逆攻，故导致下痢喉痛之奇恒痢危候，由口腔直至肛门严重损伤。治法：本着“通因通用”原则，拟清热解毒导滞法。

处方：当归20g，白芍20g，枳壳25g，木香5g，槟榔15g，川黄连15g，黄芩15g，桂枝10g，吴茱萸10g，山楂15g，厚朴15g，甘草10g。水煎3次，因为病人饮食下咽困难，可以不拘时、不拘量，频频喂服。以每日最少服用1剂药为准。

10月20日诊：服上方药两剂，腹痛、咽痛有所减轻，便脓血次数减少，可少进米汤，自己能坐起。效不更方，嘱其再服，并严格控制饮食。

11月5日诊：口舌糜烂已愈，咽痛、腹痛更减，尚觉口唇干燥，每日大便六七次，可见血丝与黏液。舌苔白黄而腻，脉仍滑数。上方加牡丹皮15g，冬瓜仁30g，炒瓜蒌仁10g。水煎，服法如前。

11月22日诊：近日每天大便两次，无脓血，仅时有黏液，不成形。恶心，舌赤，脉滑数。其肠中滞留之邪基本得清，但下痢日久，正气极虚，阴阳不相维系，应谨防滑脱。拟补气固脱法。

处方：诃子10g，肉豆蔻10g，白芍20g，当归20g，白术10g，党参10g，半夏10g，甘草10g，炙罂粟壳10g，黄连5g，鲜姜片5g，木香4g，肉桂10g。水煎，服法如前。

11月29日诊：腹已不痛，大便成形，每日1~2次，无脓血，恶心已除。仍宗上方，加黄芩10g，继服。至大便每日1次，腹痛、脓血便皆除，方减罂粟壳、半夏，继续服用。另用苦参50g，乌贼骨25g，地榆炭25g，黄连15g。水煎，取汁保留灌肠。每日1剂。

12月26日诊：诸症皆愈。除消瘦体弱外，别无所苦。经西医系统检查，其慢性非特异性溃疡性结肠炎已愈，于12月27日出院。在整个治疗过程中，未用西药。出院后10年中多次随访，其胃肠功能完全恢复正常。

八、创立化痰通络法治疗疑难杂症

化痰通络法是高仲山在继承高氏两代治疗疑难杂症经验的基础上又经其潜心钻研，经临床实践而创立的。根据此法，他设立了以化痰通络散为主，以寒痹方、热痹方和化痰通络膏为辅的治疗顽痹的一套完整的方法，以及以豁痰散瘀、活络宣肺为主的一套治疗肺痿、肺积的方法，临床应用屡试屡验。

（一）治疗顽痹

高仲山认为，顽痹的外因不外乎风、寒、湿、热诸邪，然根本病机是机体阳气不足，不能输布津液，气血运行不畅，湿聚成痰。痰浊流注于关节经络，致关节疼痛、肿胀、僵硬、畸变、功能障碍乃至残废。它与一般痹证的不同之处，在于其外邪已经转变为胶着难祛的痰浊。直接感受热邪或素体阳盛而发为顽痹者甚少，然一旦发展到顽痹阶段，风、寒、湿、热诸因素都不居主导地位，非一般祛风、散寒、化湿、清热所能奏效。以痰证论治设方，一方面要阻止气血津液偏聚而再生痰浊，一方面要将已生之痰浊尽量化除，从根本上防止其发展。热痹虽有热象，当首先区别是邪实阳盛之热，还是正虚痰郁之热。前者自当别论，后者则宜在化痰通络基础上，酌减辛温，加入清热之品。一旦痰热之势缓解，再进温化，方能巩固疗效。方药如下：

化痰通络散：主要药物有麝香、白附子、制南星、羌活、白芷、生川乌、明天麻。

寒痹方：主要药物有桂枝、麻黄、防己、防风、附子、独活、赤芍、蚕砂、山龙（地龙）、蜂房。

热痹方：主要药物有桂枝、黄柏、苍术、石膏、防己、威灵仙、薏苡仁、秦艽、白芍、桃仁、红花、木瓜、知母、延胡索、香附。

化痰通络膏：以化痰通络散适量，炼蜜调和为膏。局部外用。

高仲山以化痰通络散为主，辅以寒痹方或热痹方随症加减，结合关节外敷化痰通络膏，医治了无数类风湿性关节炎患者，使许多已经瘫痪的患者获得了生活自理或重新工作的能力。化痰通络散作为黑龙江中医学院院内协定处方，自 1978~1994 年由附属医院药厂生产，受到院内外、省内外乃至国外患者的欢迎。后经高仲山的学术传人立项研究和对 120 例病人近期、远期疗效观察，证实该方可明显改善顽痹患者晨僵、关节压痛指数、关节肿胀程度，抗炎镇痛效果突出，有效率达到 80%；并可明显改善患者血沉、类风湿因子，降低免疫球蛋白 IgG，对 T 细胞亚群有调节作用。治疗剂量安全，近期和远期毒副作用观察，未发现对肝肾功能和胃肠道的不良影响。

（二）治疗肺积

肺积亦名“息贲”，始见于《难经·五十四难》：“肺之积，名曰息贲。在右胁下，覆大如杯。久不已，令人洒淅寒热，喘咳，发肺壅。”《难经集注》曰：“息，长也。贲，鬲也。言肺在膈也，其气不行，渐长而通于膈，故曰息贲。一曰：贲，聚也，言其渐长而聚蓄。”《济生方》卷四云：“息贲之状……喘息奔溢，是为肺积。诊其脉，浮而毛，其色白，其病气逆，背痛少气，喜忘，目瞑，肤寒，皮中时痛；或如虱缘，或如针刺。”现代多指肺部炎性假瘤，常因肺部寄生虫病、气管异物，以及胶着老痰形成痰栓而成肺积。高仲山辨证一方面从“痛则不通”或“痰瘀互结”着眼，一方面从“咳痰腥臭”等热象入手，重用破瘀散结、清热通络之品，常使瘤体在短期内消散吸收，病体痊愈。

陈某，男，45岁。因“右下肺炎性假瘤”，于1984年6月初就诊。病史：该患者于月前体检时发现右下肺阴影，就近医院经CT检查显示：右肺后基底段近胸膜处球型病灶，边界毛糙，疑恶性肿瘤，行穿刺活检，病理诊断为炎症。系统抗感染治疗40余日，病灶无吸收，痰培养未检出致病菌。既往有鼻渊史。症状：阵发性咳嗽，劳累时感胸闷、胸痛，夜间鼻塞、鼻鼾，晨起咳痰腥臭，量少。舌质淡暗，苔白略厚，脉弦滑。肺部听诊无啰音。诊断：肺积（痰瘀互结）。治法：豁痰散瘀，通络止痛。

处方：柴胡10g，全瓜蒌20g，当归10g，炙穿山甲10g，栀子10g，延胡索20g，三棱10g，生大黄（后下）10g，莪术10g，半夏10g，紫菀10g，甘草10g。5剂，水煎服，日1剂，分2次服。黄酒三钱送服。

二诊：胸闷、胸痛减轻，鼻鼾和晨痰亦减，唯大便稀溏，每日两次，轻咳，舌质淡红，苔白略厚，脉弦。上方减去生大黄、栀子，加前胡20g，黄芩10g，继续服用15剂。

三诊：胸闷、胸痛、咳嗽完全消失，晨起咳少许白黏痰，舌质淡红，苔薄白，脉缓。复查CT：右肺阴影完全消失。予四君子汤善后。

九、前后分消峻下逐水法治疗重症水肿

高仲山遇重症水肿，习综观全局，谨守病机，果敢用药。虽病势危重，只要素体较壮，形气俱实者，则选峻剂重药，舟车并进，直达病所，使水热之邪分消于二便，气行水化，水利气通，立见分晓。且注意峻剂不宜久服，待水势减退之际，改用大橘皮汤加味，徐徐缓图而收全功。

水肿治疗中强调忌盐，但非概而论之，宜视病程、病势而定。一般重病初起或病情初见好转时应禁盐，待病情稳定后可逐步改为淡盐食，直至获愈方可与常人同，此乃巩固疗效所需。

战某，男，45岁，1941年秋季初诊。诊查：胸高气粗，腹大如鼓，经询病已半月，延医数人罔效。初起尿少，腹胀身肿，逐渐气息难续，不能仰卧，大便秘结，小溲涩闭，渴欲饮水，水入则胀甚。详察之，见其肿势虽盛，但皮色光亮且润，舌胖大而深红，苔黄厚干燥，脉沉滑兼数，应指有力。辨证：脉证相符，属燥实阳水；形气俱实，尚可承受重药。治法：前后分消，峻下逐水。

处方：牵牛子10g，大黄25g，甘遂10g，大戟10g，芫花10g，木香4g，青皮10g，橘皮10g，竹叶10g，车前子10g，玄明粉（分2次冲服）15g。水煎服，日服2次。嘱其服药后若泄水量多，则后药暂缓；否则继服之。另嘱自服药当日起禁盐100日。

是夜，战家人叩门来报，如法服药1剂不久，即开始大溲大泻，下黄水近半洋油桶，立觉气息通畅，腹软。嘱食小米粥，继服前方药1剂。

二诊：3剂后病人面肿已消，腹水亦减大半，下肢仍肿胀光亮，按之凹陷，顷刻复起，脘腹闷胀，渴不欲饮，小溲短赤。苔

腻微黄，脉沉滑稍数。此属湿热蕴结中焦，脾运失司，气机不畅，水道失调。立清热、行气、利水之法，大橘皮汤加味。

处方：茯苓 10g，白术 10g，泽泻 10g，猪苓 10g，肉桂 10g，滑石 20g，甘草 10g，木香 4g，陈皮 20g，槟榔 10g，防己 10g，车前子 10g，竹叶 10g，灯心草 4g。水煎服，每日 3 次。

三诊：连服药 6 剂，水肿病象尽消，二便正常。将息数日后，可从事劳动。60 天后因犯禁盐百日之戒而肿势又起，守前法酌减药量，投数剂即愈，此后未再复发。

十、创扶正固脱清热凉血法治疗出血重症

高氏清凉饮乃祖传之止血有效方剂，适用于血分有热而致的多种血证。高仲山对出血重症则常与扶正固脱合用。他认为，骤然亡血，气随血脱，若急于止血，置气脱于不顾，势难收效；且气虚无力帅血，多致血瘀不行，反而血不归经。正所谓“有形之血不能速生，无形之气所当急固”。所拟扶正固脱清热凉血法的特点是：君参、芪益气以摄血；佐芍、草缓急，寓散瘀于凉血止血之中，合养阴于清热之内，配伍严谨，有止血而不留瘀之功。尤对呕血、咯血、肌衄效果最佳。

高某，男，36 岁，1981 年秋季初诊。主诉：患“胃及十二指肠球部溃疡”多年，最近经某医院胃镜检查，提示溃疡仍存。近日因饮酒而致胃脘剧痛难忍，并口吐鲜血数升。继而恶心呕血频作，血色鲜红夹有瘀块，大便黑如胶漆。在当地医院治疗不效，遂来哈投医。诊查：神疲消瘦，蜷卧呻吟，颜面苍白，舌红苔薄黄；闻呼气臭秽；切四末湿冷，脉涩无力。辨证：此虽胃中热盛，但亡血者，气亦必脱。治法：扶正固脱，凉血止血。

处方：人参（先煎）25g，生地黄 15g，麦冬 15g，白芍 20g，知母 10g，黄芪 25g，阿胶（烊化）10g，甘草 10g。水煎取汁，少量频服，日进 1 剂。

二诊：2剂药后痛势已缓，仍频频吐血，量不多，色紫或红，嗳气。脉细，舌象如前。已有气血来复之象，立清热凉血止血法，投以祖传清凉饮。

处方：犀角（现已代用）10g，牡丹皮10g，黄芩10g，柴胡10g，生地黄40g，芍药20g，白茅根20g，血见愁20g，藕节20g，白及10g。6剂，服法如前。

三诊：呕血已止，无恶心，可食少许粥汤。仍嗳气，脘闷，按之痛而硬，大便色黑。舌红苔黄厚，脉细稍弦。

处方：柴胡15g，黄芩10g，黄连10g，半夏10g，瓜蒌仁20g，莱菔子10g，青皮10g，陈皮10g，槟榔10g，香附10g，草豆蔻10g，牡丹皮10g，藕节15g，白茅根15g，血见愁15g，白及10g。水煎服。糜粥调养，忌食辛辣之品。连服上方药12剂，诸恙皆平，便潜血阴性。

十一、创立多法治哮喘

（一）强调"肺鼻同治法"治疗哮证

高仲山认为，中医内科教材把哮证定义为"宿痰伏肺，遇诱因或感邪引触，以致痰阻气道，肺失肃降，气道挛急所致的发作性痰鸣气喘疾患"有失偏颇，其对"宿痰伏肺是哮证的夙根"论述得不够充分。虽然中西医对哮证发生机理研究不少，但从狭义的"肺"进行探讨者居多，有的学者对哮证夙根为"宿痰伏肺"提出质疑。哮证的治疗关键要明了发作期的病因和缓解期的调治，以减少发病或减轻症状，使患者趋于康复。因此，准确地把握病因病机是能够取得良好疗效的关键。如何理解"宿痰伏肺"与"夙根"呢？最早可以追溯到东汉时期的《金匮要略》。张仲景书中虽无哮之病名，但对"上气"、"痰饮"的认识很多与哮证类似。《金匮要略·痰饮咳嗽病脉证并治》说："膈上病痰，满喘咳吐，发则寒热，背痛，腰疼，目泣自出，其人振振身瞤剧，必有伏饮。”这可以说是“宿痰伏肺”为哮证“夙根”理论的开端。“夙根”一词始见于《景岳全书》：“喘有夙根，遇寒即发，或遇劳即发者，亦名哮喘。”《证治汇补》云：“哮与痰喘之火而常发者，因内有壅塞之气，外有非时之感，膈有胶固之痰，三者相合，闭拒气道，搏击有声，发为哮喘。”至此，“宿痰伏肺”的理论基本形成，其与现代医学描述的内源性或外源性的病因似相吻合。

那么“肺为娇脏”，怎容得“宿痰内伏”呢？高仲山强调，不要狭义地理解“肺”的概念，要扩展到肺系来考虑，一旦把鼻窍的因素考虑进来，就容易理解了。用“肺鼻同治法”指导哮证诊治，把鼻鼽、鼻渊都作为病因来辨证，治疗就抓住了根本。事实上慢性鼻窦炎与哮喘同时存在的情况比比皆是，只是现实中病人往往缺少贴切的主诉，医生又分科太细，把整体观割裂了，致病位不清，辨证不准，重末而舍本。

（二）立平肝清肺法治疗哮喘

哮证多由外邪引动宿痰而发，治法也多循宣肺、化痰、平喘等法。而高仲山则告诫：殊不知肝火亦为哮证的常见病因，多由暴怒引动肝火，木火刑金，痰火壅肺。若循规蹈矩，难免更耗肺阴，导致哮证不解。《内经》曰：“怒则伤肝”；“五志烦劳，皆属于火”；“诸气上冲，皆属于火”。治疗采用标本同治法，平肝与肃肺并举，打破常规的宣肺平喘之法。自立清肺化痰饮，以丹皮配合瓜蒌仁以行气活血。着重清热平肝，化痰肃肺，使痰火散，气道利，哮喘自止。

清肺化痰饮源于《医宗金鉴·痘诊心法》中清气化毒饮和《景岳全书》中神秘汤两方。前者为治疗小儿麻疹毒热内攻而致喘满方，后者为治疗上气喘急不得卧方。高仲山取两方之长随证化裁，主治肺热痰火喘嗽诸疾，症见咳嗽或哮喘、痰黄黏稠、舌红苔黄腻、脉滑数者，疗效可观。其基本组成为前胡、紫苏子、桑皮、杏仁、陈皮、玄参、连翘、瓜蒌仁、黄连、黄芩。兼血瘀者加牡丹皮、赤芍；兼气滞者加厚朴、香附；兼湿盛者加茯苓、防己、木通；兼咯血者予家传清凉饮合方。相辅相成，每获奇效。

（三）创立温肺健脾补肾法治疗慢性咳喘

高仲山认为，慢性咳喘病的临床演变往往经过由气虚——阳虚，由肺阳虚——脾阳虚——肾阳虚的病理过程。肺、脾、肾三脏的协调和盛衰是其病理转归的关键。宗仲景"病痰饮者，当以温药和之"的古训，他提出"外感之寒温必兼散，内生之寒温必兼补"的观点，温肺健脾补肾法就是这个观点在治疗慢性咳喘病中的具体体现。其从调理肺、脾、肾入手，不但扶正与祛邪并举，能治"已病"，尚可预防"未病"，对防治慢性咳喘病意义很大。肺、脾二脏常相因为病，但是肺脾之病日久，则必及于肾。若至此阶段，在治疗上则处处被动，甚为棘手。将温散与温补有机地结合起来，用温肺健脾补肾之法，则抓住了慢性咳喘病的主要脉络。

慢性咳喘病不离乎肺，亦不止于肺，往往由肺及脾及肾，积极的防治，当在肺病阶段就汲汲于扶阳，则可更富成效。温中健脾，一防痰饮再生，二助中焦运化，使肌腠充实，卫表致密，培土而生金。补肾纳气，培补元阳，防止内饮坚牢不化，携肺脾共同维持气之吐纳和三焦水道的畅通，实乃贯穿于慢性咳喘病全程的有效治法。

后　记

2010年1月22日（正月初九）是高仲山诞辰100周年。黑龙江中医药大学决定，在母校新大楼建立"高仲山纪念馆"，并拟举行高仲山铜像揭幕仪式暨纪念高仲山教授百岁系列活动。黑龙江中医药大学领导在讲话中指出："高仲山教授是中国近代中医杰出人物的代表，是黑龙江中医药大学的创始人、奠基人和开拓者，是著名的中医理论家、临床家、教育家，出色的医政管理工作者。他的一生是为中医药事业奋斗的一生，他的成就是黑龙江中医药发展史上的一座里程碑。他对全国特别是北方地区中医药发展的影响是人所共知的，是黑龙江省‘四大名医’之首。整理、提炼、研讨、升华其学术真谛，意义非凡！我们要将高仲山做人、做事、做学问、医德医技、为人师表等高尚品格、风格发扬光大，让高仲山这面旗帜永远引领学校发展的方向！”

黑龙江中医药大学深圳校友会还把纪念高仲山教授的文字和图片汇编成《一个世纪的追忆》。文集比较详细地记录了高仲山的医学生涯、学术思想、学术经验和鲜为人知的许多往事；回忆了他的创院历程和对中医事业所作的贡献；记述了他不顾个人安危为中医请命的忘我精神和人生境界；展现了一位敢为天下先的杰出中医形象，及一代中医人开拓创业、自强不息、不畏困难的奋斗精神；记录了他为人师表、教书育人、薪火相传的无私奉献精神；表现了他博爱自尊、宽厚善良、仁心仁术等优秀品格；颂扬了一位善待生命、善待他人的慈祥、宽容、克己、奉献、正直和执著追求的大家国医风范。文集还收录了高仲山弟子们的学术成就和亲属们的回忆文章，将活生生的大医形象展现在人们面前，让世人敬佩，让后人敬仰。

（撰稿人　张培民　高文风　高文彬　高　雪）

李克绍卷

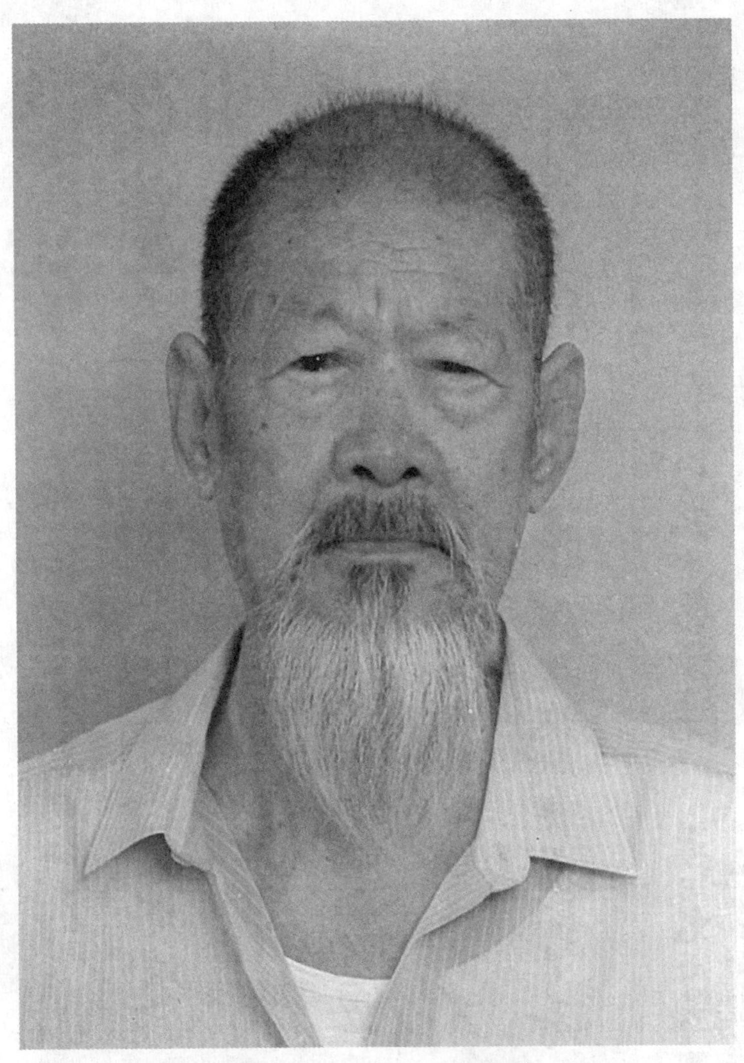

李克绍（1910—1996）

岐黄之术，灵素之秘，济世活人，斯乃仁术，唯贯
仁以德，视天地病瘝在抱，存心利济，其术唯
何？辨证论治，四诊八纲，五运六气，三部九候，
标本缓急，辨证既明，然后施治，灸焫微针[illegible]
药砭石并举，按跷异法，方宜神圣工巧，三才
一体，既是科学，亦有哲理，况现代医日新月异。

山东中医学院

李克绍题

一九八四年五月

李克绍手迹

勤求古训，博采众方，是张仲景的学习方法，也是学习张仲景的方法。

——李克绍

李克绍（1910—1996），字君复，晚号齐东墅叟，山东牟平人，著名中医学家、伤寒学家，山东中医药大学教授，全国首批中医专业硕士研究生导师，享受国务院政府特殊津贴。曾任山东中医学院（现山东中医药大学）伤寒教研室主任、顾问，全国仲景学说专业委员会顾问，张仲景国医大学名誉教授。

李克绍博览群书，学识渊博，医理精湛。他勤于写作，发表了大量学术论著，主要有：《伤寒论语释》、《伤寒解惑论》、《伤寒串讲》、《伤寒百问》、《胃肠病漫话》、《李克绍医学文集》。尤其是1978年出版的《伤寒解惑论》，集李克绍《伤寒论》研究之大成，观点新颖，见解独到，为当代《伤寒论》研究的突破性成果，对《伤寒论》的理论研究和临床价值都有所拓展，奠定了李克绍在《伤寒论》研究史上的地位。

他曾应邀为中国中医研究院（现为中国中医科学院）研究生班授课，并赴天津、沈阳、长春、大连等地讲学，深受各地专家学子的欢迎，得到很高评价。1982年他赴河南南阳参加中日仲景学说研讨会，与任应秋、刘渡舟等中医大家及日本学者共聚仲景故里，并在大会上宣读其重要论文——《六经病欲解时的机理及其临床价值》，引起较大反响。

由于条件所限，李克绍的中医是自学的。在调入山东中医学院之前，他说自己是“农村医生”。1958 年他调入山东中医学院直至辞世，从事教学与研究工作近 40 年。只有在中医的高等学府，他才有了施展才华的舞台与机会。其间他把自己几十年的临床经验、教学心得与中医理论研究融为一体，陆续发表了大量论著，学术影响遍及中国内地及香港、台湾地区，以及新加坡、日本等国。

大医精诚。李克绍学医行医的座右铭是：看方犹看律，意在精详；用药如用兵，机勿轻发。博学之，审问之，慎思之，明辨之，熟斯数语，临床应变，可以无大过矣。《中庸》之寥寥数语，既是他治学的圭臬，也是他一生的实践。

为救苍生　弃教从医

李克绍 7 岁入学，读完四年制国民小学，又入高等小学读了 3 年。毕业后因家中经济拮据，无力继续就读国民学校，就上了村里办的一个“读经补习班”。在补习班攻读 5 年，主要课程是“四书五经”及古诗文等，这为他日后自学中医典籍打下了良好的基础。

1928 年，19 岁的李克绍当上了小学老师，连续 10 年，先后在家乡东汤村、南岘村、星石泊任教。他教书一丝不苟，讲课语言生动，教学方式灵活，当时县教育局的师资年考他的数学（算数）、语文成绩总是名列前茅。每到年底，当地的学校竞相争聘他，他领取的薪水在同行中也是最高的。

由于农村缺医少药，农民贫病交加，又因其叔父患热病被庸医误诊用药，导致病情加剧而死。由此李克绍萌发了自学中医治病救人的念头。在教学之余，他自学中医。他利用空隙，口不绝吟，手不停抄，研读了《黄帝内经》、《难经》、《伤寒论》、《金匮要略》、《神农本草经》等中医经典著作，同时也熟读和背诵了很多历代医家的著作。在此期间，乡里人得知他熟读医书，就上门问病索方。

1935 年，他参加烟台中医师资格考试，成绩为第二名，取得了合法行医资格。此后他边教学边给人看病。后因求医者渐多，遂于 1938 年在家乡龙泉汤开设了“福兴堂”药铺，弃教从医，走上了行医之路。他对病人极端负责，对一些重病患者往往废寝忘食加以施救，直至病人脱离险境才如释重负。对于求诊者，他不论贫富，从无怠慢；对于贫苦患者，尤多关照，常免费施诊舍药，故在家乡威望日增。1944 年，他到辽宁大连挂牌行医两年，此后他又先后在烟台、青岛等地挂牌行医。1949 年他重回家乡，直至 1954 年受邀前往威海市石岭联合诊所工作，任中医师。1956 年该诊所被国家接收，更名为威海市羊亭卫生所。1958 年，全省每县选调一名中医到山东省中医进修学校（设在长清县境内的灵岩寺）学习，李克绍被选入校学习，半年后由学员转为教师，之后正式调入山东中医学院任教。

锲而不舍 自学成才

李克绍的父亲是一位勤劳朴实、乐观豁达的农民，除种地外，尚兼有蒸茧技术，每年秋收完毕，便赴东北纩丝厂干活，至翌年春暖时回家。由于家境不富裕，学医又无家传师承，李克绍从一个普通的小学教员，到晚年成为国内外知名的中医学者，靠的是孜孜不倦、锲而不舍的进取精神。

李克绍当时之所以选择了中医而不是西医，是因为受了反对中医者的启示：他开始学医购买的第一本医书是日本下平彩色印刷、浙江汤尔和译的《诊断学》。这是当时比较先进的西医书。汤氏反对中医，在该书的序言中说：“吾固知中医之已疾，有时且胜于西医，但此系结果，而非其所以然。徒以结果与人争，无已时。”意思是说：我当然知道中医治病有时比西医好，但这只是治疗效果，而所以取得这些效果的道理，中医则讲不出来。既然讲不出道理，只用治疗效果同别人争论，那是不能说服人的。

看了这段话，李克绍发现，连西医也承认中医治病不比西医差，只不过中医讲不出西医所谓的道理，才瞧不起中医。他想："结果"和"所以然"何者重要呢？谁又知道汤氏本人如果得了危重之病后，他是愿意明白地知其所以然而死去，还是想活着而宁肯暂时不知其所以然呢？作为治病救人的医生，都会以救人为第一，毫不犹豫地选择后者，而不会由于暂时讲不出道理，便把行之有效的治疗方法弃而不顾，听任病人死去而还说"可告无愧"（汤氏语）。

李克绍说："世界上真有无因之果吗？中医能愈病，必有其'所以然'的道理。中医已经有一套非常完整系统的理论，作出了令人信服的解释，所谓'其所以然'，只能说用西医的理论不能解释中医药治病的道理所在。另外，对中医药治病即使目前尚难得到令人信服的解释，也不应作为中医不科学的证据。科学领域的未知数太多了，知其然，而不知其所以然，不仅中医学有这样的问题，其他学科，包括西医学也有这样的问题。'行易知难'、'不知亦能行'，这是近代革命家孙中山先生的哲学思想。他在《建国方略》的'心理建设'中，以饮食为例证明'不知亦能行'。他指出，很少有人完全了解饮食入腹后的详细消化过程，也很少有人了解人体正常生理需要哪些营养，以及哪些食物各具哪些营养，但是人们还是每天都在进食。这证明不知并不碍行。但汤氏却一定要抛弃中医疗效于不顾，偏偏在'所以然'上将中医一军，这显然是错误的。"既然中医有良好的疗效，相信有效果必有其"所以然"的道理，由此他坚定了学习中医的信心和决心。

韩愈《师说》云："古之学者必有师。"可是，李克绍学习中医既无师承，亦缺少益友，基本上是自学。这并非他不知拜师访友的重要，只是因所处的环境是农村，不要说名医，就连普通医生也是凤毛麟角。拜谁为师？到哪里访友？条件不允许，只好埋头苦学了。李克绍数十年来每日晨起诵读，夜晚笔录已成习惯。而且无论在家或外出，有暇便读，兴致所至，常废寝忘食。读书每遇难解之处，从不放过，总是苦思冥想，直至得出满意的解答方肯罢休。家境清贫，买书不易，故他常借书手抄。正是这样认真地边读边抄，才使他青年时读过的医学典籍到晚年亦能背诵如流。他常说："无师传教，养成了苦思的习惯；买书不易，锻炼了背书的功夫。"又说："强记硬背，功夫不白废。""读书百遍，其义自见。"这种刻苦的自学方法和精神，是他学医成功的经验之一。

李克绍衣着俭朴，饮食随便，情志恬淡，不图名利，始终把研究学问、追求知识作为人生最大的乐事。直至晚年，他仍手不释卷，勤于写作。终生不懈的努力，使他无师自通，对中医药事业作出了重要的贡献，奠定了他在当代伤寒学术史上的地位。《人才》杂志曾发表文章介绍他的自学经验，把他作为自学成才的典范。

治学严谨　善于读书

李克绍早年就以读书痴迷闻名乡里。他在村里是位文化人，12 岁起便在春节时为村里人写对联，平时常为人代写书信。李克绍的父亲李寿利有三个儿子，李克绍为长子。父亲很看重这个自幼痴迷读书的长子。他觉得这个儿子将来肯定会有大出息，对他寄予了很大的希望，所以不管是家里的活，还是田里的活，都不安排他做，而是任由他专心读书。李克绍读书非常专注，家里不管来了什么人，不管是亲戚还是邻居，他总是自己一个人躲在内屋里看书。过年过节也是如此，外边再热闹，他也是“两耳不闻窗外事”，在喧闹的环境里读自己的书，而不受任何干扰。

由于埋头读书，不问闲杂之事，又不善做农活，李克绍结婚后妻子曾一度很为此担忧。他的岳父苗含义是本乡马家都村人，是位在烟台做生意的掌柜，为人豁达，凡事看得远。他告诉闺女：“你家的困难是暂时的，李克绍这个人我看得准，他将来肯定是能做成事的。”岳父不但在精神上给李克绍以支持，在经济上也给予接济。

读书伴随了李克绍的一生。他早年读的是“四书五经”，后来自学中医，读的是中医典籍。无论是“四书五经”，还是中医典籍，他读书首先是背书。凡所读之书，均都背过。他30岁以前读过的书都印在了脑子里，终生不忘。与人谈及学术问题，他常引经据典，竟然一字不差。《易经》文理深奥，他对此有很深的研究，乾卦、坤卦信口拈来。讲医文中的“亢则害、承乃制、制则生化”，“水火既济”，他都是从《易经》的本意讲起，听者无不感到透彻明了。

李克绍读书不但博学强记，更以治学严谨著称。他最反对在学术上人云亦云，不求甚解，认为这是近于自我欺骗的不良学风。他读医书，也看注解，但绝不盲从，而是认真探讨，反复论证。他常说：“读书虽多而不求甚解，充其量不过一书贾耳。”通过多年的自学研究，他逐渐形成了自己的一套读书与研究问题的方法。

一、博览群书 由博返约

李克绍说，有句成语“六经根柢史波澜”，是说要想写出一篇有价值的文章，首先要把“六经”(《诗》、《书》、《易》、《礼》、《乐》、《春秋》)吃透、记熟，这是基础；另外还须有史料加以充实和润色，方能把文章写得有声有色，有证有据，波澜起伏。他认为，中医学的根柢是《黄帝内经》、《难经》、《本草经》、《伤寒论》、《金匮要略》等。这些经典著作，对于中医的病因病机、诊断治则等都有重要的指导意义。不掌握这些，就会像无源之水，无本之木，想把中医学得扎实牢固是不可能的。但仅靠这些经典著作还不够，因为这些著作原则性的理论较多；而这些理论，若不加以阐发论证，不结合临床体验，仍不易学深学透。这就要求学者，除经典著作外，还要广泛地阅读其他医家著作，尤其是历代名家著述。“读书破万卷”，每个学习中医者都应该有这种雄心壮志。

中医学自汉代以降，距今近两千年。这其中，堪称中医名家的至少也有数百位。他们的著作更是汗牛充栋，更仆难数。在这浩繁的卷帙中，学派不同，立说各异，相互补充者固然不少，相互矛盾者亦往往有之。若不加以分析归纳，去伪存真，则读得越多，就越觉得杂乱无章。故仅博读还不行，还要由博返约，才算真正学到手。李克绍认为，所谓的由博返约是从全面资料中归纳出几个重点，从不同的现象之中找出其共同的规律，不下大工夫，是做不到的。比如陈修园在其所著的《医学三字经》中有这么几段话：“迨东垣，重脾胃，温燥行，升清气。”“若子和，主攻破，中病良，勿太过。”“若河间，专主火，遵之经，断自我。”“丹溪出，罕与俦，阴宜补，阳勿浮。”陈修园把李东垣的用药规律归纳为“重胃脾，升清气”；把张子和的用药规律归纳为“主攻破”；把刘完素诸说归纳为“专主火”；把朱丹溪的《格致余论》等归纳为“阴宜补，阳勿浮”。这就是由博返约。这样的归纳言简意赅，易于掌握，也便于记忆。

对于金元四大家，李克绍还从其治疗技巧上作了进一步归纳。李东垣诸方之所以补而不壅，全在于补中有行，如升麻、柴胡、陈皮、木香等气分药都是李克绍常用的配伍之品。刘完素诸方之所以寒不伤中全在于寒而不滞。其常用药如走而不守的大黄、芒硝自不必说，就是守而不走的芩、连、栀、柏等也都与枳实、厚朴、木香等气分药合用，使苦寒之药只能清火，不至于留中败胃。他虽然有时也纯用守而不走的苦寒剂，如黄连解毒汤等，但这是少数。子和主攻破，毕竟是施于经络闭塞或肠胃瘀滞之实证，如果不实而虚，即非所宜。朱丹溪养阴，也是在误服金石躁烈药，致元阴被劫、相火妄动的情况下才相宜；如果阴盛阳衰，则为大忌。

李克绍在初学金元四家学说时，觉得四大家各不相同，究竟哪一家好呢？在学习中他把四家学说进行了归纳：张子和的攻破，是祛邪以安正；李东垣的重脾胃，是扶正以胜邪。当正虚为主时，采用李东垣法；邪实为主时，采用子和法，二者并不矛盾。刘完素之寒凉，是泄阳盛之火；朱丹溪之补阴，是治阴虚之火。两家都能治火，只是虚实有别。通过这一归纳，主次有别，泾渭分明，临床就可以根据邪正虚实，取各家之长，对证选方，并行不悖。这就是由博返约。

二、尊重古人　不囿古人

博览群书是要把前人的经验智慧继承下来，然而前人的说法并非都是金科玉律。李克绍认为，任何名家权威都会有千虑之一失。这就要求我们既要尊重古人，又不迷信古人。读书要善于选精去粗，瑕瑜分明。他举《内经》、《难经》为例，《内经》、《难经》是中医理论的宝库，但其中也存在着脱离实践的糟粕。如《灵枢·经水》以中国河流、江、淮、湖、海等比拟十二经脉，意义就不大。《灵枢·阴阳二十五人》认为，人从7岁起每加9岁，如16岁、25岁、34岁、43岁、52岁、61岁，皆是形色不相得者的大忌之年，这更是形而上学。《难经·四十一难》解释肝脏为什么有两叶，认为是“去太阴尚近，离太阳不远，犹有两心，故有两叶”。《三十三难》用五行解释肝肺，不但把五行讲成教条，且说“肝在水中生沉而熟浮，肺在水中生浮而熟沉”，其说法也与客观事实不符。还有《十九难》的“男子生于寅”、“女子生于申”

等，若在有关生命的医学著作中引用，岂不荒谬！

所以李克绍强调，读经典著作要一分为二，就是对其注疏，阅读时也要有分析，有批判。因为有的不是错在经典原著上，而是错在注疏上。如果不加分析，照搬无误，就会自误误人，流毒无穷。他举《伤寒论·辨脉法》中的“风则伤卫，寒则伤荣”为例，认为不管这是王叔和加入的，还是《伤寒论》所固有的，都是似是而非的不可捉摸之词。尽管该学说已经延续了近两千年，但也不能人云亦云，不懂装懂。再如伤寒传经之说，原本是一浅显易懂的外感、内伤辨证学，却用什么“循经传、越经传、首尾传、表里传、传足不传手”等虚构之词，把《伤寒论》越讲越离奇，越讲越糊涂，越讲越脱离临床。如此读了不加批判，就不如不读。孟子曾说：“尽信书则不如无书。”尊重前人是必要的，但是“信而好古”则会泥古不化。只有经过一番分析之后，才能探得真谛，才是真知灼见。

三、钻得进去 跳得出来

李克绍认为，学习中医，根据不同内容，大致可分为两种情况：一种是以物质为基础的，如病因病机等，这些必须仔细钻研，学深学透，牢牢记住，不可模棱两可，似懂非懂。另一种是属于象征性和概念性的，如五行生克、“心为君主之官”等，这些只要明了其大意就可以了，不必在字句上吹毛求疵。因为那样往往会钻牛角尖，走进死胡同。但有的就要采取钻进去的方法。如前面提到的“风伤卫、寒伤荣”，对这个问题就要钻牛角尖。什么是风？风又为什么选择了卫？什么是寒？寒又为什么选择了荣？他说这不是钻牛角尖，而是正确的学习态度。他为了解决这个问题，查遍了自己所能找到的一切注解，尤其是一些名家的注解。多数人认为：风属阳，卫亦属阳；寒属阴，荣亦属阴。那么风之所以伤卫、寒之所以伤荣，是以阳从阳、以阴从阴的缘故。他认为，这样的注释太玄妙了，不能人云亦云。于是结合《内经》，仔细阅读，反复推敲，终于发现，并不存在什么“阳从阳”、“阴从阴”的奥秘。太阳中风和伤寒、有汗和无汗，只不过是卫气受邪后的开阖失司而已。这样从病机得到了正确的解答，就是钻进去了。

他认为，要钻得进去，还要跳得出来。钻进去、跳出来是辩证的统一。因为只有钻得进去，才能跳得出来。如吴鞠通跳出伤寒圈子，并非他不钻研伤寒，相反的，是已经在伤寒方面下了很大的工夫，但临床上单走伤寒这条路又走不通，这才跳出伤寒圈子而另辟蹊径，撇开六经辨证，改用三焦辨证；不用辛温发汗，改用辛凉解表；不必先解表后攻里，可以表里双解或先泄下，使下后里气通而表邪亦解。这足以证明，只有钻进去，才能跳出来。

四、不求甚解 必求甚解

李克绍认为，不求甚解与必求甚解，一般人都认为这是学者读书的两种学习态度，其实这不应看做是学习态度，而应看做是治学方法。好读书不求甚解，是晋代陶渊明提出来的，像他这样有学问的人，学习态度还值得怀疑吗？

就学习态度而言，不求甚解就是糊涂过关，对高、深、难的问题不敢接触，畏于研究。必求甚解则与此相反，凡事都要问几个为什么。两种学习态度比较，前者安于自我欺骗，后者却是积极的、正确的。

他认为，就治学方法而言，这两种方法要根据不同的学习内容另作评价。如中医这门学问，其内容包括名词术语在内，有象征性的、概念性的，也有属于实质而具体的。如“三阳为父”、“三阴为母”、“三阴三阳的开阖枢”，以及“肝为将军之官”、“肺为相傅之官”等，这些抽象的概念，只求明白其大意、弄清其精神实质就可以了。这也可能是陶渊明不求甚解的真正含义。若硬将这些术语与“父”、“母”、“将军”、“相傅”相对证，指这指那，说短论长，就必求深反拙，陷进去而拔不出来。至于另一些，如“阳不归阴”、“清阳下陷”、“血中之气”、“气中之血”、“引火归元”、“滋水涵木”之类，都是有关病因病机的具体说明，属于实质性问题，必须探个究竟，不能轻易放过。如果借口“不求甚解”，囫囵吞枣就永远学不到真正的知识。

李克绍有深厚的国学基础和扎实的传统文化根底，但他同时却是一位思想解放、思路开阔、易于接受新生事物、不断学习新知识的人。在威海羊亭诊所工作时，所里的于大夫是位西医水平不错的医生，李克绍常就有关西医学知识虚心地向于大夫请教。他买了西医的《物理诊断学》与《腹部外科疾病诊断纲要》，并工工整整地做了两本详细的摘记。

活到老学到老。步入晚年的李克绍曾对《名医类案》和《续名医类案》的两百多个医案作了精彩的点评。他不但选择了一些精华可取之案，为了临床借鉴，他也选择了一些方药不甚理想，需要补充修改之案，甚至还选择了个别粗略看似无问题，仔细推敲实有错误之案。从对上述医案的选择可以看出，他不仅临床经验丰富，而且非常善于读书。

诲人不倦 一代良师

李克绍自1958年进入山东中医学院从教近40年来，可谓桃李满天下。59级的学生常常回忆起他当时来到学校的境况。当初为了支援山东开办中医学院，学院特意从南京中医学院调来几位教师，其中讲《伤寒论》课的老师操一口浓重的江苏地方口音，再加上《伤寒论》又比较晦涩难懂，故学生听得满头雾水，纷纷向学校反映。在这种情况下，学校匆忙从灵岩寺“山东省中医培训班”将李克绍调来救急。李克绍是烟台牟平人，虽然也是一口胶东腔，但是《伤寒论》讲得生动活泼，引人入胜，大受欢迎，自此确定了他的大学教师地位。

李克绍不但学术观点独到，教育思想和教学方法也颇具特色。他教育学生，首先是提倡要善思，力主用辩证思维与逻辑思维学习《伤寒论》，提高学生发现问题、分析问题、解决问题的能力。他根据个人自学中医的经验教训，认为强记硬背固然重要，然对学习中医来说，辨证论治的思维方法更为重要。所以他讲课往往是引而不发，给学生留下思维的空间。课堂有“三问法”，就是：是什么？为什么？怎么样？他的学生提出问题，他并不马上给予解答，总是先问几个为什么，问怎么想的，利用启发的方法，引导学生自己分析、思考，对学生实在解不开的问题，他才条分缕析地给予解释。学生虽然被问得满头大汗，但当最后豁然明白的时候，得到的却是举一反三、触类旁通的学问。李克绍常说，中医的流派太多了，仁者见仁，智者见智，彼亦一是非，此亦一是非。如不善于分析思考，就必然如坠入云里雾中。当时还没有全国统编教材，他就自己动手编写了第一部《伤寒论》教材——《伤寒论讲义》，该讲义现已收入《李克绍医学文集》。现在看来，虽然这部教材与李克绍以后编写的教材相比尚显简单粗疏，但从中仍能看出他讲授《伤寒论》与众不同的学术特色和治学思想。

李克绍讲课，措辞严密，逻辑性强，板书条理清晰。他对板书内容的解释、补充、旁征博引都非常精彩。他语言简练、生动、幽默，其中穿插的逸闻趣事都很引人入胜，他的授课很受学生们欢迎。

李克绍教学的另一个特点是处处注重与临床相结合。他认为，中医的理论虽然具有思辨性的特点，但最终理论是指导临床的。尤其是《伤寒论》，实质就是教人如何看病的医书。研习《伤寒论》切忌脱离实际，空谈理论。他认为，《伤寒论》的大多数条文就是张仲景临床诊疗疾病的原始记录，极其真实可靠，绝无凭空编造。李克绍行医，始于医疗条件很差的农村，不但有大量的实践机会，而且广大劳动者生病后多疏于诊治，故使他得以观察到不少疾病的初起、发展、转归的全过程，使他对于六经病动态的传经与转属体会很深。在讲课时每每能从临床的角度，把教材的内容讲得更生动形象，学生听他的课总是津津有味，百听不厌，不但喜欢听，而且记得牢。有些毕业多年的学生还经常提到，他们至今仍对李克绍讲授的《伤寒论》记忆犹新。有些学生说，他们临床之所以喜用经方，与老师教学有方是分不开的。

最让学生感动的是他研究学问时的大家风范。他的学生谷越涛，是他伤寒学思想的忠实实践者。1977年初，李克绍的《伤寒解惑论》草稿写出后，谷越涛去拜见老师。在简陋的红砖平房门前，一块小水泥板架起的“茶几”旁，李克绍拿出书稿，认真而谦虚地对他的学生说：“你拿去看看，有需要修改的、补充的尽管提出来。”谷越涛如获至宝，多好的学习机会啊！李克绍又对学生说：“我的主要观点都在里面了，尽管写了这么多，但最主要的是‘前驱期’的提法……‘古为今用’部分，你用经方比较多，多补充些典型病案。”谷越涛所补充的病案，后来都见于《伤寒解惑论》这本著作。之前，学生在给老师的信中说：“这些验案都是在您的学术思想指导下取得的，请一定不要写上我的名字。”但李克绍还是注上了学生的名字。当谷越涛把书的原稿送还李克绍后，他很快就给学生回了信：“谢谢你对书稿看得如此仔细，连个别错字都详为指出。所指出的共有24点，大部分都很正确，都已照做。只有几点，再向你说明一下……其余，全部照收。”

他经常告诫学生要敢于质疑，善于怀疑，不要迷信书本，不要迷信注家，更不要迷信老师。他是这样说的，也是这样做的。他的学生在对其学术思想进行系统整理与研究中，研究的重点是他的专著《伤寒解惑论》，这是他的成名作，也是代表作。但是《伤寒论》中的疑难问题与争论的地方特别多，《伤寒解惑论》又是针对这些问题的分析、批判、解惑，学生在学习研究的过程中，不可避免地对他的个别学术观点有不同看法，因此立项之后开始研究时，心里未免有些惴惴不安。但让他们意想不到的是，在交谈中李克绍主动提出了这个问题，而且态度非常诚恳。他语重心长地对学生说："你们是在研究我的著作，既然是研究，就不能一味地说好话，更不能违心地下结论，你们应该有自己的观点和分析。不能因为师生关系就不敢说实话，或者轻描淡写，不痛不痒，这样的研究会大失水准，甚至贻害无穷。我怕你们有顾虑，就先打打预防针。如果你们这样做了，我这一关就通不过。"李克绍的这些话，使学生深受感动，同时也深受教育。李克绍就是这样，通过他的言传身教，使学生懂得如何做人，如何做学问。

李克绍 80 高龄时，虽然不再给本科生授课，但仍然带着研究生，一心一意为培养中医接班人而努力工作着。他虽脾气有些倔强，平时寡言少语，不苟言笑，但每当有学生或青年教师造访或请教学术问题时，他便心花怒放，兴致极高，口若悬河，常谈至深夜。家人劝他注意休息，他总是说："得天下英才而教之，我乐此不疲。"最为可贵的是，他虽已是迟暮之年，但进取之心不减，仍手不释卷，孜孜以求。

谈到业余爱好，读小说可能是李克绍唯一的爱好了。可是即使读小说，他也与别人不同。一次学生与他讨论有关药物的问题，联系到《红楼梦》中的用药，他竟然大段大段地背诵起《红楼梦》来。学生惊异地问道："《红楼梦》您也能背？"他反问道："这么精彩的东西你读了能忘吗？"

李克绍有一个习惯：晚饭后一定要看中央电视台的"新闻联播"。他认为这是国家大事，作为大学教师应该心中明了。"天气预报"也是必须看的，说中医讲究天人相应，天气问题不能不关心。看完天气预报后，他便去书房读书了。

李克绍关心政治。他本是九三学社社员，80 高龄仍然写申请，要求加入中国共产党，并事遂心愿地成为了一名中国共产党党员。

他说："我亲眼看到中国共产党是怎样一步一步将一个满目疮痍、落后的中国变成强大的中国。我自己也是托共产党的福，一步一步从一个乡医而成为大学的教授。教师就是教书育人，教书就是教中医的书，育人就是育对社会有用的人。而有用的人，不只是当医生治病救人，还要爱共产党，爱自己的国家。"李克绍就是这样用他自己的行动教育自己的学生。

临证灵活 斫轮老手

李克绍对中医理论学得扎实，用得灵活，临床以善治疑难怪症而著称。尤其是对《伤寒论》的六经辨证钻研得很深，颇得仲景心法。其辨证常出新意，用药常出奇兵，善用经方，但又不限于经方，常以己意自制新方。处方用药轻巧而灵活，药简而效速，深得仲景神韵。他十分强调辨证的准确性，常说，中医临证就像钥匙开锁，只要钥匙对路，亦即辨证准确，方不在大小，药不在多少，都会迎刃而解。因此，他的方子，药常常五六味，量常常二三钱，超过十味药的方子很少。他曾对侍诊的学生说，只要是超过十味药的方子，就说明我对这个病的辨证尚不确切，越是心中没数，用药就越多。原因是考虑这方面有点问题，就加一两味药，考虑那方面有点问题，又加一两味药，加来加去，方子自然就大了。

李克绍初学中医时有一个想法：就是不全面掌握中医，绝不临床看病。这个想法经实践检验，才知道太幼稚了。内外妇儿、伤寒杂病，头绪纷繁，千变万化，要全面掌握，非倾注毕生精力不可。而且要学，就要结合临床。如果脱离临床，又想学得全面，岂非纸上谈兵？李克绍非师承家传，属于自学成才。无师指导搞临床，比无师指导啃书本难度更大。因为啃书本，他有古文学基础，而搞临床却没有基础。这样一来，对于行医来说，他走的弯路就更多。弯路多，失败的教训也就多了。正是这些失败的教训，使他不断地反思，不断地积累，同时也不断地进步，终于成为一代名医。

李克绍学医是自背书开始的，李克绍行医亦是自背书开始的。1935年，烟台市中医考试，他就凭着背书熟而被录取，取得了行医资格。他接诊的第一个病人是所在村中一个年约40的男性。病人自诉气短，别无他症，遍求其他医生多次治疗无效。李克绍虽然已取得行医资格，可在人们的心中他仍然是一位教书先生，没有病人登门求诊。这位病人也是万般无奈才想起本村还有一位由先生转为医生的人。针对病人的情况，李克绍联想起《金匮要略》“夫短气有微饮，当从小便去之，苓桂术甘汤主之，肾气丸亦主之。”于是他采用第一方：茯苓、桂枝、白术、甘草，原方予服（当时尚不会加减变化），不料想只服一剂，病人症状竟完全消失。初战告捷，名声不胫而走，他背书、行医的信心也就大增。

此后，求诊的人逐渐多了起来。他原先全面掌握中医之后再行医的想法，在现实中行不通了。就像接诊的第一个病人一样，开始行医的那段时间，主要是以背为用，照搬照抄。如一少妇，时而少腹攻冲作痛，他就联想起“妇人少腹气攻冲，肋腹刺痛当归芎”。有一病人突然失去知觉，他又联想起“乌药顺气芎芷姜，橘红枳桔及麻黄”。总之，这一期间，每遇一病，他就照原方，不加不减，竟也取得了一些疗效。因此每次临证之前，胸中总要先储备一些成方。在病家邀诊时，必先问问病人哪里难受？比如说头痛，他就把有关治疗头痛的方子默想一遍，记不清的再查一遍书，务必在赴诊前胸有成竹。及至临证诊脉，又往往把所见的症状往所记的方子上硬套，把病人的脉象强行纳入事先想的方剂之内。

然而，这种刻舟求剑式的看病用药终究是低层次的，无效或效不显者居多。更令他难堪的是，有一些病是书上没有的，他绞尽脑汁也无从出方，面对病人常出冷汗。随着临床的逐渐深入，他开始感觉所读的书太少了，所记的方也太少了。“医之所病病方少”，正是李克绍那时行医的真实写照。在那段时间，李克绍背诵了汪昂的《汤头歌诀》、吴谦的《医宗金鉴》，陈修园的《长沙方歌括》、《时方歌括》，陈元犀的《金匮方歌括》，以及《温病条辨》、《医林改错》中的一些方。他当时想：“背了这么多方还不够，难道要把历代方书，如《太平圣惠方》、《太平惠民和剂局方》等通通背下来不成？”李克绍陷入了困惑，同时对自己能否行医也打了问号，甚至对中医能否治病也产生了怀疑。

随着临证实践的增加，他对“医之所病病方少”有了进一步的认识，认为这句话当辩证地看待。过去所谓的“学”和“背”只是掌握了些皮毛，而中医“辨证论治”的真谛并没有真正学到手。有了这样的认识之后，他的学习、研究和临床有了一个新的质的飞跃。

清代伤寒注家柯韵伯谓：“胸中有万卷书、笔底无半点尘者，始可著书；胸中无半点尘、目中无半点尘者，才许可作古书注疏。”就是说，无论著书立说，或为古书作注，都必须摆脱一切先入为主的框框。李克绍认为，著书如此，作注如此，看病亦如此。学习中医要想登堂入室，应该重视“辨证论治”，即重视辨证的思维和方法的研究。学习《伤寒论》固然应重视113方，但更为重要的是，应该将学习的重点放在“六经辨证”的思维方法上，尤其是仲景辨证论治的活法和变法。他认为《伤寒论》指的就是这个意思。

在学医行医的过程中，李克绍逐渐在临证前不准备成方了，而是注重运用中医的基本理论和四诊方法去观察病人的各个方面，抓住疾病的本质，选用对证之方，并且在无成方可用之时，自组对证之方。而这些自组方确实取得了不少满意的疗效。他有些自创的经验方，如鼻渊方、肾炎方、迁肝方、肺胀方等，药味不多，但效果很好。也就在此时，他才真正领悟到中医的三昧。

李克绍经过临床死套成方的失败后，深深感到自己临床的“尘”太多了，书也读“死”了。知常达变，活法无常，仲景所谓的“随证治之”，才是中医的精髓所在。他认为，只有胸中无半点“尘”者，才能做到正确诊病处方。只要胸中无“尘”，临证就会效如桴鼓。一个十余岁的患儿，西医确诊为“癫痫”，去过不少医院，中西医久治不愈。听说李克绍善于治疗疑难怪症，遂求诊。诊见症状一如癫痫表现，询问病史，知是在夏天烈日当空的野外割草时晕倒后发病的，李克绍认为此病当属于中医之“暑厥”，便撇开一切治癫痫的成方不用，予以生脉散加蜈蚣、僵蚕、全蝎等入络行痰镇静药，十余剂即治愈，未再复发。此病属于“审因求治”的典型。中西医久治不愈，显然是胸中有“尘”了，这个“尘”就是照本宣科，不知变通。

还有另一癫痫病案。一癫痫频繁发作的中年妇女，中西医久治不愈，经人介绍请李克绍诊治。他四诊合参后，认为心下有痰饮，仍然舍去一切治疗癫痫的成方成法不用，治以桂枝去桂加茯苓白术汤加减，不但癫痫治好了，就连多年的胃脘痞满也治好了。桂枝去桂加茯苓白术汤在《伤寒论》中不用于治疗癫痫，李克绍此治法显然属于经方活用，但是要做到“活用”，前提是胸中绝无“癫痫”之“尘”。

一青年患中耳炎，历时半年，服药近百剂，始终无效。经李克绍诊视，脉迟舌淡，耳流清水，不脓不臭，便排除一切治耳消炎之方，予以四君子汤加炮姜、白芷，1剂效，3剂愈，随访未再复发。有“炎”就要消炎，囿于“炎”字是两火相加，所以中医消炎就要运用寒凉清热药，这就是所谓中西医结合带来的“尘”。而李克绍胸中无这种“尘”，所以尽管是“炎”症，仍然诊断为虚寒，运用温补之法而获效。

应该说以上三案都不是什么难治之病，为什么久治不愈呢？

因为这些医生胸中只有成方，只有常法，从而抛弃了中医的辨证。可见胸中的"尘"太多了，中医的精髓就必然太少了。如此，不要说疑难怪症，就是一般疾病也不会取效的。

1986年4月，李克绍应邀去聊城地区参加中医学术交流会，会后，他去学生家中，为学生写下了"读破万卷书，才算学习；胸无半点尘，方可临床。"他对学生说："尘，是指各种条条、框框、成见、偏见、不成熟的经验，头脑里如果被这些'尘'占据了，就不能面对千差万别的具体病人进行细致入微的辨证论治。带着这些'尘'去临床，你的头脑就僵化了，就不可能独辟蹊径，出奇制胜。可我们大多数医生胸中的'尘'都比较多，因此在临床上是很难搞出名堂的。"

李克绍自从摆脱教条思维、注重辨证论治之后，不但对于临床治病比以前更有把握，而且对于阅读医书也感觉与从前不一样了。从前他只喜欢看有方有药的著作和开门见山的医案，而对于理论性强的著作和像《临证指南医案》那样需要加以分析的医案就看不进去了。自从对于辨证有了深刻的体验之后，治学态度也发生了根本的转变，不但喜欢看理论性强的著作，而且看病案也有了自己的分析和评判能力。正因为如此，从教以后，他始终对大学现行的临床各科教科书有看法，认为在"辨证"方面阐述得不够，分型太过僵化，近于教条。因此他在临床上特别强调辨证的灵活性和经方的"活用"。

例如，他用五苓散治疗尿崩症与湿疹。患儿王某多饮多尿，当地医院诊断为尿崩症，经治无效，遂来济南求李克绍诊治。李克绍诊其神色脉象，均无异常，唯舌色淡，有白滑苔，像刷了一层薄薄不均的浆糊似的。他认为，此证可能是水饮内结，阻碍津液输布，所以才渴欲饮水，饮不解渴；其多尿亦是多饮所致。若能使不渴、少饮，则尿量自会减少。因与五苓散方，共服2剂，症状见轻；又予原方2剂，痊愈。

患者国某，两上肢及颈部患湿疹已两年多，虽多经治疗，服中西药甚多，但疗效不显，时轻时重。本次发作已月余，症见两上肢及颈部密布粟样疹点，渗水甚多，点滴下流，轻度瘙痒，身微恶寒，汗出较多，口干欲饮，大便正常，小便略黄，舌苔薄白，脉濡缓略浮。证属阳虚不能化气利水，湿邪郁于肌表，津液但能向上向外，外出皮毛，而通调水道的功能迟滞。治宜温阳化气利水，药用五苓散方。患者服第1剂后，患处渗水即明显减少，全身出汗亦基本停止，恶寒消失，口干减轻。此乃阳化水降，原方再服3剂。一年后随访，未见复发。

李克绍认为，五苓散证不是膀胱蓄水，五苓散自然也不属利尿剂，而是一张调节水液代谢失常的方子。五苓散证在《伤寒论》中的主症是小便不利，而尿崩症恰恰是小便过利，但小便利否只是表象，只要是病机属于水液代谢失常，就可以运用五苓散。湿疹在中医学文献中未见有此病名，对其论述散见于“癣”、“疮”、“风”等范畴，其病因病机一般多由风、湿、热客于肌肤而成。本例之病机是由于阳虚气化失常，不能“通调水道，下输膀胱”，津液只能上行外泛，瘀于肌表，从皮毛作汗，或从患处渗出水液。五苓散对人体的水液代谢失调有良好的调节作用，故虽不用祛风利湿止痒之品而诸症均除，此不治而治之法，体现出中医“异病同治”的原则和辨证论治的重要性。《伤寒论》141条有服五苓散以除心烦、解皮粟的记载。皮粟的形成是由于当汗不汗，反以冷水潠灌，致使将要作汗的汗液被冷水所激，不得外出，反瘀于皮肤的汗孔中所致。五苓散能外通腠理，下达膀胱，通行三焦，化气行湿，所以用之有效。本案的湿疹虽然在表现上与皮粟不同，但都是湿瘀肌表，五苓散能解皮粟就应想到能消湿疹。伤寒方应用万殊，理本一贯，关键是要举一反三，灵活运用。

李克绍常讲，张仲景的《伤寒论》全是从临床上来的，没有虚假的东西，有些条文就是临床医案的真实记录。所以只要抓住方证中的主症和特征，就可以运用相应的经方。这就是所谓的“方证相应”。如老年妇女王某得一怪病，每入睡后即口角流涎沫，及醒时，枕巾即全已湿透。诊治时他联想到仲景讲吴茱萸汤能治吐涎沫，即予吴茱萸汤原方，竟获痊愈。

李克绍说，吴茱萸汤除在《伤寒论》中凡三见，一在阳明篇，“食谷欲吐，属阳明也，吴茱萸汤主之。”一在少阴篇，“少阴病，吐利，手足厥冷，烦躁欲死者，吴茱萸汤主之。”一在厥阴篇，“干呕吐涎沫，头痛者，吴茱萸汤主之。”另外，《金匮要略》还有“呕而胸满者，吴茱萸汤主之。”对于吴茱萸汤主症的描述，虽有“欲呕”、“烦躁”、“吐涎沫”、“头痛”、“胸满”等的不同，但其中一个共同的病机是寒浊壅塞。而吴茱萸汤正是温胃降浊的有效方剂，睡后口角流涎就是寒浊，所以本方用得恰好。

李克绍认为，“方证相应”在临床上还存在一个问题，就是大家都比较重视《伤寒论》重点条文的“方证相应”，而往往忽略一般性条文。如对于小柴胡汤的辨证运用，大家每每重视 96 条的“四大症”，而他认为 265 条的“伤寒，脉弦细，头痛发热者，属少阳”更为重要。如张某，低烧不退，西医检查找不出病因，每日注射生理盐水、激素等药物，治疗两月，仍毫无效果。该院西医某大夫邀李克绍会诊。诊见患者饮食、二便均较正常，只是脉象稍显弦细，兼微觉头痛。李克绍联想到《伤寒论》中“伤寒脉弦细，头痛发热者属少阳。”因与小柴胡汤原方，其中柴胡每剂用 24g，共服 2 剂，低烧全退。该院西医师还不相信，又住院观察了 3 天，患者确实未有反复，遂准许出院。

李克绍说，《伤寒论》中的“伤寒中风，有柴胡证，但见一证便是，不必悉具。”注家往往把这个“一证”局限于“往来寒热”、“胸胁苦满”、“默默不欲食”、“心烦喜呕”这四大主症上，并称之为柴胡四大主症。临床除了见到这四大主症以外，很少有想到用小柴胡汤的，却不知论中还有一条更为重要的原则，就是

“伤寒脉弦细，头痛发热者属少阳”。为什么这是属少阳呢？因为外感发热总离不开“三阳”，头痛、发热是“三阳”共有的症状，属太阳当脉浮，属阳明当脉大，如果脉不浮不大而弦细，排除了太阳和阳明，就理所当然地属少阳了。少阳脉的弦细不一定是沉细弦劲。临床证明，只要够不上太阳之浮、阳明之大，而指下端直有力就算弦细，而这一点临证时往往容易忽略。至于柴胡，刘完素称其“……散肌热，去早晨潮热、往来寒热、胆瘅、妇人产前产后诸热”，足见可以广泛地应用于多种原因的发热上。正因为如此，所以治太阳发热，可加入羌活、防风；治阳明发热，可加入葛根、白芷。有人运用小柴胡汤灵活加减，治疗一切外感表热证就是对刘完素所述有深刻体会的缘故。

关于经方的辨证运用，还存在一个无“症”可“应”的问题，对此李克绍结合临床也谈到这一问题。如治李某，主诉头目不适，似痛非痛，有如物蒙，毫不清爽，已近一年。自带病历一厚本，苦菊花、天麻、钩藤、黄芩、决明子、荆芥、防风、羌活、独活等清热散风的药物几乎用遍，俱无效果。李克绍根据舌红苔少，考虑是血虚头痛，遂拟四物汤加蔓荆子一方，3剂。患者第2次复诊时，自述服上方第一剂后，曾经一阵头目清爽，但瞬间即逝，接服两三剂，竟连一瞬的效果也没有了。仔细诊察，李克绍发现，时近仲夏，患者两手却较一般人为凉。再细察脉搏，也有细象。联想到《伤寒论》中论厥证，“肢冷脉细”，为阳虚血少，属于当归四逆汤证。此患者舌红少苔乃血少之征，论中虽未言及本方能治头痛，但不妨根据脉症试服一下，即给予当归四逆汤3剂。再次复诊，果然症状基本消失。为巩固疗效，又给予3剂。药后患者恢复工作。

对此李克绍颇有感触，他说：“余讲伤寒课已有数年，然不通过临床，还不知此方能清头目，理论结合实践是多么重要啊！”同时也理解了前服四物汤加蔓荆子方之所以能取瞬间之效，全在辛散与益血并用。但续服之后，川芎、蔓荆之辛散远不敌地黄、芍药之滞腻，益血虽有余，通阳则不足，所以也就无效了。

求异创新　伤寒大家

李克绍对于中医学的研究颇深，百万字的《李克绍医学文集》就足以证明。其中，伤寒学说研究是他学术思想的主要组成部分，也是成就最为突出的部分。他从事《伤寒论》教学与研究40余年，以其丰富的临床经验、渊博的学识，对《伤寒论》的争议问题、疑难问题进行了广泛深入的探讨；以其独特的思维、非凡的勇气，对伤寒学说中某些传统的观点进行了大胆的驳析，提出了诸多新颖、独到的见解，形成了独具特色的李氏伤寒学术思想体系。他先后出版了《伤寒解惑论》、《伤寒论讲义》、《伤寒论语译》、《伤寒百问》(与徐国仟教授合写)、《伤寒串讲》等伤寒研究专著，并发表了20余篇伤寒学术论文。特别是《伤寒解惑论》的出版，在国内外伤寒学术界震动很大，奠定了他在当代伤寒学术研究的地位，成为全国颇具影响的伤寒学家。湖南中医药研究院叶发正撰写的《伤寒学术史》，在“现代伤寒名家对伤寒学的贡献”中将李克绍列于第二位(位于冉雪峰之后)。并指出，李克绍研究《伤寒论》最主要的有两条原则：一是要与《内经》、《难经》、《神农本草经》、《金匮要略》相结合，但不要牵强附会；二是要结合临床来体会，而不是在文字表面走过场。根据这两条原则，加之他有多年的临床经验、深厚的古文修养、独特的思辨能力，所以他的论著遍及海内外，称得上是现代著名的伤寒学家。

纵观李克绍的伤寒研究及著述，之所以能取得如此大的成绩及深远影响，关键就在于无论专著还是论文，总是独树一帜，观点鲜明，言之有物。他的文章思辨性很强，善于辨析问题，说理透彻，以至于凡读其文者，即使不同意其观点也能引起浓厚的阅读兴趣。所以，门人姜建国通过对老师学术思想的整理研究提出：学习研究李克绍，除了掌握他的学术观点，更重要的在于学习和理解他独特严谨的治学思维方法及勇于追求真理的治学态度。

美国哈佛大学的校训主张“独立思想”，提倡“怀疑精神”。这与各国实行的“问题教学”一脉相承。这是教育的精髓所在，是治学的根本所在，也是人才培养的关键所在，很值得我们学习与重视。李克绍在这方面为我们作出了很好的榜样。他之所以能提出很多独到的学术观点，完全是他勤于和善于独立思考、具有怀疑精神和实施问题教学的结果。

李克绍曾说，封建社会里的知识分子，很多对于祖国的文化遗产，包括医学在内，不是以进步的科学真理为依据，而是保持着“注不破经，疏不破注”这样的守旧思想。他们不但对于所谓“经文”不敢持否定态度，甚至连注经的所谓“名家”也只是服从，不敢违抗。譬如，一旦有人对某个问题提出新的见解和看法，就有人会问：“你见过哪个注家是这样说的？”不是从道理上来说服，而是以权威的言论相压服。

李克绍认为，历代注家对于《伤寒论》的注解，或从理论上予以发挥，或从临床实践中予以论证，贡献是不小的。然而也要看到，注家的解释也并非都尽善尽美，精辟独到之处是有的，牵强附会、闭门造车的也不少。我们如果不加分析，跟着他们的某些错误论点钻进去；或者明知不对，但慑于“名家”的权威，不敢提出异议，或者因为是多数人的看法不易扭转，便随波逐流，人云亦云，这种对学术不负责任的态度，是要不得的。正确的态度是：除了分析旧注要有科学的态度外，批判旧注还要有“反传统”的精神。有分析才会有批判，敢破才敢立。如何辨别旧注是否正确，从而提出新的见解呢？李克绍认为，凡是越解释越神秘、越难懂，这样的注解就必有问题，就应当撇开旧注，改弦易辙，另找新的论据。

李克绍对伤寒学术研究的建树是多方面的，综合观之，主要有三方面：

其一，对传统观点的剖析。如反对“循经传”、“越经传”、“首尾传”等不切实际的传统观念，提出了“传为发病之期、传为本经相传”及“六经皆有表证”的新的传经理论；反对“风伤营、寒伤卫”的传统发病学说，提出了“风寒主伤卫分、风寒营卫不可凿分”的观点；反对“蓄水证是水蓄膀胱为太阳腑证”的传统说法，提出了“三焦气化不利蓄水”的观点；反对“太阴大实痛是实在阳明”的传统注释，提出了“脾络壅实，加大黄是破瘀行滞”的观点等等。

其二，对争论问题的研究。如结合临床实际探讨厥阴病，提出应分清厥阴病与一般伤寒，以及厥阴病篇的科学结构；综合分析热入血室证，提出“血室即子宫、热入血室证单见于妇人”的观点；联系阳明病因，运用逻辑思维讨论“胃家实”，提出“胃家实”单指有形邪实、大便秘结的承气汤证，不包括白虎汤证等等。

其三，对疑难问题的创见。如对“六经病欲解时”的探析，系统论述了“六经病欲解时”的机理、运用及局限性等问题；提出了柴胡证与少阳病的区别，揭示了柴胡证与少阳胆火内蕴在发病、证候、病机及治法上的不同；提出了中风与伤寒的不同含义，一是以风寒致病特点分太阳证类型的，二是以风寒相对属性分六经证类型的等等。粗略统计，李克绍的伤寒学说研究，涉及比较重大的专题和比较有代表性的观点有20余项，可以说，对伤寒学说的贡献是相当突出的。

李克绍的代表作《伤寒解惑论》，先行在《山东中医学院学报》1978年第一、二期连载，同年由山东科学技术出版社出版，1979年重印。全书93000余字。《伤寒解惑论》中对于疑难问题的剖析可谓别具一格：它不是直接展开问题进行分析，而是从读书之方法、研究之思维的角度进行讨论，重点阐述如何运用辩证思维、逻辑思维、求异思维、逆向思维探索、分析《伤寒论》中的问题，给人以启发。

勇于创新、敢于反传统是李克绍治学的重要特征。例如传经问题，这是伤寒学说中的一个重要问题，也是一个疑难问题。传经理论和运用贯穿于六经病的始终。历代注家为此殚精竭虑，曲尽注释，并创造出诸如“循经传”、“越经传”、“首尾传”、“表里传”等名词概念，力求系统解释六经病的各种演变机理与形式，但这些传统的概念和观点与原著及临床均难尽合，空玄抽象。于是李克绍破除迷信，反对玄说，对此进行了详细的分析辩驳，并提出了新的传经观。此后又撰写“论传经”的专文，进一步阐发了这个问题。

他认为，外感病发生以后，总是在不断地变化，绝不会总停留在原始的症状上。这些变化的结果，除了自愈外，其余的在《伤寒论》中有的叫做“传”，有的叫做“转属”或“转入”。后世注家的所谓“传经”，就是以此为根据，又加以主观想象和神秘化而造出来的。本来外感发病的初期，“三阴三阳”的症状并不典型，患者只是觉得“发热恶寒”或“无热恶寒”，并酸懒不适而已。这种现象，暂且可称之为六经发病的前驱期。在前驱期，虽然还看不出将来要发展为哪一经病，但是也可以作出一个大概的估计。这就是“病有发热恶寒者，发于阳也；无热恶寒者，发于阴也”。因为如果恶寒的同时又发热的话，说明患者阳气素盛，将来发展会定型于“三阳”。如果只恶寒而不发热，说明患者阳气素虚，将来必定型于“三阴”。至于什么时候定型，也就是“三阴三阳”前驱期的长短，也有其临床的大体经验。一般情况太阳病可以没有前驱期，患病当天就会“脉浮、头项强痛而恶寒”，顶多只是短暂的“或未发热”而已。而阳明病则是“始虽恶寒，二日自止，即自汗出而恶热也”，虽现出阳明的特征，终于“三日阳明脉大”，成为典型的阳明病。至于少阳病的口苦、咽干、目眩则多出现于第三日，这从“伤寒三日，少阳脉小者，欲已也”反面证明。伤寒三日脉不小，就要出现“口苦、咽干、目眩”的少阳病。由此可见，“三阳”发病，由前驱期到各经具体症状的出现，大多情况是太阳病在第一日，阳明病在第二日，少阳病在第三日。然而临床常有不少发热恶寒的患者，未经治疗，并不出现任何三阳病的症状，竟逐渐寒热消失而自然痊愈。因此论中又说：“伤寒一日，太阳受之，脉若静者，为不传”。又说：“伤寒三日，少阳脉小者，欲已也。”说明在前驱期，阴阳气血有可能重新得到调整，不发展为“三阳”病；或者根本不是某某病的前驱期，只不过是一种轻度的外感，所以发于肌表，也消失于肌表，而不继续发展。

至于三阴病典型症状的出现，也并非其临床的大体规律。三阴病的前驱期是无热恶寒。既然热发不起来，说明是阳虚体质，病情就会向里虚里寒的三阴方向发展。这就可能：“伤寒四五日，若转气下趋小腹者，此自欲利也”，这就是传入太阴；或者“至五六日，自利而渴者”，“属少阴也”；如果六七日不解，出现手足厥冷，无论是寒厥或是热厥，则为病入厥阴。这样看来，三阴病典型症状的出现，其先后次序大体为太阴病为四五日，少阴病为五六日，厥阴病为六七日。但是无热恶寒的患者是否都要出现三阴病，也不能肯定。因此论中又说：“伤寒三日，三阳为尽，三阴当受邪，其人反能食而不呕，此为三阴不受邪也。”可见，三阴病也有可能在前驱期阳气恢复的情况下而停止发展。或者这也根本不是某某病的前驱期，只不过是阳虚者的轻度外感罢了。

不管怎样，从以上可以看出，三阳病的出现有一个发热恶寒的前驱期；三阴病的出现有一个无热恶寒的前驱期。由前驱期进入出现各经的症状期就叫“传”。柯韵伯认为，“传”就是《素问·水热穴论》中“人伤于寒，传而为热”之“传”，就是变化了的意思。具体说来，就是由三阳病或三阴病共有的前驱期，变成可以明确划分为某一经病的症状定型期，这就叫“传”。

另外，还可以看出，前驱期的长短，三阴病与三阳病也不相同。太阳病很少有前驱期，阳明病是二日以后，少阳病是三日以后，太阴病是四日以后，少阴病是五日以后，厥阴病是六日以后。这就说明：病情越重，其前驱期越长，病情较轻浅，其前驱期较短。后世注家不把一日太阳、二日阳明、三日少阳、四日太阴，五日少阴、六日厥阴看做是其前驱期的长短，却把一、二、三、四……等理解为六经病互相传递的日期和先后次序，认为伤寒第一日应当发为太阳病；第二日太阳病应当传给阳明经，变成阳明病；第三日再由阳明病传给少阳经，变成少阳病……最后变成厥阴病。为什么会产生这样的错误呢？这是因为：一是把三阴、三阳、六经错误地认为是经络之经；二是把同一经病的前驱期和定型期看成是两个病；三是错误地把“传”理解为这一经病传给另一经病，成了“传递”、“传授”之“传”。注家并引用《素问·热论》“伤寒一日，巨阳受之……二日，阳明受之……六日，厥阴受之”作为日传一经的论据。还认为，日传一经，依次相传是伤寒的一般规律。但是临床并未见到日传一经这样的事实，于是又强为解释说：这是一般中之特殊，传经中之例外云云……其实，《内经·热论》的几日某经受之，并非是指这一经传给那一经，其实质是指由前驱期进入典型症状期。

《伤寒论》中这一经病传递给另一经病的情况，确实是有的。但是这不叫“传”，而叫“转属”或“转入”。“转属”和“传”不同，“传”之前的前驱期和“传”之后的典型症状期，其临床表现虽然不同，但前后仍是一个病。而“转属”就不同了，“转属”之前是一经病，“转属”之后是另一经病。总而言之，“传”是同一经病的深化，“转属”是病位和属性的变化。

李克绍最后总结性地指出，旧注家的错误错在脱离实践，凭空臆想，挖空心思，牵强附会。错就错在硬把这些变化称为“传经”，而且还造出什么“循经传”、“越经传”、“首尾传”、“表里传”、“传足不传手”等等谬说，把一部极其朴素实用的《伤寒论》涂上了一层层形而上学的色彩。

李克绍认为，读古书首先要了解古人的写作特点，如张仲景写《伤寒论》是有详有略。一般是前详后略，当然也有前略后详的，这就要求阅读古医书时要善于读无字处，还要注意语法的问题。如243条：“食谷欲呕，属阳明也，吴茱萸汤主之；得汤反剧者，属上焦也。”《医宗金鉴》认为：“得汤反剧，非中焦阳明之胃寒，乃上焦太阳之表热。吴茱萸气味俱热，药病不合，故反剧也。”程郊倩则认为：得汤反剧者，是上焦寒盛格阳，以致药不能下达中焦之阳明。这些都把上焦与阳明分割开来。事实上，阳明是指整个胃肠道而言，胃肠道本身就可以分为上、中、下三焦。譬如《难经》就说：“上焦当胃上口，中焦当胃中脘，下焦当胃下口”。《金匮要略》云：“上焦有寒，其口多涎，”指的就是胃上口。《伤寒论》中也有“此利在下焦，赤石脂禹余粮汤主之”。指的就是大肠。本条的“得汤反剧”是指寒涎聚在胃上口，未服药之前食谷欲呕是寒涎得热欲散的缘故。服吴茱萸汤之后，辛燥之性，使邪从上溃，所以反而吐剧。这是药已中病的好现象。如果寒涎不在上焦胃上口，而在中焦胃中脘，那么服药后寒涎就会温散下降，不呕吐，病也会好的。所以属上焦也好，属中焦也好，都未离开阳明。可见六经不是三焦，而又离不开三焦。“属上焦也”，是“属阳明之上焦也”的简化语。注者不知省去了“阳明”二字，强把阳明与三焦分家，就造成了上述错误。

李克绍认为，《伤寒论》的条文，虽然在形式上是逐条分列，节段分明，但实际上是互相联系、互相对照、互相启发、互相补充的，是不可分割的一个整体。因此读《伤寒论》时，不能条条孤立地读，必须有机地联系在一起，方可领会得更为全面、更为透彻。如对于三阴中风的分析理解就是如此。《伤寒论》三阴篇的中风证，只有太阴中风指出乃“四肢烦疼，阳微阴涩而长者，为欲愈”，有脉象，也有症状。而少阴中风是“脉阳微阴浮者，为欲愈”；厥阴中风是“脉微浮，为欲愈，不浮，为未愈”，都只有脉象，并无症状。因此，注家们或顺文敷衍，只解脉象，干脆不提应当是什么症状(如钱璜)；或抱怀疑态度，认为这可能是另一派古医家的传说，张仲景有意无意地记录下来，也可能是王叔和强掺在里面的(陆渊雷)；有的人根据太阳中风的症状推测，认为应当是发热汗出。众说纷纭，莫衷一是。究竟应当怎样理解，李克绍认为，首先应从“中风”这一名词的含义入手。“中风”和“伤寒”是相对而言的。少阴病和厥阴病是以热化证为中风，以寒化证为伤寒。

李克绍提出，学习《伤寒论》最重要的是能否运用唯物史观进行分析，能否与《内经》、《神农本草经》、《金匮要略》相结合。如《伤寒论》第174条：“伤寒八九日，风湿相搏，身体疼烦，不能自转侧，不呕，不渴，脉浮虚而涩者，桂枝附子汤主之。若其人大便硬、小便自利者，去桂加白术汤主之。”历来注家对于本条的分歧是：为什么大便硬、小便自利，还要去桂枝加白术呢？成无己认为，“桂枝发汗走津液，此小便利、大便硬为津液不足，去桂加术。”就是说，大便硬是津液不足所致，为了保持津液，才去掉桂枝而代以白术。因为桂枝能发汗，发汗就要伤津。这样的解释从表面看似乎是有道理的，但是仔细推敲，还是不能令人信服。发汗有时能伤津，这是人所共知的，但是本条服药后不发汗，如何能伤津？何况白术是燥性药，不用桂枝，反加白术，这能是为了怕伤津吗？

尤在泾云：“若大便硬、小便自利，知其人在表之阳虽弱，而在里之气自治，则皮中之湿，所当祛之于里，使从水道出，不必更出之表以危久弱阳矣。故于前方去桂枝之辛散，加白术之苦燥，合附子之大力健行者，于以并走皮中而逐水气，此避虚就实之法也。”他指出，加白术是为了合附子以“并走皮中而逐水气”，这与方后注合，无疑是对的。但又说“不必更出之表，以危久弱之阳”，这显然是指去桂枝说的。桂枝通阳化气，服后又不发汗，如何能危及久弱之阳？又说“皮中之湿，所当祛之于里，使从水道出”，“祛之于里”也与前面说的“合附子并走于皮中而逐水气”相矛盾。再则论中已指出“其人小便自利”，这还需要“祛之于里，使从水道出”吗？

注家们对于本条的解释，为什么矛盾重重，不能令人满意？李克绍认为，首先是没有注意到《伤寒论》中的名词术语与现代不同。不知道桂枝加白术汤证的“大便硬”、大便不溏薄是大便正常；“小便自利”是小便不涩不少，小便正常。反而认为大便是像燥屎那样坚硬，小便是病态的尿量太多。所以成无已就把“大便硬”认作是津液不足，《医宗金鉴》也怀疑“大便硬，小便自利，而不议下者”，是“风燥湿去之硬”。

其次，不会读于无字处。不知道从“若其人大便硬、小便自利者，去桂加白术汤主之”的“若”字去考虑；“桂枝附子汤主之”之上，是略去了“小便不利，大便不硬”几个字。也就是说，不知道桂枝附子汤证还应当有小便短少、大便溏薄这些症状。

第三，没有与《金匮要略》结合起来。《金匮要略·痉湿暍病脉证治第二》说：“湿痹之候，小便不利，大便反快。”本条风湿相搏、身体痛烦与湿痹一样，大都有内湿的因素，也往往是小便短少、大便溏薄。

第四，没有结合《神农本草经》来认识白术的作用。《神农本草经》称：“术，主风寒湿痹死肌。”这明明指出“术”能走表，是风寒湿痹稽留肌表的必用之药，而不是像成无已所说的“为津液不足，去桂加术”，也不像尤在泾所说的，是为了把皮中之湿，“所当祛之于里”。

第五，没有注意方后注。其实，加白术是为了走表祛湿，方后注已经注得很明白。方后注云：“初一服，其人身如痹，半日许复服之，三服都尽，其人如冒状，勿怪，此以附子、术，并走皮内，逐水气未得除，故使之耳。”明明说“其人身如痹”，明明说“附子、术并走皮内，逐水气”，而注家偏要说加术是把“皮中之湿所当祛之于里”，偏要说“为津液不足”，这是没有注意方后注的缘故。另外，方后注明明说“此本一方二法，以大便硬、小便自利去桂也；以大便不硬、小便不利当加桂。”原来原文中所略去的“大便不硬、小便不利”已经补在方后注中，而注家们偏偏忽略了这一点，以至费了不少笔墨，吵了不少年。

更重要的是，“以大便硬、小便自利去桂也；以大便不硬、小便不利当加桂”，这清楚地指出：去桂加术和去术加桂的依据是小便利与不利、大便硬与不硬，而大便硬与不硬的关键又在于小便的利与不利。据此可知，加桂枝是为了通阳化气，温通水道，这与苓桂术甘汤、五苓散等方用桂枝一样，是治阳虚湿不化的主要药物。尤其配有附子，在表里俱湿、内外阳虚的情况下，二药并用，能彻上彻下，彻内彻外，阳通湿化，表里俱解。反之，若无内湿就不需要通阳，去桂枝的辛温，改用白术走表去湿也就够了。有的注家解加桂是解表祛风，加术是因为风去湿存，忘却了桂枝能通阳、白术能走表，所以无论怎样解释，听起来都是糊涂的。

李克绍关于《伤寒论》174条的分析，给后人提示了三种学习经典医著的方法：一是要与同时代的医著内容相联系；二是要与本书的相关内容相联系；三是最为主要的是要与临床相联系。所以他最后还讲到：试问，临床如果遇到大便真正硬结、其小便量又非常多的情况下，能不能加白术？如果不能，那么《伤寒论》注得再好也是纸上谈兵，毫无意义。

研读《伤寒论》要与临床相结合是李克绍一直强调的。《伤寒论》最大的特点之一就是它的实践性。《伤寒论》之所以经历近两千年，至今仍有强大的生命力，最主要的原因就是它的临床指导价值。正因为如此，李克绍非常郑重地指出，抛开临床，单从文字上抠字眼，断章取义，牵强附会，或画蛇添足，强使古书符合自己的意见，就必然走入迷途。历代《伤寒论》注家，常常争论不休，分歧百出，就是这些原因造成的。他曾于《伤寒解惑论》中举了6个例证结合临床逐一分析讨论，在此仅举少阴病一例：

《伤寒论》309条："少阴病，吐利，手足逆冷，烦躁欲死者。吴茱萸汤主之。"296条："少阴病，吐利，烦躁，四逆者死。"两条都有吐利，都有四逆，都有烦躁，却一是可治的吴茱萸汤证，一是严重的濒死之征。为什么呢？周禹载认为，关键在于"四逆"重于"厥冷"。吴茱萸汤证是"逆冷"，厥冷只是手足发凉，凉不过膝；而296条是"四逆"，是已凉过膝，所以前者可治，而后者则是死症。程郊倩认为，应从躁、逆的先后上找问题。从文字上看，309条"逆冷"写在烦躁之前，是由"吐利、四逆"转为烦躁，这是由阴转阳，所以可治，用吴茱萸汤；而296条的四逆写在吐利、烦躁之后，是由"烦躁"转入"四逆"，是脾阳已绝，所以是死症。就连名家柯韵伯、张路玉也都未离开上述认识。

以上这些解释就是撇开临床，死抠字眼。这两条如果结合临床来看，病机不同，其临床表现也不相同。吴茱萸汤证是寒浊阻塞在胸膈，阴阳被阻，不能相交，所以烦躁难忍、呼叫欲死是主症，用吴茱萸汤温胃降浊。寒涎一开，烦躁即解，阴阳相交，厥冷、吐利等症都可好转。296条是阳光欲息，四肢逆冷是关键，并且重病面容，濒死状态。其烦躁也是阴阳离绝，绝不呼叫，也无力呼叫，与前之"欲死"者大不相同。这样的"可治"与垂死的差别稍有临床经验的人都可一见了然，又何必从"烦躁"的先后和"厥冷"的轻重来做这些似是而非的文章呢？

是否敢于怀疑张仲景和《伤寒论》，恐怕是每个伤寒注家所面临的问题；是否敢于怀疑伤寒注家，恐怕亦是后世伤寒研究者所面临的问题。这涉及治学的态度和勇气，李克绍关于风伤卫和寒伤荣问题的分析，就充分体现了他的治学胆略与风格。

李克绍指出：太阳中风是风伤卫，太阳伤寒是寒伤荣，这是成无己以来大多数《伤寒论》注家的共同认识，几乎没有人反对。对于风为什么伤卫，寒为什么伤荣，成无己解释为：风属阳，卫亦属阳；寒属阴，荣亦属阴；阳邪伤卫，阴邪伤荣，这是以类相从。这是多么形而上学的认识啊！这样的解释，且不说学者听不懂，就连解释者本人也不会懂，不过是自欺欺人罢了。因为听不懂，所以到了清末，唐容川就来辩驳说：错了！应当是寒伤卫，风伤荣。然而寒伤卫、风伤荣听者又何尝能懂？还不是与风伤卫、寒伤荣一样，在自欺欺人吗？凡是越解释越难懂的就必然出问题，就应当另找答案。

李克绍首先从风、寒、荣、卫的关系进行分析。风、寒、荣、卫是怎样一种关系呢？《素问·皮部论》云："是故百病之始生也，必先于皮毛。"荣是行在脉中，卫是行在脉外的。因此，无论是风还是寒，既然必先于皮毛，也就必然先伤卫。卫气伤了会怎么样呢？《灵枢·本脏》云："卫气者，所以温分肉、肥腠理、充皮肤、司开阖者也。"尤其是"司开阖"这一功能，对于体温的发散和汗液的排泄起着极为重要的调节作用。如果卫气伤了，调节的作用失灵，不是开而不阖，就是阖而不开。开而不阖就自汗、脉浮缓，就卫强而荣弱；阖而不开就无汗、脉浮紧，就卫强而荣不弱。自汗为风性疏泄，无汗为寒性凝敛，这就是中风、伤寒命名的由来。旧注不去分析风寒对卫气的不同影响，也不分析荣和卫的相互关系，却把风、寒、荣、卫分了家，从而造成上述错误。

有人会反对说："风则伤卫，寒则伤荣"是《伤寒论》的原文，不能随便篡改。岂知《伤寒论》的原文，并不都是张仲景的原文。因为《伤寒论》是经过王叔和重新加工整理而成的。为了给学者打基础，王叔和编前增入了《辨脉法》、《平脉法》、《伤寒例》、《痉湿暍》等篇。"风则伤卫，寒则伤荣"就在《辨脉法》

中。王叔和整理《伤寒论》，其贡献是不可埋没的，但又辑入其他杂说，反而使《伤寒论》的本旨欲明反晦，这一点早已有人批评过。更重要的是，学术研究必须以真理为标准，只要有道理，任何人的意见都应当采取。如果没有道理，无论是王叔和，还是张仲景同样应当提出批评，绝不应人云亦云，盲目服从。

“学术研究必须以真理为标准”，这是李克绍治学的出发点。正因为如此，所以他从来不迷信注家，不迷信权威，不迷信教材，甚至连张仲景也不迷信。也正是因为不迷信，所以他才敢于反对传统观点。

以上仅是以《伤寒解惑论》中的部分内容为例，介绍李克绍对于《伤寒论》研究的成就。其实，他对中医学其他领域的研究也是颇深的，如基础理论、本草方剂、医案医话等。2006年，为了纪念李克绍这位著名的中医学家、伤寒学家逝世十周年，他的儿子李树沛和门人姜建国对他的书稿、笔记、医案等进行了全面系统的整理，出版了百万字的《李克绍医学文集》，算是对他一生潜心于中医研究的一个总结。

业余情趣 诗文俱佳

由于李克绍具有较为深厚的古文功底，读书工作之余，或逢佳节，或朋友相会，或触景生情，常以吟诗作对为娱。现录诗词几首，以见其志趣。

李克绍喜爱京剧，他擅拉京胡，曾在乡里组织剧团，于每年农闲、春节期间排练演出，他曾作京剧舞台联语：

帝王将相，才子佳人，台上事也；

夭寿穷通，悲欢离合，转瞬间耳。

又作：

假作真时真亦假，天下事，假真，真假；

无为有时有还无，人间世，无有，有无。

1939年牟平龙泉汤协盛栈饭店开张，李克绍写联语志庆：

协心必共济，情相投，意相合，厚谊堪称今鲍管；盛业何所凭？醉以酒，饱以德，不专口腹羡易牙。

1941年李克绍为乡人吕谔昌书写挽联：

想一生扶危济困，乐善好施，
而今七帙归真，只赚得清风两袖；
教三子投笔从军，抗战建国，
应知九原系念，转瞬间汗马四年。

1980年元月，有老中医画梅一幅相赠，李克绍题《卜算子》一首作答：

叶秃枝更劲，幽香出石窟，
并非有意魁群芳，我自行我素。
矍铄哉此翁，画中见风度，
何年再得话任城，免我常思慕。

1982年暮春，李克绍应山东省菏泽中医学会邀请，作学术讲座，正值牡丹之乡牡丹盛开，遂作《调寄西江月·咏牡丹》一首：

出身并非淤泥，也不甘心隐逸，
姚黄魏紫斗艳丽，但愿华满大地。
值此天下有道，贫且贱焉耻也，
春风得意花千里，富贵天下共之。

李克绍与广州中医药大学（原广州中医学院）何志雄教授多有书信往来，1983年10月，何志雄教授去世，李克绍为其书写挽联以寄哀思：

诱掖后进，桃李成荫，应知九泉含笑。
哲人其萎，音容宛在，自当百世流芳。

1983年李克绍为鼓励江西吉安邹姓女青年报考研究生作七绝二首：

漫道无才便是德，有才有德更堪夸。

试看炼石补天者，不是男娲是女娲。

诸葛当年辱仲达，心劳计拙亦堪夸。

闺中自有真豪杰，巾帼应作奖章看。

1984 年，新加坡中医学院第十九届学员毕业，李克绍为此书写献词：

岐黄之路，灵素之秘，济世活人，斯乃仁术。唯其仁也，德配天地，恫瘝在抱，存心利济。其术唯何？辨证论治，四诊八纲，五运六气，三部九候，标本缓急。辨证既明，然后施治，灸焫微针，毒药砭石，导引按跷，异法方宜，神圣工巧，三才一体，既是科学，亦有哲理。观现代医，日新月异，声光电化，用于医术，微观洞察，详且细矣，明于诊断，疏于论治，以之临床，仍有不及。此何故也？忽视整体。唯我中医，妙机其微，超以象外，别树一帜，先其所因，付其所主，妙手回春，多显奇迹。此诚宝库，亟待承继。望我同仁，齐心协力，阐幽发微，自强不息，务臻上乘，骊龙探珠，旁搜博采，结合中西，取长补短，投剂咸宜，造福人类，同登寿域。猗与伟哉，予日望之！

1985 年，贺《齐鲁中医》创刊，李克绍作贺词：

阐奥妙之灵素，作良师循循善诱，诲人不倦；

寄志趣于岐黄，俾学子孜孜以求，欲罢不能。

1985 年，李克绍为山东省寿光名医李莪华（1722—1785）纪念堂拟楹联两副：

囊里刀圭，创出回生业绩。

庙中香火，乃是戴德心声。

技超绝代，俾黎庶同龟鹤比寿。

德冠群伦，羡音容与日月争光。

1985 年，李克绍为陈梦赉老中医八十寿辰赠联：

大德无偏私，济世活人，不分畛域，允是回春妙手，夫子仁且智；

宏才有重任，岐黄事业，尚待发扬，所以天假之年，俾尔寿而康。

李克绍与黄星垣教授在重庆相见作七律一首。题记：

1985年10月，仲景学术讨论会在成都召开，会议结束后，余由蓉抵渝，取水路返济，欲借以饱览三峡风光也。抵渝后得晤中医研究所所长黄公星垣教授。黄老乃中医界耆宿，豪爽热诚，一见如故。余正恨相见之晚，但次日黄君即有成都之行，余亦不能久留，有幸相逢，又仓促告别，幸事亦憾事也。归途舟中，口占七律一首以志怀，亦呈黄老正之。

坤卦西南占得朋，重阳初过会黄公；
识荆久怅机缘少，话别更加友谊浓。
江合嘉陵势浩森，峰临峡谷气峥嵘；
青州东下频回首，蜀水巴山无限情。

1988年元旦，李克绍应山东省金乡县“纪念英雄王杰书画展办公室”之约，作七言绝句，书于条幅送展：

一声巨响刹那间，血肉凝成义勇篇；
壮士心中人即我，非图将死比泰山。

1992年8月，山东中医药大学中医门诊部开业，李克绍应邀书写联语：

在其位则谋其政，医国医人，都切记鲁莽灭裂；
有斯病便用斯药，仁心仁术，决不分贵贱亲疏。

应《山东中医杂志》“悬壶百味”栏征稿而作《诊余吟》：

妙手回春杯匾旗①，个中甘苦有谁知。
抢先危重犹救火，剖析疑难如治丝。
亦喜亦忧随象转②，任劳任怨似聋痴。
间尝自勉复自谴，知其不可而为之③。

注：①杯、匾、旗均系患者所赠。

②《孟子·万章章句上》：“象忧亦忧，象喜亦喜。”象是人名，是舜的胞弟，舜最友爱。象想害舜，但舜还是随象之忧而忧，随象之喜而喜。此处的象

借作对象讲，指治疗对象，即病人。是说随病人之忧而忧，也随病人病愈之喜而喜。

③语出《论语·宪问》。原文是："子路宿于石门，晨门曰：'奚自？'曰：'自孔氏。'曰：'是知其不可为而为之者与？'"此处的"知其不可为而为之"是病已不可治而强去治疗的意思。救人心切是好事，值得自勉。知其不可为而强为之，又是蠢事，所以自遣。

李克绍80诞辰自咏二首：

壮志尚未泯，对镜成老翁；
彩霞迎夕照，矍铄不龙钟。

问余何术享高年，笑而不答答亦难。
沧桑世事皆虚幻，冷暖人情尽忘斸。
菽水亦知儿女孝，娇嗔更喜稚孙顽。
似最解意篱边菊，也绽黄华祝晚安。

李克绍国庆抒怀：

日值庚辛，律中南吕，天高日晶，花好月圆，国庆三十三度，我已"曰老而传"。怅岁月之蹉跎，依然故我；愧贡献之涓埃，尸位素餐。然而东隅虽失，桑榆非晚，心怀利济，在抱恫瘝。无地不曝，仿秋阳之无私；有丝必吐，法春蚕之黾勉。孜孜矻矻，夕惕朝干，焚膏油以继晷，恒兀兀以穷年。或问："有美玉于斯，蕴椟而藏诸？"答曰："非也，后生可畏，得其人而传旃。"

（撰稿人 李树沛 姜建国）

王鹏飞卷

王鹏飞（1911—1983）

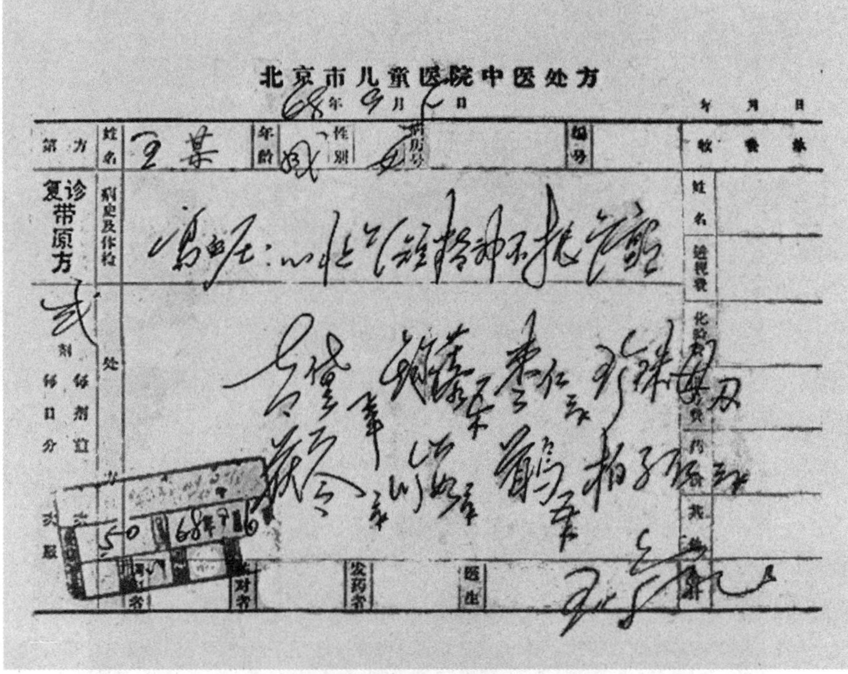

北京市儿童医院中医处方

年　月　日

部方	姓名	王某	年龄		性别		病历号		编号	

复诊带原方

病史及体检

处方

剂　每日　份　每剂　宜

次服

对者　发药者　医生

年　月　日　收费条

姓名　诊视费　化验费　药费　共计

王鹏飞手迹

但行好事，莫问前程。

——王鹏飞

“儿科自古最为难，毫厘之差千里衍。”清代著名太医吴谦在《医宗金鉴》中这样写道。小儿发育尚未成熟，脏腑稚嫩，气血未充，辨证施治失之毫厘便性命攸关。因为这个缘故，自古以来，儿科一直被视作中医诊断和治疗难度最大的学科，医界更代代相传留下一句诫语：“宁治十男子，莫治一妇人；宁治十妇人，莫治一小儿！”

这句话并不为过，古往今来，中医界向来认为，非有惊人医技者，非有过人担当者，必定难以矢志儿科，儿科良医也就越发显得弥足珍贵。于是，那些难能可贵、药到病除、妙手仁心的儿科大医，默默担负起中国一代又一代父母的殷殷嘱托。

在北京，直到今天，跟40岁以上的父母说起给小孩儿看病，他们第一个想起来的，必定还是当年的“京城小儿王”——当代著名中医儿科临床家王鹏飞。

王鹏飞（1911—1983），原名王动，字勋，北京人，生于中医世家。1927年王鹏飞进入北平民国大学，同时随父习医，1933年毕业后正式开业行医。1950年起，王鹏飞主持西单区红十字会（北京市西城区红十字会前身）工作，1954年由北京市公共卫生局（北京市卫生局前身）分配到儿童医院，任主任医师，并兼任北京市第二医学院儿科系教授。

王鹏飞继承家学，儿科造诣精深，临床成绩卓著，并不断研究创新。他发展完善了“望头顶污垢”和“望上腭”的诊断方法，极大地丰富了中医儿科诊断学；他创制的“银黛合剂”、“脓疡散”等儿科方剂临床效果显著。王鹏飞以高尚的医德、精湛的医术、杰出的儿科临床成绩，被誉为“京城小儿王”，成为享誉全国的著名儿科大家。

少承家学　志在“体生”

王鹏飞生于1911年那个多事之秋。在他出生之前，全家已经从宛平城搬到了西单的石虎胡同。那时，王鹏飞的祖父和父亲已经是京城颇有名望的医生了。王鹏飞的家学根基要从他的祖父讲起。

清朝末年，王鹏飞的祖父王润吉从陕西来到京城。一开始只是个普通郎中，因为针、砭、散、丸都很精通，渐渐有了些口碑。当时北京城里的医生大多因循守旧，严守经方、时方，罕见独创之路。王润吉则不然，在京临诊之余，花了大量时间深入云南、贵州、四川等地，一路为沿途百姓诊疾祛病之余，更是虚心地向当地的草泽医、走方医（两者都指民间医生）请教，学到了很多宝贵的民间验方、秘方，收益良多。

民间验方历来因为“简、便、廉、验”而为大众所广泛接受。早在清代乾隆年间，著名的医药大家赵学敏就在《串雅内外编》中，对民间医药作出了精辟论述，称其“颇有道理，不悖于古，而利于今”，并对其“起死挽沉”的功效大加赞赏。当王润吉带着自己搜集的这些民间验方回到京城后，他把药方与自己的临床经验加以结合发挥，果然功效灵验，很快便名声鹊起，病人络绎而来，影响迅速扩大。王润吉就此在京郊宛平城高挂牌匾，创下“体生堂”，取意“体恤众生”，广开医门，坐诊治病。

王鹏飞祖父积累下的这些宝贵的民间验方和丰厚的实践经

验，奠定了王家独到的行医风格。后来，王润吉祖孙三代皆因“用药简便独特”、“对证施诊价廉高效”而名动京城。王鹏飞独特的家学渊源也系出于此。

那以后，“体生堂”进一步发展，在儿科、妇科、内科方面口碑日盛。到晚年，因儿科患者颇多，治疗屡见奇效，王润吉逐渐赢得一个尊称“小儿王”。“王”字这里显然有两重含义：其一指代王家姓氏；另一个自然是说王家的儿科医技冠绝京城。这一称呼很是响亮，很快就不胫而走，越传越广。

到光绪年间，王鹏飞的父亲王子仲继承父业，“体生堂”以儿、妇两科声誉最著，王子仲更以精湛的技艺确立起自己在京城儿科的绝对权威地位。迁居西单后，王子仲医名更噪，“体生堂”前，每天求医问药者门庭若市——就在这样的环境下，王子仲的独子王鹏飞出生了。

辛亥年流火的7月，王鹏飞在石虎胡同10号院呱呱坠地。就在他出生3个月后，远在南方的武昌打响了辛亥革命的第一枪；又两个月后，孙中山当选为中华民国临时大总统，这一切似乎隐隐预示着一个不平凡的时代就要到来了。

10号院的王宅，在石虎胡同里很醒目。它的西侧是一栋二层小楼，供王子仲坐诊用，平日里病人络绎不绝，熙熙攘攘；楼东则是个雅致的四合院，闹中取静，分外安适，王鹏飞和母亲就住在这里。出了四合院门向西一拐，胡同口外就是西单北大街，全北京最繁华的地段之一。从王鹏飞记事起，这个小院子里就飘满药香。每天放学，他一进家门，迎面看见的是高处那面煊赫厚重的大匾，上面刻着三个遒劲有力的大字“体生堂”，威严地俯视着青石铺就的门厅，像是时时刻刻提醒着子孙后代勿忘体恤民生，治病救人。再往里走，院子里、走廊上放着药碾、石磨、石杵，这些东西在王家随时都会用到，因而都搁在信手可取的地方。在这样的环境下，王鹏飞五六岁时就开始跟着大人学习捣药、碾药、包药。很快，对于那些细小的讲究，比如包药什么时候用德日式、什么时候用英式，王鹏飞跟大人一样分得清清楚楚。看到儿子聪明好学，王子仲非常高兴，没等他上小学，就教儿子从背《药性赋》开始逐步学习药方。等到再长大一点，会写的字多一些了，王鹏飞就开始跟在父亲身后抄药方。周末是病人最多的时候，每到这时，王鹏飞都要跟父亲一样大清早爬起来，然后整整一天跟在父亲身边忙得不亦乐乎。

王鹏飞的孩提时代就这样在药香的浸润中度过。远在南方的战火硝烟，亦或是近在咫尺的宣统退位，似乎没能改变古老的北京城自己的节奏，至少从石虎胡同这间院子里这个聪明文静的孩子眼里看来，周围依然一派祥和：夜晚水车粼粼，更鼓清扬；白天小胡同前，贩夫走卒，引车卖浆，车马仆仆，匆匆而过。然而这一切的背后，新气象就像一股涌动的水流，正慢慢地逼近。旧时代的秩序，已然在不知不觉中分崩离析，走出王宅大门，四合院外的天地正不知不觉地变化着。

在王鹏飞两岁那年，王宅的正对面，著名的蒙藏学校开学了（1918年改称蒙藏专门学校，是中央民族大学附属中学前身）。随着学生运动的发展，这里逐渐成为一个重要的学生运动场所。少年王鹏飞曾惊奇地注视着一批又一批来自蒙古、西藏、青海等地意气风发的青年举着标语进出校门；也曾睁大了眼睛，看着受伤的同学被抬进父亲的诊室。1923年的秋天，12岁的王鹏飞看见一群他从未见过的年轻人接连几天匆匆奔进胡同，最后消失在对面的庭院深处。他们脸上洋溢的激情让他莫名地向往，忍不住驻足观望。王鹏飞不知道的是，那个时代最杰出的青年代表刚刚从他面前走过，这其中包括李大钊、邓中夏、乌兰夫。

也是在那一年，离王家不远的石虎胡同7号院内，住进了一个长颚戴着圆眼镜的青年人，他就是著名诗人徐志摩。从此石虎胡同内名流穿梭，梁启超、林长民、胡适、陈西滢、林徽因、林语堂等社会名流、作家文人纷纷从王家门前经过，成为7号院常来常往的座上客。7号院每周都有聚会，丝弦讴哑、笑语朗朗、酽酽酒香彻夜飘满胡同。芳邻若此，令人羡慕，名士风流，满巷瞩目。王鹏飞的父亲王子仲也是个旷达随性之人，住在石虎胡同这样的环境里，应诊之余，结交下不少北京文化圈的朋友，齐白石等诸多当时有名的画家、书法家都纷纷挥毫以赠。

王鹏飞在这样的环境下渐渐长大。家庭的和睦与北京城那份特有的平静，孕育了王鹏飞异常平和的性情。四合院内的内敛严谨，让少年王鹏飞深受家训，随父临诊的经历，更让他早早体验到了中医中药为苍生百姓解除痛苦的好处，促使他笃志行医；而这四合院外的旷达超脱，却耳濡目染，渐渐形成了王鹏飞好读诗书、淡泊洒脱、浪漫率真的性情。这两者就像两粒顽强的种子，随着时间的积淀，在王鹏飞身上慢慢生根、发芽，又深深结合，日后终于成就了王鹏飞独特的处事哲学，更深深影响了他行医用药的风格。

1927年，16岁的王鹏飞进入北平民国大学预科学习，接受中英文兼顾的现代教育。未及两年，因为王子仲急于向儿子传授家学，王鹏飞便提前进入了医科，同时开始跟随父亲学习中医理论。

这一时期，王鹏飞系统地精读了《黄帝内经》、《伤寒论》、《金匮要略》、《难经》、《神农本草经》等中医药经典著作。王子仲对儿子要求十分严格，对经典著作，他要求儿子不但要全部看遍、深入理解，还要反复背诵，直到每本全都背熟为止。王子仲一再强调“死记硬背是学习中医的基本功之一”，为此他每天必定借临诊之际对儿子严加考问。严师出高徒，父亲的严格要求，让王鹏飞打下了扎实的中医理论基础。对这些经典，比如《黄帝内经》的大部分经文，王鹏飞都背得滚瓜烂熟，甚至几十年后依然能完整不缺地背诵下来。除必须烂熟于心的经典之外，王鹏飞还在父亲的指导下，仔细研读了《本草纲目》、《本草经疏》、《本草备要》、《要药分剂》、《温热经纬》、《寿世保元》、《幼幼集成》、《婴童百问》、《食物本草》等医药学名著。对于临床诊断，王子仲一再告诫儿子“临诊如临阵，用药如用兵”。这句话极其形象地强调了临诊的生死攸关和复杂病况的凶险。为此王鹏飞又认真拜读了《孙子兵法》，启迪复杂病况前辨证施治的思路。父亲这句话也成为王鹏飞一生牢记的教诲，受益终生。这一时期，因为父亲的缘故，王鹏飞经常有机会向当时北京最负盛名的前辈名医汪逢春、马佐良、倪继武、袁鹤侪等人请教，获益匪浅，进步飞快。这些扎实的基础理论学习，在王鹏飞日后繁忙的临床工作中发挥了巨大作用。

1933年，22岁的王鹏飞从北平民国大学毕业，正式开始跟父亲一起坐诊行医。那些年，是王子仲行医生涯的鼎盛时期，也是王鹏飞最宝贵的临诊学习、积累经验阶段。

王子仲那时已当选为北平国医公会（北京中医学会前身）会长，行医却丝毫不丢“简、便、廉、验”四字，声誉极佳。盛名之下，“体生堂”前，每天一大清早病人就排起了长队，其中还有很多家长带着患儿远道慕名而来。王子仲不分贫富，一视同仁，辨证开方一丝不苟。虽说是父子共同行医，但实际上除非实在分身乏术，王子仲对每个患者都要亲自接诊，王鹏飞自己独立接诊的机会着实不多。幸运的是，王鹏飞一直跟随在父亲身边，得以接触到大量病例，积累了丰富的儿科临床经验，为日后能将父亲的成就进一步发扬光大打下了基础。这期间，王鹏飞还深入接触了不少家里的祖传秘方，进一步丰富了民间医药经验。

“凡大医治病，必当先发大慈恻隐之心，誓愿普救含灵之苦。”唐代孙思邈在《大医精诚》中曾这样说过。王鹏飞此时初从医业，医技未竟，受祖、父教导，慈悲之心却早已有之。治病之余，王鹏飞乐善好施，常常助人为乐，有求必应，远近皆知。王家对面，蒙藏学校门前有个老叫花，每日踯躅街头，乞讨为生，王鹏飞看了不忍，亲自过去把他接到自家院子里帮工；远方亲戚生活艰难，王鹏飞也将他收容进来，辟间下房居住。几年下来，这样助人为乐的事不知做了多少。这一时期的王鹏飞，个性洒脱，热情率真，偶有闲暇会乘着家里的汽车，带着好友或到郊外兜风，或至西山脚下喝茶赏月，无比快意。放下医书之余，还常读些武侠小说，一方面崇尚那些奇侠剑客翻山越海、舍生取义、济世为民的侠骨仁心；另一方面也对书中瑰丽的奇幻世界充满遐思。

然而，这段父子行医的难忘岁月多年以后回头看去竟显得如此短暂。仅仅 4 年之后，卢沟桥一声震耳欲聋的炮声，彻底粉碎了京城四合院内的最后一份安适。

接下来的北平经历了“千里刀光影，仇恨燃九城”的 8 年。沦陷后，很快物价飞涨，食品短缺。恶劣的生活环境让疾病长期与北平人相伴。艰难时世下，王家父子仍苦守医道，艰苦行医，不失气节，救人无数。

光复之后，成立于明朝初年、有 500 多年历史的著名药店“鹤年堂”前来聘请王子仲为坐堂大夫。由于时局动荡，加之王子仲年事已高，已过而立之年的王鹏飞接替父亲开始在西单“鹤年堂”坐堂行医。

“鹤年堂”地处西单最繁华的地段，人流熙攘，顾客颇多。那几年里，每周有三天，前来求医问药的患者总能看见一个清瘦斯文、戴着眼镜的年轻人坐在大药柜边的几案后，认真诊脉开方，答疑解惑，旁边伙计便当场抓药。因为医术高超，药方简便，药效颇为神奇，不熟悉的患者便纷纷打听。伙计一介绍，方知这就是“京城小儿王”的第三代传人王鹏飞。从此，王鹏飞渐渐有了自己的影响。

坐堂之余，王鹏飞平日继续在家跟父亲并肩行医。虽经战乱，王家声誉犹未见减，时京城显贵之子抱恙染疾皆以到王家求治，方能安心。这时期，王子仲和王鹏飞父子共同治愈了患儿无数，其中最有名的是当时国民政府北平行辕主任、后来的代总统李宗仁的小儿子。王宅整座二层楼上堆满了牌匾，全是患儿家长的盛情相赠，其中最厚重的一块巨匾是李宗仁所赠，上面刻着李宗仁亲笔手书的四个大字“保我赤子”。这俨然是对“京城小儿王”医学贡献的最大认可。

时代需要　担负重任

1950年起，王鹏飞受聘主持西单区红十字会的工作。那段时期，鼠疫、天花、霍乱、麻疹、痢疾、流行性乙型脑炎、脊髓灰质炎等恶性传染病严重危害人民群众健康，红十字会担负了很多民间的医疗救助活动。这样的救助活动与红十字会所奉行的“红十字精神”，与王鹏飞向来崇尚的济世救民的理想，以及青年时代接受的中西合璧式的教育无疑深为契合。在红十字会工作期间，为了救治麻疹、肺炎患者，普及防疫知识，王鹏飞曾几次冒着疾疫风险，深入到门头沟矿区工人中间救治疾患，令同行大为钦佩。由于西单区红十字会医疗工作卓有成效，王鹏飞的医术与社会影响也有所扩大。

不久之后，人民政府提出了中西医结合的发展思路，全国范围内掀起了西医学习中医的热潮，中医药事业进入了一个快速发展的时期。北京市很快要求各大医院必须建立中医科，配置中药房。

在这种形势下，1954年，王鹏飞作为第一批中医专家接受了北京市公共卫生局的邀请，到儿童医院担任主任医师，并兼任北京市第二医学院儿科系教授。同时期，王鹏飞作为特殊专家，开始享受北京市政府津贴。

进入现代化的北京儿童医院担任主任医师，这是王鹏飞医疗生涯中一个重要的分水岭。从此，他由偏重儿科转为专攻儿科，在新时代的召唤与前所未有的医疗条件下，取得了父辈们难以企及的中医儿科临床成绩。

北京儿童医院是中国第一所儿童专科医院，它的前身是诸福棠院士于1942年创建的北平私立儿童医院。1952年，诸福棠院士把私立儿童医院无偿献给国家后，医院在政府的主持下开始向现代化发展。两年后王鹏飞进入医院时，新的北京儿童医院已建设成为亚洲最大的儿童医院，建筑面积36000多平方米，病床600多张。刚刚落成的苏式建筑气势恢宏，结构精美，在京城轰动一时。

新院落成后，盛名之下，每天门诊量很快超过了2000人次。在当时西医全面向中医学习的形势下，王鹏飞主持的中医科任务自然格外繁重。北京儿童医院对王家的祖传经验也极为重视，不但派学过中医的西医主治医师配合王鹏飞治疗，随王鹏飞学习、总结经验，还特别拨出32张床位专供王鹏飞临床观察和研究使用。

这一时期，流行性乙型脑炎、麻疹、痢疾、肺炎等急性传染病再次大范围流行。麻疹发病率居北京市各种传染病发病率的首位，严重威胁儿童健康。同时，北京市也是脑炎流行地区，10岁以下儿童的发病率、死亡率极高。当时，多数人认为中医只能医治慢性疾病。在紧急疫情面前，一开始各大医院全部采用西医治疗。但是优秀的中医专家们不久就意识到了西医疗法的局限性：对于这类病毒性传染病，当时西医除了抢救和对症治疗以外，并没有特效药。

面对着一个个幼小生命的夭折，在儿童医院内，以王鹏飞为首的儿科中医专家针对西医的局限性，积极展开了救治与研究。王鹏飞自己下了很多工夫，他翻阅《伤寒论》、《温疫论》等诸多中医典籍，以及大量家传验方，结合自己多年掌握的中医理论知识和临床经验，会同全院中西医专家多次研究讨论，共同寻求突破。

儿童医院内，以王鹏飞为首的儿科中医专家认为，在治疗传染性疾病中，中医治疗应尽早介入，即使在现代医疗技术尚未查清病原体的情况下，中医也可根据由一组症状组成的证候群审证求因，据因处方。在中医学中，只要有病症出现，就可以审证求因，针对病因对传染病进行早期干预，这对减弱病原体的毒力、减轻毒素对人体器官的损伤以及对免疫系统的破坏有重要作用。而以六经辨证、卫气营血辨证及三焦辨证为纲领的温病学说对传染病的辨证更具有高度的经验性、灵活性和技巧性。多次讨论后，儿童医院采纳了王鹏飞等中医专家的意见，在儿童医院中医科率先开始以中西医结合的方案治疗流行性乙型脑炎。

后来，随着“石家庄经验”（按照“清热、解毒、养阴”三项原则治疗乙脑，方药以白虎汤为主，主要药物有石膏、全蝎、蜈蚣、犀角（现已代用）、羚羊角、安宫牛黄丸等，因在石家庄首先成功治疗大量流行性乙型脑炎病人而得名）在全国的推广，北京市各大医院正式开始以中药治疗乙脑病人。由于危重患儿急剧增多，儿童医院医疗力量立刻显出严重不足。王鹏飞带领中医科医生、护士昼夜奋战，从死神手中夺回了一个又一个幼小的生命。20世纪50年代，每逢乙型脑炎流行季节，王鹏飞经常连续几个月，每天只休息三四个小时，查病房、坐门诊，夜以继日地忙碌。

经过这样的顽强奋战，儿童医院治疗乙脑成绩显著。1954年前，北京儿童医院以西医方法治疗乙型脑炎，病死率为13.2%~25.2%。王鹏飞进入医院后，1955年初开始以中医为主、西医为辅治疗，效果迅速显现，到1958年底，病死率已经降低至5.9%。儿童医院的治疗成绩得到了全国医学界的认可，它不但降低了乙型脑炎的病死率，提高了治愈率，减轻了后遗症，在很大程度上还为纠正中医不能治疗传染病的偏颇思想作出了贡献。在治疗乙脑的过程中，王鹏飞的医技也进一步得到了医院同行与领导的认可。

1958年冬季，北京市麻疹流行，来势较往年更为凶猛。儿童医院在治疗方面，再次采用王鹏飞的建议，中西医相结合，应用中医药辨证施治，根据不同的病期和病情，采用透表、清热、养阴等方剂又一次取得了很大成绩。

在此期间，王鹏飞又接受北京邮电医院邀请，兼任邮电医院儿科的中医顾问，每星期在邮电医院开设一次专家门诊。那时，北京市政府为了发展中医事业，特别允许王鹏飞周日在家行医。结果昔日患者云集的情景很快重现，每到周日，王家一大清早病人再度排起了长队。唯与20世纪30年代不同的是：先人已去，子承父业，重振家声——坐诊的人已换成了王鹏飞。那时，由于慕名求医的患者太多，常常到深夜还有人登门，但王鹏飞第二天还要到医院出诊，不能接诊至太晚，于是最后诊所不得不限制人数，每天只看40个病人。这样的情形一直持续到20世纪60年代中期。在家行医，王鹏飞始终坚持“患儿第一”的原则，每个病人最多只收一块钱诊费，遇有经济困难的小儿登门求医，不但不收诊费，还常常施舍药物治疗，其医德医风时至今日仍令许多老人难以忘怀。

时代的机遇和社会的需要，终于让王鹏飞渐渐把多年家学积淀充分发挥，逐渐开创了一条富有自己特色的儿科道路。王鹏飞一生最重要的成就是在长期临床实践中取得的。具体说来，包括三个方面：一是独到的“望头顶污垢”和“望上腭”的望诊方式；二是丰富的临床经验与独特的用药思想；三是在疑难杂症和中药制剂方面的特殊贡献。说到这些，便离不开王鹏飞在儿童医院30年临床中治愈的一个又一个病例，正是这些实实在在的病例和它们在中医界与社会上的不凡影响，成就了第三代“小儿王”的美名。

上腭望诊 继承创新

人们常说儿科难，首先一“难”便在诊断上。

中医向来讲究辨证求本，“望闻问切”四诊合参，共同探求疾病的本源，然后才对证开方。然而小儿发育尚未成熟，气血未充，就诊时往往啼哭叫扰，导致气息混乱、脉象失真，难以准确闻诊和脉诊；再加之小儿精神意识尚未完善，大多数患儿口不能言或言不及意，不能准确表述自身的痛苦，所以，自古以来儿科就被称为“哑科”。

既是“哑科”，儿科大夫更多便只能依靠望诊来判断病情。“小儿唯以望为主，问继之，闻则次”，清代世代行医的儿科专家夏禹铸在《幼科铁镜》中这样总结道。历来医家认为，望诊实为“四诊”之最难者。《难经》有云：“望而知之谓之神，闻而知之谓之圣，问而知之谓之工，切而知之谓之巧。”作为儿科中医了解病情的最主要依据，望诊水平的高低也就成为儿科中医诊疗水平高低的重要前提。

王鹏飞在对患儿进行望诊时，除了以传统方式望神态、体质、面色、精神、二便，察舌苔、爪甲、虎口指纹（一岁之内小儿）之外，还采用了“望上腭”和“望头顶”诊法，这两种望诊方式皆源自家传。

王家历代对望诊极为重视，清朝末年，祖父王润吉将当时已经濒临失传的中医“望上腭”诊法继承了下来。后来，王子仲在此基础上又发展了“望头顶污垢”的诊法。他发现，小儿头顶的污垢和肠胃消化系统疾病之间存在着一定的联系，头顶污垢的形状、颜色在临床辨证上具有一定指导作用，而一般有污垢的病儿多为脾胃虚弱，有腹泻、便秘或消化不良等症状。

王鹏飞继承了父亲这一诊断方法，并通过多年临床实践，对这一方法进一步完善，作出了系统化的总结，终于使之成为一套有理论依据的儿科特殊望诊方法。

头顶污垢是指一岁左右的某些小儿头顶部位生有泥污，呈垢腻样、瘢块状。这种污垢水洗不掉，即使用水洗掉或抠掉，很快又会复生。其实，这种污垢并非真正的泥污物质，而是头顶部位的分泌物结成的疤块，是一种病理表现。王鹏飞将父亲的“望头顶”诊法用于临床时发现，循行头顶部位的经脉所主脏腑功能恰恰都与脾胃消化、吸收及营养输送、排泄有关。于是，在此后的实践中，王鹏飞将循行于头顶部位经脉的脏腑功能、头顶污垢的产生与病儿临床所出现的病症三者联系在一起，结合自己扎实的中医理论知识，以多组病例反复对比研究，终于以经脉理论为基础，为小儿头顶污垢与病灶之间的联系确立起了科学依据，并得出结论：病儿头顶污垢的形、色，的确可以作为小儿体质虚实、脾胃强弱、消化不良、病情轻重诊断的部分依据；通过望头顶的方法，能够准确、迅速地判断出患儿的病情及其发展变化，为确立正确的治则、治法奠定基础。

根据丰富的临证经验，王鹏飞又对头顶污垢的形、色与小儿病情之间的关系做了梳理与总结。比如，他认为：从颜色、形质上看，头顶污垢为黑色者，多为便秘或食滞，临证常见于体质较好的患儿；头顶污垢为褐色者，多为泄泻或消化不良，临证常见于慢性病反复发作的体质较弱的患儿；头顶污垢色浅者，多偏虚证，色深多偏实证；头顶污垢呈正圆形或鱼鳞状、量多的患儿，一般病程长、病情重；污垢呈条形、点状、量少的患儿，一般病程短、病情轻。在王鹏飞研究总结的基础上，“望头顶”诊法终于成为一套具有科学依据，并能够系统传授的临诊方法，开始被更多的儿科中医学习、接受并用于临床。实践表明，王家父子历经两代创立起的这一独特望诊方法，在中医儿科临床辨证方面发挥了极大作用。

“望上腭”法同样在王鹏飞手中发扬光大。上腭是指口腔内上部的软腭和硬腭部分，可分为腭前、腭后、中柱、分线和臼齿五个部分。所谓“望上腭”，即通过望口腔内整个上腭及未生牙齿的上臼齿槽面部分，观察是否有颜色变化及有无出血点、小凹孔等，以指导辨证诊断及用药，应用时以观察五岁以下小儿为主。

“望上腭”诊法的理论根据至今在中医经典著作中仍未找到；经脉循行中，亦未记载有经过上腭的经络，但中医长期实践证明，上腭颜色的变化确实与患儿气血变化密切相关。王鹏飞根据自己数十年的详察，细心体悟，认为按上腭颜色、形状辨病十分简单、有效。

在这一方法中，上腭的各个部分分别代表不同脏腑，从各部位归属的脏腑来看，腭前主上焦心、肺；腭后主下焦肝、肾；中柱主肝、脾；臼齿主脾胃、大肠。小儿患病后，上腭中与疾病所属脏腑相对应的部位，颜色会有明显变化。尤其是有脾胃病的小儿，其上颚部位颜色变化非常明显。而正确辨证治疗后，上腭颜色还会由病变时的异常状态恢复为正常，医生可根据上腭状态的变化及时调整治疗方案。

“望上腭”的宝贵经验，有非常重要的临床实际意义。一方面，上腭黏膜皮薄色显，不会受哭叫等因素的影响，在临床中可与望舌同时进行，互相参证。另一方面，当婴幼儿舌苔上敷乳垢或染苔，已不能作为诊断依据时，参看上腭颜色、形状的变化，更成为准确判断小儿脏腑寒、热、虚、实的最有效依据。王鹏飞通过“望上腭”的方法，在多年临床实践中，治愈过多类小儿疾病，尤其是在治疗一些证候复杂、容易引起误诊的脾胃疾病时，“望上腭”的方法发挥了极为关键的作用。

厌食症是一种慢性食欲障碍性疾病，又称为食欲不振，是小儿最常见的疾病之一，在临床上以长期原因不明而患者体重减轻为主要特征。小儿厌食症的发病原因多为患儿脾胃虚弱，乳食过多或多吃瓜果生冷，过食辛辣、干燥食物，感受外邪等亦能引起食欲不振或停食。食欲不振在最初阶段对机体的损伤并不明显，只要及时处理就不容易致病；但若迁延日久，则会导致壅塞郁滞，从而影响消化吸收、营养运行和储藏代谢等生理功能，这也是小儿疳积的主要病因之一。

1976年6月，一位14岁的沈姓女患儿住进了儿童医院。患儿3个多月前在没有明显原因的情况下开始食欲不振，最初每天能吃4~5两主食，还能吃一些水果、糕点等，但之后的2个月每日食量减为2~3两，甚至1两，其他副食也吃得很少，且食后嘈杂、恶心，最严重时，甚至无法进水，且常晕倒。患儿体重由108斤迅速下降至76斤。入院之前，患儿曾按照肝炎进行治疗，效果不明显。后又加服保和丸与健脾燥湿剂等，但多种方法治疗均无效。患儿父母焦急万分，四处求医问药均无所获，后来听说儿童医院有位“京城小儿王”，遂慕名前来求医。

王鹏飞接诊后，察患儿消瘦明显，面色苍白，乏力，语声低微，咽红，心音稍钝，肺部、腹部正常，舌质红，苔黄腻；又望上腭粉红，中柱白，脉沉细，于是诊断为脾胃虚弱，法当健脾养胃。

处方：黄精3g，建曲9g，焦术9g，草蔻9g，化橘红9g，何首乌9g。

这一药方虽然简单却很有效，患儿服药7剂后效果就很明显。二诊时，患儿已经食欲稍增，每天早晨能喝大半碗粥，家长惊喜万分。这时患儿尚感腹部不适或有腹痛，舌质红，苔黄，脉沉细。

王鹏飞诊断后，根据病情变化调整处方，改用建曲9g，焦术9g，砂仁6g，紫草9g，草蔻6g，丁香1.5g。患儿依方服7剂后，三诊。

这时病情已经大有好转，每日可进食4两，蔬菜、水果也均能吃，但仍有时腹痛。王鹏飞察患儿腿稍肿，舌质红，苔淡黄，上腭红，脉弦，又调整上方，改用建曲12g，焦术9g，砂仁6g，丁香1.5g，茴香6g，千年健9g。照此服上方10剂后，患儿渐胖，体重由入院时的76斤增加到了86斤，但食后打嗝儿，时有胃痛，每日仍只能吃4两左右，舌红，苔薄黄，脉滑稍数。王鹏飞这时根据病情变化再度开方，改用黄精12g，丁香1.5g，砂仁6g，建曲10g，茴香6g，高良姜3g。患儿服上方7剂后，每日能吃7~8两，胃仍胀痛，大便干，脉滑数，舌质红，苔薄黄。王鹏飞认为这时患儿只需要坚持调理，遂改用建曲9g，紫草9g，化橘红9g，砂仁3g，肉蔻6g，丁香1.5g。并令患儿带方出院，回家调理，结果小姑娘不久就恢复了昔日朝气蓬勃的健康形象。

由于厌食症的产生含有心理和行为等诸多因素，所以在发病初期，往往容易跟其他病证混为一谈，以至延误治疗时机。在这个病例中，王鹏飞通过上腭望诊法，观察患儿的上腭颜色，及时纠正了误诊，并在此后多次通过“望上腭”法诊判病情变化，调整开方，给予患儿及时、准确的治疗。

在对其他常见病比如小儿腹泻、小儿腹痛、痢疾等症的治疗中，王鹏飞也必定要观察患儿上腭颜色后再决定用药，每次复诊调整药方，也多以上腭颜色、状态变化作为重要的复诊依据。然而，医家施行上腭望诊时，不仅需要具备足够的理论知识，能够准确地对患儿“察言观色”，还需要丰富的临证经验，才能够分辨上腭细微的颜色差异，于细微中洞察病情的变化。为此，在长期临证实践中，王鹏飞总结出了一套上腭颜色变化对应的病证规律，以便更多的中医师能通过“望上腭”法准确分析病情，及时把握疾病发展变化过程。

以腹泻为例，王鹏飞将腹泻分为实热型和虚寒型两种，实热型患儿上腭的腭前、腭后均为深红色，二臼齿处呈黄、红色，中柱淡白，治时宜清热健脾，分利止泻；虚寒型患儿上腭的腭前、腭后均为粉红色，二臼齿处呈乳白色，中柱乳白，治时宜温补脾肾，固肠止泻。另外，小儿腹泻，臼齿处乳白且厚者，说明腹泻重，脾肾虚亏，病情严重。

再以疫痢为例来说，痢疾患儿的腭前、腭后均为红色，中柱及分线为淡黄色，臼齿处为浅红色或干黄色，治宜清热解毒，分利止泻。

其他疾病在患儿上腭颜色、形状方面也有较明显体现：外感风寒的患儿，内有停滞，腭前为红色，分线左右为橘黄色，二分线突出，臼齿处为红色，治宜清热化滞。血液病患儿血热及出血严重者，上腭分线为黑紫色，中柱两旁呈深紫红色，腭前及臼齿均为紫色，治宜清热解毒，凉血止血；上腭有紫红小出血点，尤以中柱两侧出血点增多者，一般多为出血病。遗尿症患儿多兼有头晕、面黄或消瘦等状，以学龄期儿童多见，多为肝热、脾胃虚弱所致，其上腭及中柱均为正常色泽或略黄，唯中柱两旁有 2~4 个针尖大小的小孔，多时有 6~8 个孔，属于肝肾不足，治时宜用健脾固肾收涩之法。

除了这些上腭颜色、形状变化与病灶相对应的规律，王鹏飞在传授上腭望诊时，还总结了许多实际临诊时应当注意的事项，比如：望上腭时，需让患儿面向充足的自然光线；望诊时，要力求迅速准确，避免患儿疲劳；患儿诊前应避免食用较热或较冷的食物、液体，以免刺激上腭黏膜发生暂时性变色等等。这些具体实际的心得，极大地方便了儿科同行领会参照。

在临床望诊中，王鹏飞还强调要了解儿童心理，学会与患儿沟通，这样才能有效消除患儿的逆反心理，令患儿对医生建立起信任，积极配合治疗。比如，孩子看病大都恐惧压舌板，他望诊时就尽量不使用压舌板，代之以跟孩子说话，让孩子自己张嘴。诊断过程也往往颇为自然：拉拉手，说说话，看看舌头，看看上腭，摸摸头，摸摸肚子，一整套望诊两三分钟就结束了。这些经验心得，后来都为王鹏飞弟子所效法，有效地提高了中医儿科整体望诊水平。

王鹏飞继承祖、父两代名医的望诊思想精华，在50年的行医生涯中，以丰富的临证经验和先后多次系统性总结，终于把"望上腭"和"望头顶"法完善成为系统有效的望诊方法，极大地丰富了中医儿科辨证诊断方法，为中医学作出了突出贡献。

审慎辨证　用药精辟

儿科难还难在用药上。清代医学大家吴鞠通在《温病条辨·解儿难》中这样说道："古称难者，莫如小儿，其用药也，稍呆则滞，稍重则伤，稍不对证，则莫知其乡，捉风捕影，转救转剧，转去愈远。"基于小儿生理、病理与成人的差别，儿科在药物选择、给药途径、药物剂量、剂型和各种疗法的运用上都与成年人有许多差异。为此，王家每一代人都在儿科用药开方上下了很大工夫，积累下很多祖传经验。王鹏飞继承家学，借鉴祖方，在此基础上不断创新，在开方用药上体现出了许多独到之处，并形成了自己独特的理论思想。

在王鹏飞的用药思想中，首先与祖、父辈一样重视审慎辨证，对证下药。"望头顶"也好，"望上腭"也好，这种种方法都是为了有助于辨证，最终的目的只有一个：开好方。临诊时，只有准确辨证才是中医用药的唯一前提，既不能盲从古方，也不能迷信权威。甚至不同患儿，西医已诊断为同一疾病时，在中医辨证看来其中也仍可能有很多差异，因此用药也会各不相同。

1974年4月，王鹏飞接诊了一名8个月大的胡姓患儿。患儿高烧8天，体温39℃左右，咳喘有痰。入院前曾用四环素、卡那霉素、毒毛花苷K等，均无效，西医诊断为病毒性肺炎。王鹏飞细察患儿，嗜睡，鼻煽，气促，口周微青，左肺中下野有密集中小水泡音，右肺痰鸣音，心率160次/分钟，腹软，肝肋下3cm、剑下 3cm，舌红少苔，上腭红黄，脉弦数。王鹏飞辨证后认为，患儿证属痰热蕴肺，肺失清肃，法当清化痰热、肃肺降逆。

处方：青黛 3g，银杏 9g，寒水石 9g，瓜蒌 9g，苏子 6g，天竺黄 6g，寒砂散（分两次冲服）3g。患儿入院后依法服中药，前三天体温在 38℃~39℃之间，气促作喘，到入院第四天体温便已恢复正常。

二诊时王鹏飞根据病情变化，改用青黛 3g，银杏 9g，木瓜 9g，瓜蒌 9g，寒水石 9g。患儿服上方第 6 天便喘止，住院第 10 天肺部湿啰音便消失，基本痊愈而出院。

同时期，王鹏飞还接诊了一名 1 岁 6 个月大的患儿。患儿入儿童医院时已持续高烧 1 周，体温 39℃左右，咳喘，胸透可以看见右肺中野有大片状密度均匀的阴影，之前曾用过红霉素、庆大霉素及毒毛花苷 K 等，均未见效，西医同样诊断为病毒性肺炎。王鹏飞察患儿精神倦怠，嗜睡，心音有力，168 次 / 分钟，心律齐，气促，伴喘，可闻及多量喘鸣音，腹软，肝肋下 4cm、剑下 4cm，舌红，苔白，脉滑数，上腭紫、中黄。辨证后，他认为患儿证属肺胃蕴热，失其清肃；法当清热化痰，肃肺降逆。

处方：青黛 3g，银杏 9g，寒水石 9g，苏子 6g，地骨皮 9g，天竺黄 6g，服 3 剂。

入院后第 2 天，患儿体温仍高达 39.7℃，喘重，唇发绀，心率快，心力衰竭，西医采用毒毛花苷 K 和山莨菪碱静注。

至第三天，患儿精神仍差，嗜睡，喘重，口周仍青，唇绀。西医于是再次请王鹏飞会诊。这次王鹏飞将上方中的地骨皮改为莱菔子 6g，继服 3 剂，结合毒毛花苷 K 静注及血浆静点。到入院后第 4 天，患儿体温便恢复了正常，随后喘憋日渐减轻。

三诊时，患儿体温正常，精神、食欲均好转，喘轻，双肺干湿啰音均减少。王鹏飞又处方：青黛 3g，银杏 9g，寒水石 9g，莱菔子 6g，乌梅 9g，百合 9g，服 3 剂。到第四诊时，患儿精神、食欲大好，咳喘消失，双肺呼吸音粗，未闻及湿啰音，胸透显示肺炎病灶已吸收，患儿病愈出院。

这两个病例，西医都诊断为病毒性肺炎，但王鹏飞辨证时却认为病有差异：第一例为痰热蕴肺；第二例为肺胃蕴热。两个患儿都高热嗜睡，故用天竺黄以平肝。第一例患儿用药加瓜蒌，有宽中降逆化痰的作用；因肺为娇脏，用苏子、莱菔子泄肺气太甚，又加入银杏护肺敛肺，一降一敛，降气而不伤肺，共奏护肺降逆、清化痰热之效。“同病不同方”，同时期接诊的这两例病毒性肺炎病例，再一次体现出了王鹏飞强调辨证用药的意义，令儿童医院同事极为钦佩。

在精确辨证的基础上，王鹏飞提出小儿用药切记“稍呆则滞，稍重则伤”。他的临诊处方一般不会超过6味药，而且剂量也轻，以求药少力专，却同样疗效不凡。

20世纪70年代末，有位来自非洲的哈桑小朋友，他在2岁多时患上了哮喘病，遇到阴天下雨尤为严重，在自己的国家一直没能治愈。到中国时，哈桑已经9岁了，仍旧每日犯病，到后来越来越严重，每次发作几乎窒息，只能由人背着前来就诊。王鹏飞辨证开方后，翻译接过一看，总共只有7味药，很不以为然。谁料想就是这几味小药立竿见影，哈桑只服了2副就不喘了，而且能打球、做运动。服下第3副药之后，哈桑已经完全正常。哈桑的父亲觉得王鹏飞和他所开的中药非常神奇，高兴地连呼：“难以置信！6年来从来没有这样好过，我万万想不到几味中药能有这样的效果！”

用药讲究“少而精”，在临诊中追求简单、便捷、价廉、高效，正是王鹏飞临诊处方的最大特点。在儿童医院，20世纪70年代，请王鹏飞看病往往只需花五分钱挂个号，再取一两副药，一般总共不会超过两毛钱便药到病除了。药方如此廉验，自然令王鹏飞深受欢迎。口口相传，王鹏飞口碑益盛，慕名而来的患者也就越来越多。

王鹏飞还创出小儿疾病治疗“攻病不伤脾胃”、“护元气不用辛散攻伐”的原则，遣方用药皆以“攻病而不泄，护脾胃勿用滋补”著称。在他临诊处方的五六味药里，举凡辛散攻伐，大热、大补、大苦、大寒和有毒之物往往一概不用。在王鹏飞看来，小儿脏腑娇嫩，体属“稚阴稚阳”，辛散、解表、发汗之药极易伤阴，亦易伤阳，耗伤正气；大热、大补之药极易化热伤津；大苦、大寒之药则最易克伐生气，损伤胃气，削弱脾气，皆要审慎。因此，王鹏飞在临床中多选用一些甘酸化阴之药，如银杏、百合、乌梅、木瓜等，配以青黛存阴、退热，既无损于脾胃，又使胃气不致受伤，症状消失也快。

除此之外，在选方用药上，王鹏飞还非常重视“差异”和“创新”。在王鹏飞看来，“方子是死的，病例却是活的，人的体质也千差万别”，因而用药也当讲求差异，认真学习借鉴祖方是基础，在此之上，还需结合医生自己的经验、习惯和患儿的特点，不能一味死守经方。因此，王鹏飞主张，儿科中医“要学百家之技总为一身，切忌简单重复，要勇于创新”。

为此，王鹏飞在就诊间隙遍读医书，直到晚年仍手不释卷，以期在用药上进一步有所建树；同时大量研读别人的方子，从中吸取经验；因为懂英文，王鹏飞还阅读了不少外文资料，极大地拓展了自己的医学理念，这在当时的中医中极为罕见。实际上，王鹏飞“继承、创新”的用药思想，同样深受家学影响。

王家三代行医，开方用药却代代不同，每一代都有自己的独创性。比方说，父亲王子仲注重脾胃调理，用药常以茯苓带头，故在药肆之间，有“茯苓大夫”的别号。而到了王鹏飞这里，则往往是以青黛打头。青黛具有消炎作用，入口时也不会有很强的刺激性，还能起到利尿作用，因而患儿发烧时，用青黛入药，利于清火、退烧、利尿，非常有效。青黛打头开方，成为王鹏飞的特色。

王鹏飞随父亲临床侍诊时，曾对父亲的处方感到难以理解与接受。中医自古以来用药即有“经方”与“时方”之分，如治外感热病，非辛温之麻黄、桂枝，必辛凉之桑菊、银翘，这似乎已成中医界的准则。但是王鹏飞发现，父亲所用之方却是非“经”非“时”，常为独自创制的小方子，药也为一般医师所鲜用，但却非常灵验，以至门庭若市，患者盈门。在后来的实践和研究中，王鹏飞逐渐发现，这样的方子往往是祖父借鉴了大量民间验方后，博采众方，兼收并蓄，不拘常法加以创新所得。看到祖传医术历经几代其势不衰，王鹏飞相信“有其然，必有其所以然”的道理，于是开始潜心琢磨，逐渐也另辟蹊径开创了很多独特有效的配方、疗法。

20世纪五六十年代时，名医大都比较传统，严守经方，论起临床用药，常常评价王鹏飞“有离经叛道的趋势”。实际上，王鹏飞的这些创新之法，其中自有其经典中医理论的支撑和科学的道理。比如说治小儿黄疸及胎黄，王鹏飞一直用乳香、茜草、山楂、紫草、青黛等凉血活血化瘀为主、清热为辅的方药，乍一看似乎不伦不类，但只要仔细琢磨就能发现，它的理论根据其实来源于东汉“医圣”张仲景的观点。

王鹏飞分析了张仲景《伤寒论》中记录的发黄证，按其病因来分，大体可归纳为4类，即湿热发黄、火逆发黄、瘀血发黄、寒湿发黄。前三者都具有“瘀热在里”和“邪热伤血”的特点，都是热证、实证。在张仲景另一部专论杂病诊治的《金匮要略》中，也有4处均以“瘀热”论及发黄，证明发黄与邪热伤血确实直接有关，还阐明了“湿热闭郁脾胃气机”，“邪热郁结于血分”，导致湿热发黄的道理。王鹏飞后来总结说：“仲景在使用治黄的方药中均兼有活血散结的功能，正是他的论述为我在黄疸尤其是阳黄的治疗中，应用活血化瘀之法提供了理论根据。”实际上，这就是近人所谓的“黄疸必伤血，治黄要活血”的论点。王鹏飞以同样的观点用于治疗小儿原因不明的肝脾肿大也取得了极好的效果。

在用药方面，王鹏飞还有很多其他精华思想备受后人称道。比如说，王鹏飞主张"一定程度的超前用药"。小儿的病理特点，决定了儿科疾病证候往往变化迅速、病情发展非常快，因此儿科用药见效必须快，否则容易致使疾病发展，轻病变重，重病转危。为此，王鹏飞在及时治疗的观点上，进一步提出"儿科中医要有超前预防的意识"，一定程度的超前用药，能够起到有效的预防作用，提前杜绝不良后果，争取更多治疗时间。

王鹏飞还特别注重药物的口味。基于小儿的生理特点，小儿对药物的反应远比成年人敏感，因而王鹏飞主张尽量选用口味甘甜、口感好的方药。这样一来，患儿吃王鹏飞的药，往往特别痛快，并不抵触，自然见效也就快。曾经连京城"四大名医"之一的孔伯华家人也带了孩子来找王鹏飞，并与他诚挚探讨："我们开的药，孩子不爱吃，吃了就要吐，不想咽。您开的药，孩子就吃，这是为什么呢？"其实，奥妙尽在于此。

王鹏飞认为，开药方的思维方式很重要。分析起来，在王鹏飞的用药思想中，追求"差异"也好、"创新"也好，讲求"审慎辨证"也好，这一切观点的内核，其实正是王鹏飞哲学思想的体现。在王鹏飞看来，中医看病是件很有灵性的事，个人的悟性非常重要，这一观点与中医的整体论观点，崇尚天人合一、师法自然的古代朴素辩证唯物主义哲学基础是一脉相承的。而王鹏飞哲学思想的形成又与他的个人经历、性情密切相关。石虎胡同那独特的成长环境，让王鹏飞从小就具有了散淡平和的心境与严谨务实的态度，因而能够淡泊名利，潜心钻研，遍读医书，并高度重视审慎辨证。另一方面，王鹏飞又从小素喜故事，天性浪漫，因此看病中也颇多奇思，甚至能从取象比类中获得启迪，中医悟性颇高，是以才能在用药上不拘一格，屡辟蹊径，不断创新。正是这两者的结合，相得益彰，成就了王鹏飞独特的临诊用药思想。

在这样的用药思想指导下，王鹏飞创制出了治疗肺炎等呼吸系统疾病的银黛合剂。

银黛合剂　功效卓著

近50年的行医生涯里，王鹏飞积累了丰富的临床经验，尤其是对治疗肺炎、肾炎等小儿常见病、多发病的治疗心得颇为丰富。在治疗中，王鹏飞强调要尽早把握呼吸系统和消化系统疾病的病情变化，认为呼吸系统和消化系统是儿科疾病治疗过程中的重点，把这两大系统的病尽早治好，就能避免并发其他多种疾病，其他疑难重症也就较好治疗。

在呼吸系统疾病中，小儿肺炎咳喘是常见的呼吸道疾病之一，症状复杂，类型颇多，全国各地一直都沿用《伤寒论》中的名方“麻杏甘石汤”加减。因其具有宣肺泄热、止咳定喘作用，临床应用效果较好。但王鹏飞认为，张仲景的方药多适用于成年人，对有些温药初学者在将其应用于儿科热性病时往往掌握不好，很容易出现失治或误治。根据小儿脏腑柔弱、稚阳未充、稚阴未长、成而未全、全而未壮等特点，王鹏飞在诊治小儿肺炎时，创制了以宣肺降逆、清热化痰为治则的银黛合剂。该合剂由银杏、青黛、寒水石、地骨皮、苏子、天竺黄等6味药组方，应用于临床，用于治疗小儿肺炎、小儿支气管炎、上呼吸道感染等儿科呼吸系统疾病，皆取得了良好的效果。

在儿童医院，王鹏飞曾接诊过一名5个月大的患儿。患儿4天来一直咳喘有痰，哭闹不安，精神、食欲均差，曾在门诊口服红霉素无效，体温38℃~39℃。患儿发育、营养中等，神志清楚，容易烦躁，全身皮肤发花，四肢末梢凉，心率164次/分钟，两肺可闻及细湿啰音。腹软，舌质淡，苔薄白，上腭红，两边白，脉细数。经胸透后，西医诊断为支气管肺炎，并采用了相应疗法，结果患儿住院第二天便突然出现了心力衰竭。西医立即采取了相应应急治疗措施，但这时患儿喘憋重，有轻微三凹征，嘴周围已显出青色，眼结膜出现水肿。

王鹏飞辨证后，判断证属痰热蕴肺，肺失清肃；法当清化痰热，肃肺降逆。

处方：青黛 3g，银杏 9g，寒水石 9g，莱菔子 6g，瓜蒌 9g。在肌注速尿 1 次、给予支持疗法输血浆 1 次后，王鹏飞令患儿坚持服中药，没有再加用抗生素。服 3 剂后，患儿体温恢复正常，咳喘明显好转，并停止吸氧。中西医大夫和患儿家长终于松了口气。随后，王鹏飞又改用青黛 3g，银杏 9g，寒水石 9g，苏子 6g，紫草 9g，百合 9g。服 4 剂后，患儿已不喘，咳亦少，精神、食欲均好，双肺可闻及少许湿啰音，腹软。为了防止患儿在病房内交叉感染，王鹏飞让患儿带中药出院回家治疗，果然不久就痊愈了，令本来对中医持怀疑态度的患儿家长最后连赞中医功效神奇。这一病例里，王鹏飞除了用银杏、青黛肃肺化痰外，还用瓜蒌加大化痰之力，且宽中降逆，这是银黛合剂临床应用的一个典型案例。

为了方便治疗，根据临床表现，王鹏飞将小儿支气管炎与肺炎分为实热型和虚热型两类，并总结出了对应治疗方法。其中实热型大致分为 4 类：

第一类症状为发热，咳嗽，呼吸急促，烦躁厌食，口渴思饮，大便干，小便短赤，唇红，舌红，苔白或黄，上腭黄紫或红。临床多见于支气管肺炎及大叶性肺炎的患儿。证属肺胃蕴热，饮食积聚，复感风邪，胃热熏蒸于肺，肺失肃降；法当清热化痰，护肺固肺。常用药：青黛、银杏、地骨皮、寒水石。

第二类症状为发热，咳嗽，喘促，鼻煽，胸高，腹胀满，喉中痰鸣声如拽锯，食欲差，大便稠黏不化，舌红苔白，上腭白兼黄，脉滑数。临床多见于支气管肺炎、喘息性毛细支气管炎的患儿。证属肺蕴痰热，湿痰郁结，肺热素盛，灼液成痰，胀满壅实，阻塞肺络而作喘；法当清热化痰，肃肺降逆。常用药：青黛、银杏、寒水石、苏子、瓜蒌。

第三类症状为灼热持续不退，无汗，轻咳，嗜睡，双眼阵阵上吊，动则惊乍，大便干，小便短赤，唇焦，舌质绯红，苔黄白，脉弦数，上腭红紫。临床多见于病毒性肺炎及重症肺炎合并中毒性脑病的患儿。证属肺胃蕴热，兼有肝热，肺胃热盛，肝风欲动；法当清热化痰，凉血平肝。常用药：青黛、银杏、苏子、钩藤、天竺黄、寒水石，另加明矾面0.6g，竹沥汁30g，分3次冲服，3岁以上酌情加量。

第四类症状为身热不退，咳喘，烦躁，口唇焦裂，舌红，苔白或苔褐，脉弦细或细数，上腭红或紫；证属疹后余毒未尽，肺气郁闭，气逆作喘；法当清热肃肺，凉血解毒；常用药：青黛、银杏、苏子、紫草、生地、寒水石。

虚热型的症状为身瘦无力，皮肤不润，头发发黄而干枯，面色黄，发热（或不热）咳嗽，喘促有痰，食欲差，烦躁易怒，舌淡红，苔薄白或有褐色苔，脉滑数。临床多见于营养不良、贫血、佝偻病或先天性心脏病的患儿。证属肺热脾虚，患儿先天禀赋虚弱，或后天养育失调，复感外邪，肺蕴痰热，或久病导致脾胃虚弱，气血两亏。法当护肺降逆，健脾和胃，佐以清热。常用药为青黛、银杏、百合、草蔻、乌梅、木瓜。

在此基础上，王鹏飞带领北京儿童医院中医科的医生对银黛合剂进行了剂型改革。他针对这两种证型把银黛合剂分为两个方剂：对实热型患儿用银黛一号，对虚热型或处于恢复期的患儿用银黛二号。其中，银黛一号适用于早期或中期肺炎，药用青黛、银杏、苏子、地骨皮、寒水石、天竺黄。银黛二号适用于肺炎合并营养不良、佝偻病患儿，以及肺炎恢复期患儿，药用青黛、银杏、百合、木瓜、草蔻、乌梅。同时随症加减，如对高烧不退的患儿，加天竺黄、寒砂散、竹沥汁、明矾面；对喘重的患儿，加莱菔子、瓜蒌、苏子；对咳嗽频繁的患儿，加紫草、乌梅、百合；对烦躁的患儿，加钩藤、竹茹；对恶心呕吐的患儿，加藿香、丁香、厚朴；对食欲差的患儿，加草蔻、建曲、砂仁；对腹泻的患儿，去苏子，加赤石脂、木瓜；对口炎的患儿，加紫草、金果榄、乳香等。

银黛合剂的创制，秉承了王家祖孙三代用药“少而精”的原则，充分体现了简单、价廉、效高的用药特点，临床应用多年取得了良好的效果。1958 年 10 月 ~1960 年 3 月，北京儿童医院内科病房使用银黛合剂共治疗肺炎咳喘 163 例，治愈率为 98.76%；1961~1978 年，中医科病房曾分阶段系统使用银黛合剂治疗肺炎咳喘共 413 例，治愈、好转率达 95.6% 以上；1975 年底至 1978 年 4 月，中医科病房用银黛浓缩合剂治疗小儿肺炎咳喘共 348 例，治愈、好转率达到了 98.4%。

对银黛合剂的功效，儿童医院曾作过明确的对比验证。1977 年 12 月 ~1978 年 4 月间，北京儿童医院共收治婴幼儿肺炎 115 例，随机分为银黛合剂组与抗生素组两个对照组。其中银黛合剂组 75 例，抗生素组 40 例。结果，通过详细的数据对比与临床观察后得出结论：“银黛组在退热、治愈好转率方面与抗生素组无明显差异；而在治疗喘憋方面，银黛组则明显优于抗生素组。可见，单纯使用银黛合剂，可以代替抗生素治疗小儿肺炎，而且平均每例患儿所用的药费仅为抗生素组平均药费的 1/3，还能免除使用抗生素所致的各种副作用和耐药问题。”

之后，中国医学科学院抗生素研究所对银黛合剂的抗菌、祛痰、平喘作用又进行了专门的研究，确认银黛合剂具有广谱抗菌作用。此后，银黛合剂迅速在北京、上海等医院临床普遍使用，取得了较好的效果，获得了医生、患者的一致好评。

扶正治本　健脾养胃

在对儿童常见病、多发病的治疗中，王鹏飞把小儿消化系统疾病放在与呼吸系统疾病同等重要的地位。王鹏飞认为，脾为小儿之本。小儿稚阳未充，稚阴未长，发育迅速，但是脏腑娇嫩，消化系统发育尚未完成、功能尚不完善，饮食稍为不适就容易引起消化系统功能紊乱，引起消化不良、传导失常，造成食滞吐泻，甚至形成疳积、慢脾风、气脱液竭等严重疾病。因为这个缘故，消化系统疾病的发病率在小儿常见多发病中高居第二位，仅次于呼吸系统疾病。

另一方面，脾胃虚弱则抵抗力就弱，服入的药物往往也不能很好吸收。李东垣强调："五脏有病，当治脾胃。"脾胃不健则无法吸收营养与补充气血及津液；继而五脏六腑、四肢百骸便难以维持其正常功能，严重者最后甚至可能导致精力衰竭或死亡。对儿童来说，情况尤其严重。一旦小儿患上腹泻、便秘、厌食等消化系统疾病，治疗不及时的话，非常容易并发其他系统疾病，比如咳嗽、感冒、湿疹、肺炎等等，有可能严重影响儿童生长发育，产生难以预料的不良后果。反之，如果脾胃健康，患儿的抵抗力就强，消化吸收好，相对而言痊愈也就快。

为此，王鹏飞在治疗小儿消化系统疾病和"护脾健胃"方面也下了很多工夫，为后人积累了大量经验。

婴幼儿腹泻是一种小儿常见病，包括以吐泻为主的临床证候群，久治不愈容易发展为慢脾风、疳积等症。《黄帝内经》把腹泻分为洞泻、濡泻、飧泻、肠澼4种。唐代以后，在儿科临床中，腹泻又进一步被细分为冷泻、热泻、伤食泻、水泻、积泻、风泻、惊泻、脏寒泻、疳积酿泻等。如此繁复的分类，令初学者十分不易掌握。王鹏飞经过长期的临床观察认为，婴幼儿腹泻的发病虽然可能是感寒、受暑或伤食等多种原因导致的脾胃失节，但根本原因还在于脾胃虚弱、本虚标实；而腹泻后又导致脾胃更虚，所以治疗时应以扶正治本为主，祛邪为次。

王鹏飞曾接诊过一名1岁6个月的石姓患儿。患儿腹泻20多天，初起1周为脓血便，近1周来稀水便，每日5~6次，精神不好，腹胀，尿少，食差，用西药治疗无效而入院。王鹏飞察患儿面黄体瘦，精神萎靡，双眼凹陷，皮肤弹性降低，口腔黏膜可见白膜，上腭乳白，腹较膨胀。证属脾虚胃弱，法当健脾和胃、温中固肠。

处方：官桂3g，丁香1.5g，赤石脂9g，肉蔻6g，寒水石9g。没有使用任何抗生素，服3剂后，患儿大便成形，每日1次，很快便痊愈出院了。

王鹏飞在治疗小儿腹泻时，不用附子理中汤、参苓白术散、四神丸一类的药物，而以肉蔻、丁香、赤石脂、伏龙肝、莲肉、寒水石为主，重者加用官桂等。官桂与赤石脂虽然被列入"十九畏"之中，但王鹏飞不迷信古代文献，通过在实践中反复验证，认为官桂气厚纯阳，补命门火，助脾胃气化，兼能温通经脉，引火归原；赤石脂甘温酸涩，涩肠止泻。二者合用则固涩中有温化，温化中能固涩，可以加强温中固肠之功，止泻效果显著，因而采用。王鹏飞认为，在腹泻患儿中，虚寒型占大多数，治疗上应以健脾止泻为主，如果脾胃功能得不到恢复，即使投入大量补药，患儿亦难以受益。

为了便于学生和儿科同行更好地对证施诊，针对小儿腹泻历来分类繁复的情况，王鹏飞根据自己多年的临床经验把小儿腹泻分为实热型腹泻和虚寒型腹泻两种，其中虚寒者占十之八九。通常来说，实热型腹泻症见面红颧赤，身热无汗，腹胀，口渴欲饮或烦渴引饮，下利稀薄或暴注下迫，便呈黄水样而臭，小便短赤，常伴有呕吐。脉浮洪数或浮弦数，舌质红或绛而干，苔黄腻，口唇焦赤，上腭前后红，中柱淡白，臼齿处黄白或红，重者啼哭无泪。治法宜清热健脾，和胃固肠止泻。药用藿香、丁香、赤石脂、莲肉、伏龙肝、寒水石。

虚寒型腹泻症见面色苍白或青灰，肌肤松弛，皮花肢冷，露睛张口，目凹囟陷，精神萎靡，哭声低微，大便清稀而频，完谷不化，食欲差或食下即吐。脉沉细或微弱，舌淡，苔薄白，上腭二臼齿部及中柱白或乳白，前后腭粉红或淡白。治法宜扶脾助胃，温中固肠。药用肉桂、肉蔻、赤石脂、丁香、莲肉、寒水石。

随证加减：发烧、虚寒者加藿香，实热者加青黛、寒砂散；呕吐、虚寒者加草蔻、伏龙肝，实热者加竹茹、藿香；腹胀者，加木香、砂仁；食少泻重者，加云苓、焦术；咳嗽者，加银杏、乌梅；食欲差者，加草蔻、建曲；黏便、便中带血者，加地榆、椿皮、石榴皮、五倍子；抽风者，加钩藤、木瓜；鹅口疮者，加青黛、金果榄、白芷、乳香；目眶凹陷、气息微弱者，加官桂、黄芪。

关于治疗婴幼儿腹泻的常用药物，王鹏飞认为：肉蔻辛温，可达温中健脾、固涩止泻的目的，在腹泻重症初期、晚期均可使用；丁香温中健胃，调气行气，可治胃痛，止吐泻；赤石脂是固涩止泻之剂；伏龙肝收敛止泻；莲肉健脾养胃；藿香清热祛暑，和胃止吐；乌梅酸收止泻，敛肺止咳，生津止渴；草蔻、砂仁辛温健胃，止吐止泻，祛湿散寒，温中行气；寒水石用于实热型患儿，取其清热之效，用于虚寒型患儿，配以肉桂使之不过于温燥，则有利水消胀之功，可以起到分利小便的作用。

1970~1975 年，王鹏飞曾治疗住院的婴幼儿腹泻共 794 例，对中、重度脱水患儿配合静脉输液，但不使用抗生素。其中夏季腹泻 385 例，治愈率为 62.2%~82.6%；秋季腹泻 409 例，治愈率为 91.8%~95%。这样的治愈率在当时的医疗条件下堪称奇迹。

王鹏飞遵循重视健脾养胃的原则，还治好了大量便秘、呕吐、小儿厌食症、遗尿症等病患儿，其中包括多例西医诊断已成定论需要开刀手术的重症患儿。在这种情况下，家长往往是抱着试试看的心情慕名赶到儿童医院，没想到王鹏飞接诊后，峰回路转，几剂中药下去竟药到病除。其中有一个巨结肠病例在当时广为人知。

20世纪70年代中期，我国一位著名男中音歌唱家的儿子得了先天性巨结肠，孩子呕吐、腹痛，不能大便，哭闹不安，家长心如刀绞。当时西医已经确定非手术不可，但父亲不愿孩子这么小就承受手术的痛苦。经他人介绍，家长一大早赶到儿童医院找王鹏飞诊治。没想到，孩子只服了两周中药竟然就痊愈出院了。

先天性巨结肠是一种小儿先天性肠道畸形，西医通常采用手术治疗。但中医认为，先天性巨结肠的病因是先天禀赋不足，胎儿在孕育期母体营养不良，或胚胎期发育不全或早产，致胎儿出生后先天缺陷、脏腑虚弱或脏腑器官畸形，遂导致胎便排出延迟，并形成顽固性的便秘、腹胀，令粪便郁滞肠内。这个病例王鹏飞再次从健脾养胃、扶正治本的思路入手，果然药到病除。

王鹏飞以“扶正治本、健脾养胃”思想为指导，在小儿消化系统疾病的治疗中建树颇多，如他在治疗小儿厌食症时，用和胃健脾之药建曲、化橘红、砂仁、草蔻、焦楂、藿香、焦术、竹茹、黄精等调理脾胃，疏通郁滞，平肝补气，为治疗小儿厌食症开辟了新路；在治疗小儿遗尿症时，注重调和气血，用丁香、茴香温暖下元，黄精、紫草补脾益气，银杏、伏龙肝固涩缩泉，又成为诸多医师借鉴的良方。凡此种种，不一而足。王鹏飞对小儿消化系统疾病的研究与治疗成果是王鹏飞临床经验的又一重要组成部分，也是他对中医学的又一宝贵贡献。

疑难杂症　特殊贡献

除了各种常见病和多发病，王鹏飞在儿童医院近30年的临床过程中还治愈了大量危重症、疑难杂症患儿，并多次领导会诊，在儿童医院对儿童危重症和疑难杂症的治疗中发挥了突出作用。

1976年6月3日，王鹏飞接诊了一个13岁的王姓女患儿。患儿于1年多前与同学比赛吃火柴棍，继而开始自己偷吃。家中的火柴经常被偷吃光，只要兜里有两分钱就会去买火柴吃。到就诊时，患儿已发展到不能控制，面黄乏力，食欲减退，大便中常夹有火柴棍，一根火柴放在她嘴里，“咔嚓”一下就能咬成几截，转眼间能吃下好几根，医护人员看了十分惊奇。

事实上，这是一例嗜异症。嗜异症又称为异食癖，是指幼儿或儿童在摄食过程中逐渐出现的一种特殊嗜好，对通常不可食的非食品进行难以控制的吞食与咀嚼，如嗜食煤渣、土块、墙泥、纽扣或玩具上的油漆等。中医学对嗜异症虽然没有专书论述，但是描述此病主要症状如食泥土等的文字，却散见于儿科有关疳证、虫积之类的医书中。宋代儿科医家钱乙在《小儿药证直诀》一书中曾记载该症患儿“体黄腹大，食泥土，法当补脾，益黄散主之”。明代医家王肯堂在《幼科证治准绳》中亦提及“小儿爱吃泥土，脾脏生虫矣”。清代医家沈金鳌在《幼科释迷》中云：“爱吃生米面、炭砖瓦，是脾胃疳。”根据这些零散的记载，疳证的病因多由饮食不节、喂养失宜、感染虫证或久病体弱，以致脾胃虚损所致，治疗法则以驱虫、消导攻积、理脾益气为主。但是对眼前这例异食症，王鹏飞根据数十年的临床实践力排众议，大胆舍弃古法，认定此病绝不是疳证，也不是由于虫积所致。王鹏飞认为患儿此病当属胃内有热，因“胃热者善饥”，则不择食物而偶尔误食，食久成癖。又因异物积滞不化，脾胃受损，运化失常，积滞日久，则郁而生热，留滞血分，耗伤阴血，所以在治疗上应以清热解毒为主。

辨证中，王鹏飞察患儿舌淡无苔，上腭淡红，脉沉细无力，治以凉血解毒，健脾和胃。

处方：青黛 3g，贯众 9g，焦楂 9g，绿豆 15g，紫草 9g，砂仁 6g，白矾面（分 2 次冲服）1.6g。患儿服上方 4 剂后，症状无明显变化，但舌尖红，腭后黄，腭前紫红，脉沉细无力。

处方：青黛 3g，紫草 9g，焦楂 9g，钩藤 9g，绿豆 15g，竹茹 6g，雄黄面 1.2g 与明矾面 1.2g（混合分 2 次冲服）。

三诊时，患儿已服上方 7 剂，症状开始好转，已经不愿再吃火柴棍，但感觉头晕，舌质红，苔干黄，上腭黄红，脉弦细。

处方：青黛 3g，紫草 9g，乌梅 9g，贯仲 9g，建曲 9g，焦楂 9g，白矾面（分 2 次冲服）0.9g。患儿服上方 4 剂后，10 天来未再吃火柴棍，食欲也渐增，舌淡，苔白，上腭粉红，脉弦缓。上方中去贯众，加草蔻 3g，绿豆 15g，4 剂之后，停药观察 1 个月后随诊，患儿再未吃过火柴棍，而且面色转红润，体重也增加了。

对于嗜异症这种罕见病例，王鹏飞的观点是，患儿往往虚实夹杂，但虚乃因实而虚，故应以实为主，因此治疗上用青黛、贯众、紫草、绿豆、白矾面等清热解毒之品，并辅以建曲、草蔻、砂仁、焦楂等健脾和胃之品。王鹏飞不迷信权威，不拘泥成法，临诊时惊人的识见与担当，令儿童医院同行专家、学生弟子无一不感喟钦佩。

在对疑难杂症的治疗中，王鹏飞把许多家传秘方加以发挥，创出了诸多切实可靠的治疗方法。其中，最著名的当属“青紫汤”和“脓疡散”。

王鹏飞认为，小儿紫癜、黄疸、鼻衄、脓痂疹、荨麻疹、急性肾小球肾炎等疾病，虽然呈现不同的病证，但病因皆与热毒内蕴、气滞血瘀、气血不调有关。在对这一系列疾病的治疗中，王鹏飞强调在重视脾胃的同时，还要格外重视气血。因为气血是脏腑功能的物质基础，气血调和，脾胃功能才会健全。为此，王鹏飞按照“清热解毒、调和气血”的原则，创出了著名的“青紫汤”。基本药物包括青黛、紫草、乳香、白芷、寒水石等，用于小儿紫癜、黄疸、荨麻疹、肾炎等疾病的治疗，效果显著。

1974年8月，王鹏飞接诊了一个5岁的顾姓患儿。家长诉患儿近两年来四肢、躯干碰撞后极易出现瘀斑，有时流鼻血，去年夏季曾便血1次。3天前，患儿头顶部碰撞后出现了大片瘀斑及皮下血肿，且血肿逐渐扩大，已如帽口大小。入院后，实验室化验结果显示，患儿血红蛋白为102g/L，白细胞数为15.2×10^9/L，出血时间10分钟不能止，凝血时间30秒，网织红细胞只有0.6%，血小板为0。王鹏飞察患儿神清，呼吸平稳，全身皮肤可见大片状紫癜，头部有皮下水肿，腹软，肝肋下2cm，苔薄白，上腭红紫有紫点，脉细数。证属气滞血瘀，血热妄行；法当行气活血。清热消癜。

处方：青黛3g，紫草9g，乳香9g，焦楂9g，伏龙肝9g，寒水石9g。

服上方4剂后二诊：患儿全身皮肤未见新的紫癜，头皮血肿未再扩大，血小板也相应增加。

处方：青黛3g，紫草9g，白芷6g，白及9g，红花9g，寒水石9g，服3剂。

三诊时，患儿头皮血肿已吸收，躯干未见新的紫癜，有时鼻少量出血，血小板数已增至0.84×10^9/L。再次调整药方，去红花、寒水石，加乳香6g，威灵仙9g，服4剂。

四诊时，患儿头部意外碰撞过一次，皮下血肿又稍增大，躯干未见新的紫癜。此后经几次复诊，王鹏飞依上方加减，患儿服药后，躯干紫癜大部分吸收，再未出现新的紫癜，头皮血肿和陈旧紫癜也基本吸收，血小板基本增至正常，患儿已明显好转。

小儿紫癜为衄血病，临床多见者为过敏性紫癜和血小板减少性紫癜，王鹏飞认为，无论何种紫癜均与气血有关，不同之处在于，血小板减少性紫癜多为脾虚不能统血，血不归经而外溢，是本虚标实证；过敏性紫癜多在温病后期，乃风寒毒热之邪未尽，蕴郁血分，热伤经络，迫血妄行而致，大多数属于实证、热证。中医治疗血证向来注意化瘀生新。王鹏飞根据多年经验也认为：“瘀血不化，新血不生。”故在治疗紫癜时，化瘀药必不可少。但是活血化瘀法属于中医治则八法中的消法，消法具有伐克的特性，久服此类药物会损伤正气。因此在这一病例里，王鹏飞采用青紫汤治疗，在治疗紫癜时选用乳香、沉香等行气之药，不伤正气，这对儿童气血未充之体非常适宜。

在临床中，青紫汤的应用范围十分广泛，方中的紫草一药选用精当，可与多药搭配，如配青黛可治壮热烦躁；配乳香、牙皂能活血化瘀；配白及、何首乌能治皮肤疮疡脓肿；配黄精能和血养血，治疗贫血；配金果榄、寒水石能治鹅口疮和乳蛾红肿等。在20世纪70年代，北京儿童医院曾用青紫汤治疗急性肾小球肾炎患儿31例，据临床统计，全部患儿出院时浮肿消退，血压恢复正常，血尿消失。此外，王鹏飞还用青紫汤治疗荨麻疹和新生儿黄疸等疾病多例。

与青紫汤同样著名的“脓疡散”是王鹏飞针对肺脓疡所创。肺脓疡又叫肺脓肿，中医称之为“肺痈”，患者有咳嗽、吐痰腥臭、乍寒乍热等症状，因在新生儿中病死率极高而被视为儿科危重感染性疾病之一。

在临床中，王鹏飞看到肺脓疡患儿高烧起伏，咳吐脓血痰，联想到《金匮要略》中所说的“热之所过，血为之凝滞蓄结”，遂悟出肺脓疡也是热盛气滞血蓄之症。在此基础上，王鹏飞参阅了大量中医典籍，结合自己的临床经验反复推敲，逐渐形成了自己独特的治疗方法。在治疗中，王鹏飞以活血化瘀为主，并佐以清热解毒、排脓消肿的方药，主要药物为乳香、牙皂、紫草、青黛、天竺黄、寒水石等。后来，随着临床影响的日益扩大，这一配方逐渐被大家命名为“脓疡散”。王鹏飞从1966年起开始用脓疡散治疗肺痈，效果显著。

20世纪六七十年代，王鹏飞在儿童医院先后运用脓疡散治疗小儿肺脓疡50余例，全部采用单纯中药治疗，不用抗生素，取得了令人满意的效果，无一例死亡或转外科手术治疗。而国外医学界对肺脓疡重症病例，却只能采用外科手术进行病灶清除。脓疡散不仅体现了王家祖传医学“简单、方便、价廉、安全”的特点，而且避免了肺叶切除、经胸壁直接穿刺排脓、肺内注射青霉素、气管内注入药物等所引起的副作用，极大地减轻了患儿的痛苦。经临床验证，长期服用脓疡散，不仅未见副作用，相反在治疗后期，患儿的体重都普遍有所增加。

20世纪70年代后期，北京儿童医院经过长期分组对比治疗得出结论，运用王鹏飞创制的脓疡散治疗小儿肺脓疡，可将其病死率由6.5%下降到1.55%。其中，分组比较的单纯中药组中，100例患儿更是无一例死亡。实践证明，脓疡散还具有抗炎、祛痰和改善微循环等作用。其后，脓疡散在浙江、湖南等地医院的临床应用中也取得了类似的良好效果。随着临床应用的普及，脓疡散显著的疗效渐渐赢得了中医界的一致赞誉。为此，北京市科学技术委员会、北京市卫生局于1981年组织专家进行审定，将脓疡散列入卫生部、北京市科委的重点研究项目之一。同年，王鹏飞获得北京市科技成果奖，并作为北京中医界的代表参加了全国科学技术大会。

培养后学　医风千古

从20世纪50年代，王鹏飞兼任北京市第二医学院儿科系教授时起就开始承担教学任务，于临床中传授学生经验。70年代起，儿童医院更从中西医师中挑选精英，以师承制的方式，指定他们作为王鹏飞的弟子，跟随王鹏飞学习。

对待学术，王鹏飞从不保守，不论是家传医技还是自创新方，他都毫无保留地传授给后学。教学中，王鹏飞以临床实践为主，从诊病、辨证、立法、处方、用药等诸多方面深入浅出、详细讲解。对学生，他循循善诱，不厌其烦。经常在夜阑人静之时还能见到王鹏飞在儿童医院的诊室里为学生讲述经验，答疑解惑。学生们为王教授严谨的治学态度和无私奉献的高尚精神深深感动。在后来的实践中，弟子们在继承王鹏飞用药心得的同时，本其精神继承发挥，终使王鹏飞的医学思想、临床经验在全国各地开花结果，发扬光大。在王鹏飞的学生中，最著名的包括北京儿童医院后来的主任医师、同仁堂中医院特聘专家陈昭定，北京儿童医院主任医师、王鹏飞的女儿王志钧等。

为了进一步推广王鹏飞的临床经验，1981 年 7 月，北京儿童医院选编出版了《王鹏飞儿科临床经验选》，反响强烈，影响广泛。此外，王鹏飞自己还先后总结了治疗婴幼儿腹泻、小儿肺炎、肺脓疡、脓胸、嗜异症、厌食症、黄疸等病症的经验，撰写论文多篇，在《中医杂志》、《儿科医刊》、《北京儿童医院院刊》等刊物上发表。

随着医疗影响和社会声望的扩大，王鹏飞在社会上也担负起了更多责任。20 世纪 50 年代，王鹏飞加入了以医药卫生界高中级知识分子为主的中国农工民主党。在此后的 30 年里，他先后担任过北京市第二、三、四、五、六届政协委员，北京市政协卫生体育组副组长，中华全国中医学会（现中华中医药学会）理事，中国农工民主党北京市委员会委员等职务。

作为一位优秀的中医儿科专家，王鹏飞博学多识，技艺精湛，在学术上注重实践，勇于探索。20 世纪 60 年代，王鹏飞已名动京城，每每出差或去外地采风，却依然非常注重搜集当地的中草药，并向当地民间医生认真学习治疗方法。有一次在四川，王鹏飞听说当地山里人经常吃黄蜂来治疗筋骨疼痛，就捉了几十只黄蜂捣烂配药，经熏蒸制成丸剂，然后又亲自试服，体验药效。

结果证实血流增快，确有良效，于是王鹏飞在之后自己的处方中逐渐加入黄蜂，或用于强筋壮骨或用于止痛，效果颇佳。

作为一位杰出的儿科大家，王鹏飞对患儿耐心细致，应诊时无论病人再多，王鹏飞都一样和颜悦色，向家长细述煎药、服药的注意事项，以及饮食的合理搭配。有许多患儿长大后，又带着自己的孩子再度前来儿童医院找王鹏飞医治。儿童医院那位中等身材、面容清矍、神态祥和的“王叔叔”、“王爷爷”，不知曾走进多少孩子的童年记忆。

在医风医德方面，王鹏飞更堪称后辈学习的楷模。王鹏飞一生脚踏实地，谦虚谨慎，淡泊名利。在儿童医院，他三十年如一日，团结西医，尊重同行，爱护后辈，言传身教。在多年临床中，王鹏飞始终坚持“患儿第一”的原则，一切从患儿出发，为患儿服务。无论患儿家长职位高低，贫贱富贵，他一视同仁，口碑极佳。许多家长从外地慕名前来求治，在夜里就开始排队挂号，为了满足众多患儿的就诊需求，在完成病房治疗、教课、会诊之余，王鹏飞尽量增加门诊人次，每日加班加点，超时工作，从早上 8 点一直接诊到下午 2 点，经常连看 100 多个患儿从无怨言，不图回报。谁也无法数清王鹏飞究竟治愈了多少患儿，挽救了多少幼小的生命。

在生活中，王鹏飞生性平和，为人正直，心地善良，与大夫、护士关系融洽，不喜结交权贵，常跟工人们打成一片。临诊之余，王鹏飞的业余生活充满情趣，颇显才情。王鹏飞自幼盘桓祖父膝下，听祖父讲了不少远行访药时的奇闻轶事和殊为迥异的风物人情，从小心中便对名山大川充满向往，因而长大后喜欢旅游。20 世纪 60 年代以后，如有假期，王鹏飞必定带着儿子、女儿旅行采风，他旷达的性情也在这时才得以体现。除旅游之外，王鹏飞还酷爱摄影，偶得空闲，必钻进暗室，忙里偷闲，尽享乐趣。受家庭环境耳濡目染，王鹏飞也喜好交友，并视与医学界的同道好友聊天清谈、启迪思路为人生一大乐事。每逢周末，王鹏飞常与一些中医老友把酒聚会，聊天唱戏，知己相约，互慰平生。

然而，天地无情，1982 年 9 月，王鹏飞被诊断出患上了晚期肺癌。在这种情况下，王鹏飞仍时刻心怀工作、挂念患儿，他忍受着病痛的折磨坚持出诊，直至生命的终点。“父亲肺癌病重的时候，还坚持每次门诊看病 100 多人，后来实在支撑不住了才去做检查。拍片一看，三根肋骨已经融断，疼得满头大汗”。儿子王应麟后来回忆说。

1983 年 5 月 2 日，第三代“京城小儿王”王鹏飞离开了他奉献一生的医疗事业，享年 72 岁。子女们将他安葬于风景秀美的万安公墓。今天，在王鹏飞的墓碑前，摊开着一本题为“小儿王王鹏飞”的大理石巨书，这是他终其一生撰写的一部人生医书。

在王鹏飞故去后，为进一步总结推广王鹏飞的医学经验，北京市中医管理局、北京市卫生局于 1989 年 3 月在北京儿童医院联合成立了“王鹏飞儿科研究中心”，徐向前元帅亲自为研究中心题词。“虎父无犬子”，现在担任该研究中心“主将”的正是王鹏飞的女儿王志钧和次子王应麟。

从少年随父侍诊、继承家学，到青年学有所成、悬壶济世，再到儿童医院无私奉献、发展创新，王鹏飞把自己的一生都奉献给了中医儿科事业。王鹏飞一生的临床经验都是中医学的宝贵财富。

（撰稿人　田　刘）

刘春圃卷

刘春圃（1911—1999）

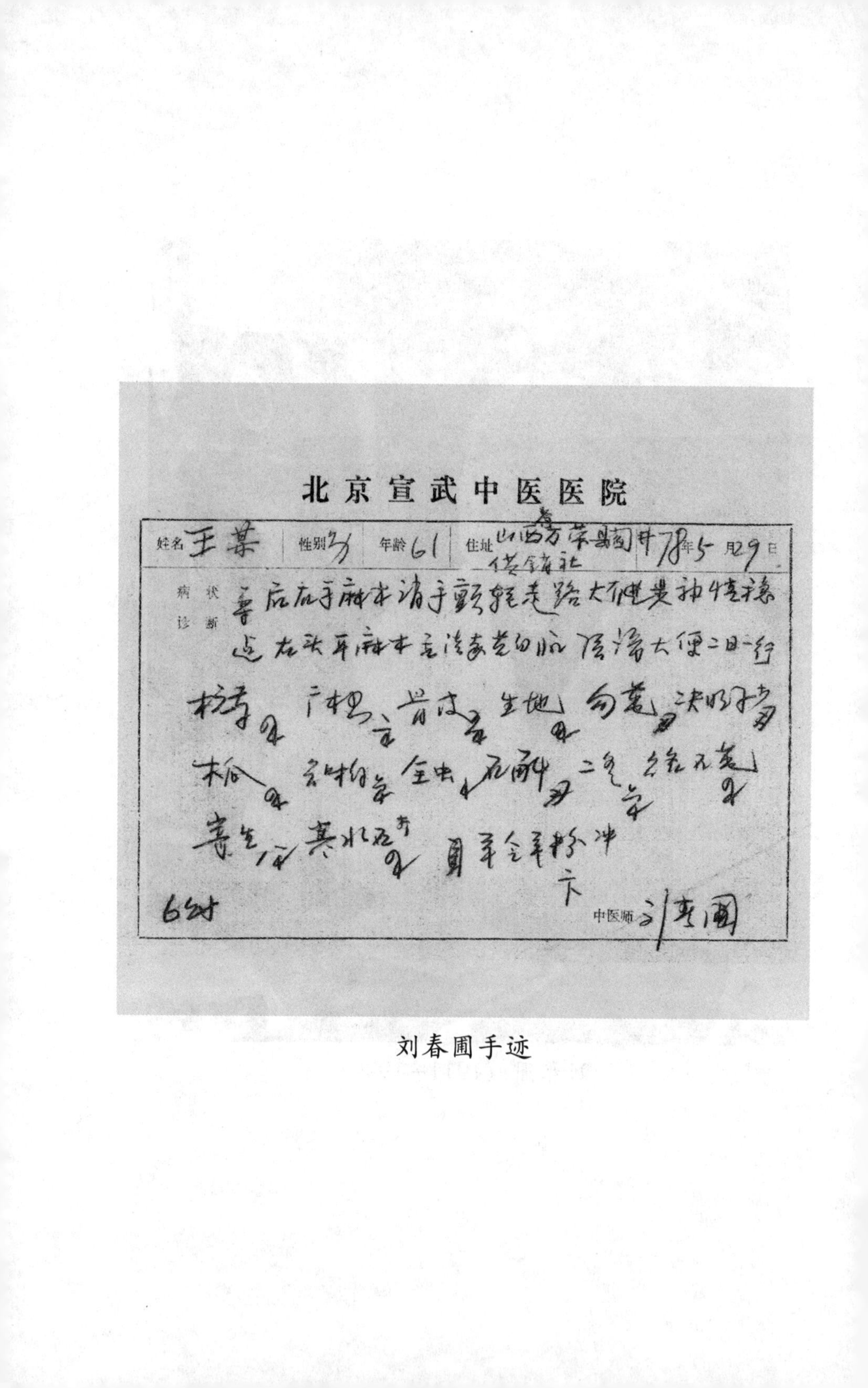

北京宣武中医医院

姓名 王某　性别 男　年龄 61　住址　78年5月29日

病状
诊断

中医师 刘春圃

刘春圃手迹

临证辨析，尤当用思精微；遣方施治，务求用药精当。

——刘春圃

刘春圃（1911—1999），字广荣，著名中医内科临床家，河北省深县人。早年因病学医，先后拜擅长治疗温病的吴戬谷、擅长治妇科疾病的杨显卿和京城“四大名医”之一孔伯华为师，修习岐黄之术。他广读群书，博学强记，刻苦努力，吸收了历代名家的医学经验，在治疗多种疾病方面积累了丰富的经验。他以用药大胆著称，对内、妇、儿各科均有很深造诣，擅长治疗疑难杂症。他对《黄帝内经》、《难经》、《伤寒杂病论》、《金匮要略》、《温病条辨》颇有研究，尤其对温病的研究更为深入。他探讨了对多种温热病、危重证候的治疗方法，并对心脑血管等疑难杂症的治疗有独到见解，系统地整理了治疗脑积水、脑中风等难治之症的方法，为祖国中医事业的发展作出了贡献。

刘春圃从医近70年，曾任北京市宣武中医医院主任医师、宣武区政协常委、北京市中医学会理事、中国中医研究院（现中国中医科学院）研究生导师，被人事部、卫生部、国家中医药管理局确定为全国老中医药专家学术经验继承工作指导老师。他培养了大批优秀的学生、弟子。他的子女刘潜、刘涛、刘渺、刘渡均为京城著名中医，张珠凤、邓贵成、吴作君等16位弟子也要享誉国内。其孙女刘士琪、刘士霞也继承中医世家的传统，成为新一代的杏林人才。

刘春圃一生秉承救死扶伤的医者之责，不分贫富贵贱，普济众生，治愈了无数病患。他对医术精益求精，对病人关怀备至。他淡泊名利，给患者的印象永远是那么和蔼可亲。病愈的患者都对他的医德赞不绝口，褒扬其医术高超、医德高尚的牌匾更是数不胜数。

酷爱文学 因病学医

刘春圃 1911 年 3 月 3 日出生于河北深县。他自幼聪颖好学，学习成绩一直名列前茅。其父甚好中医，常常教刘春圃一些中医知识。可是少年时期的刘春圃对中医并没有多大兴趣，或许是出于叛逆的心理，对这方面的书籍视而不见。

年轻的刘春圃很喜欢明清小说，尤其喜欢阅读《红楼梦》、《西厢记》、《聊斋志异》等书。可父亲却反对，认为这些书会使人玩物丧志。然而刘春圃性情倔强，他决定的事或喜欢的事就一定要做，并且要做到最好。由于家境贫寒、藏书不多，他便于村中四处借书，在空闲时间偷偷阅读。为了能细细品味书中情节，他就默背其中的经典段落。久而久之，这种习惯锻炼了他的记忆力，以至于后来在阅读其他典籍时，几可做到过目不忘。

这样一个对文学充满渴求的人，少年时代的梦想应该是成为一名诗人或作家。然而 16 岁那年的一场疾病，却改变了刘春圃的一生。那一年，刘春圃因患温病，高烧不退，家里请来郎中医治。谁知庸医害人，竟投以麻桂饮这一辛燥之品来治疗，他非但高烧不退，反而陷入昏迷，险些丧命。幸好对中医有所研究的父亲及时发现了问题，请来当地名医吴戬谷治疗。吴戬谷三指搭在刘春圃脉搏之上，只片刻便辨明病因，写就一张药方。只服用一煎药，刘春圃的高烧就退了下去，又经几日调理，即告痊愈。

因小病误诊而险些丧命，在经历了这一磨难后，刘春圃深感庸医害人之苦，也了解了中医治病救人的神奇之处。同一种脉象，不同的医生有不同的诊断；同样几味药，用在不同人的身上就有不同的效果。只用三指号脉，呼吸之间，就可通过脉搏的轻重缓急、滑涩弦数，断定整个身体哪里出了问题。所有这一切，是如此神奇。突然间，他像是着了魔一般迷上了中医。他开始阅读《黄帝内经》，徜徉在中医学的经典之中，体悟到了比文学作品更强烈的快感。很快地，书本上的知识已经无法满足有强烈求知欲的刘春圃，随后他拜救自己一命的吴戬谷为师，以求得到更多的医术指导。

吴戬谷以治疗温病见长，脉诊尤为精专。他对刘春圃谆谆教导，要求甚是严格。刘春圃因深感诊脉之神奇，入门不久就求着老师教他诊脉之术。可吴老师却告诉他："医家四诊，望闻问切，以'切'最为重要，也最难学。脉理甚精，非一日可成。凡事需循序渐进，切不可急于求成。"为了让刘春圃明白其中道理，吴老师请刚刚挂上号的病人坐在面前，既不问诊也不把脉，只看了病人一会儿，又让病人吐出舌头看了看，就对病人说："就你的面色和舌苔来讲，你应该是痰食积滞，有脾胃不和、消化不良的症状，并伴有湿盛、痰多、口干、大便黏腻等症状。是不是？"病人听后连连点头，并询问是怎么看出来的。吴老师解释道："我看你面色蜡黄，应是脾胃不和、消化不良之症。又见你舌苔厚腻，因此断为痰食积滞、湿热内蕴之证。"病人和刘春圃听后都大为叹服。吴戬谷又对刘春圃说道："中医博大精深，望闻问切在诊断过程中都很重要，每项都对诊断辨证有很大帮助，也都有自己的局限性。所以一定都要领悟精湛，方能辨证施治，不是只学会了号脉就能看病的。学习要循序渐进，要想学好，就一定要从最基础的开始学。"刘春圃自此决心脚踏实地，从一点一滴学起，夯实基础。

刘春圃为了充实自己的医学知识，开始大量阅读各种医学典籍。由于家中无力购买中医书籍，他就以“头悬梁，锥刺股”的精神，把借来的书抄下来，反复背诵。冬天晚上寒冷，他为了能继续读书，就在厨房的灶台边上点上火，借着火光读书。饿了，就自己熬点面糊；冷了，就贴着灶台近些，甚是艰苦。正值17岁年轻力壮，同龄人已经下地种田，为家里的生计辛勤劳作，刘春圃却每天足不出户，闭门苦读。如此不分昼夜、废寝忘食地苦读，甚至引起当地人的误解，认为他由于之前的高烧烧成了傻子。当时刘春圃则默默给自己立下了一个准则：不学则已，学就要出人头地，一鸣惊人，做个真正的名医。于是，他读、抄、背、默几十部医书，打下了扎实的中医理论根底。

刘春圃学习力求提纲挈领，掌握精髓。由于其基础知识扎实，深得吴老师器重。在学会了望诊、闻诊、问诊要领后，吴老师终于同意教他如何诊脉。吴老师叮嘱他必须熟记《二十四脉经》。第二日，刘春圃便把《二十四脉经》要领倒背如流，在老师考查时丝毫不出差错。这种强烈的求知欲和刻苦好学的精神更是打动了吴戬谷。于是在给每一个患者看病时，吴戬谷必先让刘春圃诊脉，并提出治疗方法，再亲自为病人诊疗并对刘春圃的诊断给予指正。这一做法使刘春圃在脉诊上打下了深厚的基础。

在随师侍诊的过程中，刘春圃更加体悟到中医可救患者于水火，慰病人之伤痛。他看到，每当吴老师治愈一例病患，脸上总会洋溢着快慰的神色。医者以救死扶伤为己任，能治愈病患就是医生最大的快乐。这种神圣感，督促着刘春圃更加努力用功学习，争取早日成为一名合格的医生。

刘春圃头脑灵活，善于思索。对于老师讲解的知识，他总能很快吸收，并总结成经验，运用到实际诊疗中。爱读书、善读书的习惯，使他对于书本上的知识也能灵活掌握。广博的阅读，也使他学到了大量的中医理论，为他的行医道路打下了坚实的基础。他有良好的记忆力，对于看过的书差不多是过目不忘。直到他80

岁的时候，对于《黄帝内经》、《伤寒杂病论》等仍然熟记于心，只要问到上句，他就能对出下句，甚至能指出是在书中哪卷哪个段落，令人叹服。当然，这种令人惊叹的学识也源自于他的执著精神。这种执著的精神，为他研究医学提供了莫大的帮助，使他攻克了一个又一个疑难病症。

学医5年，刘春圃终于有所成就。继之，他考取河北省医师执照，在深县广济堂药店坐诊，开始了自己的行医生涯。

取长补短 善治温病

1934年，刘春圃正式开始行医。开业初期，他虚心求教，特别注重收集民间各种验方。那时，当地妇女病多发。在此之前，他很少接触到妇科疾病。为了提高这方面的水平，他又拜对妇科病有专长的杨显卿为师。随师数年间，他全面吸收了杨老师针对妇科病及疑难病的治疗理念，积累了丰富的临床经验。他善于学习，善于发现自己的不足。他通过读书，向古人求教；读书有不解之处，就及时向老师请教；老师也未熟知的，就自己钻研。

其后，当地猩红热、麻疹等流行病爆发。刘春圃广集民间验方，并详细参阅了《中国医学传染病学》一书。通过耐心的研究，他整理出治疗猩红热、麻疹等传染病的思路。有了清晰的审证用药思路，药效可谓立竿见影，无数患者痊愈。一时间刘春圃以善治温热病著称，在当地名声大振。

然而刘春圃并不满足于现状。他于20世纪40年代来到名医汇聚的北京，并通过杨老师引荐，拜京城名医孔伯华为师。

孔伯华为京城“四大名医”之一，在温病及内科杂病方面尤有专长。孔伯华推崇刘河间的“六气皆从火化”说和朱丹溪的“阳常有余，阴常不足”论，提出了“湿热何其多”和“肝热脾湿说”，治疗多用寒凉药物，善用石膏，甚至有“石膏孔”之称。孔先生的许多行医用药观点，都对刘春圃产生了巨大影响。

在拜师当日，刘春圃凭着深厚的医学基础与博闻强识的能力，深得孔伯华的喜爱。当时孔先生即对身边的弟子们表示，应该多向刘春圃学习，广泛阅读医书，积累深厚的中医理念。此后每天下午出诊时，孔先生必会带上刘春圃同行。

随孔伯华学习期间，刘春圃不仅学习了孔先生精辟的医学理论，更继承了孔先生高尚的医德。他常常用孔先生高尚的医德鞭策自己，时刻保持心境平和，对待病人不分贫富，一视同仁。

向老师求教的同时，刘春圃还经常与师兄弟一起交流心得。从屠金城师兄处，他了解更多肝病知识。“气血冲和，百病不生，一有怫郁，诸病生焉。”屠金城告诉刘春圃，肝喜调达而恶郁遏，因“肝气、肝风、肝火”的升旺，要采取疏泄、平肝、养阴等治法，提升了刘春圃对肝病的认知。此外，刘春圃还经常与姚五达师兄交流对于妇科病与温病的治疗心得。姚五达对于妇科病轻下投实、截流开源、扶正祛邪的治法让刘春圃受益匪浅。通过对于温病的讨论，姚五达整理出了“清解、清透、清化、清渗、清和、清扶”的六清法，刘春圃则提出了育阴清热、芳香化湿的治疗理念。在这种交流的过程中，师兄弟几人互相取长补短，教学相长。

在跟随孔伯华学习的过程中，刘春圃注重从理论上不断深化提高自己。为此他研读了《温病条辨》、《温热经纬》、《温热逢源》、《瘟疫论》等28部温病专著。他在这些书中加了很多批注，或述心得，或言教训，或以补充，或提出自己的独到见解。刘春圃整理了古代名医名士的思想。他推崇戴麟郊在《广温疫论》中的五色辨法，即辨气、辨色、辨舌、辨神、辨脉，认为其从诊断、证候、治疗及预后等方面详细区分了“伤寒”与“温病”的区别。他赞同刘河间“温病主于火”和吴又可“兵荒之后必有大疫”的观点，承袭了吴鞠通的三焦立论，把温病分为初感、亢盛、津伤三个阶段，其长处在于“存津”。刘春圃指出，温为阳邪，易伤津液，对体亏液涸者，即使邪结胃腑，大便秘结，非下不可之候，亦只用新加黄龙汤、增液承气汤类攻补兼施，得下之后即投益胃汤之类急复其阴。刘春圃综合温病名家，结合自己的临床经验，撰写了《外感、流感与温病》一书，从温病与伤寒、温病与瘟疫、温病之源流、温病脉象等各方面加以系统的论述。

刘春圃不仅认真学习了孔伯华对于温病的辨治，又将以前向吴戳谷学来的知识与自己行医多年的理念加以比较，找出差距，取长补短，形成了一套自己的理论。久之，他更悟出看病要因人而异，不要拘泥于成方，凡认准病证，即大胆用药。

有一个5岁男童，患哮喘，辗转寻医，久而不治。来找刘春圃诊治时，病童面色黧黑，喘息抬肩，鼻翼翕动，身体羸弱几不能独立行走。刘春圃清楚，对于如此顽症，非寻常方法所能见效。于是他想起古籍中关于治疗哮喘的记载。但因古方中有红矾一味药，一般医生绝不敢轻用。红矾，也就是砒霜，有剧毒，有治疗寒痰哮喘、疟疾、梅毒、痔疮等药效。经过慎重考虑，刘春圃按古方配伍，果断地加入微量红矾，而后又根据小孩体质增减用药，加入佐使之品，制成药粉。病儿依嘱每剂药仅服用两挖耳勺之量，终于彻底治愈。

刘春圃不断吸收老师的医学精华，并总结提高自己的医疗水平，在京城逐渐以善治温病而小有名气。多种原因的发热症刘春圃均有独特的治疗方法。著名书法大家张伯英，断断续续高烧3个月，经西医检查未发现阳性体征，经多方诊疗，病情不见好转，甚至昏迷不醒。刘春圃诊为湿温证，经用芳香化浊、清热透表的方法，仅3剂药，张伯英即热退神清而愈。张伯英感激之余，挥笔为刘春圃题下了“如登春台”的横匾以示感谢。从此，刘春圃声名鹊起，传遍北平。

治疗温热病，刘春圃尊重叶天士的温病主张，以卫气营血为辨，认为凡热证均易伤阴，且传变迅猛，在治疗中步步考虑热能伤阴，在治疗中首以辛凉宣透，清解风热；若病热已入气，病情多属实热，只要尚未内结胃腑的，可以“战汗”之法使病邪外透。刘春圃一生中以“战汗”之法，治愈多例温热病患。他将这些经验传给了弟子和子女，并总结归纳成论文发表传世。

像病毒性脑炎，病势凶猛，变化迅速，单凭西药治疗死亡率很高。刘春圃经数十年的经验积累，总结出治疗该疾病的法则方药，以芳香开窍、辛凉清透、止搐化风等法，治愈患者无数。就连某些被西医宣判死刑的患者，经他诊疗，也能痊愈。更难能可贵的是，这些病患都没有留下后遗症。刘春圃曾对子女及弟子多次嘱咐：“凡是由病毒引起并伴有发热症状的病症均属温病范畴。你们要发挥中医的特长，救病者于水火之中。”

刘春圃提出“温病偏死下虚人”的独特观点。下虚即指肾虚之人，素体精亏伤肾，腰酸膝软，梦遗滑泄，耳鸣眩晕，神倦气弱，口燥咽干。温病初起即见津少阴伤有不能支持之势，其人舌质赤多绛，以肾阴虚热，邪乘虚深入营分，其脉为数或兼洪，且神气慌张，如疾行欲倒之势，咎由肾气过虚无力抵抗温邪的灼烁，缺乏抗病的持续力。甚或症见神志模糊，此为温邪不达、逆传心包之象。形成的原因有三个方面：

其一，肾虚之人外感温病，初起头痛发热，脉数大，右大于左或两寸独大，口渴咽干，下午益甚，若此时误辨外感风寒，投予麻桂或九味羌活汤等，致表气大伤，津液外亡，温邪不能外达则内陷营分、血分，或逆传心包，意欲再施清凉芳透，但已津液枯涸，不能转邪外出，内闭而死；即或能转邪外出，热解汗达之时，亦须防虚脱亡阴之危。

其二，若肾虚之人初感温病，误用下剂，致使温邪内陷，且肾主二便，妄下伤阴，更损肾精，本气先亡，致温邪不能外达而死。

其三，肾虚之人适得外感温病，延误治疗，未能及时轻清芳解，致内热蒸腾，由卫及气，由营及血，内陷入里，灼伤津液，肾精益损，舌赤干绛，热入阳明之腑则大便不下。此时若急于透邪外达，或战汗而解，皆因肾虚津涸不任温邪久羁而难救治。

此论是刘春圃积多年的临证经验，从症、因、舌、脉诸方面加以全面辨析而得。诚如吴鞠通所言："冬伤寒则春温病，为藏精者足以避之……盖能藏精者，一切病患皆可却，岂独温病为然哉。"

刘春圃对于温病的认识不局限于传统范围，更注重临床实践。他对于产后温病，也颇有研究，更丰富了温病治疗的应用范围。温病学说自刘河间以后，逐步臻于完善。但产后温病殊于通论。刘春圃结合早年与杨显卿老师学习的经验，通过实践发现，产后温病在病因、传变、伤津方面同于一般温病，所异之处即产后气血两虚，阴津亏耗，对温邪抵抗能力降低，因而证情严重，传变迅速。再者，对恶露之通与不通，瘀血之有与无，尤当审辨详细。若不问气血，不问恶露，一味清凉滋腻，势必损及冲任，寒凉凝瘀，致腹中胀痛不堪，正气衰惫而致不救。若只知大补气血，蛮用温燥，则内闭温邪得补而炽，极易高热烦躁，谵语神昏，口唇焦裂，甚则痉厥动风，气败津竭而殆。

就其治疗，刘春圃主张在新产之妇外感温邪，且有恶露时下黑血，腹痛而胀时，投以生化汤加薄荷、芥穗、蝉衣、桑叶、连翘、牛蒡子、鲜芦根、蒲黄、五灵脂，清宣透邪，化瘀生新，表里两治。若表邪已解，热溢于经，恶露已减，发热仍甚，口渴脉大苔干厚而黄，药用黄芩、栀子、薄荷、连翘、桑叶、鲜茅根、鲜芦根、蒲黄、五灵脂；口渴甚加生石膏。若热邪入腑，津伤便燥，恶露已尽，宜润下；热退神清，邪去正虚或温邪外解，宜战汗之后投复脉汤之属；脉数气促、神情躁扰不宁，急防暴汗虚脱，宜复脉加西洋参，虚甚则加入人参。

贯通中西 博采众长

十几年行医过程中，刘春圃积累了丰富的临床经验，在温病学领域更是颇有建树。然而，他深知自己在医学领域的功夫是远远不够的，还有很多东西需要学习研究。凭着这种探究的精神，刘春圃继续着他的探索路程。

20世纪50年代，国家为推动中医药事业的发展，为日后能用现代医学知识研究中医理论，开始招收年轻中医师进修西医课程。刘春圃有幸被选中，于1954年参加进修。随着学习的深入，刘春圃发现了西医值得学习借鉴的地方。西医的解剖学，帮助人类了解了自身构造；西医通过一系列先进的设备，将病灶部位清晰地呈现在图片之上，使得人们对病变器官有了更直接的认知；还有在细菌学、药物学等方面的发展，西医通过抗生素克服了大多数的传染病，无疑为人类作出了极大的贡献。在临床学习的过程中，刘春圃还认识到，西医在护理方面优于中医。他努力地从各个角度比较着二者的差距，并把一切值得学习的地方记在本子上，以备日后改进。

在进修中，刘春圃全面了解了西方现代医学的先进理论，对西医不再排斥。他指出：西医注重群案，中医注重个案。西医通过各种仪器、药物辅助，把病人的病情归类，研究特定条件下病人的共性，并提出针对这种共性的治疗方法。因此，西医往往通过治愈率来统计治疗方法的好坏。中医则不同，中医更加注重每个个体自身的情况，讲究因时、因地、因人的辨证施治，强调每个病例都有其与众不同之处，因此用药施治虽有一定纲领，却往往彼此各有不同。刘春圃强调两者之间并没有绝对的好坏之分。他常常说："中医西医，能治病就是好医。"因此，刘春圃也经常把西医的科学理论引入中医治疗过程中。

20世纪80年代初，有一位患再生障碍性贫血的女病人，年仅22岁，由于耽误了治疗时间，医院认为病情已经不可能好转，故拒绝给予治疗。病人家属辗转多次，求治于刘春圃。当时病人食欲不振，身体微肿，面色蜡白，舌唇淡白，脉微细无力。且初诊正值病人月经周期，患者自述经血色黄，如小便样，量多不止。西医检查其血色素仅为2.4g。在会诊中，很多医生根据脉象认为病人是由于瘀滞阻塞经脉而导致脉搏细微无力，认为“瘀血不去，新血不生”，应予活血化瘀之品。然而刘春圃却持不同看法。他认为传统中医所说的“瘀血不去，新血不生”的理论不适用于这位患者，不应采取活血化瘀的治疗方法。他指出，西医认为再生障碍性贫血是由于身体功能不全造成的。该类患者因骨髓造血机能低下或者受抑制，不能有效地制造血液细胞而产生贫血。气血两虚，营血不足则脉道不充而造成脉象细软无力。所以活血化瘀的方法起不到作用。古人认为，肾主骨，补肾可生髓通脑，即可补血养血。故应对这位病人采取补肾充髓、益气养血的治法，用以增强其造血机能。急则治标，鉴于患者出血不止，应先以益气摄血为治。于是，刘春圃力排众议，亲自处方：红参12g，赤石脂30g，龙骨粉30g，棕炭12g，五味子15g，阿胶珠15g，血余炭12g，升麻2g。服药2剂后，病人下血量明显减少，血色素升到5.5g。血止后再以补肾添髓、益气养血之品补之，20日后血色素已上升到9.6g，病人精神转好，月余后完全康复。

刘春圃提倡中西医结合，共同发展，取长补短，形成中西医结合体系和理论，服务于民众。他常对学生说：“我们现在学习西医，是要博取西医之长，来弥补中医之短。”他认为，中医是一门伟大的科学，它不仅要造福国人，更应该造福全世界人民。只是由于文化的差异，许多外国人无法理解中医的原理，所以需要借鉴西医的理论来解释中医，让更多的外国人接受中医，把中国的中医文化传播到世界。此外，西医先进的医疗设备也可以帮助中医进行望闻问切。通过X光机、CT、胃镜等检查手段，可以看到传统中医看不到的脏器，从而为诊断疾病提供更全面的信息。刘春圃借助西医手段治疗脑肿瘤是最成功的实践。他通过观察 X 线片，研究癌症的致病原理，运用中西医结合理论，救治了很多此类患者，被救治的患者家属感激地称刘春圃为“老神仙”。

不仅如此，刘春圃还提倡将西医方面的研究方法应用于中药药理学的研究。他指导审校了多种药材方面的研究论文。如在研究党参的药用价值中，他指导学生整理了许多学者对于党参的各种实验：通过对小鼠、蟾蜍等动物的注射实验，发现党参对于实验性心肌缺血有较好的保护作用，能有效地达到益气强心、活血化瘀的功效；党参煎剂可使红细胞、白细胞、血红蛋白明显增加，有助于机体造血功能；党参还可以使实验小鼠的巨噬细胞数量增多、体积增大，提高免疫力等。刘春圃提倡这种研究方法，认为将西医的实验方法融入中药药理研究，并用西医的指标解释论证，可以让中药的药效有更加直观地呈现。

刘春圃主张“中医为主、西医为辅”的治疗方式，提倡将西医的理论灵活地运用于中医治疗中，使中医理论更能为常人所接受，也使中医理论更加系统化。他希望中医不仅能够在国内普及，也能为更多的外国友人所接受，为更多患者解除疾苦。

勤思苦钻　攻克脑积水

成功，往往隐藏在重重困难之后。只有拨开层层迷雾，攻克重重难关，才能获得最终的成功。善于思考、刻苦钻研是科学探索者最宝贵的素质。刘春圃在治疗心脑血管疾病方面的建树，正是源于他勤于思考、勇于钻研的精神。

1971 年 3 月 17 日中午，刘春圃结束了一上午的门诊工作，洗完手准备吃午饭的时候，突然闯进了一名中年男子，背着一个男孩。男孩头部缠满绷带，在头顶上有一引流管垂下。中年男子闯进诊室，一句话不说就跪在地上。刘春圃慌忙上前询问原因。男子用哭腔求道：“老大夫，求求您，救救俺家孩子吧！俺家哥儿几个，就俺生了这么一个男孩。孩子得了脑积水，都开颅了，就差做什么去骨片减压。那东西俺们是绝对不能做的啊！做了那人还能要么！大夫，求求您了，救救这苦命的孩儿吧！”

原来患儿曾有双耳流脓的病史，于年初两次感冒之后，出现阵发性头痛，晚上疼痛加剧，经中西药物及针灸治疗无明显好转，反而又出现剧烈呕吐的症状。经1周的治疗，病情愈加严重，其胃纳不佳，伴有胃痛，大便12天中只有两次，且燥结。住院17天，经用脱水剂及抗生素等药物治疗，并抽脑脊液约400ml，病情仍无明显好转。

听了患儿父亲声泪俱下的哭诉，刘春圃顾不上吃午餐，连忙给患儿做了检查。此时，患儿额头烫手，体温很高，头痛剧烈，不住抽搐，两眼直视，神情烦躁，手脚不时挥舞。检查发现，其右上腹有压痛。观其舌质红苔黄。由于患儿疼痛难忍，一直哭闹不停，使得整个诊疗过程异常艰难。又因为疾病迁延日久，患儿似对医生产生了恐惧，死活不让刘春圃诊脉。见了如此情况，刘春圃也是一阵心疼。他轻轻抚了抚患儿的脸，小声说：“来，小朋友，别怕，爷爷不给你看病，爷爷就跟你拉拉手，做游戏！”听到这句话，患儿才停止了哭闹，伸出小手让他号了脉。患儿脉数，右手滑大，左手则呈弦象。

刘春圃在此之前从未接触过这种病人。他深知这个病例十分棘手，但出于医生的职责，他来不及考虑治疗的风险和会承担什么样的责任，仅凭着医者的仁心，决定尽平生之所学，全力救治患儿。由于是第一次接触脑积水疾病，没有任何经验，他一丝不苟地斟酌组方。根据对病人脉象的分析，他辨证为阳明实热，气逆上冲，经络受阻，于是决定采取清热解毒、泄实通便的治法。

组方：生石膏一两，大青叶五钱，龙胆草、竹茹、黄芩、佩兰各四钱，郁金三钱，薄荷两钱，广木香一钱半，川军一钱，羚羊角粉（冲服）三分。

方子开好后，他又吩咐身边学医的儿子帮助病人取药，并告知病人家属服药方法和禁忌，嘱咐病人家属明天务必再来复诊。

晚上，刘春圃反复思索方药，自忖用方无误。照理说，服药后，孩子头痛应该有所好转。实话说，这个病例真让他有点棘手。在刘春圃脑海里，古书中似乎没有治疗脑积水的记载，可见中医在治疗此症上尚有缺陷。但刘春圃相信自己的判断无误，清热解毒、泄实通便当是正确之选。此症之关键在于让病人排便，以疏导实热。如果能够成功排便，病情就有望好转。当晚，他很晚才睡，一直思索着下一步的用药方向……

第二天，病人如约而至。令人兴奋的是，孩子病情果然有所好转，头痛已经有所减轻，双目也清亮许多。更重要的是，孩子已经有了大便，并且腹痛消失了。听到这个消息，刘春圃紧皱的眉头终于舒展开来。经检查，他发现孩子的舌质变为赤红，脉仍然滑大。于是，按照他前一天晚上就想好的思路，在原有的组方中加入了金银花、苦丁茶各五钱。

第三天，孩子病情已经大为好转：头痛大为减轻，只是稍有发胀感，大便也达到日行一次了。在问诊时，孩子也没有第一天那么烦躁不安，而是活泼地摆动着胳膊，时不时还做出个鬼脸来。

刘春圃又进行仔细检查，发现孩子仍然有舌质赤红的表象，苔质发黄却已经变薄，脉象仍弦滑。遂以原方出入，稍有加减：生石膏一两，蒲公英、板蓝根、苦丁茶各五钱，金银花、黄芩、龙胆草各四钱，郁金、知母、黄柏各三钱，土鳖虫一钱。

如是，在20多天的治疗过程中，刘春圃多次根据脉象和症状调整治法，患儿连续服药20余剂，头痛症状基本消失，并没有其他不适。再来医院检查，一般状况良好，仅眼底乳头上下、鼻侧缘稍有模糊，其他一切均正常。因孩子想回家休养，刘春圃又为他开药十余剂，嘱其父母按时让孩子服药。1个月后，孩子再来复查时，已无任何异常；1年后复查，无脑积水征象，临床痊愈。

治愈病人固然是值得欢喜的，然而刘春圃并没有因此而沾沾自喜。对于没有见过的病，他总是会特别记录下病例和诊疗过程。此例是典型的脑积水，具有很高的研究价值。他清楚地知道，传统中医对于治疗脑积水并没有形成完整的理论体系，因此，他下定决心，一定要攻克这道难关，帮助更多的患者摆脱病魔。

是年9月，经人介绍，刘春圃又接诊一例交通性脑积水病人。病人是一个13岁大的孩子。其家长代述："孩子自幼智力发育不良，说话不清。这两个月来出现头痛、恶心的症状，有时还呕吐。我们一直都特别担心。今天早晨，他突然开始抽搐，我们马上就带他去医院检查。做了气脑造影和脑脊液化验，都正常。但是医生说脑电图广泛中度异常，还有眼底双视乳头水肿。说是交通性脑积水。他们说您能看这种病，就叫我们来找您了。"

刘春圃敏锐地察觉到这次的病例与上一次略有不同。他仔细地进行了检查，发现患儿脉象滑数，右关兼弦，大小便均正常，舌质淡赤、光滑少苔，与上例病例大便不下、苔质厚黄不同。不过有了上次的经验，对这个病例他就有了七分把握。他辨证此例病儿为肝胃结滞，郁热生风。辨证已定，疗法自然明晰，应采取清热导滞、镇惊通窍之法，药用：路路通、漏芦各五钱，菖蒲、郁金、龙胆草、青皮各四钱，枳实、甜葶苈各二钱，通草、全虫各一钱，土鳖虫（打）八分。

服药五剂，患儿头痛大为减轻，呕吐停止。连服20剂，头痛已为阵作，不再抽搐，精神也恢复起来，有了神气。只是患儿自述视物发黑，时有色带。于是，刘春圃又以清泄肝热之法治之。用药：决明子一两，青葙子（布包）八钱，夜明砂五钱，龙胆草、牛膝、黄芩、佩兰各四钱，广木香、丹皮各三钱，土鳖虫（打）

一钱，当归龙荟丸（冲服）一钱。

服药10剂，患儿头痛尽消，右目视物之黑影已消，左目在卧起时的一霎间稍见有黑影，时有耳鸣。刘春圃在上方中加入生地五钱，知母、黄柏各三钱。患儿连饮10余剂，头已不痛，色带尽消，视力恢复，面色红润。再去医院复查，视乳头水肿消失，神经系统正常，脑积水临床治愈。

刘春圃仔细对比了这两个病例，前者是实热上逆，后者为肝胃郁结，两者虽然都以清热为主，但前者注重泄实通便，后者则需通窍泄肝。故前者用生石膏、大青叶配羚羊粉，后者重用决明子、青葙子配当归龙荟丸。同是脑积水，其治法却因病因病理不同，不可一概而论。那么，治疗脑积水的思路应该是什么呢？仅仅两个病例是不足以说明问题的。刘春圃感觉到似有一张厚重的帷幕，挡在了真相之前。他要冲破这层帷幕，寻找到治疗脑积水病的本源。

于是，刘春圃开始查阅古籍和现代医学的案例。他发现，历代中医文献中并无脑积水这一病名。西医认为脑积水一病，其临床表现有头颅增大，囟门高张，偶有目呈落日，伴智力下降，肢体功能障碍等症。此症类似于古籍中记载的“解颅”与“囟填”。《小儿药证直诀》云：“生下而囟不合，肾气不成也，长必少笑，更有目白睛多，白色，瘦者，多愁少喜也，余见肾虚。”朱丹溪认为，“解颅”一症属热者居多。从刘春圃后来整理的187例病例资料来看，先天性脑积水患儿大多属于热证；极少数因禀赋不足、脾肾虚弱而致病。《医宗金鉴·幼科杂病》中提法较多：“肝盛泻青丸最效，里热连翘饮堪行，因表防风升麻剂，硬冷属阴用理中。”从现代医学的角度来看，脑积水的发生是由于大脑导水管的梗塞或不全梗塞、脑水通路受阻、循环障碍所致。病因是由多方面引起的，如先天发育不良、脑炎后、外伤后、产伤后、肿瘤、寄生虫及各种感染高热均可致病。

由于先前两次成功的案例，刘春圃有幸得到了病人和兄弟单位同事的认可。经由大家口耳相传，他又治疗多例脑积水病例。每次治疗，他必竭尽全力，然后再把病例症状、治疗过程、用药思路、治疗效果等内容，详细地记录下来。每个周末，他都会用一个下午的时间，潜心研究比较各个病例，整理自己的治疗思路。

刘春圃通过整理大量病例得出结论，脑积水可能由外伤（包括产伤）、感染（包括结核性脑膜炎、流脑、中耳炎、病毒感染）或脑囊虫等原因导致脑脊液循环障碍而发病。因此，他采取辨证与辨病相结合的方法，归纳出其致病机理是由于痰、热、毒、瘀、虫等邪闭阻脑络，使水液滞塞，贯通不畅。他根据中医学“不通则痛，痛则不通”的理论，在治疗脑积水中主要选择了通络开窍利水的方法。他说，脑积水的病变重点在头部，而头为诸阳之会，如水湿上泛，蒙蔽清窍，使清阳不升，浊阴不降，必然出现颅内压增高的临床表现。所以，其治疗关键是解决通络、行水问题，这是多种脑积水的共性所在。治则根据病因病机各异，有清热解毒、开窍息风、软坚散结、活血化瘀、搜剔达络、杀虫涤痰、平肝降逆和补益脾肾等。至此，刘春圃揭开了挡在治疗脑积水前厚重的帷幕，形成了治疗脑积水的思路。

此后，刘春圃又不断接收多个医院转诊的脑积水病患者。由于病人逐渐增多，他又开设了脑积水专诊。宣武中医医院更是成立了“刘春圃脑积水治疗组”，专门研究并治疗脑积水。到1992年，刘春圃已治愈上千例脑积水患者。

西医将脑积水简单地归纳为先天性、婴儿性、交通性和梗阻性四种类型。但这四种类型中，有许多病例具有独立性或是交叉性。在中医治疗方法上，清热解毒、开窍息风、软坚散结、活血化瘀、搜剔达络、杀虫涤痰、平肝降逆和补益脾肾等法不能与之很好对应。所以，刘春圃认为这种分类方法对于治疗脑积水还存在一定局限性。

为了增强人们对脑积水的认知，提高中医治疗脑积水的疗效，刘春圃详细总结了530例脑积水病例，并归纳出13种病因，以及临床观察与用药规律，使得脑积水治法更加详尽。他将所治愈的病例分为先天性脑积水、化脓性脑膜炎后脑积水、结核性脑膜炎后脑积水、病毒性脑膜炎后脑积水、流行性脑膜炎后脑积水、肺炎后脑积水、脊膜（脑膜）膨出合并脑积水、产伤后脑积水、脑外伤后脑积水、硬膜下积液脑积水、脑囊虫合并脑积水、良性颅内压增高症脑积水、蛛网膜炎后脑积水。

对于各个病例特点和治疗法则，刘春圃也进行了详尽的梳理：

一、先天性脑积水常见于1岁以内婴儿，属先天发育异常。其病症特点为头颅增大，囟门膨隆，颅缝开裂，颅骨变薄呈游离状，头皮静脉怒张，落日征阳性，头面相对呈倒三角形。中医辨证为虚实两型。实证辨为阳热壅结，阻塞窍络，脑水受阻。治以清热通络，化瘀利水。药用鱼枕骨、抽葫芦、茯苓皮、土鳖虫、决明子、石菖蒲等。虚证辨为先天禀赋不足，脾肾虚弱。治以益脾肾，调气血。药用山茱萸、枸杞子、黑桑椹、茯苓、山药、薏米等。

二、化脓性脑膜炎后脑积水：症见头颅迅速增大，囟门凸起，或见恶心呕吐，惊厥动风。中医辨证属温热疫毒上犯于脑，损伤脑络，清阳受阻，血络瘀滞，水液运行受阻。治以清热解毒，开窍息风，利水达络。药用草河车、金银花、连翘、漏芦、土贝母、石菖蒲、钩藤等。

三、结核性脑膜炎后脑积水：症见头颅增大，囟门饱满，视力减退，或视神经乳头水肿，或一侧肢体活动不能自如。证属禀赋虚弱，正气不足，外邪侵入，留恋日久，真阴消烁，上犯于脑，窍络受阻，水液代谢障碍。治以通窍活血，利水通络，解毒散结。药用夏枯草、生牡蛎、鸡血藤、猫爪草、石见穿、路路通、云苓皮等。

四、病毒性脑膜炎后脑积水：本症除头颅增大外，常伴有痴呆失语、手足拘挛等症状。证属感受时令毒热疫邪，故发病迅速，易化火生痰，窍络闭塞则动风、高热，损伤脑络，则形成脑积水。治以清热解毒，通络利水。药用漏芦、草河车、石菖蒲、郁金、路路通、胆南星、羚羊角粉。

五、流行性脑膜炎后脑积水：主要表现为头痛，呕吐，手足抽搐或神志不清，囟胀凸起，头颅增大。多由温热邪毒为患，因失治或治疗不当而致温邪内陷，阻塞脑络，气血受阻，水液滞留。治以清热解毒，通窍利水。药用生石膏、知柏、板蓝根、茅根、黄芩、木通、羚羊角粉、郁金。

六、肺炎后脑积水：多由肺经痰热蕴结，失于清肃，热移于脑，致脑络被痰热所扰，蒙闭清窍。临证既可见头颅增大，囟门隆起，又可见高热不退、咳喘痰盛等症状。治以清肺化痰，通窍利水。药用胆南星、瓜蒌、川贝、路路通、木通、黄芩、生桑皮、杏仁等。

七、脊膜（脑膜）膨出合并脑积水：多由先天发育不良，脊髓外翻畸形伴发脑积水，亦有术后脑积水加重者。症见头大颈细，毛发稀疏，目多白睛，形体瘦弱，囟胀，颈或腰部肿物膨出，伴有遗尿或大便失禁，下肢萎软无力。治以益肾填髓，健脑通络。药用杜仲、桑螵蛸、桑寄生、薏米、王不留行、路路通、菟丝子等。

八、产伤后脑积水：为婴儿气血未成，络脉脆弱，复受产伤伤及脑络，气血逆乱，水液滞留所致。症见头颅渐增大，两目白睛下垂，呕吐，囟大。治疗多以活血化瘀、通络利水为法。药用鸡血藤、花蕊石、土鳖虫、路路通、王不留行、冬葵子、车前子等。

九、脑外伤后脑积水：头部外伤后，气血逆乱，瘀血内阻，脉络不通，导致水液循环障碍。症见头颅增大或头痛，甚则恶心呕吐，视力减退，或一侧肢体活动不利。治以活血化瘀，通窍达络利水。药用乳香、没药、赤芍、路路通、木通、伸筋草、决明子等。

十、硬膜下积液脑积水：多由颅内炎症或产外伤致气血瘀阻，水液滞留引起。症见头颅增大，囟门不闭，或头颅虽不大但头痛剧烈，伴恶心呕吐。治以化瘀通透利水。药用穿山甲、路路通、苏木、通草、石韦、醋三棱等。

十一、脑囊虫合并脑积水：感染猪囊尾幼虫后，虫体侵犯于脑，气血运行受阻，脑室扩大形成脑积水。临床表现为癫痫发作，颅内压增高，头痛剧烈。亦可发生精神失常、双目失明等症。治以杀虫为主，通络降逆利水为辅。药用川椒、雷丸、鹤虱、决明子、菖蒲、川楝子、车前子等。

十二、良性颅内压增高症脑积水：症见头痛头晕，耳鸣，眼底水肿，视力减退，伴有恶心呕吐等症。辨证为阴虚肝旺，肝火亢盛，热郁于脑，蒙闭清窍，致气血瘀阻，络脉不通。治以清肝降逆，开窍醒脑，泄火利水。药用草决明、青葙子、钩藤、胆草、路路通、茅根、冬瓜皮、丹皮等。

十三、蛛网膜炎后脑积水：多为颅内感染、脑外伤以及神经系统疾病的并发症。辨证为毒热蕴结，气血瘀阻，水液滞留。治疗以解毒、利水、化瘀、通络为法。药用蒲公英、漏芦、木通、路路通、金银花、连翘、冬瓜皮、萹蓄、丹皮。

刘春圃治疗脑积水的思路，可谓字字珠玑。他系统地梳理了13类脑积水的治疗思路，分门别类地进行了论述。这套分类体系与治疗方法，是刘春圃多年治疗脑积水所积淀而成的精华。按以上思路诊治，大大提高了脑积水的治愈率，填补了中医治疗脑积水的理论空白，具有很高的研究价值。

刘春圃根据多年的临床经验指出：决明子、茯苓皮、王不留行、穿山甲、生薏米、木通、土鳖虫、漏芦、车前子等都有利尿行水、降低颅压、改善循环、增强通路、止痛等作用，对于治疗脑积水有很大帮助。为了能够帮助其他医生治疗此症，刘春圃更整理出了用药配伍的基本思路：

利水药多用冬瓜皮、云苓皮、木通、抽葫芦、鱼枕骨、车前子、石韦等；通络药多用路路通、菖蒲、王不留行、荷梗等；活血化瘀药多用土鳖虫、红花、鸡血藤、苏木等；清热解毒药多用金银花、草河车、龙胆草、丹皮、败酱草、漏芦、黄芩等；平肝降逆药多用杭白芍、广木香、川楝子、竹茹、决明子、枳壳、郁金等。

通过扎实的研究整理，刘春圃总结出了一套系统的理论并应用于临床治疗脑积水。其治愈率高达74%，有效率在90%以上。他开创了国内中医治疗脑积水的先例。虽然整个理论体系尚有不足之处，但为后来的中医研究人员提供了可供参考的思路，也为科学治疗脑积水作出了重大贡献。

刘春圃在晚年，更加强了对于其他心脑血管疾病、神经系统疾病的研究。他对脑外伤后遗症、颅内压增高症、脑萎缩、脑瘤、脑积水等辨治思路自成一家。

善用三宝 解温病急症

说起急救，人们首先想到的一定是西医，而不会是中医。其实，中医也有很多急救的方法。刘春圃通过多年的临床研究发现，“温病三宝”对于突发昏迷、中风、脑血管意外、抽风惊厥都有很好的疗效。所谓“温病三宝”即安宫牛黄丸、紫雪丹、至宝丹。这三种成药，都是清热开窍的代表药物，可以治疗由于感染、传染、内热阻闭等原因产生的高热不退、昏迷不醒等症状。

刘春圃指出，安宫牛黄丸出自清代吴瑭著的《温病条辨》，由牛黄、犀角（现已代用）、麝香、黄连、黄芩、生栀子、朱砂、珍珠、冰片、明雄黄、郁金组成。中医认为，心在人体内犹如君主，心包则是心的宫殿。“安宫”形容服药后能使心“安居其宫”。中医辨证属热闭心包的患者，在西医临床中有可能是患有脑炎、脑脊髓膜炎、急性心脑血管病、中风、呼吸系统疾病、小儿高热惊厥以及感染、中毒等。这些时候都可以使用安宫牛黄丸。

紫雪丹在三宝中历史最悠久，因为外观如“霜雪紫色”，且药性大寒、冷若霜雪，故得名紫雪丹。该药由石膏、寒水石、磁石、滑石、犀角（现已代用）、羚羊角、木香、沉香、玄参、升麻、甘草、丁香、朴硝、硝石、麝香及朱砂等16味药物制成，在对于高热不退、大便燥结等症有很好的功效。

至宝丹集众多名贵药材于一身，疗效卓著，得到它的人如获至宝，故此得名。该方初见于《灵苑方》一书。至宝丹的古方原先不仅有麝香、犀角（现已代用）、琥珀等昂贵药材，还需要用金银箔各50片，这是为了加强药方中琥珀、朱砂的镇惊安神之效。但是由于药材昂贵，刘春圃常常使用“局方至宝丹”来代替原来的至宝丹。

在对症用药上，刘春圃借鉴了中医名家口口相传的使用诀窍：“乒乒乓乓紫雪丹，不声不响至宝丹，稀里糊涂牛黄丸。”因为，三宝虽然同治温热，但药性有所不同。安宫牛黄丸药性最凉，适用于高热不退、神智昏迷、“稀里糊涂”的患者。紫雪丹药性次凉，适用于具有惊厥、烦躁、手脚抽搐、常常躁动、口中呻吟的患者，并且对于小孩发烧有很好的功效。至宝丹凉性较弱，对于发热昏迷、神志不清、不声不响的患者更为合适。在治疗各种病证，病情最急时刘春圃常常会先用安宫牛黄丸，而在调理期，则会因病情用紫雪丹或是局方至宝丹。

1963年11月22日，刘春圃遇到这样一个患儿：孩子刚刚出生9个月，两天前莫名发起高烧。由于高烧不退，来诊时已经喘促气急，哭闹并呕吐不止。病儿面色青滞，口唇色白，鼻煽胸高，喘息抬肩，两目闭合，口噤神迷，痰声辘辘，舌赤苔黄且厚，脉数滑而小。孩子病情甚是严重，以致不能食乳。刘春圃根据经验判断，孩子是痰热阻肺，逆传心包，是肺炎合并早期心衰的症状。

然而这一诊断却吓坏了孩子家长。家长要求一定要做西医检查，结果发现孩子体温 40.3℃，心率高达 144 次 / 分钟，红细胞 3.8×10^{12}/L，白细胞 15.9×10^{9}/L。孩子肺部有中小湿啰音并有加重趋势；肝区胀大；胸透结果有支气管肺炎，右下肺病情较重。诊断结果是肺炎、早期心衰。这样病人家长才相信了刘春圃的诊断，并同意他进行治疗。

刘春圃果断下药：麻黄一分，杏仁泥一钱半，生石膏四钱，川连五分，甜葶苈一钱半，清半夏、川贝、枳实各一钱，瓜蒌、钩藤各三钱，黄芩、前胡、白前各二钱。由于病情严重，刘春圃还加入了“三宝”中的安宫牛黄散四分（冲服）。

孩子服药后仅两个小时，喘憋现象就有所好转，鼻煽止，双目睁开，面色由青变赤，神志清醒，精神恢复，已经可以喝奶并抓取玩具玩耍了。后按前方加减处方：

麻黄一分，杏仁泥一钱半，生石膏四钱，黄芩、前胡各二钱，白前、栀子、甜葶苈各一钱半，清半夏、川贝、苏子、射干各一钱，川连六分，全瓜蒌三钱，安宫牛黄散四分（冲服）。

到了 11 月 24 日，孩子高烧已退，喘息平稳，偶有几声咳嗽，略微有痰。其面色红活，唇红舌赤，舌苔黄薄，二便正常，脉滑略数。经刘春圃辨证，为余热未清，遂采取清开化痰的方法：

钩藤三钱，白前一钱半，生石膏四钱，麻黄一分，射干、苏子、川贝各一钱，瓜蒌仁三钱，前胡、天竺黄、黄芩、大青叶各二钱，川连六分，栀子一钱半，配以羚羊角粉一分（冲服）。

前后仅服药 3 剂，患儿即告痊愈。患儿家长甚感欣慰。

对于如此重疾，刘春圃果断使用安宫牛黄是转危为安的关键。中医学认为，此症多属痰热结胸，热邪过甚，逆转心包，神明被扰。小儿本属纯阳之体，故易生痰热。若外有风寒所束，则可导致痰热结于肺，肺失清肃，气机不畅，喘憋痰盛，张口抬肩，诸症蜂起。脉症合参，病情危重。此时，应采取开胸豁痰之法，同时重用安宫牛黄以急开内陷心包之热邪。张秉成《成方便读》载：热邪内陷，不传阳明胃腑，则传入心包，若邪入心包，则见神昏谵语诸症，其势最虑内闭。牛黄为芳香气清之品，轻灵之物，直入心包，辟邪而解秽；然温邪内陷之证，必有黏腻秽浊之气留恋于膈间，故以郁金芳香辛苦，散气行血，直达病所，为之先声，而后用芩连苦寒性燥之品，祛逐上焦之湿热；黑栀清上而导下，以除不尽之邪；辰砂色赤气寒，内含真汞，清心热，护心阴，安神明，镇君主，辟邪解毒。因此才有服药一剂便转危为安的奇效。

刘春圃善用"三宝"，以其精湛的医术救治危急患者。诸如高热昏迷、抽风惊厥等急症重症患者，经其精心医治，均得康复。此外，他还发现，"温病三宝"对于中风的治疗也能起到很好的疗效。

刘春圃对于中风病等脑部疾病都做过深入细致的研究，并提出了诸多精辟的论断。现代医学将中风分为出血型和缺血型两种，即脑出血和脑梗死。尤其以脑出血病情急迫，死亡率极高。目前世界上西医治疗此症，除开颅外均采用降颅压的方法，但疗效缓慢。中医治疗闭证常法不外乎醒神开窍、重镇潜阳、滋阴息风、清热化痰、凉血止血诸法。经多年临床实践，刘春圃发现此属中脏腑之重症，若不能及时从血分入手，不考虑此为有形之败血，而一味追求平肝息风、重镇潜阳，或泻火，或涤痰，或通腑，或开窍，均难达到满意疗效。他反对单纯从风认证，最忌急性期妄用羌防麻桂、牵正散之属，认为这样矢不中的，延误病机。刘春圃结合西医理论，认为治疗中风，其关键在于清除血肿，降低颅压，改善脑组织循环，促进脑功能的改善与恢复。他主张运用清平达络、豁痰息风、开窍通郁之法。急则治标，辨清闭脱，大胆用药，并善用"三宝"，在神昏窍闭时大胆加用安宫牛黄丸或局方至宝丹凉开急救，醒脑开窍；恢复期重在益气通络，化瘀养荣，改善大脑的气血循环，并增强肢体功能的恢复。

刘春圃通过严密论证，把治疗中风分为三个阶段：

第一阶段：在发病3~5天之内，症见神昏，鼻鼾，面赤，痰喘气粗，失语或语謇，一侧偏瘫，便秘，血压不稳定或升高，舌质红，苔黄厚，脉弦实有力。此时治疗以清心凉肝、开窍醒神、豁痰息风为法。药用生石膏、生石决明、菖蒲、郁金、钩藤、龙胆草、知母、黄柏、胆南星、远志、川牛膝、瓜蒌、丝瓜络，另配安宫牛黄丸1粒，冲服。若神昏、痰涎壅塞，可同时配苏合香丸1粒，冲服；若神昏、手足抽动者，可加羚羊角粉1克冲服；若大便燥结如球状者，可加元明粉、川军；若脑出血神昏者，可加花蕊石；若烦急、舌红绛者，可加莲子心。

第二阶段：发病在1周以后，病情缓解，症见神智渐清或已清，头痛头晕，失语或语言謇涩，烦躁口干，一侧偏瘫，血压偏高，大便干或正常，脉弦滑，舌质红，苔质黄。药用生石膏、草决明、桑寄生、丝瓜络、郁金、菖蒲、红花、川牛膝、鸡血藤、伸筋草、知母、黄柏、瓜蒌、远志、胆南星。牛黄清心丸2粒，冲服，每煎1粒。若热势渐平，神智未清，可用局方至宝丹1粒研服。痰盛黏稠可加海浮石、橘络、天竺黄。

第三阶段：恢复期，病情较稳定，神志清楚，语言清利或欠利，偏瘫肢体已能活动，尚不自如，二便调，舌质淡红，苔白或薄黄，脉滑兼弦，此时以益气达络为法。药用生黄芪、生石膏、桑寄生、丝瓜络、杜仲炭、川牛膝、知母、黄柏、伸筋草、鸡血藤、木瓜、威灵仙、络石藤、枸杞。丸药配牛黄清心丸、再造丸研服。便燥者，可用郁李仁、元明粉；头痛头晕去黄芪，加草决明、龙胆草、白薇；痰盛者加瓜蒌仁、化橘红；心烦者加寸冬、钩藤。

刘春圃强调在治疗中风前两个阶段中“三宝”的重要性，其清热安息、开窍醒神的功效决定其在治疗中风过程中的关键地位。

尤其在脑部大出血时，果断使用安宫牛黄丸，往往可以起到起死回生的作用。但同时他也强调使用“三宝”需要谨慎。“温病三宝”并不是传说中的灵丹妙药，不能包治百病。中医用药讲究辨证施治、对证用药，否则救命药可能变成“毒药”。“温病三宝”都是大凉之药，体虚的人过分服用可能救命不成反丧命，所以切记不可擅自使用。其次，“三宝”服用时有很多禁忌，如只能短期用，服药期间不宜食用辛辣、油腻、荤腥之物，孕妇忌用等；对体虚但必须用的患者来说，则要注意送服方法，如服安宫牛黄丸时辅以参汤等，都需在医生指导下进行。

胆大心细 解疑难杂症

在数十年的行医过程中，刘春圃医术享誉京城。尤其是他善治多种疑难杂症，更是众口称赞。他常常遇到一些稀奇古怪的病症，这些病症的共同特点就是经医院检查无法确诊，或被断为无法治疗。面对这样的病症，他总是追根溯源，分析病症，找出病源，再根据病理，制订方案，精心治疗，鲜有不愈者。

在20世纪50年代，京城曾有一段时期爆发麻疹疫情，许多家长都因孩子得病而心神不宁。由于麻疹正属温病范畴，每日登门造访刘春圃的病人络绎不绝。为了能及时帮助患儿解除病痛，刘春圃把上班的时间提早了一个小时，下班更是尽可能地拖后，以为更多的病人提供救治。其中有一病例令他记忆犹新。那是一个5岁的患儿，正值出疹之日，由其母携带回姥姥家，经路上颠簸，外加感受风寒，使得将要发出的疹毒悉数内陷。患儿痘疹不出，高热不退，神智昏迷，并伴有每隔半小时一次间歇性抽搐，情况岌岌可危。这种情况是麻疹最忌的坏症，几乎没有治愈的先例。家属四处求治，诸医均束手无策。刘春圃出于医者之责，接诊了这一棘手的患儿。先服寻常汤药，效果并不明显，只能达到控制的效果。

周末，办公室无人，刘春圃静静思索着这个病例。他回忆问诊得到的所有信息：麻疹、劳累、遇寒、麻疹内陷、发烧、昏迷抽搐，反复推敲着自己的方药。刘春圃忽然意识到，他急需一味既能很好开窍醒神又能通散活血的药物。

“用什么好呢？”他反复思索着，“冰片么？醒脑尚可，只是外用多内服少。藿香么？已经用了，通散可而醒脑作用不足。麝香么？对，麝香！”想到这里，他脑海中瞬间回现出《本草纲目》对于麝香的记载：“通诸窍，开经络，透肌骨，解酒毒，消瓜果食积，治中风、中气、中恶、痰厥、积聚癥瘕。”“盖麝走窜，能通诸窍之不利，开经络之壅遏，若诸风、诸气、诸血、诸痛，惊痫症诸病，经络壅闭，孔窍不利者，安得不用为引导以开之通之耶？非不可用也，但不可过耳。”

从开窍活血的角度讲，麝香确实是不二的选择。然而治疗麻疹，并没有用麝香的先例，《本草纲目》中也没有相关的记载。用，还是不用？刘春圃陷入了沉思中。万难中，他想起多年跟随孔伯华老师行医中领悟的道理——凡辨证准确，即可大胆用药。

“非不可用也，但不可过耳。”刘春圃重复着这句话，一条清晰的脉络逐渐在脑海中形成：通诸窍，可醒神回苏；开经络，可通散疹毒。孩子痘疹内陷并伴有抽搐的症状，这已经不属于一般的麻疹了，而麝香正好可以用来治疗寒气内闭、急惊抽搐。

“麝香、麝香。”在脑海中，刘春圃已经梳理出了思路。“没错，就用麝香了！”他兴奋地拍着桌子“腾”地站了起来。

于是，当患儿再来复诊时，刘春圃果断地于方中加入麝香这味药，终于使患儿胸口部位透出 4 粒豆大黑疹。患儿转危为安，后经调理得愈。由是，刘春圃创出了用麝香治麻疹坏症的先例。经历了如此艰难的攻坚战，更多的病人知晓了刘春圃医术之高，越来越多的麻疹患者闻讯而来，找刘春圃医治。此后，他更带着两个儿子及诸多弟子彻夜工作，凡经他救治的患儿，没有不药到病除的。

在治疗疑难杂症中，通过翻阅古籍，勤思苦学，往往可以发现前人不曾使用的药物，从而提高疗效。无独有偶，在治疗脑出血这一重症时，刘春圃又发现了花蕊石的妙用。他通过广泛阅览古籍，发现晋朝葛可久所著的《十药神书》中提到花蕊石具有化瘀血于水的功效。《本草纲目》更是指出：花蕊石，其功专于止血，能使血化为水，酸以收之也。刘春圃分析了花蕊石既能化瘀又能止血的特点，以花蕊石在脑出血急性期用作治疗主药，辅以其他中药佐使，研制了治疗此症的方药法则，临床效果十分显著。此法则可适用于一切脑出血急性期的病例，如外伤、脑肿瘤出血、脓毒和静脉血栓形成结节的出血性梗塞等。如一男性患者，51岁，因车祸撞伤头部，颅部CT显示为急性大面积脑出血，脑干损伤。经开颅手术后20余日，患者仍深度昏迷不醒，伴有高热、合并肺部感染、四肢松弛性瘫痪、反射迟钝、血压降低等症。其头面部高度水肿，不能自主呼吸，生命体征极不稳定。自入院后，一直靠呼吸机维持生命。刘春圃在诊断后，即以花蕊石为主药，辅以清热凉血、化痰开窍的药品，仅两剂就使得患者睁开眼睛；两周后，已可下楼自行活动。

刘春圃能够灵活用药大胆施治，得益于他早年间深厚的知识积累。由于跟随过多位老师，领教了各种不同的行医路数，加之对于古方药典了如指掌，刘春圃对多种中药的药性都有非常深刻的理解。作为研究生导师，学生们都喜欢听他讲课。原因在于他对书本上的知识把握深入，在讲课时能够结合各种疑难病例，使讲课更加生动活泼。

刘春圃讲过这样一个例子：一位来自香港的许先生，患半身不遂后遗症数年不治，无奈之下带着秘书和四个护士来京投奔叶剑英副主席，冀求得到更好的治疗。当时，他住的是国内名气最大的医院，吃的是最好的补品，服用的是最好的药。然而住院后不久却出现不明原因的高烧，十余日后又出现下颚瘫痪，嘴自行张开不能闭合，既不能说话也不能吃饭。后经四个医院专家会诊，均无能为力。许先生的秘书已将遗书打印好了。这时叶剑英想到了刘春圃大夫。刘春圃经手后第一件事，不是为病人诊脉，也不是察阅病人颜色，而是向护士询问许先生的近况，如饮食起居、出汗排便、言谈心情等，事无巨细，面面俱到。在充分了解了病人信息后，他才见病人，开始为其诊治。在为病人诊完脉后，刘春圃笑着对病人说："不要着急，你的病能治好。我从你的眼神中，看出你可能不相信。没关系，我能让你相信。"果然，20余日后，许先生召集了在京的亲朋好友近百人，在全聚德宴请刘春圃。席上，许先生对刘春圃多次鞠躬致谢，并激动地高呼："感谢刘老给了我新的生命。"针对此病例，刘春圃教导子女及弟子：身为中医，要熟悉历代医学经典，往往经典中某一句话就是治疗的关键。《素问·生气通天论》云："因于湿，首如裹，湿热不攘，大筋緛短，小筋弛长，緛短为拘，弛长为痿。"像许先生来京后，好吃好喝，痰湿壅塞，是患了湿热病。且其舌苔厚腻，属湿温。湿温病，病程黏腻，发热持久，以目前西医检查手段很难确诊。然而治疗此病却是中医强项。通过脉象辨证，可以断定许先生是感受湿邪，湿邪侵犯经络而弛长。既知病因，治疗不难，从湿热入手，应手而愈。

刘春圃在授课时，形象地把疾病形容成一条混沌的长河。所谓望、闻、问、切，就是用来寻找河水污染源头的工具。通过望诊，望其形态神色，最重要的是观其舌质舌苔；通过闻诊，闻其声色体味；通过问诊，问其病史现状，事无巨细；在经历望、闻、问后，对病人病情有了一定的认识，而后脉诊尤为关键。刘春圃非常看重脉诊，且尤以脉诊闻名。他曾半开玩笑地对人们说，他一生的功力，全在于这三个号脉的指头上。脉诊，通过三部九候辨脉象沉、浮、滑、涩，可知人卫气营血、五脏机体的状况。以上四诊步步为营，步步关键。往往一些容易被人忽视的细节，就是寻找病源的关键。只有全面把握了病人病情，才能予以客观地辨证分析，而后方可推寻病因，理清思路，对证下药，自然药到病除。

因此刘春圃对子女、弟子严嘱，医学知识学无止境，要活到老学到老。中医学几千年的无数经典论述是我国的瑰宝。有很多疾病是目前现代医学所不能解决的，往往却是中医治疗的强项，也是应当大量继承和发扬的。所以刘春圃常对子女及弟子说："临床时，心要细，脑要活。要仔细分析病理，才能有正确判断。一理通，百理通。这样才能治好各种疾病。"

又如20世纪70年代，一位24岁的中学女教师患上了一种怪病。她长期体虚无力，并有大量饮水的症状，像寻常农家用的水桶，她一天喝四桶，仍然口渴难耐。并且她喝水不久就会排尿，随喝随尿。西医诊断为尿崩症，认为是无法治疗的绝症。刘春圃接诊后，除大量使用滋阴固肾的中药外，更重用石膏。他认为，石膏乃味辛、甘咸而微寒之品，具有清热泻火、祛烦止渴的作用，还有解肌透热的功效。石膏的功效多不胜数，不光温热病可为首选，凡有热象的均可大胆使用。由是，在这个病例中，刘春圃每剂药仅生石膏用量就达两斤半之多！当病人拿着方子去药房抓药的时候，药剂师扶了扶眼镜，仔细将方子看了又看，随后又喊来了其他同事。一时间药房里像是开起了讨论会，大家七嘴八舌地讨论这方子是怎么开出来的，有人甚至认为大夫开错了药。经反复核实，此方确是出自刘春圃之手，药房师傅才同意配药。头一次提着这沉甸甸的7剂药回家，想必病人的心情也不会轻松的。

然而情况却没有病人想象得那么糟。当第一次药服完后，病人的尿崩症状明显有了好转。经过4个月的治疗，病人奇迹般地痊愈，再没有复发过。女教师前来答谢刘春圃的时候，不禁连连称奇："刘老，您真神了，让我吃这么多的石膏，我真不敢相信。您都不知道，那药熬得有多费劲。"刘春圃听了哈哈大笑，说道："可别小看了那几十斤石膏，用处可大了，你的病就全靠那几十斤石膏啦！"

疗疾疗心 如釜底抽薪

在多年行医过程中刘春圃发现，帮助病人调整心态，能给疾病的治疗带来意想不到的效果。心态往往是致病的关键，也是治疗的要冲。患者往往因长期处于压力下，心态失衡而患病，因患病而惊恐，因惊恐而病情愈重，如此陷入恶性循环。中医总结为七情致病。在中医看来，风、寒、暑、湿、燥、火为六淫；而人内心的喜、怒、忧、思、悲、恐、惊，这七种心理状态为七情。六淫、七情均能成为致病的要素，六淫为外邪，七情为内伤。《素问·阴阳应象大论》中就提出了七情致病的观点，认为七情会影响人体内气的运行，使脏腑气机逆乱，气血失调，从而导致各种病症的发生。正如《素问·举痛论》指出的"百病生于气也。怒则气上，喜则气缓，悲则气消，恐则气下，惊则气乱，思则气结。"其次，七情还与五脏直接对应，七情过激甚至可以直接影响内脏的生理功能，而产生各种病理变化。《素问·阴阳应象大论》中就提出"怒伤肝"、"喜伤心"、"思伤脾"、"忧伤肺"、"恐伤肾"的观点。

刘春圃发现，多数病人在患有难治之症后往往自己首先心灰意冷，自暴自弃，从而导致情绪低落甚至惊恐慌乱。负面的情绪又造成了病人体内气血不畅，气机失调，七情郁结，以致纵有名医良药也很难医好疾病。因此，在为病人诊疗的过程中，刘春圃更加重视对病患心理心态的开导。通过望闻问切四诊，了解病人的病因；通过与病人交流，推理病人生病前后的心理变化；最后通过激励的言语，帮助病患战胜心魔，重建信心。病人对治愈有了信心，对生命重新建立了希望，从而体内阳气稳固，这对于治愈痼疾有很大帮助。《素问》说："阳者，卫外而为固也。"卫阳不固，则外邪乘虚而入，良药也很难发挥药效；卫阳稳固，则可驱邪扶正，药到病除。

在刘春圃治愈的病例中，有很多是他通过激励病人、调节病人心态达到治愈效果的案例。如一年轻男性，结婚当日，夫妻同房之时小腹绞痛，满床打滚。去西医急诊挂号却查不出病因，只能以止痛药稳定病情。不料第二次同房又出现同样症状，再次急诊，仍无法找出病因。患者痛苦难当，又羞于说出口，无奈之下，由父母陪同，垂头丧气地到刘春圃处求治。刘春圃观察到病人平时体质强壮，没有什么明显的症状。但当问及病情时，病人却紧张害羞，难于开口。在诊脉后，刘春圃发现病人脉呈弦象，应是精关不通。此时，他并没有急于下方开药，而是面带微笑地给病人传授医理："小伙子，莫要担心。你这种病不严重，很好治。结婚是人一生中最幸福的事，正所谓洞房花烛夜么！可你越是着急，就越容易紧张。这样本来是好事却急出病了不是？你这个年龄啊，最容易着急。我像你那么大的时候也是急性子。可是心急吃不了热豆腐啊。你说是不是这个理儿？"看到年轻人放松了心情，脸上露出了微笑，刘春圃又继续说道："你的脉象为弦脉，就是紧张压力造成了经络不通，精关不畅，才会产生疼痛。"听到大夫简单而精辟的分析，年轻人点了点头。"我给你开两服药，保证你吃完就没事了。"刘春圃说完，便提笔写下了药方，多为化瘀通络之品。年轻人取药回家时，脸上明显有了活力，步伐也轻盈了许多。结果不出所料，仅两剂药，病人即告痊愈。

弟子在感叹师傅医术高明的同时，向师傅求教经验。刘春圃耐心讲道：病人由于七情郁结产生的疾病，或由担心急病而产生了七情郁结，其关键是帮助病人打开心结。激励的话语，可以帮助病人重建信心，也可促使病人阳气上升。正所谓阳光普照，阴霾自散。然而能用简单的话语激励病人并不容易，这要求病人充分信任医生。这种信任建立的前提，就是医生要有精湛的医术和高尚的医德。通过望闻问切，了解病人的病因病理，因证施治。而后，在给病人解释时句句入理，让病人也了解自己的病因，对疾病产生正确的认识。另一方面，作为医生，心境要保持平和，并时刻把救死扶伤的责任放在心里，用自己的态度感染病人，给病人以希望。俗话说："三分药物，七分调养。"这七分调整就包括调整病人的心态。他常说："用药如用兵。兵法以攻心为上，治病亦应以疗心为要。疗其心，正其气，辨证施治，方能药到病除。"

据刘春圃的孙女刘士霞回忆说，她随祖父行医多年，发现祖父在诊疗过程中，在望闻问切的同时，还更多地注重与病患的交流。祖父在面对病患时，总是面带笑容，语言轻缓又不失威严，让人产生很强的信赖感和亲切感。有很多时候，祖父不仅行使了中医的责任，更担当了心理医生的角色，开导患者，帮助患者建立战胜病魔的信心。

为了能更细致地诊疗，也为了能更好地与病人沟通，刘春圃每天上午只限挂20个号，以保证了解每个病人的病情，帮病人解疑宽心。许多病人来的时候满面愁容，离开的时候气色却好了许多。

痛定思痛　悟养生之道

作为一名中医，刘春圃时刻把治愈患者的伤痛放在第一位。凡有患者要求，无论什么时候，他都会及时出诊，常常深夜一两点钟，还在为急症病人诊疗。不规律的生活，并不高的物质生活水平，加以过大的工作量，导致他的身体状况一直都不太好。由于过度操劳，1958年，年仅47岁的他就患上了心绞痛、房颤、心脏动脉粥样硬化。当时负责诊治的中国医学科学院阜外医院（现阜外心血管病医院）的主任直接告诉他，这样的病活不过5年，要他自己多加注意。

这一句话，犹如晴天霹雳击中了刘春圃。他突然意识到，作为一名医者，如果连自己的身体都无法保证，就无法救治更多的患者。回想早年间，自己常常因为年轻，觉得不会生病，就不重视保养身体。纵然生病，只是盲目地信任自己的医术，疏于重视小病小痛的严重性，往往治愈了表症而疏于治病去根。《黄帝内经》关于养生的道理比比皆是，对于病患，他总是悉心传授养生之道，而对自己反倒疏忽了。

痛定思痛，刘春圃决定好好地对自己的身体进行调养。以自己多年的行医经验，他很快就根据自己的体质与脉象梳理出一张药方。其中以冬虫夏草、黄芪、枸杞、龙眼肉、丹参为主，具有补气养心、活血化瘀之功效。在最初的6个月中，他每天坚持服药，并随着脉象变化加减中药。其后病情好转，才改为每周服用一剂药。

为了调养身体，除了服用汤药，刘春圃开始重视日常的保健养生。他坚持按四时之气，调节自己的作息规律。春天晚睡早起，夏天晚睡早起，秋天早睡早起，冬天早睡晚起，按太阳运行之规律作息。刘春圃指出，对于睡眠，早即指9点，晚则不超过11点；对于起床，早不早于5点，晚不晚于7点。如此每天按时规律睡眠，保证了疲劳一天的脏器组织能得到充分的休息，从而提高了身体素质。古之圣人，服天气而通神明，顺应四时之气，则体内阳气稳固。阳气固，则外邪不侵。

为了保养心脏，他更养成了两个重要的生活习惯。一是晨练，二是睡午觉。每天天一亮，刘春圃起床吃过早餐后，便开始锻炼。每天伴随清晨的鸟叫声，打一套太极拳，绕周围胡同遛上一圈。而后回到家中，再于沙发上闭目养神——用他自己的话就是再睡上一个回笼觉，8点的时候开始上午的门诊。到了中午12点用过午餐后，他也坚持睡上一两个小时的午觉。除非有紧急的病人，其他事情一律推迟到午觉后再进行处理。如此坚持3年后，他心脏病的症状明显好转，不服药也不会难受了。

时过境迁，当刘春圃70岁再见到那位主任的时候，主任惊讶地对他说："刘老先生，这真是个奇迹！按理说，根据1958年的检查结果，你这样的病不可能活到现在。目前的医学水平，能缓解胸闷、胸痛等症状，但是无法控制心脏病的发展。可是你现在的心电图显示，你的病不但没有继续发展，反而明显有了好转，甚至可以说你现在的心脏比一些四五十岁的人都强。这怎么可能？"刘春圃笑着说："我就是按中医的理论，服中药治疗的。最初每天一服药，半年后一周一服，然后一个月一服。近几年，基本上数月或者有症状的时候才吃上几服。除此之外，就是按时休息，顺应四时之气，每天加强锻炼。没有什么特别之处。"阜外医院的主任听后，立刻请来其他几位主任和医务人员，请刘春圃传授中医治疗心脏病的方法和养生精髓，并于此后每月派一名主任随刘春圃临床学习。

刘春圃深谙养生之道，他把这些养生的经验总结成"养生三要素"：

一、养气

所谓养气，刘春圃认为包含两个方面。一是指调养健全人体各脏腑之功能，二是注重精神的保养调节。后者尤其重要。《素问·上古天真论》中说："恬淡虚无，真气从之，精神内守，病安从来？"但在实际生活中真正能做到意闲欲寡、情绪安定、不妄想贪求而形神兼养是很不容易的。这就必须长时间地进行性格修养，使正气和调顺达，病邪就无从入。正所谓"正气存内，邪不可干”。孟子曾说过：“吾善养吾浩然之气。”只要顺从自然，内无杂念纷扰，安静乐观，怡然自得，这样形体就不易衰老，精神也不易耗散了。以上是指精神上的养气之道。在形体上，又要注重保养人体的正气。即保证五脏之气健旺，特别是保养脾胃之气及肾气。因为肾精为先天之本，其精气主持人体生长发育及盛衰，肾中精气旺盛，不使妄泄，才能使人体健康强壮，益寿延年。再者，脾胃是后天之本，是维持先天之精气充足的根本来源。所以要饮食规律，切勿暴饮暴食，要定时定量，以保持脾胃功能健全。

二、调饮食

刘春圃认为，饮食不分精、细、粗、劣，都有其一定的“营养精微”。《内经》中所言“美其食”，并不是指食物的精美，而是讲无论食物的精粗，食之皆为甘美，所以不偏食、不妄补、不过量是饮食调节的重要一环。此外，饮食的调节要适应季节气候的变化，以求与自然界相适应。如夏季气候炎热而湿重，饮食上就要少食辛辣、油腻、厚味之品，宜甘寒清淡，如西瓜、黄瓜、鲜藕、青菜等。可用绿豆汤加冰糖代茶饮，既能清热解毒，又可利湿。

三、运动

人体的气血运行，饮食的消化都是运动。运动可增强人体的新陈代谢，改善气血的运行，提高人体抗病能力，延缓人体的衰老，即常言所说的“生命在于运动”。刘春圃数十年来坚持每天清晨打太极拳，晚间散步，以至其年近九十仍旧耳不聋、眼不花，精力充沛，照常坚持工作。

刘春圃还强调，养生之关键，首要是心态平和、心胸宽广、随遇而安。在他的一生中，经历了不少艰难曲折的岁月，尝尽了人间的酸甜苦辣，但他始终以坚强开朗的心态生活，直至晚年依然保持一种豁达淡泊的心境。

其实对于普通人来讲，保持心境平和是件很难的事情。人生往往会遇到不如意的事情，难免会着急生气，大动肝火。刘春圃亦是凡人，但是他在生气的时候自有一番排解的办法，那就是读书。读书是刘春圃自小培养的爱好，通过读书他爱上了中医，通过读书他提高了医术，也是通过读书，他学会了控制心情，保养身体。面对书中那些波澜壮阔的历史，我们现下的伤痛又算得了什么？面对书中人物的曲折经历，我们眼前的挫折又何足畏惧呢？刘春圃不仅从书中寻找到了中医的知识，也寻找到了一种生活的态度，寻找到了排遣忧愁的方法。

刘春圃喜读书，更喜讲书，喜欢给人讲书中医理，只要一提到中医，他就精神倍增。一次过节，孩子们来探望老人。中午时分，刘春圃正在睡午觉，孩子们不敢打扰，就在外屋小声聊天。聊到中医，大家也是谈兴盎然，不料吵到了刘春圃的午休。然而老人醒来后非但没有生气，反而加入了大家的讨论，给孩子们传授了许多中医知识。这一讲就变成了老人独自授课，从中午一直讲到傍晚，孩子们越听越有兴趣，竟到了7点还没有吃晚饭。

即使是人生的最后几天，刘春圃在晚上不能成眠时，仍然会和守在身边的家人谈论中医之道。从《黄帝内经》到《伤寒杂病论》，从神医华佗到尝遍百草的李时珍，老人无不如数家珍……

中医之道 医德为首

诚如宋代的《省心录·论医》中所讲的：“无恒德者，不可以作医。”刘春圃一生行医，首重医德。治病救人，不分贫富老幼，一视同仁。刘春圃自20岁正式开始行医，到88岁病逝，一生中救治患者无数。甚至在他病重时，躺在病床上，还给病人诊脉，口述处方，真正做到活到老，学到老，工作到老。他对待患者及其亲属，永远和蔼可亲，悉心诊治，耐心开导，总是急病人所急。可以说，他一生都把医德作为考量自己行医的重要准则。

1967 年的一天，沉重的敲门声打破了小院的平静。当大门打开，一群二十几岁的年轻人冲了进来，把刘春圃家里的东西翻了一遍。整洁的小院顿时一片狼藉。他们撕毁了刘春圃整理多年的病例簿，为首的年轻人更砸坏了病人送给刘春圃的多块牌匾，甚至“教育”行医几十年的刘春圃：开药要注意分量，不要动不动就罗列那么多药上去，这是浪费，是走资本主义路线。

几周过去了，当家人都以为事情已经过去的时候，小院的木门再次迎来了那沉重的敲击声。家人都惊恐万分，生怕再有什么灾祸降临。而打开门一看，门外却只有两个人，一位年轻人背着一位瘫痪的老人。那位年轻人正是先前来砸东西的领头人。原来，年轻人的老母亲由于孩子不务正业，着急生气中了风，一下子瘫在了床上。年轻人当时跪在地上求道：“刘大夫，我有眼不识泰山，求求您救救我妈吧！”

当时，几乎所有家人都对这个小伙子恨之入骨。可刘春圃却马上扶起年轻人，拍了拍他的肩膀，和蔼地说道：“不打紧，不打紧。放心吧，我一定努力治好你妈妈。”听了这话，刘春圃的儿女气得直跺脚，可是看见父亲严厉的目光审视着自己，也就不敢再抱怨了。

刘春圃马上开始诊治。他仔细地为老人进行了检查，脉诊时更是仔细。开过方子后，他又给老人进行针灸治疗，一丝不苟，丝毫没有怠慢。行针过程中，刘春圃对那位年轻人说：“孩子，不是我乱用药。很多重症，只有多种药材配在一起才能管用。像你母亲这病，非要这郁金、胆草、胆南星、菖蒲、生石膏、丝瓜络等十几味药配合上安宫牛黄，效果才最好。”说着，又叫来儿子刘渡，让他去拿出自己家里珍藏多年的安宫牛黄丸给老人。年轻人接过药丸，嘴唇剧烈地颤动着，竟一时语塞，泪水一下子涌了出来。

经过两个月的治疗，老人终于痊愈。这件事情，令刘渡感慨万千。对于那位年轻人，父亲不仅不计前嫌，反而全力医治其母，甚至以名贵药丸相赠，这是怎样的气度与胸怀啊！据刘渡回忆，父亲在为病人治疗时，无论对方是什么人、什么身份，都会如此全心全意。在与病人交流时，他脸上永远带着和蔼的笑容；在为病人诊脉时，他的神情又是那么平静仔细；在组方配伍时，他笔下流淌出的文字，似不是普普通通的药名，而是他为病人奉献的心血。作为医生，能将自己的全部心血倾注于病人，这也是他的病人能够迅速痊愈的原因之一吧。

是以，刘春圃的儿女们把父亲当做楷模来学习。他们以父亲高深的诊断用药功底作为努力的目标，以父亲高尚的医德鞭策自己，时刻谨记医生的天职，最后都成为杏林高手，救助患者无数。

刘春圃在78岁时，正值大年初一上午，因感冒卧床休息。此时来了一个中年人，一脸惶急，进门要请刘老出趟诊，给9岁的小女儿看病。刘春圃的子女便向病人解释道："父亲也生病了，感冒，刚吃过药，现在正在休息呢。"可是病人家属情急万分，再三要求请刘春圃出诊。儿女们无奈，只好请求病人家属让他们代为出诊。而就在病人家属为难之时，却见刘春圃拄着拐杖走了出来，面带微笑，用虚弱的声音说道："病人请的是我，你们几个谁陪我一起去一趟吧。"就这样，78岁的老人，在大年初一寒冷的早晨，带着疾病去为9岁的小女孩治病。这件事，对刘春圃儿女内心的震动极大。每当他们回忆起这件事的时候，总在自己的内心深处有一种莫名的激动，感受到一种莫大的鼓舞和力量，同时又有一种巨大的压力压在肩头，时刻告诫自己医者的天职。正像刘春圃时常说的：身为医者，没有任何事情能比解除病人痛苦更重要。

刘春圃对医术精益求精，对病人关怀备至，自己却淡泊名利。刘春圃说：“我们应根据社会和自然的变化，不断地提高与发展中国的传统医学，使之更有效地为患者服务，提高全人类的健康水平。”他一生始终把治病救人放在第一位。能给病人看好病是他一生最大的快乐。中医的博大精深，时时刻刻吸引着他。他说：“就好像数学家爱数字、文学家爱写文章一样，我就是喜欢中医，中医就是我的生命。”所以中医之于刘春圃不仅仅是一份事业，更是一种爱好，是他生命中不可缺少的组成部分。用他自己的话来说，要是让他几天不给病人看病，他就浑身不舒服，非得急出病来不可。正是由于对中医这种强烈的热爱，使他作出了非凡的成绩。

刘春圃的医术医德名冠京城。卫生部原部长崔月犁为他书写的“医德高尚”条幅，正是对他70年岐黄生涯的精要概括。

（撰稿人　刘　渡　宋雨轩）

金寿山卷

金寿山（1912—1983）

在参加社会活动当中，又由於党对我的教育和培养，认识逐渐提高，内心里想参加党，但是一个开业医生，没有地方申请。参加工作之後，进一步受到党的教育，又觉得做一个共产党员实在难，问问自己不够标准，反而没有勇气提出申请。自己安慰自己只要我忠心耿耿，搞好业务工作，对党、对社会主义就一样有贡献。

金寿山

1957年12月11日。

金寿山手迹（节选）

学，然后知不足。汗牛充栋的医书，我读过的不过沧海之一粟；千变万化的疾病，我治好的不过幸中其一二。学问，可以达到一定的造诣，但永远没有止境。

——金寿山

金寿山（1912—1983），浙江省绍兴市人。著名中医药学家、教育家。出生于中医世家，家学渊远，自幼攻读医书。17岁时父亲病逝，更发奋苦学，立志从医，自学成才。数年间，一面熟读《伤寒论》、《金匮要略》及温病学等中医典籍，一面运用于诊疗实践，获得广博知识。1936年到上海行医。抗日战争爆发后，去桂林、贵阳悬壶。抗战胜利后，重返上海执业，并任教于上海中国医学院。1956年上海中医学院（现上海中医药大学）创建时，被聘为首批教师，后历任伤寒温病学教研室主任、金匮教研组主任、温病学教研室主任、中医学基础教研组组长、教务处副处长。1979年晋升为教授，并任上海中医学院副院长。1978年始兼任上海市中医学会内科学会主任委员，1980年被聘为全国中医理论整理研究委员会副主任，1981年兼中医文献研究所所长，同年被聘为国务院学位委员会学科（医学）评议组成员，1983年担任《中医年鉴》主编等职。

金寿山从事中医教学和临床工作40余年，临床擅治疑难疾病，晚年从事中医理论研究工作。精通古典医籍及各家学说，知识面广博，擅长整理研究中医古籍文献，并能阐发其精义。参加上海中医学院和全国中医学院多种教材的编写与审订，对中医学术融会贯通，学验俱富，著述颇多。出版的主要论著有《温病学讲义》、《温热论新编》、《续广笔记》、《金寿山医论选集》、《金匮诠释》、《温病释要》、《中医医籍字典》等。

金寿山说：路，是人走出来的。中医是可以自学成功的，我自己走的就是自学之路。

焚膏油以继晷　恒兀兀以穷年

金寿山出生在浙江绍兴东关镇，其父亲金荣春是一位颇有学问的中医师，设有“金荣春诊所”。无奈学问虽深，临床乏“术”，求诊者寡，家无恒产，赁屋居住，生活清苦。金寿山的祖父很早故去，祖母年轻守寡。家里希望金寿山光宗耀祖，他从小在祖母和父亲的教授下读文识字。金寿山聪明好学，记忆力强，两三岁时就能认识许多方块字（指识字卡片）。后来父亲让他跟随鲁仙圃、金彦卿、章子敬三位名士读书，从“人之初”开始，一直到“四书五经”，还有《古文观止》、《读史论略》，一直读到13岁（1925年）。

1924年，金寿山的父亲结识了一位退休的官员章幼文。章幼文看中金寿山的聪颖，料定他将来会有出息，愿意在他身上下工夫，准备培养他，并把自己的女儿许配给金寿山。不料章幼文当年就故去，金寿山的父亲考虑穷人娶妻不容易，恐怕日久生变，便借口祖母有病，以冲喜之由，把儿媳妇娶了过来。此时，金寿山年仅12岁。望子成龙的父亲，决定让金寿山学医，要求金寿山读《黄帝内经》，只读不教。金寿山对其文理似懂非懂，对于医理，知识未开，根本不能理解。如对医书上的“白带”两字，他去问父亲，什么叫做“白带”？父亲支吾其词，未作正面答复。此间，金寿山以自学为主。虽不教，却是要考。他最怕考十二经脉循行路线，因为答不出，不知受了多少责难。于是，他不管懂与不懂，硬着头皮把全部《黄帝内经》读熟背出。父亲考虑到金寿山年龄还小，有些医理教也不懂，便想让他先背诵熟记，到一定的年龄再教不迟。就这样，金寿山一直埋头苦读医经。

1927年，因为家庭负担沉重，父亲把金寿山介绍到族人金师周家里当家庭教师一年。此间，金寿山边教书边学习，开阔了眼界。他教书的这家邻居是开明士大夫，藏有戊戌变法时期的书籍，尤其是梁启超的很多著作。金寿山最喜欢看书，他从中知道世界上还有许多稀奇的事，还有许多新鲜的道理。实际上，金寿山所处的时代正值“大革命”时期，而他过去所读的书，已与时代相去甚远。

1927年，在金寿山17岁的时候，父亲去世，没有给他留下什么财产，只有寥寥可数的一些医书：《黄帝内经》、《素问病机原病式》、《医宗金鉴》、《张氏医通》、《济阴纲目》、《温疫论》、《温热经纬》、《温病条辨》、《临证指南医案》、《本草备要》、《汤头歌诀》等。金寿山为了养家活口，不得不谋职，在绍兴东关镇万象春药店内开设私塾，当了一名私塾先生。随着年龄的增长，诸如“白带”等名词也懂了，便钻研医书。他当时读的是《本草备要》、《汤头歌诀》以及《医宗金鉴》中各种歌诀。他背功好，看的内容，几乎全部能背出来。他一面教书，一面自学，读他的“四君子汤中和义，参术茯苓甘草比”。白天时间不够用，就在晚上读到深更半夜。他读这些书的目的，就是为了开得出方子，继承父业。这一时期，有些亲友以及父亲生前的老主顾请他看病，他认真治疗，有时也很“灵”，却“灵”得不知其所以然，这便增强了金寿山学医的信心。至于《黄帝内经》之书，早已丢之脑后，因为他感到实在太深奥了。

1930~1932年期间，金寿山在上海闸北杜其堡家当家庭教师。杜其堡是商务印书馆编辑，在他家里，金寿山看到许多“五四时期”的整套报纸、杂志，如《北京晨报》、《新潮杂志》等。同时，每逢星期日，金寿山就到东方图书馆看书，看的都是文艺方面的书籍，他尤其喜爱鲁迅的作品。

1932年1月28日，日军侵略上海，闸北燃起炮火。金寿山回到乡下，仍执私塾。1932~1935年间，他在家乡自学医书，夜以继日，狠下工夫。而真正在医学上给金寿山开了窍的，是当时有人借给他的全套《铁樵医学函授学校讲义》。讲义上讲的，他见所未见，闻所未闻。他读后爱不释手，便把它全部抄了下来。就是这部讲义，引导他踏进医学之门。

金寿山后来谈到：这个时期走的路是苦学。真可谓“焚膏油以继晷，恒兀兀以穷年”。我不希望有志于学习中医的同志同样走我这条路，事实上也不会有人再这样走。但“苦学”这一点，可能还有一些借鉴的意义。

鸳鸯绣出从君看 不怕金针不度人

1936年，金寿山从故乡到上海普济善堂做医生。所谓“善堂”者，慈善机构也，对病人是施诊给药的，医生是拿工资的。这是金寿山正式做医生的开始。做了一年多医生，正有些名声，想找一间房子，自己开业。不料1937年8月13日，日本人开始进攻上海。金寿山从炮火炸弹中逃到苏州、河南，再逃回到绍兴乡下，饱尝了战争之苦。他在乡下待了半年，1938年春，由朋友介绍到上海戈登路194弄海涛小学当教员。在这期间，金寿山所住楼下开着一家书店，他在那里借到了一本禁书。这本书写的是“二万五千里长征”，书名为《西行漫记》。这本书使他初步认识了中国共产党，这对金寿山后来在思想上拥护中国共产党并积极要求加入中国共产党有很大影响。8年的抗日战争，给了金寿山极大的教育，他亲身感受到日本侵略者的残暴凶恶。在海涛小学的3年执教中，他尽量给学生宣传爱国思想。在此期间，金寿山的妻子、儿女也从乡下来上海。1940年，他的母亲从乡下来沪居住。1941年，兄弟也从乡下来沪。当时，物价飞涨，他的家庭负担一天比一天沉重，仅靠现有的收入，已无法维持家庭生活。

1941年，经祖母身边的远亲介绍，他去了西南，在桂林国货公司当了一名文书。1943年1月，金寿山在桂林乐群路私人开业，并在中山北路桂林路口设分诊所。在此期间，业务虽是平常，但家属已回家乡，他独自一人在外，又是自由职业，较为自在，因此感悟到父亲所说医生是清高不求人，确有道理。此后，金寿山便择定医生为终身职业。空闲时，他不忘学习，常到桂林图书馆借书看。他喜爱鲁迅的作品，尤其是鲁迅晚期政治性的杂文，对金寿山的思想影响较大。

1944年8月，日本侵占桂林，金寿山从桂林逃难到了独山，在独山城内药店里设立诊所。战争期间，斑疹伤寒、回归热、麻疹等病流行，诊务非常繁忙。不料好景不长，不到9个月，战事又迫近独山，他只得由独山徒步到贵阳。在逃难路上，他亲眼看到和亲身经历了日本侵略者给中国人民所造成的痛苦和灾难，如同人间地狱。金寿山逃难到贵阳近郊图云关时，被军队抢去身上仅有的钱物。1944年11月，他在贵阳大十字国泰药店和贵阳中山北路东升新药店开始行医。1945年，日本投降，抗战胜利。

1946年5月，金寿山又回到上海，在黄河路138号万年春药店行医。同年9月，报载上海中国医学院招聘伤寒及金匮教授，他拿了自己在《中医杂志》发表的作品前去应征，被录取为教员，直到1948年7月该院停办。金寿山教书相当负责，他深知教学相长的道理，通过教学提高自己。因为“伤寒论”与“金匮要略”两门课，是中医的主要课程，他意识到，教学要与临床相结合，所以他把十多年来的苦学所得，结合在战时治疗传染病的经验整理归纳，自编讲义，尽心教授，深受学生欢迎。当时学校将金寿山所教的这两门课程作为该院的“撑台柱”。

金寿山在这个时期走的路，仍然是苦学，有这样三件事：

其一，书是能借不买。金寿山买不起书，但不能不读书。这个时期，金寿山买的医书只有三部：《伤寒论今释》、《伤寒贯珠集》、《金匮要略心典》。因为深慕陆渊雷的名声，他忍痛去买了《伤寒论今释》。1946 年，金寿山在上海中国医学院教书，因教学需要而买了《伤寒贯珠集》与《金匮要略心典》。金寿山说：“至于借书，凡是好书（不仅是医书），只要有书的人肯借，我就要借。借书而不买书，对于我实在大有好处。因为借的书要还，逼着你非及时看完不可。好的段落章节，还要把它抄下来。读书百遍，不如抄书一遍。边抄边咀嚼其精华，又练习了小楷，可谓一举两得。”他又说：“自己的书有限，看来看去只有这几本，缺点是有很大的局限性，好处是能够精读，所谓‘读书百遍，其义自见’。”

金寿山借书而不买书，后来养成了习惯，即使买得起书了，也绝少买书。他说：“这里我没有提倡不买书的意思。书，还是要买的，买别的东西不如买书。书买了还要爱护，藏在书柜里或别的什么地方还不够，但更主要的是要藏在脑子里。”

其二，看病的本领是偷着学来的。金寿山开始做医生，给人治病，由于无师传授，又缺少经验，幸中的固有，治不好的更多（特别是大病、重病）。有一次，他给一个亲友治热病。该患者身热多日不退，大便自利，金寿山用《伤寒论》方法治疗，药似对症，但越治越重，以至病人神昏出疹。后来，病家请上海名医丁甘仁诊治，一剂即有转机。处方与金寿山处方的路子完全不同，其中有川连炭（用量极少）、神犀丹。这件事对他教育很大，使他懂得了“读书与治病，时合时离，古法与今方，有因有革”的道理。他知道，跟师学习的一课，非补一补不可。可是没有条件跟师，怎么办？只好去偷学。金寿山是一位坐堂医生，在药店柜台上很容易看到来自各方面医生的处方。他几乎每张处方都看，都认真揣摩，真的偷学到了不少本领。比如上海有位妇科名家，处方药味多达20几味，初看起来，似乎杂乱无章，渐渐看多了，他悟出其中的道理，20几味药中有规律，即对某一种病症，某几味药一定用；对另一种病症，某几味药又一定用。原来那位名家怕人家把他的看家药偷去，故意摆下迷魂阵，药开得很多，实际上主要药物不过几味。万万想不到金寿山竟有办法偷学。看方子偷本领，也有偷不到的时候。当时上海有位治伤寒的名家，从方子来看，不过豆豉、豆卷、前胡、苏梗之类，平淡无奇，而且几乎千篇一律，但治疗效果却很好。这是什么道理？方子中看不出，只好上门去偷学。好在这位医家门庭若市，金寿山就每天花几个钟头，混在病人陪客中去学，果然大有所获。原来这位医家处方，看似千篇一律，但实则同中有异，异处正是其秘处。随举一例，如对热病大汗出而致神疲者，往往用益元散，揆其用意，是在导热下行，收汗镇心。

就这样，金寿山日复一日，年复一年，点点滴滴，学到了不少治病的本领。当然，学来的东西不一定全部用得上，还得通过临床检验，下一番去伪存真的工夫。

其三，学问是要自己做的。这个时期，金寿山努力学习《伤寒论》。他做过以方归类，也做过以证归类，还写出自己的见解、按语。那时候，他所见不广，不知道这些归类前人早已做过，而且做得远远比他好。但这个工作金寿山没有白做，因为经过自己整理，才能把古人的知识变成自己的知识，不至于被《伤寒论》注家牵着鼻子走。他说："夜郎自大要不得，敝帚自珍却有道理。帚虽敝，终是自己的，可以派用处。我担任上海中国医学院教师，教的是"伤寒论"、"金匮要略"，讲课内容显然很浅薄，但条理还清楚，有自己的见解，还为同学所欢迎，敝帚就派上用处了。”“古诗有云：‘鸳鸯绣出从君看，不把金针度与人。’我认为只要做一个有心人，他人绣出了鸳鸯，终可以悟出其针法，照样绣出鸳鸯，也许绣得更好。这两句古诗可以改为：‘鸳鸯绣出从君看，不怕金针不度人。’这里必须指出，偷学本领则可，抄袭别人的文章、剽窃别人的成果，据为己有则不可。”

路漫漫其修远兮　吾将上下而求索

1956年，金寿山进上海中医学院任教时已是中年，但他继续走苦学之路并未改变。金寿山总结自己治学经验有三：

第一要苦学，此外无捷径。他说：“苦学养成习惯，则不以为苦，而以为乐。”金寿山的生活没有什么爱好和癖好，一如既往，坚持5/6时间用于业务，手不释卷，而且常常到午夜。他归纳，苦学要做到三个勤：

一是口勤。口勤指的是读书，必读的书还要把它背熟。特别是在年轻的时候，记忆力强，读过的书到老都不会忘记。金寿山幼年时，家中有一部残缺的手抄本，其内容理法方药都有，也不知是从哪些书上抄下来的。金寿山就是看后熟记，如其中有“衄为燥火，若滋阴自安；呕吐呃逆，咎归于胃；阴癞疝瘕，统属于肝；液归心而作汗，热内炽而发斑”一段话，还有六味地黄丸的歌诀，叫做“地八山山四，丹苓泽泻三”。那时把它背熟了，在培养年轻教师时，还常常以此举例，教育学生要苦读，口勤。他又说：“以后读的书，却强半遗忘了。当然，书不是一次把它背出就永远记住，一定会有遗忘。遗忘了怎么办？再背熟，反复几次，记忆就牢固了。”

二是手勤。手勤指勤翻书，勤查文献。有治不好的病，去查查文献，方子虽然不能照抄照搬，但一定会从中得到启发。金寿山说："有不少青年同志治学，也知道问，但往往去问'活字典'，不习惯于问'死字典'。试问，字典如没有人去翻，还成其什么工具书？我在青年时期治学，没有老师可问，只能去查字典。一部《康熙字典》，几乎被我翻破。哪些字应该查什么'部首'，心中大体有数，一翻即着。例如有一位同志，硬以为字典上没有'豚'字，因为肉（月）字部查不到。我告诉他这个字要查'豕'字部，果然查到。又例如常用的一个'症'字，《康熙字典》上就没有，可见这个'症'字，在清朝初年，还是一个俗字，而且是一个不很通行的俗字，所以还没有收入。'证'是'症'的本字，原属一字，现在争论其不同，实属无谓。至于中医与西医'症'的概念不同，那是另一回事。"

谈到提高古文水平的问题，金寿山说："提高医学水平，不能一蹴可及，只能靠点点滴滴的积累。这就要刻苦读书，一个字也不放过。但是，读医书又要讲实效，不是搞考证。古书上无关紧要的地方，本来讲不通，硬把它加一番考证，讲通了（而且未必通）又有什么意思。这时就要学陶渊明的读书方法——不求甚解。哪些地方应该一丝不苟，哪些地方可以不求甚解，要靠平日的功夫，是不容易的。"

三是笔勤。笔勤就是要写。金寿山指出："见到资料一定要摘卡片；读书，一定要写眉批；教书，一定要自己写讲稿。切莫抄别人的讲稿，因为用别人的好讲稿，倒不如用自己蹩脚的讲稿。"他对于写讲稿，总结的经验是：备课内容要备得足，而上课演讲的内容，要削得凶。这样才能讲得有骨有肉，不枝不蔓。他说："还要多写文章。而写文章，一定要言之有物，有一点就写一点，有两点就写两点，开门见山。宁可把论文写成札记，不要把札记拉成论文，更不要从'盘古开天地'讲起。例如写有关《伤寒论》的文章，把张仲景和他的著作再来评价一番，已经没有这个必要，而现在恰恰有这个通病。其次，要反复推敲文理，不要捏成一篇文章，写出算数。要多看几遍，多改改，避免写出‘天地乃宇宙之乾坤，吾心实中怀之在抱’那样的句子。”

第二要博学。博学就是知识面要广。知识面要广，一定要多读古书。要多读古书，仅仅具有阅读能力还不够，因为医学从来不是一门孤立的科学，古代也是如此。只有了解了古代的自然科学和社会科学知识，阅读古代医书，才有可能真正通晓其义理。金寿山常常对学生们说：“小时候读‘四书五经’，现在看来不是白读的。基于这个原理，现代医学和现代自然科学当然也要学。作为一个老中医的我，已经不可能了，作为新一代的中医，我以为一定要学，只要学了而不‘忘本’。”

金寿山从事教学工作之后，先后教过“伤寒论”、“金匮要略”、“温病学”，以及各家学说的一部分。后来还教过“中医学基础”，可算是一个“杂家”。他常说：“杂也有杂的好处。教然后知困。改教一个学科，迫使我非去再钻一钻另一门知识不可，非多看一些书不可，而多看了另一门的书，转过头来对原来较熟的一门学科知识又有所长进。中医这门学科，本来综合性很强，特别是基础课程，更有共通之处。不通《内经》，不能教好各家学说；不通《伤寒论》，不能教好温病学和方剂。反之亦然。”谈到“博”时，金寿山说：“‘博’正是为‘专’吸取营养。读书不能局限一家之言，而是要融会贯通。专读仲景书，不读后贤书，比之井田封建，周礼周官，不可以治汉唐之天下也；仅读后贤书，不读仲景书，比之五言七律，昆体宫词，不可以代三百之雅颂也，所以要‘博’。”

金寿山生平接触过两位良师益友，一位是贵阳王聘贤，一位是上海程门雪。这两位前辈有一个共同特点就是博学。当金寿山遇到王聘贤的时候，年事尚轻，只知道从他那里借书来看，得益还不多。而程门雪是组织上指定金寿山去问业于他的。金寿山好学善问，某些学术上的疑点、难点、精微之处，一经程门雪指点，便如点石成金，茅塞顿开。程门雪的博学、多思，深深地影响着金寿山。他曾经教金寿山看叶天士医案。当时，金寿山看来看去，没察觉其中奥妙，而且受到“徐批”的影响，认为叶氏用方非仲景法。学医当学张仲景，取法于上，仅得乎中，学叶天士非是。《叶案存真》一案，案语是：“舌缩，语音不出，呼吸似喘，二便不通，神迷如寐，此少阴肾液先亏，温邪深陷阴中，瘈痉已见，厥阳内风上冒。”处方为阿胶、鲜生地、玄参、鲜石菖蒲、黄连、童子尿。程门雪分析此案说：“叶氏此方实从白通加人尿、猪胆汁汤化出，彼则寒伤少阴，故用附子、干姜温经，葱白通阳，人尿、猪胆汁反佐为引，此则热伏少阴，故用阿胶、玄参育阴，鲜生地、川连清温，鲜石菖蒲通窍达邪，童子尿为引。一寒一热，两两相对。仲景之秘，唯叶氏能通变之。”《叶案存真》另有一案，症见“脉微、下利、厥逆、烦躁、面赤戴阳，即用白通加人尿汤，处方为生附子、干姜、葱白，煎好冲人尿一杯”。程门雪又分析：“两相对照，益见本案是以阿胶、玄参、生地当白通汤中附子，以川连当干姜，以菖蒲当葱白，而用人尿则相同。护阴清温之法从通阳温经之方脱胎而出，可谓推陈出新。”金寿山听了分析，才恍然大悟，领悟到读书除了要从有字处着眼外，又要从无字处着眼，更重要的是，应该多动脑筋。从此，金寿山改变了对叶氏的看法。从程门雪那里学得了“点石成金”的“指法”，学乃大进。

第三要活学。医生读医书的目的主要是为了看病，这是金寿山一贯的思路。他说：“善读书斯善治病，非读死书之谓也，用古法须用今方，非执板方之谓也。”并认为，学过的东西一定要到临床中去检验，看它是否正确，是否需要补充修改。他引用清代医家俞根初的一段话：“吾四十余年阅历以来，凡病之属阳明、少阴、厥阴而宜凉泻清滋者，十有七八；如太阳、太阴、少阴之宜温散温补者，十仅三四；表里双解，三焦并治，温凉合用，通补兼施者，最居多数。”金寿山认为：“这实在是临床体会有得之言。

这就把《伤寒论》读活了，有自己的见解了。有些理论必须接触到临床，才体会得真切。例如《金匮要略》讲瘀血病人‘口燥，但欲漱水，不欲咽’，把它当作‘渴不欲饮’看。后来在临床上看到的肝硬变病人多了，有些病人往往诉说口中黏腻，始恍然于‘但欲漱水，不欲咽’是因口中黏腻，根本不渴（当然，肝硬变病人也有口渴者）。所以《金匮要略》说它是口燥而不是口渴，尤在泾释为‘血结则气燥也’，与‘渴不欲饮’完全是两回事。”金寿山经常举例：肝硬变初期病人，往往外无胀满之形，而内有痞闷难受之感。《金匮要略》说“腹不满，其人言我满，为有瘀血”，可谓曲尽形容。尤在泾释为“外无形而内实有滞，知其血积在阴，而非气壅在阳也”，更属一语破的。他又举炙甘草汤中用麻仁的例子，解读说：“柯韵伯疑为枣仁之误，似属有理，但在临床上看到心脏病患者，在大便干结之时，病情往往增剧，必须保持大便通畅（不是泄泻），就体会到炙甘草汤中所以用麻仁之理。”所以金寿山强调，只有通过临床，得到经验和教训，再去温习理论，会对理论理解更深，而这时理论对临床才确实具有指导意义。

金寿山在青年时期曾治一湿温病人，病已多日，心下痞闷不舒，大便不通，舌苔黄，有可下之征，他用小陷胸汤加味，病人服药后得利，胸腹宽畅，但随即衰竭而死。病家归咎于命而不归咎于医，但金寿山终觉得小陷胸汤用得不对头，有内疚之心，且始终未明其所以然。后来，他深入研究叶天士的《温热论》，当他读到“湿温病，大便溏，为邪未尽，必大便硬，乃为无湿，始不可再攻也”一段，才知道自己的错误就在于湿温病大便已硬而下之，犯不可再攻之戒了。金寿山说：“《温热论》讲的真是经验之谈，对临床极有指导意义。所以要做到活学，一定要联系临床实际。”他深有感触地说：“学中医，在没有学通的时候，尽管苦学，不通的地方还是很多，会陷入困境，一定要熬过这个关。我是熬过这个关的。铁杵磨成针，只要功夫深，终有一旦会豁然贯通。

这以后，一通百通，左右逢源，学起来便容易了，这叫做'顿悟'，是从苦学中生出来的'巧'。但没有苦便没有'巧'，没有'渐悟'，便没有'顿悟'。"金寿山认为，博学要与多思结合起来，还要能返约。博学之返约与浅学有质的不同，一则守一家之言而不排斥他家，一则见闻狭隘，拘泥于一家之言而自以为是。临床绝不可少，脱离临床的理论是空头理论，即使讲得头头是道，要的是"花枪"，中看不中用。

到了晚年，金寿山重新认识到《内经》这部书是中国医学的渊源，深悔没有下过工夫。不学《内经》而治学，犹如无根之萍。他说："历代医家，特别是宋以后的各家学说，无不渊源于《内经》，而又各有发挥，反过头来大大丰富了《内经》，发展了《内经》，《内经》原书中的某些词句已经不是原来的含义。把它加以整理将是一件很有意义的事，中医之道可谓尽在其中。吾有志于此而未能也。"孔子云："加我数年，五十以学《易》，可以无大过矣。"金寿山是这样想的，加我数年，七十以学《内经》，可以无恨矣。我生有涯而知无涯。路漫漫其修远兮，吾将上下而求索。

学医质疑贵权变　掌握理论多实践

金寿山经常教育后学者，不能死读书。他列举清代儒医陈修园死读《伤寒论》，不从临床实际出发，把《伤寒论》的397法硬性分为397节，章太炎痛斥为"以实效之书变为空谈"。同时，他指出："须知397法之说，在宋时习俗相传，本无确数，高保衡等校订《伤寒论》的时候，因循旧说以实其数，所定标准根本不甚合理。且进一步言，学习《伤寒论》，应学习它的精神，着眼于大方大法，若枝枝节节而求之，即便不差秒息，亦诚如陆九芝所说：'何补于古人，何益于来者。'我们千万不能脱离实际，钻到牛角尖去。至于113方，虽有确数，亦应加减变化，活法在人。”

金寿山强调继承中医学经验。他说：“在青年中医中，有人认为中医难学，望难生畏；也有人认为中医简单易学，往往浅尝辄止，以为尽在其中；还有人以为老中医没有两套本领，只会辨证，不会辨病，没有什么好学的等等。这些思想障碍都是不利于继承发扬中医学的。”金寿山针对此种想法，提出以下看法：

第一，既要传给直接经验，又要传给间接经验。我们传授中医学宝贵经验时，只要实事求是而不是夸夸其谈，只要批判地总结而不是照抄照搬，那就谈不上什么自我标榜或者保守复古。须知今日之中医，非昔日之中医；今日之中医学，也非昔日之中医学，都在实践中不断发展提高。我们要比古人高明，这一点绝不能妄自菲薄。举例来说，中医学院教材中，《中医学基础》这本书，尽管还有不少缺点，但它从《内经》到目前的中医学概念，作了比较系统的论述和阐明。又如天津南开医院编写的一本《中西医结合治疗急腹症手册》，其中对于大承气汤的用法某些地方也较张仲景有所发展。可见，“学如积薪，后来居上”。每一个老中医都有一技之长，对于辨证、处方、用药都有独特的经验，这是书本上所学不到的。保守这些经验，固然不对；小看这些经验，以为这算不了什么，也不对。“集涓滴之细流，可以汇成江河”，我们应该把自己的直接经验，毫无保留地传给下一代。科学总是在继承前人的基础上发展起来的。古人的直接经验，为我们之间接经验。我们老中医也得传授间接经验。只有把间接经验和直接经验结合起来，对于古人的经验取其精华，弃其糟粕，才有真正的心得体会。今天重要的是要引导学生懂得把书本知识放到实践中去检验，看看是否真有道理，以真正做到“古为今用”。清代医家俞东扶说：“读书与治病，时合时离；古法与今方，有因有革。善读书斯善治病，非读死书之谓也；用古法须用今方，非执板方之谓也。专读仲景书，不读后贤书，比乏井田封建，周礼周官，不可以治汉唐之天下也。”此段话可为我们读古人书的借鉴。

第二，辨证辨病，均须谨求古训。自20世纪60年代以来，强调中医辨证与西医辨病相结合之说者日众。金寿山不以为然，一再倡导中医治病必须勤求古训，在中医学理论指导下，才能正确地选方用药，不以规矩，不能成方圆。为此他一再强调提出：辨病，在中医文献中自古有之，非自今日始。并指出：中医是讲辨证的，而且是会辨病的。有许多疾病，中医和西医的认识基本一致，病名也相同。例如感冒、中暑、痢疾、疟疾……有的虽然中西医病名不同，但内容是一致的。例如西医所称的某些神经官能症，中医称为“百合病”、“脏躁”。西医的眼、口、生殖器综合征（白塞综合征），张仲景早已称之谓“狐惑病”。金寿山认为，与其称它是“白塞综合征”，不如称它是“张仲景氏综合征”。显而易见，中医既有这些病名乃为辨病的证据。

值得提出的是，有些病名为中医所特有。例如中医所讲的“痰饮”是一个病，不是一个症。凡肺有停痰，膈有留饮，肠胃有积水而表现寒象者，称为痰饮。辨明这个“痰饮病”，首先必须辨明体内有无停痰、留饮和积水存在；必须认识它的原因是由于津液运行失常；进一步必须辨明津液之所以运行失常是由于肺失通调，或脾失运化，还是由于肾失温蒸，还要认识肺、脾、肾三者之间的相互关系。从肺与脾的关系来说，脾是根本，称为“肺为贮痰之器，脾为生痰之源”；从脾肾的关系来说，肾又是根本，因为肾阳为诸阳之本，又主水液。故外饮（病由外来，暂时性）当治脾，内饮（病从内生，陈久性）当治肾。治疗痰饮的用药原则，乃当以温药和之。从中医论述痰饮病的内容看，理法方药是一气贯通的，这就构成了中医对“病”的概念。《素问·奇病论》中肠覃、石瘕等都是辨病，仲景《伤寒杂病论》中的辨病内容更为丰富，如伤寒、中风、痰饮、虚劳、疟疾、胸痹等都是很注重辨病的。但是，在治疗疾病时，并非一病只有一法、一方、一药，而是按照某一疾病的发生、发展规律，且还有与之相适应的一整套理、法、方、药。对于某些特殊的疾病，还可有若干专方、专药。因此，中医的辨病理论体系也同样得到体现。

强调辨病并不能忽视辨证。辨病是从总体上认识疾病的基本矛盾，辨证是具体认识疾病过程中的某一阶段的动态变化，因而对于疾病的认识能更加深化、精确和具体，所采取的治疗措施也就更具有针对性。金寿山从这一观点出发，对“同病异治”、“异病同治”持有新解。他认为，若以辨病来说，痰饮病就应温阳化饮，胸痹就应通胸阳化痰，百合病用百合地黄汤，蛔厥用乌梅丸。从疾病发展的全过程来看，每一种病都有它的治疗大法。因此，“同病同治”、“异病异治”是其常。但是在一个疾病的不同阶段，或在不同环境、不同时令、不同体质的具体患者，治法也应随时变化。例如虚劳可以用大黄䗪虫丸化瘀消积，痰饮病可以用己椒苈黄丸或厚朴大黄汤攻下，可见，“同病异治”是其变。所谓“异病同治”，实际上是不同疾病的某一个发展阶段，其病机大致相同时，就可用基本相同的治则治法去治疗，如虚劳病之肾气虚，痰饮病之水泛为痰，消渴病之下消以及转胞，均为肾脏气化不足，都可用肾气丸为主进行治疗。所以“异病同治”对某一种病的治疗来说，实际上也是变法。可见，金寿山的辨病说实际上是从另一个侧面来阐释中医理、法、方、药的具体应用。

辨证论治包含着鉴别诊断。中医的辨证，其实质内容是在中医理论指导下对各种临床现象进行细致的鉴别。八纲辨证虽然不够具体，但其表里、寒热、虚实、阴阳之间就存在着鉴别诊断，何况在许多辨证方法综合运用之下，就能更深入细致地区别证与证之间、病与病之间的差别，从而进行不同的治疗。如痰饮在胃之证，饮邪上冲，胃气上逆明显者，宜用小半夏汤降逆止呕为主；伏邪内结，胃气壅滞者，宜用生姜半夏汤散结为主；饮邪不重而兼有寒象者，宜用半夏干姜散温中散寒为主。所以说这种深入细致的辨证论治是包含着鉴别诊断，也是中医辨证论治的精华之所在。

总之，辨证首先要辨病，这样施治才有原则性。在辨病的基础上，注意到同一疾病在不同的个体、不同的时节、不同的环境、不同的阶段以及不同的治疗经过会有变化，治疗须区别对待。这就是张仲景所说的“随证治之”。只有这样，辨证才既有原则性，又有灵活性。这些理论是中医学宝贵经验的总结，必须传给下一代，这是历史赋予我们的任务。

第三，既要当先生，又要当学生。青出于蓝而胜于蓝，一代胜过一代，这是事物发展的必然规律。我们做老师的应该善于向青年人学习，既当先生，又要当学生。历史上的医学家，学生比老师高明的有很多，如扁鹊胜过长桑君，淳于意胜过公乘阳庆，张仲景胜过张伯祖，李东垣胜过张洁古，张景岳胜过金梦石。现代也应当是如此。一般来说，学生比老师高明，不仅仅是学成之后，就是在学习的时候，学生也不一定比老师差。凡带过学生的老师都有这个体会的。在教学过程中，我们当然要对学生在政治上、业务上严格要求，但这不等于不要向青年人学习。史书上记载：刘河间患了病，青年医生张洁古去看望他，河间态度傲慢，瞧不起这个青年人。张洁古当即分析病情，指出刘河间用药的错误，河间不得不心服口服。可见，看不起青年人是错误的。

中医学派不同，各有特长，这是好事。但是如果“各承家技，终始守旧”，就会走向反面，阻碍学术的发展。公乘阳庆对他的学生淳于意说：“尽去尔方书，非是也。”我看这是门户之见，应该坚决反对。学生对老师提出不同意见，应该抱欢迎的态度。如元代医家王海藏对其师张洁古，就敢于提出不同意见。洁古说：白术生津，又说非白术不能去湿。海藏就说：除湿利水道，如何是益津液？洁古说：沙参可以代人参，取其味甘可也。海藏就说：人参补五脏之阳，沙参苦微寒，补五脏之阴，安得不异？学生有这种坚持真理的精神，是值得大大提倡的。学生能够标新立异更是好事，不能认为其“非吾徒也”。当然，青年人应该学习老师的长处。叶天士从师 17 人，尽得其传，是可为青年人跟老中医学习作借鉴的。做老师的应该既要当先生，又要当学生，互相学习，取长补短。总之，我们要建立一种新型的师徒关系。希望青年人努力承担起继承发扬中医学的重任；而我们老年人，应该做一辈子孺子牛。

1981 年，金寿山兼任上海中医学院中医文献研究所所长，同年被聘为国务院学位委员会医学评议组成员。从此，他的工作又增加许多，但身体远远不如以前，严重的咳喘常使他说话有些疲惫。即使如此，他仍乐观地接受组织交给他的每一份工作，并兢兢业业地完成。

金寿山深入分析文献所内实际情况，感到大多数研究人员从临床医疗转入文献所不太熟悉中医文献，必须重视科研人员文献研究的功底磨炼，对于工作中的每一位同志，只有让他们在工作中边干边学习。于是他策划编纂《中国医籍字典》，组织科研人员投入编纂工作，在工作中学习、学习中提高。并拟定编纂《中国医籍字典》的具体要求：一是供中医、中西医结合工作者及其他中医爱好者学习、研究中医药学用。二是必须体现适应读者研习中医学质疑之需，所辑录的字目要广泛征引历代重要医籍和与医学意义相关的其他古代典籍，同时在突出医学意义的前提下，兼顾字目的古义和今义。三是在字目释义中，注意汲取古代医家学者的治学成果和近代专家考释的心得，在博采众说的基础上择善而从，务求释义准确，简明扼要，通俗易懂，并附文献例证。四是所有字目均采用汉语拼音字母注音，生冷僻字及多音字则加注同音字，对于个别无考的字则注明“音无考”，而不妄臆杜撰。经过他的指导，编写组科研人员整理古籍文献的能力提高了。《中国医籍字典》于 1989 年出版，至今仍是中医文献研究的重要工具书。

忠诚中医事业 潜心医理研究

金寿山以继承发展中医为己任。中华人民共和国成立后，他坚信中医药事业会蓬勃发展。1950 年初冬，他积极投入卫生防疫工作，担任上海新成区种痘第三大队队长，普种牛痘。

1951 年 9 月，金寿山被选为上海市医务界代表会议代表。在医代会后，担任上海市卫生工作者协会新成区分会筹备委员兼组织组副组长。后来他还担任中医师公会秘书，编辑杂志，办进修班，组建中医师公会新成区分会等，促进了中医工作的发展。1952 年初夏，他又积极参与筹备组建联合诊所。同年 8 月，新成区第二联合诊所成立。联合诊所成立后，出现一些对中医认识不够的思想，金寿山作为该诊所的医生，结合自己的亲身经历和体会，进行宣传动员工作，促使大家齐心合力，团结互助，共同努力，办好联合诊所。不仅如此，他还为《新华医药》杂志撰稿，题为《中医师的团结与进修》。该文提出："发掘中医治病的特点，方药的技能，由中医提供经验，集合专家，共同整理研究。那时，医药自然会发展统一而进步，中医、西医将成为历史上的名词，目前想把中医改造成西医完事，或者一下子就想中医飞跃地进展都是过左或过高的想法，是行不通的。"金寿山对中医理论有深刻的认识，又承担过中医的多年教学，在临床上治愈过较多的斑疹伤寒、回归热、麻疹等传染病，积累了丰富的经验，深知中医有治疗效果，深知中医有了中国共产党的领导，事业会很快发展。1955 年 4 月，组织将金寿山调到上海市新成区人民委员会卫生科主持行政工作，他一如既往地刻苦工作了一年多。

金寿山早年熟读《内经》、《难经》、《伤寒论》、《金匮要略》等著作，在中医理论方面有坚实的基础。他认真学习唯物辩证法，用以整理研究中医基本理论。

一、对阴阳五行学说的分析

金寿山认为，中医学中的阴阳学说具有丰富的辩证法思想，其内容可分两部分：一部分是抽象的概念，是“有名而无形”的，是无所不指的，主要用以说明自然界的规律，也可以用来论证医学，但未必皆属于医学；另一部分是医学内容，把人体的组织结构、功能活动、病理变化等具体的事物都赋于阴或阳两类属性。但是这些事物之间的相互关系以及发展变化，主要不是决定于抽象的阴阳理论，而是决定于这些事物的本质属性。如气为阳，血为阴。气血之间存在着气能生血、血能载气的关系，它们之间是“阴阳互根互用”，而不是“阴阳制约”。金寿山认为，五行学说的基本点是以五行相生相克来说明事物之间的关系，也具有辩证法思想的。《内经》中的五行学说有“五行无常胜”的思想，即太过则侮己所胜，不及则为所不胜反侮。这比秦汉时代其他著作中的五行理论更胜一筹。

二、对中医治则治法的研究

金寿山认为，扶正与祛邪是防治疾病的根本大法。虚则补之，实则泻之，毋犯虚虚实实之戒是其常，是必须遵循的根本原则。但临床实际是错综复杂的，必须从实际出发，才能知常达变。如在外感热病正虚而又邪实的情况下，只要正气尚能耐受攻伐，仍可考虑用峻药祛邪，希望一战成功，邪去正安。《伤寒论》中太阳、少阳两感用麻黄细辛附子汤就是一例。假如不认识这一点，只知扶正而不予祛邪，或祛邪而药力不够，就很难收到满意的效果。如正气虚甚而病邪不盛，则不宜妄用攻伐，以免更伤正气。重用扶正，则正气来复而病邪自去。如“甘温除热”、“增水行舟”等。

三、对治病与治体的阐发

金寿山认为，治体就是着眼于整体，从改善病人的体质入手，以期收到效果。并认为在两种情况下，必须要考虑治体：一种是“百脉一宗，悉致其病”的“百合病”。这类病人的临床表现多种多样，此症甫消，彼症又起，必须以患者体质的阴阳、气血、寒热之偏为依据，调整和改善其整体状况，才能收到预期的疗效。第二种是久病痼疾，一时难以祛除宿邪，一时亦难以恢复其久虚，只能视其体质的状况，逐步调治而收效。强调治体并不是忽视治病。他常说：“虽云治体，治病亦在其中矣。”在回阳与救阴问题上，不能偏执一端。应该看到阳邪亢盛，既能亡阴，亦能亡阳。治热病亦应详察其阳气的盛衰而予以兼顾，所以《伤寒论》白虎汤有加参之法。阴邪盛，既能亡阳，亦能亡阴。治寒疾亦应详察其阴液的存亡，所以景岳回阳有六味回阳饮之法。

四、对“温病下不嫌早，伤寒下不嫌迟”的研究

金寿山认为，“温病下不嫌早，伤寒下不嫌迟”的提法不够全面，极易使人误解为伤寒和温病的治疗规律，且有门户之见。《伤寒论》虽然强调先表后里，表未解、热未潮者，不可攻下，似有下不嫌迟之意。温病学家吴又可指出：温病是“因邪热致燥结，非燥结而致邪热也……能早去其邪，何患其燥结乎？”似有温病下不嫌早之意。但是《伤寒论》又有阳明三急下与少阴三急下之说；叶天士又有温病用下，必验之于舌，必症见大腹或满或胀或痛，方可用下之论。这就很难说是“温病下不嫌早，伤寒下不嫌迟”。因此，他认为，用下法必须从实际出发，既要慎重，又要果断；既要得其时，又要得其法，宜缓则缓下，宜急则急攻，切不可拘泥旧说而致贻误治疗。

五、认为升阳与潜阳本是作用相反的治法

金寿山认为，在一定条件下，这两法同用可以取得相辅相成的效果。特别是对于某些既有肝阳上亢，又有脾阳不升的患者。他常以柴胡、葛根、党参、黄芪等益气升阳药与龙骨、牡蛎、龟板、白芍等滋阴潜阳药同用。升者，升其脾阳，使水谷之精气上升，以荣头目；潜者，潜其肝阳，滋肝肾之阴以涵风木。二者并行不悖，相辅相成。金寿山以此为法，治疗某些高血压病及眩晕症均取得了很好的疗效。

金寿山对张元素、李东垣等所著的医籍进行了系统的研究，并结合《内经》理论和仲景学说，参考历代各家论述，深入探索易州张氏学说的源流，颇有心得。他认为，张氏学派有三个特点：一是在继承先贤分经论治方法的基础上，十分重视药性气味的阴阳、升降、浮沉、归经和五脏苦欲之不同，创立五脏六腑气味补泻不同之说。二是主张古方今病不相能也，提倡在七方十剂的原则下创制新方，并主张必先岁气，无伐天和，随四时加减用药。三是认为治病用药必须以养胃气为本。对李东垣的益气升阳法，金寿山也很有研究，他认为，升发是阳气的本性，不升便是病态。并认为东垣脾胃学说之真谛，贵在脾胃清阳之气的升腾，清阳之气不升，则谷气下流而阴火上乘土位，故其调中补中之关键在于升阳气和降阴火。金寿山不仅深悟其理，在临床上亦善用益气升阳法。在晚年，他对东垣益气聪明汤的临床应用曾进行了较系统的研究。凡因脾虚气弱，清阳不升，上气不足，清窍不利而见头晕、眼花、视力减退、耳鸣、耳聋、不耐长时间脑力劳动、易于疲乏之患者，多以益气聪明汤（黄芪、人参、蔓荆子、升麻、葛根、芍药、甘草、黄柏）为主进行加减治疗，多获良效。特别是对于气虚而兼肝阳上扰者，还常以益气升阳与平肝息风相结合来进行治疗。这两法同用，看来似违常理，但金寿山认为，益气升

阳，升的是脾胃之清阳，平肝息风是针对肝之升泄太过，而清潜过亢之肝阳，阳虽同类，而脏各异，且用药归经肝脾亦不相同，故补脾胃之阳，平过亢之肝阳，各行其道，二法无不可配合应用之理。金寿山的研究生为了探索益气升阳的生理作用，开展了一系列的实验研究，结果发现，正常人口服益气聪明汤约5小时后，脑血流量明显增多，与对照组比较，有非常显著的差异。动物用益气聪明汤后，脑细胞代谢增高（耗氧量增高），大脑皮层兴奋性增高（脑电图快波增多，后发放刺激阈值降低），与对照组比较，有显著差异。说明益气聪明汤的作用可能与改善脑的气血供应和增强脑细胞的代谢有关。

精益求精明辨证　临床应变创奇迹

金寿山谈到中医的辨病问题认为，先得讲“辨病与辨证相结合”。辨病实际上是指辨西医的病，辨证是辨中医的“证”。中西医结合，有利于认识疾病的本质，有利于提高诊断和治疗质量。

金寿山下乡巡回医疗时，一天，在公社卫生院刚结束门诊，突然来了一位急腹症患者，60开外，表情痛苦，脸色略带红，估计有发热。再细问病情，腹胀隐痛，口苦恶心，不思饮食，身体重着，转侧不便，大便秘结，小便尚可。金寿山仔细观察，舌正红，苔黄腻满布，脉细滑带数，测体温38.2℃。检查腹部，右腹略见膨隆，右下腹明显压痛，腹肌轻度强直，并能触及一鹅蛋大小的块物，肠鸣音存在。检查完毕，金寿山从容地对病人说：“病是肠痈，看得还算早，内服中药，外敷草药，有办法消散，不必着急。”

他的处方是：红藤30g，蒲公英30g，赤芍18g，米仁18g，败酱草18g，冬瓜仁18g，厚朴9g，陈皮6g，六曲9g。

他还亲自采来新鲜的山海螺，切片让患者外敷。药后热虽退，但肿块未消。第二天，他在方中加了柴胡9g，生军9g。第三天，去生军。第四天，患者热退，肿块缩小。经治三周，肿块完全消失，患者能下地劳动。

又一天，金寿山刚看完病，准备吃饭，有位老奶奶带了一个六七岁的女孩请他看病，也是肚子痛，痛得厉害。因诊前刚痛过，现在小姑娘好像没病似的，在玩耍。腹痛是急症，金寿山决定看完病再吃饭。他看小姑娘的脸色红润，气色不差，舌苔薄白也属正常，且脉未见异常。经询问小姑娘曾吐过蛔虫，且自行买过“灭虫宁”吃。体检：肌卫阴性，右下腹有局限性压痛点，腰大肌试验、闭孔内肌试验均阴性，测体温正常。金寿山认为阑尾蛔虫的可能性大，经做白细胞计数检查，结果正常，故以上诊断基本肯定。

处方：地丁草、蒲公英、败酱草、土大黄各15g，乌梅30g，煎汤顿服，一日二次。药后，当晚腹痛缓解。第二天右下腹压痛消失，两剂药病就好了，随访数日，未见复发。

中医外科判断预后有个标准，叫做“五善七恶”。前一个病人“五善”之中有“四善”，只有饮食健旺一条不具备，“七恶”之中只有半条，就是恶心呕吐，口不知味。古人说：“五善见三自吉，七恶有二即凶”，因此，这个病人的预后良好。中医诊断肠痈有几个参考指征：一是洒淅恶寒，轻微发热；二是脉数；三是苔腻；四是身有痛处，腹皮急。该患者一个指征都不具备，所以肠痈的可能性很小。小孩子有吐蛔虫史，腹痛时发时止。《伤寒论》第338条论蛔厥，有“蛔厥者，其人当吐蛔，令病者静，而复时烦者……须臾复止”的记载。这个特点，不限于蛔厥，对于多种蛔虫病的诊断都有意义。

金寿山分析：“肠痈成脓后有四条出路：一是消散，这是最好的结局；二是从大便出脓，这一般称为大肠痈，预后比较好；三是从小便出脓，一般称为小肠痈，比较少见，不容易收口；四是从腹壁穿破，破在肚角的叫肚角痈，疮口不流粪的可以收口，疮口流出粪便的不易收口，在肚脐穿破的叫盘肠痈，预后大多不好。”这些看法与西医的认识基本相同，只是名称不同而已。破入肠腔的称肠内瘘，破入膀胱的称膀胱内瘘，侵入腹壁成为腹壁脓肿，再穿破到体外，如果破入腹腔，会造成弥漫性腹膜炎，预后十分严重。也有少数成为慢性脓肿的。有一些人误解为中医只讲辨证，不讲辨病，甚至只能辨证，不能辨病，那就不对了。

金寿山认为，中医的辨病问题，得从“辨病与辨证相结合谈起”。“中医是讲辨病的，所谓‘伤寒’、‘温病’，都是病名；《金匮要略》是一本论述杂病的古书，其中有中风、疟疾、血痹、虚劳、肺痿、肺痈、胸痹、寒病、积聚、痰饮、消渴、水气、肠痈、蛔虫病等名称，也都是病名。它以‘某病脉证并治’名篇，就是说明要在识病的基础上来辨证论治。可见自古以来，中医是讲辨病的。”

金寿山指出，有人以为中医讲辨证论治，那么，只要能够辨别气虚、血虚、阴虚、阳虚、气滞、血瘀、肝失疏泄、脾失健运、肺失肃降等证，就可以“异病同治”，还辨什么病（中医的病）？这把中医看得太简单了。诚然，上面这些证是要辨别的，但仅仅辨这些是不够的，它只能解释疾病过程中出现某些证候的病理，而不能认识到某一个病的全部病理。全部病理不明，立法就没有原则性。今天看到阳虚用温阳药，明天看到阴虚用养阴药，无异于被动应付。“有是证用是药”这句话是指在见证确切的情况下，应该放胆使用而说的，包括用大寒药、大热药、大攻药、大补药、剧毒药，并不是说治病可以毫无原则地“随证变法”。岳美中老中医有一慢性肾炎病例，始终用防己黄芪汤近200剂，就因为岳老有真知灼见，识其病属“水气”，温运脾阳是一大法，性质属于脏病，不能急于求成，必须假以时日，故能有方有守，终于治愈。

尽管中医所定的“病”与西医所定的“病”理论上的立足点有所不同（但也有相同的），但既然确定是一个病，就绝不是一个孤立的证候，也不是所谓证候群，而是有原因，有发病机理，有发展过程，有规律可循，有预后可测，它的治法也有一定的原则。若干方是其专方，若干药是其专用药或优选药，但并不等于一个病只有一方或一药。

金寿山认为，伤寒、温病须着重辨病，慢性病也是一样。如虚劳病，仅据《金匮要略》所描述的见症，就有渴、亡血、失精、不育、半产、干血、腰痛、腹痛、下利清谷、喘、悸、盗汗、失眠……已经很繁多。后世认识发展，见症还不止于此，但可以概括为三个特点：慢性、进行性、消耗性。它的证候突出表现就是"虚"，是由于五脏气血亏损所导致，所谓"久虚不复谓之损，损极不复谓之劳"。虚、损、劳三者相继而成，与一般所称气虚、血虚、阴虚、阳虚既有联系又有区别。有联系的是虚劳病的见症总不出气虚、血虚、阴虚、阳虚范围；区别是气虚、血虚、阴虚、阳虚的证候，在多种疾病或在多种疾病的某一阶段，或在疾病的恢复期中都可出现，但不一定都是虚劳病。虚劳是中医所称的"病"，气虚、血虚、阴虚、阳虚是中医所称的"证"，这是两者区别之处。金寿山治疗过很多虚证，如：

朱某，女，18岁，1973年5月就诊。症见形容消瘦，面色苍白，两颧殷红。由她的哥哥和母亲扶着走进诊室，走得很慢，气喘吁吁，一副病重样子。她坐下时气急得说不出话来，慢慢地把右手放到脉枕上。金寿山一看，大鱼际肌肉尽脱，按脉细带数，重按无力，三五不调。病人未开口，他就意识到是一个脏气衰败、严重虚损的病人。因为病人气急声低，故由她哥哥代诉病史：幼年时曾反复发热，咽痛，关节痛，12年来常心悸，气急，经常服地高辛。1个月前做心电图检查，示快速房颤伴室内差异传导。查血沉14mm/h，抗"O"833U。一星期来纳呆、脘痞、神疲。三天前发高热，咳嗽，痰白而稠，不易咯出，气急加重，不能平卧。小便量少，下肢轻微水肿。舌暗红，根黄腻。按脉虚里跳动应衣，脘部痞坚（肝大三指，质地较硬）。心律不齐，心率84次/分钟，有缺脉。心尖区二尖瓣杂音四级，向腋下传导。此病人不属水气而属虚劳。既然是虚劳，为什么有许多实证的表现？处方中用了许多祛邪药？金寿山认为："这个病人的虚证极为明显，声低气怯，神疲心悸，唇舌青紫，脉来三五不调，这是心肺气虚；心气衰败，宗气受损，纳呆，脘痞，腹泻，浮肿，这是脾阳不振，脾失健运；动辄气急，不能平卧，尿少浮肿，久病不复，这是肾不纳气，肾阳虚衰。与此同时，又有许多实证的表现，并且虚证与实证之间互有联系。因肾阳虚衰而聚水为肿，因脾失健运而聚湿成痰，因宗气虚损，不足以贯心脉而瘀血凝聚，因肺气失肃而痰阻肺络，因肺卫不足而易感外邪。属于本虚标实，在治疗上就不能完全补虚。按急则治其标、缓则治本的原则，目前标实为急，本虚略缓，应该以祛邪为主。所以用了较多的祛邪药，泻肺化痰利水，清热解毒活血，同时酌量应用益气温阳健脾的扶正药。

处方：焦白术15g，熟附子9g，葶苈子9g，赤白芍各9g，茯苓12g，炒党参9g，橘红0.5g，姜半夏9g，生熟麦芽各9g，白蔻仁3g，炒米仁12g，金银花12g，连翘12g，桑白皮12g，鱼腥草30g，琥珀末（分吞）1.5g，沉香粉（分吞）1g。4剂。

4天之后，患者复诊，发热已退，胃纳较差，咳剧痰稠，舌红，苔腻未化，脉如前。用原方加减：去党参、米仁、蔻仁、沉香，加南沙参12g，黄芩12g，款冬花9g，苏子9g，生姜3片。

过了1周，患者三诊：病情大有好转，喘平，咳止，痰少，胃纳渐开，舌红较减，苔转薄黄而干，脉如前。面色淡白，仍声低气怯。

再处方：南北沙参各9g，麦冬肉9g，肥玉竹9g，桑白皮12g，金银花9g，连翘12g，黄芩9g，白术9g，茯苓9g，熟附块6g，琥珀粉（分两次吞）1.5g。7剂。

再1周后，病人四诊：咳喘已平，但劳则气短，汗多，纳可，心下痞已消失，根苔薄腻微黄，脉如前，于前方中加党参12g，五味子3g，去金银花、连翘。7剂。

病人五诊时，苔薄净，汗不多，但动辄气短，有时心悸而已，乃以下方调理：党参12g，熟附块6g，麦冬肉9g，五味子3g，肥玉竹9g，焦白术9g，茯苓9g，丹参12g，炙甘草4.5g。此后病人外邪尽解，心力衰竭得到完全控制。

叶天士在《温热论》中说：炉焰虽息，灰中有火，不宜早用温补。这个病人目前是邪热灼伤肺胃之阴，所以用麦冬，玉竹；如果波及心肾之阴，就要随证加味了。总之，治疗虚劳的三个要点即阴阳互根、虚实转化与五脏虚损要互相联系起来。还要适当联系外感热病辨证，善于把各种辨证方法互相结合，灵活应用。

金寿山认为，《素问·阴阳应象大论》的"阴阳者，天地之道也，万物之纲纪，变化之父母，生杀之本始，神明之府也。故治病必求于本。"所谓"本"指的就是阴阳。而《素问·阴阳应象大论》的"善诊者，察色按脉，先别阴阳"，说明掌握疾病内在的矛盾——阴阳，是辨证的首要任务。从辨证的角度来看，所谓阴阳就是病位之表里、病状之寒热、病情之虚实，这是《伤寒论》全部立法的依据。病因为本，病状为标；内在为本，外表为标；标发现于表，本多隐伏于里。总之，标本的关系就是现象与本质的关系。标本一致，表现为真寒、真热的病状者易辨；标本不一致，表现为假寒、假热的病状者难识。《伤寒论》第11条说："病人身大热，反欲得衣者，热在皮肤，寒在骨髓也；身大寒，反不欲近衣者，寒在皮肤，热在骨髓也。"程应旄释之曰："病人身大热，反欲得近衣者，沉阴内锢而阳外浮，此曰表热里寒；身大寒，反不欲近衣者，阳邪内克而阴外凝，此曰表寒里热。寒热之在皮肤者，属标属假；寒热之在骨髓者，属本属真。本真不可得而见，而标假易惑……不言表里，言皮肤、骨髓者，极其浅深分言之也。”这是说，在标本不一致的情况下，必须把本质探求清楚，勿为假象所迷惑。

金寿山在临床医疗中，对于辨别标本的真假极为注意，如：陈某，女，25岁，插队青年。冬季田间劳动中得病，形寒发热，时起时伏，已有50多天。四肢关节酸痛僵硬，行走不便。白天自汗，夜间盗汗。体温38.5℃，颈部淋巴结肿大，皮肤小红点时隐时现，肝脾肿大（肝肋下2.5cm，脾侧卧刚触及）。血化验：红细胞2.96×10^{12}/L，白细胞5.4×10^{9}/L，血色素8.6g，抗“O”2500U，血沉60mm/h，类风湿因子阴性。胸透阴性，骨盆及膝关节X线片阴性，心电图正常。两次淋巴结活检：反应性网状细胞增多症。用过激素及水杨酸制剂效果不明显，最近两周服用消炎痛，病情有好转。四肢关节略能活动，仍有中度发热。现代医学诊断：反应性网状细胞增多症，病因可能是风湿热。

处方：桂枝12g，白芍12g，熟附块12g，炙甘草10g，苍白术各12g，生米仁30g，羌独活各10g，生黄芪12g，海桐皮15g，生姜3片。2剂。

服药两剂，全身出汗较多，体温降到38℃以内，关节痛好转，红疹依然。为了观察疗效，停用西药。上方再服两剂，两天后体温已降至正常，红疹仍未消失，淋巴结较小，关节痛明显好转。病脉仍细数。舌色较前转红，但苔仍薄腻。

处方：生黄芪18g，青防风10g，桂枝10g，赤白芍各10g，象贝母10g，夏枯草12g，连翘12g，生米仁30g，生地15g，生甘草5g，玄参12g。此方加减共服两周，不再发热，红疹逐渐消失，淋巴结基本消退，关节略有酸痛，行走乏力，心悸。病情基本控制而出院。

对待本案有两种方法，一是照顾各方面，先用平稳而复杂的药方，看服药后的反应再定；另一种方法是在复杂的病情中努力抓住它的重点，而对一部分次要问题置于不顾。这个病人发热50

天了，病情比较重，如果面面俱到，药力就难以专一，需要重点突破。

金寿山分析：本病重点在于风、寒、湿三气相搏，伤人阳气。如果阳气能够复振，风、寒、湿三气逐步驱散，发热或者能退，其他问题就比较容易解决。但是血热、痰火、瘰疬等问题是否能暂时放下？用温药与瘰疬的矛盾不大，治疗瘰疬应该用一些温药，可以散积聚，通经络。符合《内经》的治则。《素问·标本病传论》有“谨察间甚，以意调之，间者并行，甚者独行”之说。患者病情较重，属于“甚者”，舍弃痰火、血热，专治风寒湿邪，就是“独行”。

金寿山认为，上述医案在辨证方法上，辨邪、辨热、辨标本，注重病人的体征等。标与本的关系，既然是事物的现象与本质的关系，它必然有内在的联系。尽管有时二者不相一致，出现假象，但是任何现象脱离不了本质，这一假象，仍然是从本质上产生的。认识到标出于本，标一定与本有联系，因而认识疾病的性质更为深入。《伤寒论》第315条云：“少阴病，下利脉微者，与白通汤；利不止，厥逆无脉，干呕烦者，白通加猪胆汁汤主之。服汤脉暴出者死，微续者生。”本条以葱白、干姜、附子治其下利不止，厥逆无脉之真寒；以人尿、猪胆汁治其干呕而烦之假热，即一般认为寒凉反佐热药之法。值得注意的是，为什么不用黄芩、黄连等大苦大寒之药，而用人尿、猪胆汁咸苦相伍来作反佐呢？根据阴阳理论来分析，本证假热之所以出现，一方面由于阴邪内盛，真阳为阴邪所逼而上浮；另一方面又由于阴邪内盛，以致或吐、或利、或吐利交作，亡失津液，真阴亦已不足，阴不恋阳，形成“脱”证。其所以用人尿、猪胆汁，不仅仅寓有反佐的意义，更重要的是含有咸苦滋润，从阴引阳之作用在内。假如用芩、连等大苦大寒之药来作反佐，不但没有这个作用，甚至可能化燥伤阴，其结果，阳不能回或阳回而阴竭亦死。可以看出，《伤寒论》

对于本证的处理，系以“阴阳消长”、“阴阳互根”等朴素的辩证法思想作指导，一面破阴（邪）回阳（正），一面从阴（正）引阳（正）。上引条文中“服汤脉暴出者死，微续者生”一语，亦同样说明了现象与本质真假之间的辩证关系。因为这种危笃之证，厥逆无脉，不可能突然好转，服白通加猪胆汁汤后，脉暴出是虚假的，是脉气一时为药力所迫，药力尽则正气乃绝，故死；脉微续是正气逐渐恢复，才是真正好转，故生。这是仲景在实践观察中如实反映的客观实际。

金寿山认为，标本关系表现于寒热方面的情况已如上述，表现于虚实方面也是如此。在一般的虚证与实证，比较容易辨别。但在病笃的情况下，所谓“至虚有盛候，大实有羸状”，往往出现假象。如《伤寒论》阳明病中提出脉迟、短气、循衣摸床、惕而不安等症，就要注意到“大实有羸状”；少阴病中提出脉紧、烦躁、谵语、口渴、面赤等症，就是注意到“至虚有盛候”。假如细心观察，假象是可以辨识的。如李士材治韩茂远病伤寒。九日以来，口不能言、目不能视、体不能动、四肢俱冷，皆曰阴证。士材诊之，六脉皆无；以手按病人之腹，病人两手护之，眉皱作楚；按其趺阳，大而有力。乃知其有燥屎，以大承气汤下之，得燥屎六七枚，口能言，体能动矣。

金寿山指出，上述病案是从羸状之中辨识其有大实的医案之一。所以古人有这样一个经验：见到通体皆现虚象，一二处独见实证，此实证必须重视；见到通体均现实象，一二处独见虚证，此虚证也必须重视。张景岳称之为“独处藏奸”。医生遇到这种情况，必须探求其本质。假如“省疾问病，务在口给，相对斯须，便处汤药，按寸不及尺，握手不及足，人迎趺阳，三部不参，动数发息，不满五十，短期未知决诊，九候曾无仿佛，明堂阙庭，尽不见察”（《伤寒论》），这是张仲景最反对的，认为“夫欲视死别生，实为难矣”。《伤寒论》反复辨明病起何因；前见何证，后变何证；恶寒恶热，寒热轻重，昼夜轻重；有汗无汗，汗多汗少，汗起何处；口淡口苦；渴与不渴，思饮不思饮，饮多饮少，喜热喜凉；思食不思食，能食不能食，食多食少；胸、心、胁、腹有无胀漏；二便通涩，大便为燥为溏，小便为清为浊，色黄色淡；曾服何药，药后变化如何……脉证合参，或舍证从脉，或舍脉从证，经过思考分析，才能深入了解到疾病的本质，作出正确的判断。如《伤寒论·阳明病篇》有两条条文，其一是："阳明病，自汗出，若发汗，小便自利者，此为津液内竭，虽硬不可攻之，当须自欲大便，宜蜜煎导而通之。"另一条是："病人小便不利，大便乍难乍易，时有微热，喘冒不能卧者，有燥屎也，宜大承气汤。"从表面上来看，前者大便硬，应予攻下；后者大便乍难乍易，不宜攻下。但经过分析，知前者为津液内竭（临床上多见于热病之恢复期），而非热结于里，大便虽硬却不可攻；后者为燥屎内结，有喘冒不能卧之症，大便乍难乍易乃是"热结旁流"，却宜大承气汤。施治的熨贴就在于辨证的精细，其原则就是"治病必求于本"。

金寿山认为，《伤寒论》中有不少有关杂病的证治，因此除了从热病方面去理解之外，还应该从杂病角度去分析。如以桂枝汤为例，本是为治疗太阳中风而设，但是由于桂枝汤还具有调和营卫、气血和阴阳之作用，因而也能广泛地应用于杂病中的营卫不和、气血阴阳失调等证。如他曾治疗三个胃病患者：

第一位患者是一位老年妇女，有胃痛发作史七八年，经胃肠钡餐造影，未发现溃疡。头昏眼花，经常恶心，偶有呕吐，大便干结，非灌肠不通。口出热气，胸闷灼热如焚。口干咽燥，日饮大量冰水。但背寒，两足发凉，即使盛夏亦不能露体赤足。望舌偏红，苔薄腻微黄，脉沉细带弦。

处方：生地12g，升麻10g，黄连12g，肉桂3g，黄柏10g，麦冬10g，苁蓉12g，玄参12g，知母8g，麻仁12g。6剂。

第二位患者是一位中年男性，多次上消化道出血，经胃肠钡餐造影，诊断为十二指肠部溃疡、胃下垂。来诊前半月又一次大量出血，出院仅5天，中脘隐痛，痛在空腹，饭后作胀，大便溏薄，日两三次，口苦，纳少，一餐仅半两至一两。头晕，夜寐多梦，患者形容消瘦，面色黧黑。舌偏红，边有紫斑，苔薄白，脉弦细数。

处方：党参10g，焦白术6g，茯苓12g，炙甘草6g，丹皮6g，川连2g，陈香橼8g，肥玉竹10g，砂仁3g（后下），炒白芍12g，炒谷麦芽各10g。7剂。

第三位患者是一位男性青年，头痛，眼花，呕吐，每六七天就发作一回，病已4年，久治不愈。冬季发作较为频繁，往往突然而起。发作时痛在后项，得食则吐，自觉畏寒，神疲欲睡。脉弦，舌正红，苔薄白。

处方：熟附子6g，干姜3g，炙甘草4.5g，炒党参12g，姜半夏12g，羚羊粉0.3g（吞服），石决明20g。7剂。

第一张治老年妇女处方，症见寒热夹杂，热主要在胃，且热邪伤阴，故有灼热、饮冷、便秘等症，寒在肾，肾不仅有寒，也有热，是肾的阴阳两虚。即下焦有寒，中焦有热，这与泻心汤的中焦脾胃寒热夹杂是有区别的。故用清胃散治胃热，交泰丸调整阴阳。第二张治中年男性病人的处方，是取法于叶天士《临证指南医案》木乘土门四君子汤加桑、丹、苓、芍的医案，也有六君子加桑、丹、苓、芍的。第三张治男性青年处方，金寿山认为，病症除了呕吐外，几乎没有嗳气、吞酸、纳呆等胃病常见症状，这说明疾病的根源并不在胃，主要的原因是肝风。病情发作突然而起，头痛、眼花、脉弦都是肝风的表现。叶天士有“肝风大动，将胃口翻空”之论。另外，本病有阳虚见症，患者的阳虚程度较重，不仅脾肾阳虚，还有肾阳虚衰。肝风偏于热，阳虚属于寒。

综上所述，可以认为：寒热虚实夹杂证不限于泻心汤证一种类型，变化是很多的；温凉并用，虚实兼顾，这是治疗的原则，具体用药要照顾到有关脏腑，要有充分的灵活性；寒热错杂证多见于脾胃疾病。

详察药性，精选药物，金寿山临床用药极为精当，且颇具新见。对于具有相似作用的药物，他详加比较。例如人参与黄芪同属补气，但二者有许多区别，不可轻易混用。人参补心，黄芪不补心；黄芪走表，人参不走表；黄芪利水，人参不利水；黄芪托毒，人参不托毒。石膏与知母均清里热，但石膏辛寒，具透解散邪作用，而知母苦寒，其性沉降；知母滋润，能清下焦之火，而石膏则无此作用。一般认为，无汗、表未解者为白虎汤之禁忌证，但金寿山认为，实际是不宜用知母，而非忌石膏。对甘草一药的作用往往只强调调和诸药，而忽视其具体作用。他认为，甘草最重要的作用是顺接阴阳之气，治疗四肢逆冷，《伤寒论》中凡见“四逆”者，绝大多数用甘草；第二是复脉，补心气，如炙甘草汤、桂枝甘草汤等；第三是缓急，治疗脏躁、筋脉挛急、腹中急痛等证候；第四是缓和其他药物的副作用，而不是减弱其药力。如麻黄汤中的甘草，不是减少麻黄发汗之力，而是扶助正气，减少麻黄发越阳气太过的副作用。这些见解是金寿山悉心研究各药特性的经验之论，值得进一步研究。

中医药学要传承　培育桃李勤耕耘

金寿山认为，作为中医队伍中的一员，一定要做好把中医学的宝贵经验传给下一代的工作，这是不言而喻的。

1956 年 9 月，上海中医学院创建。金寿山调入并被聘为首批教师。1960 年，他光荣地加入中国共产党。先后担任过伤寒温病学教研室主任、温病学教研室主任、中医学基础教研组组长、教务处副处长等职。1979 年被聘为教授，又被任命为上海中医学院副院长。

金寿山担任教研组组长期间，基于教学，研讨学术。组织年轻教师学习中医经典著作，他常说："学问，学问，学是要问的，而且要不耻下问。李时珍的学问，不少是从不耻下问得来的。我无师传授，但师父又很多：同事，我之师也；同行，我之师也；病人，我之师也；学生，亦我之师也。因为弟子不必不如师，师不必贤于弟子。"确实如他所言，他谦虚谨慎，每次写好文章都要请徒弟们看看，提提意见。他认真地说："这实际上就是教学相长。"

金寿山对年轻教师，要求精读成无己的《注解伤寒论》，还为他们指定其他读书目录，定期组织大家交流学习心得。凡是经过他教育过的年轻教师都能领悟到：博学基于苦学，老师是苦学的楷模。

1964年春，上海中医学院首届毕业生柯雪帆从曙光医院调到上海中医学院金匮教研室当助教，跟随金寿山学医，学习老师的经验知识。只学医术，代代相传，势必逐渐退化，还必须掌握治学之道，才能启迪新知，探索未知。在柯雪帆改授《伤寒论》课程之前，金寿山叮嘱他，先读《伤寒论》原文，一家注家也不要看，迫使他从临床实际出发，对原文苦读精思。在此基础上再去阅读各家注释，这就不是我去寻觅各家，而是各家在我面前了。当柯雪帆进一步学习《伤寒论》时，感到难以深入，金寿山指导他，读古代医书首先要"从有字处着眼，就是要学好原文，打好基础，然后可以从无字处用心"。金寿山经常组织许多老中医一起讨论《伤寒论》原文，当时由柯雪帆做记录，至今他还珍藏着这些原始记录，在柯雪帆发表的文章《承前启后，师徒相传——师事金寿山教授二十年的体会》中说：这是金老师的余泽，又是许多老前辈的心血，这正是"鸳鸯绣出从君看，前辈金针尽度人"。除了柯雪帆外，后来与金寿山青老结合的张玉萍、吴杰、达庆维等许多青年教师，乃至金寿山的研究生吴敦序、徐建国、周冠群等都是在金寿山的指导下，精读《伤寒论》原文，而且举一反三，纵深联想，灵活思维，不断探索。大家深有体会，有了治学之道，好比找到了汩汩源泉，是“问渠哪得清如许，为有源头活水来”。

“学我者生，似我者死”，这句话出自现代画家齐白石老人，金寿山借以教育后辈。年轻时，他苦读《黄帝内经·素问》，背诵81篇原文。他说，不解其理，死记硬背的路，你们不能再走了。但《内经》是理论基础，必须打得扎实。他教导后学用现代观点，逐字逐句注解《内经》原文。现在翻阅这些旧稿，大家都深有感触地说：“看到金老师亲笔修改的字迹，感慨万千。这就是学我者生。”金寿山曾以清燥救肺汤治愈两例无汗症，病案记录发表之后，求诊者甚多。当时，因他的身体虚弱，由柯雪帆代诊。可有些无汗症病人用清燥救肺汤效果不佳，后学都不太理解。金寿山指出，不能死于一方之下，要灵活地辨证论治，或益气升阳，或调和营卫，或辛温解表，与证相应，均有佳效。使后学体会到：“似我者，是浮浅的纸上功夫；学我者，是从实践向理论的飞跃。”

金寿山认为，随师学习，要学习老师的理论知识与临床技能，同时也要学习老师的道德品质与见识才干。老师也不可避免地在授业的同时传道，业中有道，道随业传。金寿山注意关心教师的思想。当时，姜春华在《中医杂志》发表了“截断学说”，中医界一时哗然。教研室有位青年教师写了批评文章，以冀出名。金寿山见之，教导大家说，“截断之说”有理论依据，有临床实践，姜教授非哗众取宠。叶天士透风于热外，渗湿于热下，先安未受邪之地；《伤寒论》针足阳明，使经不传都是截断观点。经过这件事，大家不仅学到了许多业务知识，更重要的是看到了金老师在学术上的远见卓识。

1975年，金寿山在担任教务长期间提出：“我以为，中医学院的中医教研组与西医教研组应该互相配合，而中医各教研组之间（临床科除外），教师应该轮换，寓教于学，可能大有裨益。不要‘鸡犬之声相闻，老死不相往来’。”为此，他组织中、西医教研组老师一起，对阴虚火旺开展研究，并在临床开设阴虚火旺专科门诊。选拔中、西医有科研及临床能力的教师同坐一堂，用中西医方法诊断疾病，筛选病例。他的工作很忙，但门诊时间始终保证。他说：“西医学习中医，是我国卫生工作方针的一个重要方面。中医主动向西医请教，也是不容忽视的。”设立这样的专科门诊，目的就是促使中西医相互学习，推动中西医教学。每次门诊，对于病人检查的免疫、生化等指标，他都要仔细询问其临床表现，然后，结合临床主症，认真分辨，再一次遴选阴虚火旺患者，确定实验研究需要测定的指标。在他的关心下，中西医通力合作，阴虚火旺的研究课题，做了大量的基础性工作。1985 年，阴虚火旺的研究课题，获得卫生部经费资助。课题结束后，成果圆满鉴定并获成果奖。这项研究工作开启了上海中医学院中西医相互学习与合作的科研氛围，充分体现了金寿山的好学、苦学精神和独特的领导风范。

1977 年，上海市卫生局筹备“上海市第七届西医离职学习中医班”，学制两年，全脱产学习。市卫生局聘请金寿山为中医班的班主任。他接受任务，参加筹备讨论时，向卫生局建议，选拔优秀的中医临床医生参与学习。他认为，中医参加“西医离职学习中医班”学习，一则可以协助授课教师，作辅导工作；另则，既然有西学中，当然也可中学西，向西医学习现代医学知识，互相取长补短，很有必要。根据他的意见，上海市第七届西医离职学习中医研究班从全市范围内，选择了 13 名高年资的中医师，脱产两年，与西医人员一起学习。具有丰富教学经验的金寿山认为，研究班的学生中，在医院里，70% 的学生已是高年资的主治医师，30% 的学生已是副主任医师或主任医师，所从事的专业，有内、外、妇、儿、五官科等，各科齐全，对他们的授课，不同于本科班的教学要根据学生的特点，因人施教。这对于中医教学，提出了新的要求，即要密切结合临床，结合学生已有的临床专业经验，开展教学，主要培养学生的分析能力，形成良好思路。他一方面组织承担教学任务的教师分析学生业务特点，确定各科的教学内容和备课应该准备的资料；另一方面，亲临教学第一线，承担伤寒、温病教学。上课时，常用临床案例分析，启发学生掌握中医理论。

金寿山讲到《伤寒论》太阳病时，举了一个临床病例：老海员，男，65岁。高热，体温39℃。血液化验：白细胞35×10^9/L，中性粒细胞96%。X线胸透报告：左肺大片阴影，边缘不规则。他分析说，一般都认为此病案确诊为“大叶性肺炎”，炎症严重。这种病人，西医应该用青、链霉素，还要加激素。中药通常会用大剂清热解毒药，用麻杏石甘汤加黄连、连翘、金银花等。而老海员素体湿胜，舌不红，苔腻，为新感寒湿，内外合邪，袭于太阳经……遵仲景之法，应予麻黄加术汤扩充。

处方：净麻黄3g，桂枝4.5g，苍术9g，枳实9g，陈皮4.5g，姜半夏9g，茯苓9g，杏仁12g，瓜蒌仁9g，生姜3g。1剂。除瓜蒌仁外，竟没有一味清热解毒药，病人服药后，大汗淋漓，热退神爽，脉静身凉，可舌苔厚腻满布，滑润。

针对此症，金寿山提出三点：一是舌苔未化，热病要重舌。二是一剂汗出太多，值得思考：“汗大出者，但风气去，湿气在，是故不愈也。若治风湿者但微微似欲汗者，风湿俱去也。”三是太阳湿病在《金匮要略》第二篇，《伤寒论》有杂病的内容，《金匮要略》也有外感内容，两者原是一本书。湿病与风寒不同，风寒外邪可以一汗而解，湿病没有那么快，再给原方一剂，苍术加到12g，桂枝减到3g。药后病人体温42℃，呕吐无汗、烦躁、咳嗽、胸痛，苔腻转黄，脉弦滑带数。大便不通，腹部柔软，无压痛。即在原方中加柴胡3g，黄芩12g，服一剂后，体温退至37.6℃。

金寿山分析指出："此方乃柴胡麻黄汤，《伤寒论》中没有此方，是根据太阳表实证兼少阳证这个辨证结果，灵活运用而来。"患者神情疲软，呼吸平稳，咳嗽消失，胸痛轻微，略有恶心，苔转黄腻，但已化薄，脉弦细滑而不数。金寿山认为，病已化险为夷，太阳证已罢，转属少阳，用小柴胡汤加味（柴胡 9g，太子参 9g，姜半夏 9g，黄芩 4.5g，茯苓 9g，蔻仁 3g，六曲 9g，生姜 9g）。第四天，体温正常。再用二陈汤加味调理一周，症状体征全部消失。X 线复查，病人的肺炎已消散吸收，乃出院。妙用伤寒方的病例给学生们很大启发。

待人淳朴厚道 工作坚持原则

金寿山待人淳朴厚道。1977 年 11 月，他已是 65 岁的老人，体弱多病，但他从不在意自己的病痛，处处关心周围同志。教研组有位女教师家住上海浦东，产后两周，金寿山带上产妇所需的鸡蛋、猪蹄等食品，走了近 3 小时的路程，到她家看望，指导产后调养、婴儿抚育等注意事项。还告诉她，要静心调养，56 天产假结束返校后，参加"上海市第七届西医离职学习中医班"的学习。金寿山又给她锻炼机会，要她承担《伤寒论》、《金匮要略》和《温病条辨》课程的助教工作，积累上课的经验。对于如何做好这项工作，金寿山又做了精心的指导。与金寿山共事过的每一位教师，都感到他的和蔼可亲。他心中想的是同志，唯独没有他自己。金寿山平时处处关心体贴周围的教师，真心实意地期待着年轻一代茁壮成长。金寿山重视青年教师备课的训练，凡是青年教师走上讲台上课之前，都要求他们认真备课，为他们制订备课所需的古医书目录。针对上课的具体内容，要求认真阅读古医籍，结合上课内容，学习读懂原著，理解消化，再写讲稿。讲稿写成后，必须在教研室里试讲。试讲时，请教研组全体教师一起参加，对讲课内容提出评议。评议时，金寿山最细致，往往从内容、板书、时间等方面的安排，一一提出修改建议。经过反复修改讲稿，多次教研室讲课锻炼，年轻教师进步较快。即使年轻教师初次上讲台，所讲的内容也很翔实，课堂效果很好，学生们较为满意。金寿山对年轻教师的严格训练，使他们养成了独立思考、刻苦学习、自写讲稿的好习惯。

金寿山对待工作，有很强的原则，极端认真负责。20世纪60年代，金寿山主持编写《中医学基础》一书，出版社认为书中某些观点不符合当时的政治要求，提出要删改。他坚持不同意删改，宁可作为内部教材发行。

金寿山离开我们已有20余载，追溯他那自学成才的一生，人生有限而学术无涯的敬业精神，深入探究中医学理论的刻苦精神，不断继承创新的思维，堪为后辈楷模，值得发扬光大。

（撰稿人 张玉萍）

哈荔田卷

哈荔田（1912—1989）

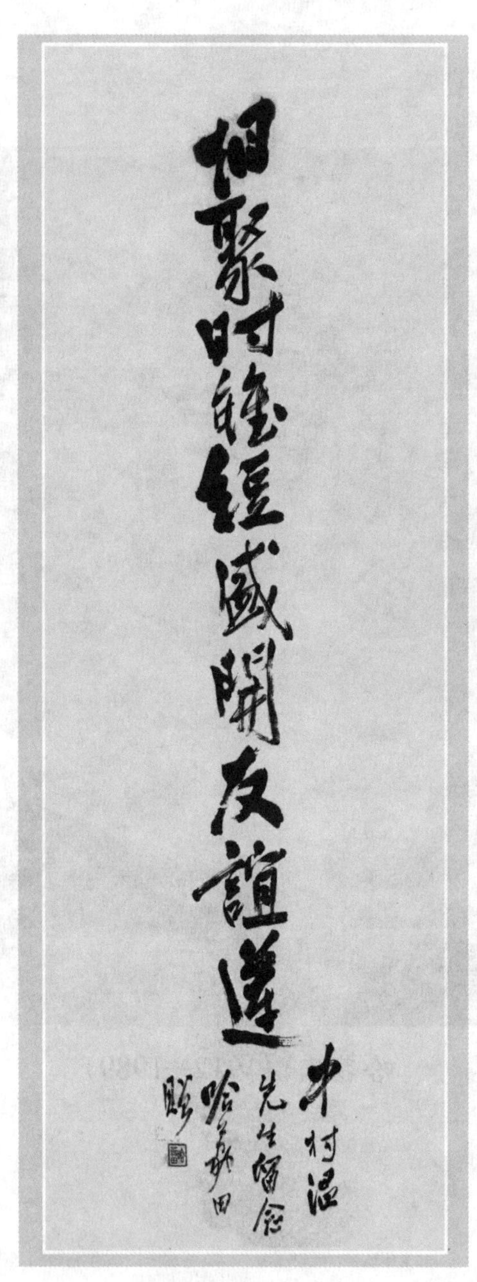

哈荔田手迹

古人之书当读，但若拘泥古人之言则不可。古人的经验、教诲总要通过临床实践，反复验证，才能决定取舍，切不可被古人之说缚住手脚。

——哈荔田

哈荔田（1912—1989），回族，河北省保定市人，教授，研究生导师，著名中医教育家、临床家、中医妇科学家。早年悬壶于天津，以其心诚艺精享誉津门。中华人民共和国成立后，历任天津中医学院（今天津中医药大学）院长，天津市卫生局副局长，中华中医药学会副会长，中华中医药学会妇科学会会长，天津中医药学会会长，卫生部医学科学委员会委员，天津市医学学术鉴定委员会副主任，天津市政协常委、副主席，全国政协第六、七届委员等职。

哈荔田出身于中医世家，父祖两代均为当地名医。哈荔田幼承家学，立志以医济世。19岁，只身进京考入华北国医学院，受教于名医施今墨先生。作为临床家，哈荔田学从易水，长于内外诸科，尤以妇科为专。他强调医生必须博览群书，广采百家之精，才可酿自家之学，成一家之术。他强调临床论治必以扶正固本和辨证施治为原则。哈荔田对妇科之症独辟蹊径，多有创新。

作为中医教育家，他是天津中医学院的创始人之一，是第一任院长。他主张为中医者必须熟读经典，不但要知中医现代方药的演进历史，更要有辨识和撷取精华的本领。他带领教师一道编教材，写讲义，并以身作则，亲自讲学，传道授业。哈荔田认为，中医西医并行，中西医结合是中国医药卫生事业的特色，是对世界医学的一大贡献。在他的积极倡导下，天津中医学院开设了西医课程，他还带头担任西医离职学习中医班的班主任，并且较早地在西医医院设立了中医科。在担任天津中医学院院长和天津市卫生局副局长期间，他还创建了中西医结合研究基地。他几十年如一日，呕心沥血，不遗余力，为中西医结合发展中国医药学事业做了大量的奠基、铺路和育人的工作。他的学生石学敏、戴锡孟、高金亮、张伯礼、吴咸中、师秀章、尚天裕、尚德俊等都德艺双馨，成为医学界的精英。哈荔田晚年仍在孜孜矻矻，为事业奔忙，并促成了国家中医药管理局的成立。

哈荔田是我国现代中医发展史和推进中西医结合事业的重要人物。哈荔田还是一位积极而正直的社会活动家。无论是担任政协常委、政协副主席，还是出任中医药学会和其他社团组织的领导，他都正直无私，全力以赴。他是一位爱国、爱民、爱事业的志士学者，是一位不做则已，欲做则必求完美的人。

哈氏医术　代有传人

津门哈氏为医，至哈荔田已是三代亲传。祖父哈文林，字华庭，是清朝末年保定地区的一位名医，尤以眼科之专享誉四方。哈文林医术精湛，医风朴实，同情百姓，不阿权贵，为穷苦乡邻治病施医舍药，关怀备至。为了研制新药，哈文林必亲身试验，确系无毒无害方敢用于患者。晚年因以身试药，几乎双目失明。叔祖父哈昆弟与祖父哈文林一样，也是一位名医。他专于内、外、妇、儿各科，尤以外科之术蜚声遐迩。哈氏医馆患者四季盈门，百姓有口皆碑，时人语曰：“有病不用怕，保定找二哈。”其荣也至矣。

哈荔田的父亲哈振冈，字鹤鸣，是一位饱学之士，于弱冠之年考中秀才，因受家庭影响，弃儒业而从医。于清光绪二十八年（1902年）考入直隶保定医学堂。这是一家以教习中西医道医术为宗旨的国立新兴医学教育机构，学制六年。哈振冈不仅以优异的成绩修完了中西医课程，还在老师指导下，读完了《黄帝内经》、《难经》、《神农本草经》、《金匮要略》和由丁福保翻译的《西医生理解剖学》及《诊断学》等著作。毕业后，又拜中西医兼通之著名医家姚训恭为师，受其亲传。哈振冈在内、外、妇、儿各科和时疫杂病方面均有所长，备受民众推崇。后被陆军第二师王占元部聘为军医。当时，军中将士多为北方人，不服南方水土饮食，多患胃肠之病。为便于在征战中服药治病，哈振冈遂将煎服的汤剂改为散剂，研制出“胃病百效散”等药，以方便服用和疗效神奇享誉军中。又因南方气候潮湿，将士多患皮肤病。哈振冈又熔中西药为一炉，研制出“汞黄药膏”，成为治疗皮肤瘙痒等症的良药。消息传出，驻地百姓纷纷求购。哈振冈十分重视民间医案的搜集。他随军迁徙，每到一地便寻访名医名方和民间验方，零散集录，随身携带，视为珍宝。

哈振冈继承家学，崇尚易水，又谙西医学理及诊断之术。他师古而不泥古，务求创新。他重视脾胃而又不失调理气机之法，尤其在气分药应用上更是独树一帜。他总结出了血中气药，气中血药，理气、降气、调气、补气等诸多经验。他认为，“肾为先天之本，脾为后天之本”，因而在调补脾肾之剂中必佐以理气之品，既可使补气无涩腻之弊，又可调动脾胃之生机。哈振冈是哈氏医学理论和医术的奠基人。退役后，回天津设帐行医。哈振冈德高艺精，对中医内、外、妇、儿各科造诣颇深，尤以妇科之精誉满津门。哈振冈晚年将一生搜集之名方、验方集为一册，又将哈氏妇科医案汇编，共6册，同行于世。

哈荔田天资颖悟，勤勉好学。自幼随父读书，文思敏捷。

六七岁时，与父联句作对，每有妙语。其父曰：“仁、义、礼、智、信。”荔田对曰：“温、良、恭、俭、让。”父曰：“读书。”荔田曰：“行医。”父曰：“读书须有恒心。”荔田对曰：“行医务求仁术。”哈振冈曾欣然赞之曰：“传吾之医道者，必此小儿也！”在其父的教导下，哈荔田读书很有特色。不论是读《三字经》、《弟子规》，还是读《汤头歌诀》、《药性赋》，以及《内经》、《脉学》、《伤寒论》，常常是在僻静无人之处，放开喉咙，朗朗诵读，直至背诵，必使声音出之于口，闻之于耳，会之于心。然后再于喧闹的环境中默默心诵。他说，这叫静中自取其闹，闹中自安其静，也堪称读书之一法。哈荔田晚年回忆说，少年时这种静中朗朗、闹中默默的读书方法，虽然苦了一点，但所读之篇章却如石上镌字，字字锲入脑际，终生不忘。

哈荔田的中学时代是在保定同仁中学度过的。那是一所有着光荣传统的学校。因时局动荡，哈荔田辍学回家，全身心随父学医，时年 16 岁。其父哈振冈是一位儒雅方正耿介之士，居家教子庭训甚严。这期间，哈荔田除随父侍诊，在临床实践中学习外，还遵父教导，几乎将所有时间都用来读书。几十年后，哈荔田在《学无止境，锲而不舍》一文中写道：“我学医伊始，先父每以诸葛武侯‘志当存高远’之语谆谆教诲，并告诫我，医者司人性命，既要有仁人之心，又须医术精良。既然选择了医学这一事业，便要一生笃志力行，奋斗不已，万不可浅尝辄止，学师不卒，庸医杀人。由此我认识到，要学好医道，首先要专于心，立于志，要有一种献身精神，如若见异思迁，二三其志，就会失诸精髓，是不会有所成就的。其次要敢于攀登医学高峰，要树立一种‘会当凌绝顶，一览众山小’（杜甫《望岳》）的目标和志向。否则亦不免流于平庸、肤浅，终不会有所作为。但取法务上并不是好高骛远，好大喜功。倘若一味贪多，急于求成，就会失于扎实，流于浅薄。”

哈荔田在文中又写道:“先父认为,古今精于医者,无不精通文理。文是基础,医是楼阁,文理不通则医理难明。所以学好古文是学好中医的基本功之一。因此,先父对我一面督学医经,一面补习古文,经史子集,靡不数读,同时又去临床耳提面命,悉心指点。我自己亦颇能以‘寸土寸金’之喻自警,发奋刻苦,朝夕攻读,所谓‘焚膏油以继晷,恒兀兀以穷年’(唐代韩愈《进学解》),如是者二年余,进步很大。”

立志从医的哈荔田,悉遵父命,读书倍加努力。他所付出的不仅是“二年余”的光阴,而且是“恒兀兀以穷年”的毕生工夫。一般人读医书多从注本开始,以为便于理解,是读书的捷径。哈荔田不然,他认为应先读原文白本,然后再读注本,以检查自己的理解与注本的异同。看注本时也不拘于一家,而是各家对照,彼此互勘,择善而从。在领悟注本全貌后,哈荔田还仿杨上善、张景岳诸家的治学方法,将全篇有关内容分类辑录,一以积学,一以备忘。

哈荔田说,《内经》是中医理论之源头,为医不读《内经》,则学无根柢。后世医家虽然在理论上多有创见,各成一家之说,但究其学术思想的继承性而言,无不发轫于《内经》。故读《内经》、《难经》之目的尽在于掌握中医理论之根本。而仲景之《伤寒论》、《金匮要略》则是临床医学之圭臬,辨证论治之大法。不读仲景之书,则临床治无法度,医无准绳。故读仲景之书旨在掌握治疗之常变。

在遍读诸家注本之后,哈荔田才开始研读医案。读医案时,则又必先将案中辨证立法及用药部分掩住,但就其所述脉证自己先行分析、辨证、立法、处方,而后再与原医案对照,用以考察自己与彼之辨证用药有何异同。

某年,曾有一位年迈妇人患足踝肿瘤,日夜呻吟,不能履地,致使饮食难下,精神萎靡,痛苦不堪,前来求诊于哈振冈。

哈振冈见状，先命哈荔田诊治，以试其能。哈荔田把脉问病，抚其肿块，望其神情，多方揣摩辨证之后，又与前人的治则方剂比照互参，断为湿热下注，积瘀成患。先予针刺，疼痛立刻有所减缓，病人大喜。再以三妙丸加味，并重用土茯苓一药，不数日竟痊愈。病家欣然致谢，邻里啧啧称奇，其父也倍感欣慰。时年十六七岁的哈荔田便得到了"小哈先生"的美誉，从此医名鹊起。

哈荔田志存高远，幼有"会当凌绝顶"的理想。他习医如痴，苦读不怠，临床不惊，有一腔救人济世的情怀。哈荔田是在中医药的熏陶下成长起来的哈氏医学的第三代继承人。

北京求学 天津行医

哈荔田的父亲哈振冈是一位开明的医生。他深知要使儿子超越祖上，对中医学多有作为，单凭哈氏之术是不够的。一个成功的医生必须是广学博采，融古今百家精华于一身的人。学无止境，艺无止境。于是决定送哈荔田外出拜师或上学。

那是1931年，正是施今墨同魏建宏、刘肇甄、陈公素等人在北京创立华北国医学院的第一年。哈荔田素来仰慕京城"四大名医"萧龙友、孔伯华、施今墨和汪逢春，于是抱着仰慕之情进京考入了华北国医学院，直接受教于施今墨门下。这一年，哈荔田19岁。

华北国医学院学制四年，其办学宗旨是"以科学方法，整理中医，培养人才"，绝不拘泥成法。唯一宗旨，希望阐明先哲之遗言，借助新医之实验，为人类造福。所设课程以中医为主，中西医兼授。中医课程有中国医学史、医学大意、内经、难经、伤寒、金匮、温病、诸病源候论、本草、处方、脉学、辨证论治、医案学以及内、外、妇、儿、针灸、骨伤、眼耳鼻喉、皮肤花柳等科。西医学则开设了生理卫生、解剖学、病理学、细菌学、药理学、诊断学、传染病学、法医学及内、外、妇、儿等课程。此外，还设有国文、日语、德语等语言文化课。哈荔田一次不误地听完了所有的课程，而且还怀着极大的兴趣去北大医学院参加了生理、病理课的幻灯教学和尸体解剖的见习活动。多年以后，哈荔田回忆说，当年在华北国医学院所学的课程，是以往拜师所学不来的。尤其是西医课程，使他大开眼界，大获新知，为他日后倡导以中西医结合的方式发展医药卫生事业打下了基础。哈荔田还说，当年，施今墨院长规定的以德治教、以德治医的十二条“医诫”和施今墨本人的大医风范都是他几十年行医的人品标准和道德规范。

北京是学者云集、名医荟萃的地方。哈荔田不以学院的课程为满足。他要在读书期间，寻访除施今墨以外的萧龙友、汪逢春和孔伯华三位名医和其他名医前辈。他要目睹名医的医术、医风，向他们求教。为了能淘到名医的墨宝，哪怕是处方手迹，哈荔田常常装成病人，或以代人问病之由登门拜访求教。在汪逢春那里，哈荔田知道了胃肠病和湿温病的发病机理和用药原则。在孔伯华医馆，知道了孔大夫“虎啸龙腾”的大剂量用药特点，知道了被百姓喻为“石膏孔”的故事。而萧龙友关于治医学史的论述更给哈荔田以深刻的启迪。萧龙友说：“治医学史，必先将历代典章学术搜讨无遗，然后可以言史，否则医自医，学自学，史自史耳，何益之有哉。”20多岁的哈荔田以他的谦恭好学和坚韧不拔的精神得到了名医大家的教诲。这在他日后的行医之路上都成了一盏盏明灯。除此以外，哈荔田在求学期间还结识了陆仲安、张简斋、夏应堂、丁济万、陆渊雷、何廉臣等名家，并得到了他们的题字条幅或处方笔迹。这些珍贵的名人手迹和在学院听课的笔记本一直被哈荔田视为珍品保存在身边。

哈荔田的学院生活，除了上课，寻师，交友，就是读书，做学问。他床头打开的是医书，背包里装着的是医书。他入睡前看书，起床前看书，甚至走在路上，嘴里还在嘟囔着书里的句段。

他读过的书，凡是重要的篇章段落几乎都能朗朗背诵。由于他是好学生，老师常常让他整理医案病历，或誊写教材和讲义。每逢此时，他就不失时机地将学习和侍诊实践中发现的问题提出来，向老师寻求答案。他的这种质疑求真的精神深得老师们的赞扬。几十年后，当面对自己的学生时，哈荔田常常说："学中医一定要多读书。读书是苦事，但更要苦读。凡真正医家必爱书。读书是我们生活和工作的重要组成部分，与书交朋友，其乐无穷。我们应当在读书中不断充实自我，不断完善自我，永远做书的朋友，做知识的学生。"

哈荔田在校4年，从学习态度、人品道德，到各科考试成绩年年优秀，年年都被评为三甲学生，一直享受着学费全免的待遇。院长施今墨在当时及以后的几十年里，一直深爱着这位回族学生哈荔田。他曾多次表示："哈荔田是我最喜欢的学生之一。他有着顽强的毅力和严肃的敬业精神。中国需要这样的医生。"

1933年，哈荔田以在校学生的身份考取了中医行医执照。两年后即1935年修业期满，捧着毕业文凭和行医执照的哈荔田踌躇满志地回到天津，开始了他不平凡的行医生涯。

哈荔田的父亲哈振冈在天津市河北区平安街福原堂药店的后身开有自家诊所，名为"哈大夫诊疗所"。哈荔田回津后，父亲并没有让他立即把脉接诊，更不给他处方权。时年23岁的哈荔田多有不悦之色。父亲解释曰："你学了许多新东西回来，我很高兴。我也不是不相信施今墨、周介人、方成生，他们都是当今的名医学者，各有专长。但是你现在是在哈大夫诊所行医，你得先看看，学学咱们哈家的医风医德和诊病用药的特点。如果你突然用新学来的东西去看病，失去了哈氏诊所的特点，不但我们的长处得不到发挥，而且也会让病人生疑，还可能损伤哈家诊所的声望。所以你必须看一段时间，学一段时间，等你基本上掌握了哈氏诊疗的特点之后，再与你所学之术结合应诊，你就会明白老父的用心了。要知道这也是采百家之精而铸一家之术。”

于是哈荔田在父亲面前当起了实习生。他觉得从学校来到诊所，从学生变成医生，自己不但需要适应，更需要学习。他觉得父亲迎送病人时那种文雅大方的举止态度应该学习；父亲把脉问病时那种专注的神情、诚恳的问话内容和语气应该学习；连父亲抄写处方时的姿态和工整清晰的字迹他都看在眼里，记在心里。特别是父亲向病人讲述诊断结果和处方用药的情况时，哈荔田明白了，哈氏医道所追求的不仅是医术的精准，而且是对病人的同情和关爱。哈振冈对儿子说：“我们是回族，回民一向是八根绳两头挑（指做小买卖），手里握着三把刀（指切糕刀、切肉刀、瓦刀）——穷人多啊。咱们要为回民争口气，要做好事。没钱还有手呢，三个手指头也能做好事。”又说：“古人关于医德都有训言，咱们家亦有医训：一是不治不治之症，不要为了图几个钱，给人家开敷衍的方子，那是缺德；二是不取不义之财，切不可乘人之危多要钱；三是看妇科病必须谨守自己的人格，妇科病多有讳忌，看到什么也不要讲出去；第四是看病要胆大心细，一定要谨慎认真，不能马虎。”哈荔田听从父言，恪守家训，事事恭行不怠。一年之后，父亲给了他独立诊病和处方的权利。哈荔田回忆说，那时候，父亲很激动，反复说，中医要发展，哈家医术也要发展。既不可以在校所学独行，也不可独以哈家医术为尊，要学会采百家之长为我所用，哪怕是西方之学。

哈荔田行医确实走了一条与父辈、祖辈们不大相同的路。他应诊伊始便把听诊器、血压计和喉头镜等简单的西医常用器械摆上了诊案。哈荔田年轻英俊，儒雅大方，语言诚恳，态度和蔼。患者不分男女长幼，官商百姓，他都一视同仁。若遇穷苦孤寡之人，则承父亲之风，不是免收诊金，就是送药救急，倍加体恤。有的病人需要听诊、量血压时，他就说明检查的原因和方法，使患者解除顾虑。对需要摄X线片检查的病人，就介绍去专科门诊透视或照像。他的那个手提出诊箱中，也总装着听诊器等一套西医的检查器械。有一次，哈荔田应约到市郊一农家出诊。患者是位老翁，当哈荔田拿出听诊器检查时，竟把老人家吓了一跳。哈荔田赶忙解释，又请他老伴儿试听了心跳的声音，老人才将紧张的神色变成了笑容。为了了解他人诊所的医术特长，哈荔田还曾多次装成病人上门求诊，或直接上门切磋医理。他甚至通过货栈、港口的工作人员了解搜集南京、上海等外埠医家的诊所设置和诊病特点。功夫不负有心人，哈荔田积极探访名家，采集经验，使自已迅速地成熟了起来。他的中西医合诊的治病辨证方法也得到了患者的认可，收到了良好的效果。哈大夫诊所的声望更高了，求诊的患者也更多了。

某年，一孕妇李某，妊娠六月，腹痛难耐，大便脓血杂下，日夜无度，所下或如败酱，或如鱼脑，臭秽扑鼻；且高热烦渴，小便赤涩，舌苔黄燥，按脉数滑。曾服中西药物而痢下未减，病情日见危重，遂邀哈荔田诊治。哈荔田见状，虽心生惊惧，但仍平静把脉而思之：前人有“下痢身热脉数者死”之说，而此妇重身，邪热积滞，壅遏过甚，三焦不得宣通，非推荡不得泻其邪，撤其热，而邪热不去，阴液过耗，恐胎元不保。于是哈荔田劝之曰：“病虽重，但不可悲恐，好好服药调养是会好的。”遂以调胃承气与白头翁汤化裁治之。药用大黄、风化硝、白头翁、黄连、黄芩、蒲公英炭、木香、白芍、甘草等。服药二剂后，痢减热降，腹痛亦轻，妇人甚喜。继用柔润养阴、清肠化滞之品，病去大半。后又用理脾和胃、养血安胎，稍佐消化之品，不数日痊愈，并于数月后顺产一男婴。哈荔田指出，孕痢一症之险，在于易损伤胎元而致流产，故治痢当固其胎元，护其胎气。邪不去，则胎不安，邪去则胎自安。哈荔田行医之始便克此顽疾，遂为哈氏妇科之术又树一帜。哈荔田在父亲之后，很快也享誉津门。

哈荔田不仅是一位内、外、妇、儿兼长的临床医生，而且从步入杏林之日始就是一位热衷于中医教育事业和社会活动的学者、志士。他与名医周介人相善，并在周介人主办的北平中医师资培训班任教。1940年以后，又任教于天津市国医培训班。哈荔田用自己每病必效的医术和忠厚谦逊的人品，不但赢得了患者的赞誉，而且也得到了医界同仁的敬服。20世纪40年代中期，天津市中医界酝酿成立中医师公会，哈荔田是第一批会员，不久便被大家公推为主要负责人，成了一位热衷于中医药事业的社会活动家。

为医为政　广有建树

1949年以后，随着国家的日益昌盛，哈荔田的事业也进入了一个全新的发展时期。他紧跟时代步伐，为中医药事业奔走呼号，做了大量的工作。

20世纪50年代初，针对个别领导关于改造和取缔中医的错误主张，哈荔田与名医陆观虎、赵寄凡等人联名上书中央政府，表明了捍卫中医、反对错误言行的坚定立场。他们认为，中医传承千年，是中华民族文化的瑰宝。在新时代，不是要取缔中医，而是要大力研究中医，发展中医，使中医更广泛地造福于全国民众。他们的意见得到了中央领导的全力支持。于是，他们在天津市率先成立了中医进修学校，在课程安排上，以中医为主，也兼授西医课程。哈荔田等人编教材，写讲义，请名医亲临授课。哈荔田与顾小痴主讲的妇科学深受学员欢迎。

中医在历史上几乎都是私人自设诊所的济世行为。哈荔田认为，这种个体组织已不能适应全国统一的大好形势。他响应政府集体化、合作化的号召，1951年率先在天津市成立了河北区“小树林中医联合诊所”，从而迈出了集体行医的第一步。在实践过程中，哈荔田又发现单单一个小树林诊所远不能适应新时代的需要，应该扩大联合范围，有组织地发展中医诊疗和学术研究事业。

1954年6月，天津市卫生局领导邀请哈荔田、陆观虎、赵寄凡等人研究成立天津市中医门诊部事宜，并命哈荔田等人出面筹划。是年10月7日，天津市中医门诊部开诊（这就是后来天津中医药大学第一附属医院的前身）。陆观虎为门诊部主任，赵寄凡任副主任，哈荔田任妇科主任，宋向元为儿科主任，叶希贤为骨科主任，王文锦为针灸科主任。当时，来门诊部就职的都是津门名医。他们放弃了几十年个人行医的高收入，甘心来门诊部拿固定的月工资。以哈荔田为例，以往个人开业，他每月可收入几千元，而门诊部的月薪只有170元。但是为了国家的中医药事业，他们毫无怨言，欣然走上了为人民服务的道路。

1954年底的一天，天津市委组织部找哈荔田谈话。哈荔田精神有点紧张，但听说要调他到市卫生局工作时，他又服从了国家的安排。1955年2月，中央人民政府国务院总理周恩来亲自签发任命书，任命哈荔田为天津市公共卫生局副局长。世代郎中，如今竟成了国家干部，走上了领导岗位，真是千古新闻。消息传出，中医界同仁无不振奋。哈荔田出任副局长后，所做的第一件事就是领导社会医药管理科（后改为中医处）的全体同志对全市中医行业的情况进行全面调查，了解到全市有执照的行医人员1304人，知名者100多位。当时，市里有一个中医门诊部，但是房舍狭小，设备简陋，又无住院床位，远不能满足患者需求。在天津市中医代表大会上，哈荔田偕其他中医专家提出成立中医医院的建议。天津市政府采纳了这一建议，决定将天津市第四医院改建为天津市中医医院。在哈荔田的主持下，根据中医的特点，制定章程，更换设备，选干部，调医生，天津市中医医院终于在1955年12月开业了。郭沫若先生还专门为医院题写了院名。医院设有中医内科、外科、妇科、儿科、骨科、按摩科、针灸科、眼科，还设有中西医结合综合科和X线室、化验室、中西药房、制剂室等辅助科室和100多张病床。医院首任院长为名医陆观虎，副院长由赵寄凡等人担任。所有医生和科室人员也都是精挑细选，为公众信赖的中医界精英。天津市中医医院的成立是天津乃至全国中医药历史上的一件大事。

哈荔田除主管医务工作外，还主管药政工作。20世纪50年代，天津市是北方药材的主要集散地。鉴于当时药材市场良莠不齐，哈荔田在抓医院建设的同时，又着力抓中药制剂的规范。1956年，由哈荔田牵头，在天津市原有成方配本基础上，组织编纂了《天津市中药成方选辑》，这本书是集天津市各中药厂的经验方，与传统古方相结合的统一配本。哈荔田亲自题写书名，并题词祝贺其出版。继而又于1963年与药政局共同成立了修订小组，在原1956年版本基础上，吸收了天津市独门药配方和部分外地方剂共198方，定名为《天津市中成药规范》正式出版。经过近十年的努力，终于规范了中成药的炮制和管理，并成立了天津市饮片厂，从此结束了千百年来中成药生产分散无序的历史，率先实现了统一配方、统一炮制工艺和统一领导的规模化生产时代。哈荔田还积极倡导新药的研制开发和剂型的改进。他认为，不断地探索创新，才是新医药学的发展之路。在处方用药方面，他大力倡导"简、验、便、廉、效"的用药原则，反对医生开大处方、人情方和随意用贵重药品的行为，认为用药对症、药到病除才是医生追求的真正目标。在哈荔田领导下，还搜集出版了民间偏方、验方十多册。

随着国家的改革开放，中医药事业也得到了进一步的发展。1979年成立了中华全国中医学会及部分学科分会，哈荔田当选为全国中医学会副会长。作为政协委员，哈荔田多次在全国政协会议上提交议案，建言献策。1988年，哈荔田提交了《关于进一步建立健全中医管理机构》的提案，要求成立国家中医药管理局。1988年9月7日人事部复函："党和政府十分重视我国的中医事业，七届人大一次会议之后，国务院常务会议讨论通过了国务院工作部门设置方案。为了进一步加强中医事业的管理，促进中医、中药的协调发展，国务院决定成立国家中医药管理局，将原属国家医药管理局管理的中药部分，划归国家中医药管理局。现在，国家中医药管理局正在按照国务院的要求，拟定‘三定’（定职能、定机构、定编制）方案，并将尽快按照新的职能开展工作。”不久，卫生部副部长胡熙明兼任了国家中医药管理局局长、以后各省、市相继成立了地方中医药管理机构。

为了促进中医妇科事业的发展，哈荔田还向全国中医学会提出筹建全国中医妇科学会的建议。他亲自挂帅，组织全国著名中医专家罗元恺、蔡小荪、何子淮、王子瑜、黄绳武等人成立筹备组，搜集各地中医妇科情况，于 1982 年在太原召开了首届中医妇科学术交流会。1984 年又在天津召开了中华中医学会妇科专业委员会暨第二届中医妇科经验交流会。全国妇联主席康克清发来电报祝贺，中央主管卫生工作的部、局及天津市领导亲临大会。会议选举哈荔田为中华中医学会妇科专业委员会主任委员，选举罗元恺、蔡小荪、顾小痴、何子淮等人为副主任委员。

哈荔田从 1955 年走上领导岗位以后，几十年如一日，为中医药事业呕心沥血，做了大量卓有成效的开拓性的工作。哈荔田是中医药事业杰出的领导者。

博采百家术 旨在求创新

哈荔田认为，人世间一切知识学术和百工技艺都是在一代一代人的传承中发展和进步的。前人的成就是后人创新的基础，这是事物发展的规律。所谓博采百家，不是要玩赏旧物，而是为了发展和进步。中医之所以有今天的成就，是通过一代一代人的不断创新而取得的。在这漫长的传承中，学习、读书发挥着极其重要的作用。在哈荔田的治医思想中总是把读书、学习摆在第一位。

哈荔田认为，欲学中医的人，首先要有志于医，要有为治病救人而献身的精神。志不立，天下无可成之事，虽百工技艺未有不成于志者。这就是哈荔田成为名医的基础。倘若见异思迁，二三其志，“妄陈杂求”，终不会有所作为。其次，既然立志从医，就必须具有“会当凌绝顶，一览众山小”的理想，要当个对社会有大作为的医生。他常告诫年轻人，学习固当勤奋，但更要注意读书的方法。从易到难、由浅入深是不可更易的规律。读书要眼到、口到、耳到、心到。口诵读而耳不听、心不思的方法是不可取的。若能将书中之语如石上镌字一样铭刻在心，那前人之论便可为我所有了。

中医药学的著作，随着历史的演进和一代一代人的继承和探索创新，其内容在扩充，数量在增多，说医书浩如烟海并不为过。宋朝人学医只需从秦汉隋唐几朝的书海中撷取精华，清朝医生则还必须去研究宋元明三代的医书。到了现代，我们有志于中医的人，所要阅读的医药著作，与前人相比就更浩瀚了，所要花费的时间、精力必将更多。想想看，从华佗、张仲景、孙思邈到“京城四大名医”萧龙友、孔伯华、施今墨、汪逢春，在这千年的发展中有多少书要读，有多少名家的经验需要我们学习啊。所以说，学医者必须大量读书，必须从书中探寻中医继承、演进的规律和成就。哈荔田说，“博采百家”四个字说起来容易，实行起来就难了。但是尽管如此，我们必须“博采”。

历史在前进，科学在发展，今天的中医师和要学中医的人，要想提高个人医术，要想在中医药理论和实践中有所建树，单靠继承中医药千年的成就是不够的。哈荔田认为，今天的中医还必须学习现代医学理论，还必须向西医学习诊疗技术。现在，不懂一点西医知识是很难当好中医大夫的。哈荔田早在北京求学时，就已经学了许多西医理论和诊疗技术。那时候，除了学习西医课程之外，他还利用休息时间常常去北京协和医院看西医大夫诊病，向西医大夫求教，并多次得到留法医学博士陈绍贤在西医学方面的指导。他的许多朋友，如朱宪彝、方先之、俞霭峰、柯应夔、陈绍贤、林崧等都是西医界的知名学者。

哈荔田是中西医结合行医模式的倡导者、实践者和积极的推行者。1955年担任天津市卫生局副局长以后，他一方面大力兴办中医医院，一方面在西医医院设立中医科，并鼓励中医学习西医和西医学习中医。1956年，天津市卫生局受卫生部之托开始举办华北、东北地区的西医学习中医班（又称西学中班）。哈荔田是中医教学委员会的负责人，并担任了第一期的班主任。他选校舍，订计划，请教师，编教材，还亲自主讲中医妇科学。学习班每期两年，十多年间共举办了6期，为国家培养了一大批中西医兼长的医务人才。如吴咸中、尚天裕、师秀章、尚德俊、边天羽等都已成了著名的中西医结合的专家。

哈荔田还向中央政府和省市领导建议，成立了两个新兴研究所：一个是以吴咸中为首的天津市中西医结合急腹症研究所，设在南开医院；一个是以尚天裕为首的天津市中西医结合骨科研究所，设在天津医院。这是两家属全国首创的中西医结合的研究所。研究所的成立及其以后的研究成果，不仅使大江南北的中西医学界大为振奋，也引起了世界医学界的瞩目。哈荔田曾说，中医所谓的博采百家，还必须包括西医这一家。今天，借鉴西医是中医进步与创新的重要途径。哈荔田认为，中医世代传承，其实也在世代革新。墨守成规，唯古是从，不是中医发展的逻辑。每一位医生都有义务在继承中创新。

哈荔田崇尚易水学派，在他的治医思想里，把扶正固本看得特别重要。他认为，扶正固本是中医治病的重要法则，属于八法中的补法。它是从扶正祛邪、标本缓急和治病求本等原则综合演变而来的。扶正是扶助正气；固本就是调护巩固人体抗病之能力。哈荔田特别强调脾胃为后天之本的思想，认为先天不足可以后天补之。扶正固本的作用在于预防疾病，治疗虚证，挽救危急，调摄康复。扶正固本的治疗原理，则在于补益人体脏腑气血阴阳之不足，调动自身的能动作用，调整阴阳，纠正偏盛偏衰之弊，从而使人体阴阳恢复平衡，得到健康。

哈荔田根据“至虚有盛候，反泻含冤；大实若羸状，误补益疾”(《治病法轨》)的教导，认为对“大实若羸状”的假虚证候，如误用补药，则必致助邪伤正；而对“至虚有盛候”的假实证候，当补反攻，则会造成虚者更虚，甚至死亡的危险。哈荔田还认为，在扶正固本之时切记保护胃气。脾胃为后天之本，机体营养之源，药物也要经过脾胃的运化输布全身以发挥治疗作用。因此补虚时一定要照顾到脾胃功能，益气应忌壅滞，养血需防滋腻，滋阴当忌苦寒，助阳更防泄气。扶正固本之法多用于慢性疾病或某些急性病的缓解阶段。应根据病情发作的特点，确定相应的治疗时机。例如慢性气管炎、肺气肿、肺心病，多在秋冬发作加重，春夏则趋缓解。根据“冬病夏治”的原则，着重在缓解期以扶正固本法治疗。扶正固本之用药也有轻重缓急之区别。气血大伤，正气欲脱者峻补，用药精，用量大，才能力专效宏。而慢性病或急性病的缓解阶段，则应用平补，其药力不宜过猛，缓图慢治，积至一定时日则见功效，不可急于求成。为了扶正固本，有时也需要服用补药。若用之得当，可以助其疗效；倘若用之不当，也会适得其反，导致阴阳失调，干扰脏腑功能的正常运转，甚至增添新病。特别是在外邪未尽的情况下，哈荔田从不主张骤补，以免留邪为患。

作为哈氏医术的继承人，哈荔田在妇科疾病的理论认知和治则方面也有新的发展。哈荔田认为，人是脏腑协调运转的有机体。因此，诊治任何疾病，都不应采取头疼医头、脚疼医脚的方式孤立施治，特别是妇科疾病更必须从整体出发，既要了解邪中何经，病在何脏，又要重视脏腑、气血及冲任二脉之间的相互影响，这样方可找出病机所在。切忌只着眼于某一因素，而忽略了其他相关因素。例如，肝气郁结可以导致气血失调，影响冲任。肝的功能失常可以产生经、带、胎、产方面的疾病，又能影响脾胃的消化吸收功能，致使气血生化之源匮乏，加重疾病的发展。所以治疗上不仅要疏肝解郁以调经血，还要兼理脾胃以滋化源。有时甚至要以调理脾胃为主。很多妇科疾病往往都能通过调理脾胃取得疗效。例如某些慢性胃肠疾患之消化不良、慢性腹泻、慢性痢疾等常可导致月经不调，故在治疗上以调理脾胃为主，虽不治血，而经自调。

整体观的另一方面，体现在人体与自然的对立统一。中医认为，自然界四时气候的变化对疾病的发生、变化、预后和转归都有一定影响。在诊治妇科疾病时，要根据季节和气候的变化进行调治。临床证明，治疗阴虚阳亢的月经过多，冬季的疗效较夏季为佳。治疗寒凝血瘀的月经过少、痛经、闭经等，夏季的疗效较冬季更高。哈荔田认为，不仅四季和每月的盈亏变化对人体生理病理活动有一定的影响，就是一日之内的昼夜晨昏变化，对人体也有一定影响。实践证明，崩漏患者在日晡时出血量多，痛经病人多在夜间腹痛加重，孕妇临产的阵痛深夜较重。又如，常居寒冷地区的女性，其痛经、闭经的发病率较温暖地区为多；月经量多、月经先期和倒经则多与素嗜辛辣之物或常在高温下工作有关。因此，掌握四季昼夜的阴阳变化，从整体出发分析病机，知时论证，对于妇科病的诊治是十分重要的。

哈荔田认为，妇女以血为本，以气为用。气血之化生、运行、敷布、施泄等，无不与脏腑功能活动有关。其中尤以肝、脾、肾三脏对妇女生理、病理的影响最为重要。因此，在治疗妇科疾病时，除了注重扶正固本和整体辨证外，哈荔田还特别重视调肝、养脾胃和补肾的作用。

肝藏血，主疏泄，性喜条达舒畅，在妇女生理、病理特点上占有重要地位，故有“肝为女子先天”之说。肝与冲任二脉通过经络互为连属，肝之生理功能正常，则藏血守职，气血调畅，冲任通盛，月经以时下，胎、孕、产、乳皆能正常。若情志抑郁，肝失疏泄，不能遂其条达之性，或肝不藏血，肝血耗伤，则可导致多种妇科疾病的发生，因而有“万病不离乎郁，诸郁皆属于肝”之说。对于肝病的用药原则，哈荔田认为，肝郁宜芳香辛散，肝燥宜甘润柔缓。临床凡月经不调、痛经、闭经、不孕、产后腹痛诸症，并伴见精神抑郁、胸胁满闷、乳房胀痛等症者，每以柴胡疏肝散为基本方疏肝解郁；兼寒则加乌药、吴茱萸、小茴香、橘核等暖肝散寒；兼热则去川芎之升动，加牡丹皮、生地黄、黄芩、白薇等凉肝清热。所以，治妇科病应多考虑对肝脏的调护。

哈荔田认为，脾胃功能正常与否，也能反映出妇女的生理病理特点。脾与胃的生理特点不同，所以用药宜顺应其性。如脾司中气，其性主升，又为阴土，易损阳气，故治脾应针对其特点，用药多以温阳、益气、升清、化湿、辟秽等法为主。温阳药如炮姜、艾叶等；益气药如党参、黄芪、白术、白扁豆等；升阳药如柴胡、葛根、升麻等；化湿悦脾药如苍术、厚朴、半夏、陈皮、薏苡仁、藿香、佩兰等。常用方剂如补中益气汤、参苓白术散、升阳益胃汤等等。胃主受纳，其性主降，又为阳土，其性主燥，最易受热邪影响而耗伤胃津。故治胃之法多以和胃降逆、清热养阴为主。前者如清半夏、竹茹、枳壳、佛手、紫苏梗等，后者如沙参、麦冬、石斛、知母、黄连等。常用方剂如麦门冬汤、左金丸和温胆汤等。

脾与肾两者的关系十分密切，如脾胃的升降纳运功能有赖于肾阳命火的温煦，才得以不断运行。倘肾阳不足，火不生土，则可导致脾胃升降失司；反之脾阳久虚也必累及肾阳，故治脾尚须兼温肾。如子宫脱垂多因脾虚下陷、清阳不升所致，治以补中益气加巴戟天、杜仲、川续断等益气补肾每获良效。又如脾不统血之崩漏，以举元煎加减治疗，药用参、芪、术等补气健脾，升阳固本；阿胶、熟地黄、枸杞子、女贞子等养血止血；并以杜仲、川续断、菟丝子、山茱萸等大队益肾固冲之品，从肾治脾，脾肾兼顾，效果甚好。

至于补肾，哈荔田说，肾主藏精而寓元阳，为水火之脏，主生殖而系胞脉，与妇人之月经、胎孕关系甚为密切，补肾包括滋补肾阴（精）和温补肾阳（气）两方面。

中医自古有精血合一、肝肾同源之说，又称肝为肾之子。倘若肾精既损，肝血当然也不会充实，此所谓“母虚及子”者也。所以滋补肾阴，常宜兼益肝涩精。哈荔田恒以二至丸为基础方，加杜仲、枸杞子、何首乌、当归等，俾养血化精，子令母实。又因肾主封藏，肾阴亏损，封藏失职，则精易走泄，故又常加五味子、菟丝子、桑寄生、山茱萸之类补肾涩精，以固封藏。临床凡由肝肾阴虚所致之经闭、不孕、崩漏、带下、滑胎等病症，每以上述方药为主，视具体病情加减。若肾阴虚损，阳失制约，相火失潜而致月经失调、先期、量多、崩漏等，伴见颧红盗汗，五心烦热，午后潮热等症者，则宗王太仆“壮水之主，以制阳光”之旨，用二至丸加生地黄、牡丹皮、玄参、麦冬、白芍、地骨皮等滋阴凉营，并用鳖甲、龟板、牡蛎等介类潜降之品，而不主张加用知、柏等苦寒损阴之药。

对于肾阳虚者，据“精能化气”之旨，宜温补肾阳，兼用温润填精之品，诸如鹿角胶、紫河车、巴戟天、狗脊、菟丝子、川续断等；若兼四末不温、小腹冷痛等虚寒之证，则加仙茅、淫羊藿、补骨脂、艾叶、吴茱萸等温阳散寒之品，对辛热劫津之干姜、附子、肉桂等一般较少应用。即使确有下元虚冷，寒湿不化，见面白肢厥、重衣不暖、肢面浮肿，脉象沉迟等症必用时，亦不可重用久用。又如肾阳虚馁，火不生土，每使脾阳不振，失于健运，脾不能助肺益气，故肾阳虚者又常兼见脾肺气虚之证。如气短乏力、自汗便溏等，当在温阳填精的同时，辅以参、术、芪等益气健脾之药，以从气中补阳。

哈荔田怀着学习前人、超越前人的理想，几十年如一日，孜孜不倦，呕心沥血，在学习中继承，在实践中求新，为中医学的发展作出了突出贡献。

四法止崩漏　化瘀治子痫

哈荔田集家学所传、学院所授和百家医人所长于一身，长期实践，不懈探求，终成名医大家。他为医不误政务，从政不辍临床。他医术超群，尤以妇科为专。他临床成就卓著，可传世者颇丰，实难尽书，仅取其要而叙之。

一、崩漏

崩漏又称崩中漏下，或血崩经漏。一般以经血来势急、出血量多为崩；以来势缓、出血量少、淋沥不断为漏。在发病过程中，二者常常可以互相转化。如久崩不止，气血耗竭，可变为漏；久漏不止，病势日进，亦能成崩。

崩漏一症其因多端，病机复杂，每每气血同病，累及多脏。哈荔田认为，先天藏精之肾与后天生化之源脾胃是病机关键所在。清人叶天士说："夫奇经，肝肾主司为多，而冲任隶属阳明，阳明久虚，脉不固摄，有开无阖矣。"所以治疗崩漏应首先调理冲任二脉，而调固冲任"奇经"又必须从调理脾肾入手。尽管病机变化多端，但万变不离其宗，补脾胃、益肾气为其基本治则。

哈荔田指出：崩漏多以虚证为主，故脉象以虚脉为多见，即使实证，脉象中也多为虚中夹实。临床上崩漏常见脉象沉细、沉缓，尺脉尤弱。气血大伤时常见芤脉，阴虚内热时脉见细数。瘀血内停，阻塞经脉时多见滞涩，或弦细而滞。血热肝郁则多见弦而有力之脉。因本病多为本虚标实，虚中夹实，故纯实证之弦数有力脉象并不多见。

哈荔田认为，治疗崩漏，古有塞流、澄源、复旧三法，临床应遵循整体观念和辨证施治的基本原则，灵活运用。塞流是急则治其标的措施，但止血绝非一味固涩，而是要根据病情的寒热虚实，分别采用清、补、温、泻四法治之。

清而止之法。崩漏多属虚火，实火少见。所以清而止之法用于崩漏的热证。其药宜用清滋之品，如牡丹皮、生地黄、白薇、地榆、炒黄芩和茅根之类，苦寒伤阴之品，如连、柏、栀子等则宜少用或慎用。

补而止之法。此法用于崩漏患者肝、肾、脾、胃三阴三阳气血失调，功能衰弱，冲任方损之证候。滋补肝肾以二至丸及续断、桑寄生、山茱萸、黄精、地黄、何首乌、杜仲等药为主，潜纳之品，如龙骨、牡蛎、石榴皮、五味子等亦可酌用。

温而止之法。此法适用于虚寒证，但不宜用辛燥之品。如温阳不用桂、附，养血不赖归、芎。临床多选用鹿角胶、巴戟天、狗脊、菟丝子及参、芪等药温阳益气，水中补火。

泻而止之法。此法多用于气滞血瘀者。崩漏一症虽然本质属虚，但在发病过程中，往往有气滞血瘀的病理。其形成原因较多，或因气虚运行迟滞，血脉涩滞；或因寒性收敛，气血缩而不行；或因热灼血液成块；或因气郁血滞；或因离经之血阻于胞脉等等。其共同表现为下血有块，少腹胀痛，不欲按揉，舌有瘀斑，脉沉细或弦细。治宜活血化瘀。常用药如刘寄奴、赤芍、茜草、泽兰、三棱、没药、延胡索、凌霄花等。塞流宜用陈皮水炒墓头回、棕榈炭、炒地榆、山茱萸、五倍子等。山茱萸重用15~30g，常可收到满意疗效。炭药虽有止血之功，但不宜堆砌使用。止血药中佐以化瘀生新之品，如刘寄奴、茜草等，能防止留瘀之弊。

哈荔田说，妇女以血为本，但血与气又互相滋生，息息相关。二者之中又以气为主导，气行则血行，气滞则血瘀。故月经失常虽表现为血病，实则与气机紊乱有密切关系。所以在治疗崩漏的各种类型及其各个阶段都应配合气分药。调气即为调肝。哈荔田认为，气分药一则可起推动作用，气帅血行，使血无瘀滞；二则可以醒脾悦胃，使生化之源充盈，则病体易于康复。

哈荔田有多年经验方“双补止漏汤”，可对症用于临床。

药物组成：党参15g，炙黄芪15g，当归9g，白芍9g，续断9g，菟丝子9g，艾叶炭9g，棕榈炭9g，香附9g，女贞子12g，桑寄生12g，阿胶（烊化）15g。水煎服。

功效：补心健脾，益气摄血补血。适用于劳伤心脾、气血两亏、统摄失职之崩漏。哈荔田说，劳伤心脾，主统失职，化源匮乏，致下血甚多。方中以参、芪、归、芍、阿胶怡养心脾，气血双补；续断、桑寄生、菟丝子、女贞子固肾藏精，以调冲任；香附理气；艾叶炭、棕榈炭止血，以塞其流。全方健脾养心，固肾止血。俾中气得立，心血得生，根株得固，则血即止。

二、子痫

哈荔田曾讲过这样一个病案。1952年仲秋，鱼厂下坡村王某之妻，24岁，妊娠已近7月。肢面浮肿，头痛目眩，泛恶欲呕。因家道不丰，仍日夜操劳不辍。一日，突发肢搐神迷，目吊口噤，全身痉挛，乍作乍止。举家惶惶，不知所措。于是急遣人邀哈荔田出诊。至其家，正值病情发作：四肢抽搐，面青唇紫。少顷抽定，近前把脉。脉弦滑，舌质暗红，边有瘀斑。询之，烦热心悸，头痛睛疼。哈荔田退而语其夫曰：“此子痫病也，乃因素体血虚，孕期血聚养胎，致使阴血更亏。阴虚则火旺，火旺则化风，肝风鸱张，气不养筋，遂有是证。前者头痛目眩，泛恶欲呕，已是内风欲动之兆，乃不知静养，以至于此。倘反复发作，对母体和胎儿恐有危害。”其夫惊惧欲泪，转而语曰：“但求保全大人，胎儿虽殒无须顾忌。”哈荔田从其夫所言，遂书处方如下：

先予熊胆（研末）0.6g，冲入竹沥水15g，即服，以清热解痉涤痰涎（若无熊胆，可以蛇胆或鸡胆代之）。后服下方：

秦当归12g，杭白芍24g，刘寄奴12g，桃仁泥、南红花各9g，麦门冬9g，黑芝麻12g，嫩钩藤12g，紫贝齿15g，白僵蚕、苏地龙各9g，条黄芩、磁雅连各9g。嘱服一剂，以观动静。

翌日晨，其夫来告，谓头煎服后抽搐渐平，遂服二煎，头痛亦减。哈荔田说：“病虽稍定，恐有复萌，原方再服一剂，冀得无虞。”服药后，再被邀诊，病妇脉缓神清，抽搐未作，唯口干纳差，肿势依然。再予育阴清热、养血活血、兼疏筋化湿之剂。

处方：秦当归12g，赤白芍各9g，天仙藤12g，南红花12g，茯苓皮15g，宣木瓜9g，香附米6g，麦门冬、肥玉竹各9g，女贞子、桑寄生各12g，黄芩、黄连各6g，白僵蚕9g，六神曲12g。嘱进两剂。

哈荔田说：“数年后，王某携一小儿与余邂逅途中，谈及往事称，其妻服二诊方之后，诸症悉退，搐未再发，并足月顺产一子，即此小儿也。”谢之再三而去。

这是一则典型的子痫病例。

子痫是妇女在妊娠末期或分娩时、或产后所突发的一种疾病。其表现为全身肌肉痉挛性抽搐和神志不清，临床上以其发病时间不同分为产前子痫、产中子痫和产后子痫三种。哈荔田妙用活血化瘀之法治疗子痫取得了显著疗效，为现代中医妇产科学宝库增添了一份珍贵的遗产。

子痫病，古代医家多有记载。《外台秘要》云：“妊娠忽闷，眼不识人，须臾醒，醒复发，亦仍不醒者，名为痉病，亦号子痫。”临床表现为头晕，头疼，胸闷泛恶，双目直视，四肢抽搐，呕吐涎沫，身体强直，角弓反张，移时即醒，醒后复发等一系列症状。若抽搐时间过长，或频繁发作，常会导致孕妇和胎儿死亡。

哈荔田认为，子痫一病属于阴虚阳越，肝风内动，气火上升之本虚标实之证，临床多见热象。其发病机理主要为阴血不足，肝阳上亢，化火生风。肝阳化风，奔逆于上，则阳气不能柔养筋脉，而致使筋脉拘挛绌急，气血运行也必因此而涩滞，络中血瘀。故在子痫病的发病过程中，瘀血的因素是客观存在的。同时，由于肝气上逆，气血上奔于头，以至气血逆乱，冲任失调，胞宫供血不足，胎儿得不到充分的滋养。此时若单纯息风潜阳，而不予疏利血脉，导血下流，则上逆之气血不能速返。《内经》说："气反则生，不反则死。"故对于子痫病的治疗，在辨证论治的基础上，应针对病情选用适当的活血化瘀药物，以利于舒缓筋脉，调畅血行，导血下流，调养冲任，不仅能达到"治风先治血、血行风自灭"缓解症状之目的，且能佐助镇肝息风之品，而有补阴益血、滋养胎儿之功。哈荔田曾说："余早年也曾恪守古人'用行血消血之剂，胎必坠而祸必旋踵'之诫，对子痫病未敢骤用活血化瘀之药。后因病人家属有'但保大人，勿虑胎儿'的请求而试用之，竟得母子俱安。其效若此，活血化瘀之功也。"

还有一例，那是1957年的春天。友人李君之长女，身孕七月余。肢面浮肿，血压偏高，时有头晕头疼。一日晚间，因事有拂意，致使头晕目眩加剧，兼有腹痛腰酸，遂至某医院急诊。经妇产科检查：浮肿（++），184/110mmHg，尿蛋白（+），并见头晕头痛，口干欲饮。诊为先兆子痫，拟留住院。后因少数民族饮食不便而返家。谁料次日凌晨，突感头痛欲裂，牙关发紧，旋即昏仆，四肢抽搐，二目上吊，全身痉挛，唇色紫绀。少时自醒，移时又发，未及半日发作五次。每次持续1~2分钟。家属用镇静降压药使其入睡。李君仓皇驱车恳求哈荔田前往诊视救急。哈荔田诊后，断为肝肾阴虚，肝火内炽，风阳暴越，胃失和降，乃为子痫之疾。病势虽急，当不致殒命。遂书处方：

熊胆（研末）0.6g，琥珀粉一点1.5g，冲入竹沥水15g，即服。

后服下方：钩藤钩15g，黄芩、川黄连各9g，杭白芍24g，秦当归、刘寄奴、桃仁泥各9g，草红花6g，天竺黄、白僵蚕、苏地龙各9g，桑寄生12g，麦门冬9g，清半夏9g。嘱服一剂，以观其效。

次日，李君笑容可掬，戏曰："仰君神技，小女一剂搐止。"又请哈荔田往视。病人形神倦怠。询之，纳少便干，睡眠不实，身有微热，舌红苔白少津，脉弦细而数。此乃气阴两亏，虚热外浮。遂于上方去芩、连之苦寒，清夏之辛燥，地龙之通窜，加太子参12g，东白薇15g，益气生津，透热除烦；加黑芝麻12g，郁李仁9g，滋阴养血，润肠通便。嘱服两剂。

药后，抽搐未再发。观察数日，出险入夷。服中药期间，除少量镇静药物外，未伴服其他西药。数月后，李君携女抱孙来访，母子康健。谢不绝口。

哈荔田说，上述两例均为产前子痫，皆用活血化瘀之品治之，均未出现堕胎之险。由此推想，前人所辑之妊娠禁忌歌诀，虽沿袭已久，流传甚广，但歌中所列药品，未必都是古人格物致知的结晶，恐怕也有偶用失利，遂未加详究便定为禁用或忌用的情况。今人在实践中应用妊娠禁忌药物的报道为数不少，也都未见不良后果。这充分说明，古人之书当读，但若拘泥古人之言则不可。总要通过临床实践，反复验证，才能决定取舍，切不可用古人之说束缚手脚。

调经有五法　痛经分四治

月经病是妇科常见病、多发病，临床表现不一，症状复杂，治法也多。哈荔田认为，欲调治月经病，应先了解月经的生理病理，以及发病因素，方能进而研究治疗法则。月经乃是女性的生理特征之一。月经产生的根本原因在于肾，而它的正常与否，又与脏腑气血的盛衰有密切关系。脾主运化，为气血生化之源。若脾胃功能正常，则气血生化有源，血海充盈，则经候如常。若肝、肾、脾（胃）任何一脏功能失调，都会使气血、冲任失调，从而导致月经异常。萧慎斋说："经之所以不调者，或本于合非其时，或属于阴阳相胜，或感于风冷外邪，或伤于忧思郁怒，皆足以致经候不调之故。"哈荔田认为，如此种种皆属外因。月经病的根本原因在于肝、肾、脾功能紊乱，气血、冲任二脉失调。因此，治疗月经病，无论是采取袪邪还是扶正的方法，原则上都是着重调治肝、肾、脾三脏的气机，以使气血、冲任二脉的功能调和。所以在治疗月经病时，宜多从调治脏腑功能与调和气血入手。哈荔田在临床实践中，总结出了调经五法：

一是调经养血莫先于调气。哈荔田认为，月经的主要成分是血，血与气息息相关。气为血之帅，气行血自行，气滞则血瘀。血为气之府，血到气亦到，血脱气亦脱。所以月经失常虽表现在血，实则与气机紊乱密切相关。气寒则血寒，气热则血热，气郁则血滞，气虚则血脱，气升则血上逆，气陷则崩漏下血。所以治疗月经病首先应以调气为主。治则有清、温、补、通和固涩等不同方法，但因血与气有关，所以临床仍须配合调气之法。所谓血寒之温经理气，血热之凉血清气，血虚之补血益气，血瘀之破瘀行气，以及血脱之补气固脱云云，都说明"调经养血莫先于调气"。

二是调经肝为先，肝疏经自调。肝藏血，主疏泄，性喜条达冲和，与女子月经及胎孕关系尤其密切。肝气平和，气机条畅，则血脉流通，血海宁静，周身之血随之而安。如因忧思郁怒，损伤肝气，则常可使人致郁。"百病不离乎郁，诸郁皆属于肝。"可见肝郁之伤身也大矣。临床所见，凡月经失调诸病，但见精神抑郁、胸胁满闷、乳房和少腹胀痛者，多由肝气郁结所致。治则以疏达肝气为主，药用逍遥散，随症加减。若兼寒见有小腹冷痛，喜温喜按，经色暗黑有块等症，可加吴茱萸、小茴香、桂枝、橘核等；若肝郁化热，见有心烦急躁，肌肤潮热，口干少津等症时，则用丹栀逍遥散。但切记疏肝解郁不可一味依仗香燥劫阴之品，以防肝郁化燥、气逆化火之弊。倘若应用香燥辛散之品，则应适当佐以肝经血分之品，如当归、芍药、何首乌、枸杞子等。

三是调经养血必先扶脾保胃。哈荔田认为，脾胃为后天之本，气血生化之源，而冲脉又隶于阳明，妇女谷气盛则血海盈满，经候如常。倘若脾胃失调，化源不足，即可导致月经异常。治疗则滋其化源，俾血自生，病即自愈。何松庵（清代医家）曾说："女子月事不调，因脾胃伤损，不能生血所致。须以补养脾胃为先，脾旺则能统血，而经自行。切不可遽用攻克之剂，伤其中气则愈不调矣。"在治疗方面，哈荔田认为，如遇月经不调、痛经、闭经等病，见有面色淡黄，心悸气短，精神疲倦，食少便溏，腹胀，甚则肢面浮肿，舌淡苔白等脾虚症状者，即可用四君子汤健脾益气，酌选柴胡、川芎、当归、香附等药佐之。从肝治脾，培土疏木，以佐土木相安。哈荔田还说，补肾之时宜兼顾扶脾，温脾也当兼顾益肾。如脾不统血之崩漏证，则可用举元煎加减治疗。方用参、术、芪补气培元固中；阿胶、熟地黄、枸杞子、女贞养血柔肝解郁；再加杜仲、川续断、菟丝子、鹿角霜等温阳益肾，从肾治脾，则更能收到良好效果。

四是调经养血莫如滋水养火。前人萧慎斋（清代医家）有言："调经莫如养血，而养血莫如滋水养火。"哈荔田很赞赏这一观点。他认为，肾是水火之脏，是产生月经的本源。所谓"滋水养火"也就是滋补肾阴肾阳，使阴阳调和，以达到养血调经的目的。一般来说，补阴虚应兼养肝血。临床可用二至丸加杜仲、枸杞、桑椹、当归等滋肾养肝。如若月经先期、量过多，或崩漏下血，治疗则宜滋补肾水，兼予介类潜藏。如二至丸加牡丹皮、生地黄、玄参、五味子、鳖甲、龟板、地骨皮之类。切忌苦寒降火，重竭真阴。临床有虚汗现象者为肾阳虚，无寒象者为肾气虚。肾气虚可见腰酸膝软、倦怠无力、性欲冷淡等症。根据精能化气之旨，肾气虚可选用鹿角胶、巴戟天、紫河车、金狗脊、菟丝子、桑寄生、川续断等药。另外，哈荔田认为，温补肾阳尚需兼补脾肺。因肾阳虚，则脾阳失健。脾虚则不能助肺益气，所以肾阳虚者又常见脾肺气虚之证，如气短无力、纳少便溏、自汗等。因此，在温肾填精的同时，应辅以参、芪、白术、山药等益气健脾之药，以增强肾的功能。

五是调经当因时、因地取方。哈荔田说，在月经周期内的不同阶段，其生理病理特点多有不同。所以调经时，尚须依据经前、经后、经时和平日的不同特点选用治疗方法。一般应掌握经前勿补、经后勿泻、经时治标、平时治本的原则。经前多采用理气和血调经之法，目的在于因势利导，使血来通畅，而无滞涩之弊。月经先期，经来如崩，属于气虚不摄者，应调补气血，或兼予固涩，以控制出血量。行经期间，应在辨别寒热虚实的前提下，对症施治，以缓解病人的痛苦。如经量过多者兼予止血，过少者兼予养血通经，腹部胀痛者兼予理气止痛。经后由于血去脉虚，易为邪侵，故宜调理脾胃，滋补肝肾，以增强其修复功能，恢复气血。月经净后至下次经潮前为平时阶段，根据“缓则治本”的原则，应着重调节脏腑气机，特别是肝、肾、脾、胃的功能，以使脏腑安和，气血协调，冲任调和。其中邪盛者，以祛邪为主，邪去则经自调。正虚者，以扶正调血为主，经调则病自除。哈荔田认为，治经之时还应考虑季节气候、地理环境和患者生活习惯，以及起居对妇女生理、病理的影响。例如风雨寒暑、居住地域、饮食劳作、喜怒悲恐和情欲嗜好等等，在用药时都应全面斟酌。

此外，哈荔田指出，经、带并病的情况，在临床中也属常见，治疗时也应有侧重。经前、经后宜以治带为主，治带即所以调经；行经期间则应以调经为主，调经即所以治带。

对于痛经，哈荔田认为，诱发痛经的原因是多方面的。举凡劳伤风冷、寒客胞中、气滞血瘀、瘀血内阻、肝肾虚损、气血不足等，均可引发痛经。其主症表现为下腹疼痛。发病机理主要为冲任二脉气血运行不畅，经血滞于胞中之故。根据“通则不痛，痛则不通”的理论，哈荔田在治疗时着眼于“不通”二字，结合临床实践总结出温而通之、清而通之、补而通之和行而通之四种治法。

其一，温而通之。痛经之因于寒者，多因经期或产后多食生冷瓜果，或涉水履冰，或淋雨风寒，致使血因寒凝，不得畅行，瘀血阻滞冲任，不通则痛。此种类型的痛经临床较为常见，疼痛多较剧烈，表现为绞痛、冷痛、拧痛等特点，且痛处不移，遇热则舒，遇寒则剧。治疗大法当以温而通之为原则。多用少府逐瘀汤或温经汤为主，以温化瘀血。

其二，清而通之。痛经之属于热证者，主要因为肝气郁久化热，血热气实，肝络不通所致。表现为腰腹胀痛，或坠痛，或牵及胁肋胀痛，月经周期缩短，量多色紫有块。治疗宜用清热凉血通经法，即清而通之之法。用丹栀逍遥散或陆九芝清热调经汤加减以治。若兼夹湿热者，则伍用苦寒燥湿之品。临床尚有因湿热内阻、气血运行不畅而致痛经者，治以清热燥湿为主，配以滋阴凉血化瘀之品，多用龙胆泻肝汤或八正散加减。

其三，行而通之。哈荔田认为，痛经之因于气滞血瘀者，其证属实。治法当以行而通之。“行”包括行气导滞、活血化瘀两个方面。气与血如影随形，气滞血亦滞，血瘀气亦郁，气滞血瘀是痛经发生的主要机理，临床多表现为经前或经期剧烈腹痛，或胀痛累及胁肋，小腹拒按，经后或血块排出后即趋缓解。《医宗金鉴》说：“凡经来腹痛，若因气滞血者，则多胀满，因血滞气者，则多疼痛。”所以偏于气滞者宜调气定痛，多用柴胡疏肝散合金铃子散加减。偏于血瘀者需行瘀止痛，多用膈下逐瘀汤或琥珀散加减。

其四，补而通之。痛经之因于虚者，多由禀赋素弱，肝肾亏损，或大病久病之后气血不复，或因房事不节，生育过多等因素，导致气血亏虚，运行迟滞所引起。清代江之兰《医律筏》曰：“痛虽有虚实寒热之分，然皆主于气郁滞，气不滞则痛无由生。气虚则气行迟，迟则郁滞而痛；血虚则气行疾，疾则前气未行而后气又至，亦会郁滞而痛。”这正是对虚痛机制的诠释。哈荔田认为，古人主张经前腹痛多实，经后腹痛多虚，固然可以作为辨证的一个方面，但也不可印定眼目。虚证未必都在经后，实证也未必尽在经前。临床尚应综合各方面症状进行辨证。一般虚性痛经多表现为经期或经行将尽或经后少腹绵绵作痛，或隐痛，或痛如牵引、抽掣，经量稍多则腹痛加剧，按揉则减。治疗原则为补而通之。方用归脾汤加川续断、桑寄生、杜仲补气养血，兼以刘寄奴、延胡索、乌药等行气活血。

景某，女，29岁。初诊时自诉：7年前冬，逢行经期间，冒雪踏冰赶路。后发现每于经前数日即小腹剧痛，常伴呕吐，腹泻，腹胀肠鸣，经色紫黑，间多白带，苦不堪言。婚后4年，迄今未孕。哈荔田切脉沉缓，苔白腻。诊为寒湿搏于冲任、气血运行不畅所致，以温化寒湿通之。

处方：云茯苓、福泽泻各12g，炒白术9g，藿香6g，车前子12g（布包），炮姜炭6g，桂枝6g，天仙藤、汉防己各9g，香附米、姜厚朴各9g，广陈皮6g，砂仁1.5g（打，分2次冲）。5剂，水煎服。

服药后，带减少，腹胀轻，纳食增，腹痛未作。适逢下一经期将至，自觉腰酸，腹坠痛。再予温通经脉，以为未雨绸缪之计。

处方：秦当归12g，三棱、莪术、赤芍、苏木各9g，牛膝、丹参、刘寄奴各12g，香附米9g，醋柴胡、台乌药各6g，吴茱萸3g，桂枝6g。共4剂，水煎服。

服上方后，适下一经潮至，腹痛大减，吐泻未作，经血量减，且能坚持工作。后又嘱每日上午服妇科金丹1剂，下午服二陈丸1剂，连用20天。并上方加减继续服用数日。

前后四诊，历时四月余，月经来潮三次，诸症大减，一如常人。后月经逾期未至，又前来求诊，尺脉略滑，缕缕不绝，断为孕象。经妊娠试验，果为阳性。足月生一女婴，阖家大喜。

哈荔田指出，治疗痛经的服药方法也有讲究。一般经前或经期腹痛者，多在经前一周连续服药，以通而夺之，见经后即停药。经后腹痛者，宜在见经之第一天起服药，经尽停服，继予养血之方，连服三五剂即可。平时可予丸剂缓调以接续药力。如此连续治疗三个周期，庶能巩固疗效。

妇科疾病也常用外治法。哈荔田指出，临床上内服药物的作用主要在调整脏腑气血，以提高机体的抗病能力，从根本上消除病灶。而外治法的应用，则多针对病灶局部缓解症状，以减轻病人痛苦。此虽属治标之法，但能更好地发挥内服药物的治疗作用，可收相得益彰之效。因女性的生理、病理特点，更便于外治法的应用。因此，对于妇科疾病的治疗，要正确掌握局部与整体的辩证关系，根据病情，或用内服药，或予外治法，或在内服药的同时，辅以恰当的外治法，以提高疗效，缩短疗程。妇科常用的外治法有纳法、贴敷法、冷敷法和灸法等。兹就哈荔田著名的三二一熏洗法介绍如下。

处方：蛇床子9g，黄柏6g，吴茱萸3g（蛇床子三份，黄柏二份，吴茱萸一份，故称三二一）。

功用：散寒燥湿，消炎止痒。

适应证：寒湿或湿热下注，见有带下阴痒，或阴部肿痛，或尿道感染、尿痛尿频等症。

用法：上药布包，温水浸泡15分钟后，煎数沸，倾入盆中，趁热熏洗、坐浴，日2次。

方中蛇床子祛风燥湿，杀虫止痒；黄柏清热燥湿，泻火解毒；吴茱萸散寒止痛，外用尚能燥湿解毒。

药物加减：带下量多，清稀，淋沥不止可选加石榴皮、桑螵蛸、诃子、小茴香等；带下色黄，黏稠气秽可选加苍术、蒲公英、草河车、豨莶草等；瘙痒剧烈可选加枯矾、苦参、小茴香等；阴部肿痛可选加香白芷、苏木、刺猬皮、蒲公英、连翘、小茴香等；糜烂溃疡、局部有脓性分泌物，可选加白鲜皮、虎杖、金银花、蒲公英、桑螵蛸等。

此外，哈荔田是理论和实践经验俱丰的中医大家，他不仅对妇科诸症有创新性的研究成果和治疗经验，而且对其他内外各科也有很深的造诣。经过多年的实践，哈荔田在冠心病、心绞痛诸病症的理论认知和治疗经验方面也作出了重要贡献。哈荔田指出：目前治疗冠心病，虽由单一的活血化瘀法发展到多种治法，如益气养阴法、疏肝解郁法、温阳滋肾法等，但多忽略脾胃在其中的地位和作用。《灵枢·厥病》篇指出："厥心痛，腹胀胸满，心尤痛甚，胃心痛也。"《备急千金要方·胸痹方第七》载："胸痹之病，令人心中坚满痞急痛，肌中苦痹绞痛如刺，不得俯仰，其胸前皮皆痛，手不得犯。胸中愊愊而满，短气咳唾引痛，咽塞不利，习习如痒，喉中干燥，时欲呕吐，烦闷，自汗出，或彻引背痛，不治之，数日杀人。方：枳壳四枚，厚朴三两，薤白一斤，瓜蒌实一枚，桂心一两。"哈荔田认为，脾胃有病影响心脏，心脏有病也可累及脾胃，所以冠心病的发生、发展中出现脾胃症状，或由脾胃损伤影响促成冠心病，从脏腑经络上看是有其内在联系的。人以胃气为本，治疗冠心病要时时顾及脾胃的盛衰。因五脏六腑之气皆禀气于胃，故调理脾胃实为治本之法。哈荔田根据多年实践，提出冠心病应标本同治，应采取心胃同治之法。即以调理脾胃为主，佐以活血化瘀之“心胃同治方”，临床每获良效。

哈荔田指出，冠心病既成，在病情发展过程中，应强调益气养心。所选方药多有调理脾胃之品，而宣痹通阳法之瓜蒌薤白汤，本治脾虚湿浊、瘀阻闭塞胸阳所致之病，病源仍在脾胃，所以仍可归为心胃同治法。哈荔田运用调理脾胃的方法治疗高脂血症，比单纯用活血药或某些西医降脂药物效果不但好而且持久。所以心胃同治法是既治标又治本的一种有效方法。它不仅能消除症状，且能预防冠心病发作，防止动脉硬化形成，达到祛病强身之目的。其子哈孝廉在此基础上进行调研发现，70% 以上的冠心病患者有消化系统疾病或有消化系统症状。他用“心胃同治方”治疗 150 例，总有效率达 85% 以上，荣获军队科技成果奖，并参加国际会议交流。

此外，哈荔田为治疗消化性溃疡而研制的“胃畅”一号、二号；“口腔溃疡散”和治疗便秘的“利幽灵”等成药都以良好的疗效深受患者好评。

办学育英才　教子入杏林

哈荔田就任天津市卫生局副局长之后，除大抓医政、药政等基础建设外，对中医后继人才的培养也注入了极大的热情。他向天津市政府建言，力主兴办中医学校。他的建议得到天津市领导的大力支持。由娄凝先副市长牵头，勘察选址。经过短期筹备，于 1957 年 9 月在睦南道二十号成立了天津市中医学校。当年即招收 120 名初中毕业生入学，学制三年。1958 年，天津市中医学校升格为大学本科，改名为天津中医学院，学制五年。由哈荔田任院长。为了办好天津中医学院，哈荔田呕心沥血，聘请和培养中医师资，一方面送天津医师到北京中医药大学培训；一方面从南京等地的中医学校聘请教师。哈荔田不但常常与老师们一起编教材，写讲义，指导课堂教学，而且还亲自主讲中医妇科学等课程。中医学院成立之初，天津医科大学校长朱宪彝教授对哈荔田说：“办医校必须有附属医院，没有学院的直属医院，不如不办。没有实习基地，就无法讲临床课。”哈荔田接受了朱教授的意见，经过与市卫生局协商，将天津市中医医院划归为天津中医学院的第一附属医院。后又将王串场工人医院划归为天津中医学院的第二附属医院。天津中医学院有了高水平的教师和自己的实习基地，教育教学工作不但得到飞速发展，而且在近十年的时间里培养出了1000多名中医药优秀人才。当年的学生如戴锡孟、石学敏、赵藕善、李恩复、韩冰、于鸿玲等，现今多已成为名医、教授，有的成为科学院院士。

随着国家形势的发展，从1978年起，天津中医学院正式设立了中医系、中药系、针灸系、中西医结合系，还建立了中医研究所，开办了中日、中朝、中欧的中医研究班，加强了中医的对外交流工作。后来又在研究班的基础上成立了国际传统医学院。在哈荔田的努力下，天津中医学院终于办成了我国颇具影响的中医名校。该校现已升为天津中医药大学。其第一附属医院现已是有几千名医务工作人员，有1700多张病床，科室齐全，享誉国内外的一家“三甲”中医医院了。

在积极兴办中医院校的同时，哈荔田还力主恢复中医界师傅带徒弟的育人方式。他认为，中医的理、法、方、药之艺不是机械的拼图，也不是数学的加减，在千百年的传承中已经形成了许多个性化、智能化的经验和悟性理念。这些个性化的东西坐在教室里是很难学到的。为了使老一代中医名家的医理和医术更好地传承下去，除办学以外，还应该调动名老中医的积极性，让他们临床带徒弟，口传心授，将个人的医术传给下一代。1956年，哈荔田率先在天津市中医医院开办了徒弟班，并建议将师带徒的方式纳入国家的教育计划。1959年，他们制订了首个《天津市中医带徒工作试行办法》，由天津市教育局统一招生。在“集体上课，分散传授”的教学模式下，各医院的名老中医开始了全新的临床带徒弟工作。为了保证带徒质量，又成立了“天津市中医带徒出师鉴定委员会”。哈荔田任主任委员，天津中医学院副院长韩锡瓒和名医杨达夫任副主任委员。千百年来的中医师徒传承育人方式，在天津市得以制度化，哈荔田其功至伟。

天津市师带徒方式的建立和成功，使全国中医界大为振奋。天津的经验迅速在全国推广开来。师带徒模式得以制度化，是20世纪五六十年代我国中医领域的一件大事。现今国家中医药管理局已经成立了继承工作办公室，并将这一育人模式以《全国老中医药专家学术经验继承工作管理办法》昭告全国。它已经成为我国中医药传承的一种制度。

哈荔田学术造诣精深，治学严谨，在古稀之年仍不遗余力地从事研究生培养与临床科研工作。其研究生胡国华（中国中医药学会妇科学会副会长、上海市中医医院院长）、王玉香（加拿大中医学会副会长）等均成为国内外中医妇科专家。其主持与指导的“功血（更）宁一、二号冲剂治疗功血临床研究”、“中药肌瘤丸治疗子宫肌瘤临床研究”获得天津市科技进步奖。他还主编了《哈荔田妇科医案医话选》、《扶正固本与临床》、《中医妇科验方选》等著作，在全国影响颇大。

哈荔田是哈氏医术承上启下的重要人物。他与兄弟哈书田、哈润田三人均是父祖两代的骄傲。在医术传习方面，长辈以子为徒，励其志，精其术，严于教诲，使兄弟三人都成了名医。哈书田自幼崇尚易水，长于内外诸症和时令杂疫，尤专于脾胃病和血液病。哈润田精于针灸，对风湿病和消化系统疾病多有成就。哈荔田是哈氏医术第三代的代表人物，是20世纪40年代以来，津沽地区中医界成就卓著的佼佼者。他从自己的成长中不但感悟到家学熏染的重要，而且认识到了师徒传承在中医学发展史上的重大意义。他曾说，历史上的每一代医生几乎都是老一辈的徒弟，都是老一辈医术的受益者。没有老一代人的无私奉献，就没有新一代人的发展和进步。所以哈荔田在积极兴办中医院校、广授中医药学的同时，大力倡导师徒传承方式，使名老中医的经验专长得到继承弘扬。

哈荔田作为国家干部和医生，他积极办学，教书育人，为国家培养了大批中医药人才。作为家长，他潜心教子，鼓励儿孙们继承哈氏医术，培养他们上大学，入杏林，为国家的医药卫生事业作贡献。在哈荔田的教导下，儿孙们多数走上了以医济世的道路。哈荔田走了，但是爱医、行医的接力棒已经传到了这个医药世家的第四代、第五代手中。

第四代（哈荔田子侄辈）：

儿子，哈孝廉，1962年毕业于北京中医学院（现北京中医药大学），从事妇科50余年，善治妇科疑难杂症及不孕不育症，为天津市妇科名医。

儿子，哈孝周，1970年毕业于天津医学院，为西医临床医师，长于内科急症和糖尿病。

儿媳，张吉金，1965年毕业于天津和平区医学院，长于妇科功血疑难病及不孕不育等症，善用补肾法治疗妇科疑难症，为天津市妇科名医。

女儿，哈素娴，1966年毕业于天津中医学院中医系（已去世）。

女儿，哈素菊，毕业于北京军区军医学校，从事中西医结合工作30余年，长于消化系统和呼吸系统疾病，尤精针灸。

侄子，哈孝贤，1963年毕业于天津中医学院，精于内科、妇科，善用调肝法治疗妇科疑难病症，为天津市名医。

侄子，哈孝圣，1968年毕业于天津医学院，为西医临床医师，善治呼吸系统疾病。

侄女，哈素萍，自幼随父哈书田学医，后就读于天津市医师培训班。崇尚易水，专于内、妇、儿诸科。

第五代（哈荔田之孙辈）：

孙女，哈红，毕业于天津中医药大学，为天津中医药大学第一附属医院妇科主治医师，擅长治疗功血及妇科杂病。

外孙女，张莹，北京中医药大学博士研究生毕业，现为北京宣武中医院主治医师，长于脑血管疾病和老年病。

侄孙，哈小博，毕业于天津中医药大学，为天津市第一中心医院中医师。

侄孙女，哈良，天津中医药大学在学硕士研究生。

几十年来，哈荔田兴办中医教育和倡导师徒传承的育人思想，不但开花于中医领域，为国家培养了一代又一代医师学者，而且也功成于家庭，使儿孙们秉承家学，走上了医学的济世大道。哈荔田是一位成功的临床大医，是卓有建树的中医教育家，也是为中医学勇于奉献的好干部。

养生须修德　乐业可强身

哈荔田常说，他这一生脑子里总有想不完的计划，身边总有做不完的工作，一年四季脑不停思索，身不停奔忙。这工作本身就是对心与身的锻炼。为了事业，他需要健康；为理想的事业忙碌，又可身心愉悦，促进健康。人逢喜事精神爽。为中医学而奉献是哈荔田一生的最大喜事，所以，他的精神就很爽悦。精神爽悦，气血必然畅通，通则不痛，所以就会健康而少病。相反，一个人倘若饱食终日而无所事事，情志就会积郁。郁则滞，气血运行就会不畅通。不通则痛，郁积日久，就会在不知不觉中患病。所以哈荔田认为，工作是养生的重要途径之一。乐生乐业的人总会享受更多的健康和健康带来的快乐。

哈荔田是热爱生活的人。他有子女九人，靠一人行医养家，生活可谓艰难。但他不媚富，不妄求，在平淡俭朴的生活中享受家庭的快乐。古人说："人生至乐，无如读书；至要，无如教子。"哈荔田在家以读书、教子使儿女成才为至要至乐之事。在他们夫妇的教导下，五男四女个个都是大学生甚至研究生。其中哈孝廉、哈孝周、哈素菊、哈素娴四人继承祖业，成了天津市的著名医生。哈孝骞为北京工业大学教授，哈孝孟是天津市民族事务委员会主任，哈年是中国民航大学老干部处处长，哈孝娥为兰州化学工业公司研究所高级工程师，哈素钧是天津师范大学化学系书记。哈荔田持家教子如此成功，可谓至乐矣。

哈荔田是热爱工作的人。他为医为政竭诚尽力，一心奉献。他清正廉明，从来不沾国家一点便宜。他从参加工作到去世，工资一分没涨。领导几次要给他晋升一级教授工资，都被他推举给了其他老大夫。哈荔田曾说，他是二级，已经是最高级了，就把一级空着吧。几十年来，单位多次分房，他都让给了同事。直到1989年去世，哈荔田一直居住在20世纪40年代自己购置的小楼内。

一生清廉一生俭，只言奉献不言酬，这就是哈荔田。哈荔田为中医药事业忙了一辈子。他是一心奉献的至忙之人，也是事业成功的至乐之人。他在忙碌中享受快乐，在乐生乐业的奔忙中获得了健康。哈荔田是深谙工作与健康之辩证法的人，是会工作也会生活的人。他一生极少生病。他退休后，不但继续在家开设义诊，还常到他的办公室处理事务。退而不休，他心中只有病人，只有工作。哈荔田在1989年9月6日上午仍在家中由儿媳张吉金协助义诊，诊治20余病人后，于晚间突感牙痛。翌日上午在其夫人陪同下到口腔医院拔牙，不想诱发心肌梗死，经抢救无效，于9月9日凌晨不幸逝世，享年77岁。

哈荔田非常推崇以德养生。中国人从孔夫子以来一直有"仁者寿"之说。意思是有仁心、仁德、仁行、仁术的仁人，一般都长寿。因为仁者心地善良，无贪欲，无嫉妒，淡泊名利，心态平和，他们生活得心安神怡。哈荔田说，哈氏医术之所以能传承不殆，不是因为行医可以发财，而是因为医乃仁术，可以救人济世，是积德行善之业。医德源于心德，心德好，医德必然好。他还说，哈氏出身回族布衣，不可忘本。世上穷人多病，应为劳苦大众、为回族同胞多尽点力。哈荔田行医几十年，为穷苦亲邻送医送药之事有口皆碑。他坚持节假日在家设帐义诊，直到去世前上门求诊者仍是络绎不绝。他在义诊期间，无论大病小病一律分文不取。哈荔田是献仁德、仁术于社会的仁人大医。

哈荔田认为，养生之法莫过于防病。《灵枢》有云："百病之始生也，皆生于风雨寒暑，阴阳喜怒，饮食居处，大惊卒恐。"明白了风雨可致病，就要力避触风雨、犯寒暑、踏冰雪的活动。知道了怒伤肝、喜伤心、忧伤肺、思伤脾、恐伤肾的道理，就应平和心态，防止大怒大恐的情绪。知道了饮食起居的重要，就要学会科学饮食、科学睡眠和科学的工作方法。在生活条件优越、科学技术空前发达的今天，用科学的方法养生保健完全可以做到。

运动可以健身，哈荔田说，这是千古不变的规律。但是必须遵从因人而异、量力而行和持之以恒的原则。对老年人而言，太极拳、八段锦、广播体操以及跳舞、走路等等，都是很好的健身活动。但无论什么活动都要量力，不可攀比。运动健身离开"恒"字是很难见到成效的。哈荔田最喜欢走路。他认为，走路、散步是一种全身运动。他上下班走路，饭后散步，节假日有空还要步行逛商场。甚至给干部出诊都不让病家车接车送。几十年如一日，直到辞世之前，他的腿脚都没有出现过任何毛病。

哈荔田是一位体态魁梧、身心俱健、谦逊达观的长者，从医德医术到人品素养都是人之楷模，医之典范。

（撰稿人 哈孝廉 张吉金 哈 红）

何世英卷

何世英（1912—1990）

在津沽
二十二年十月廿四日
崔氏毓琇擎画
于余刊赠此印

嗽時多於暴夜间多出汗 伤风嗽時冷
痰發此是咳嗽十八症 更交五鼓服一丸
主上说此人皆性傲 四肢多發燒身休
面焦黄吐痰似水膠 精神漸漸步日久
命难逃 只用丸药一服 当归熟地养血
南星半下闹痰菌系故纸煨不元附子面
桂除宓青皮陈皮顺气五味定喘止痰
桔梗润肺不费难 各等分两不偏踏
打面糊为丸清晨起来服三十清晨
服上三十药免乃咳嗽病来缠

眼疾歌

眼乃五臓六腑之精 白眼珠属肺 黑珠
属肝 大眼角属心 小眼角属小肠 上眼
皮属脾 下眼皮属胃 瞳人属肾 盛
着瞳人的乃为金井 自胞络经而出
肝受病目昏花作疼作痒红肿乃

为外障 不疼不痒发乌乃为内障
是胃经受伤 眼为五臓之精最要聪
明为先 白目伴睛伤肺 乌睛疼疼伤肝
脾家受湿列热心失 肿肤难观 皆因
保养不周 全因此瞳人发暗 若问此症
何处得 气失上外是根源
眼疾本是血要精 羞明怕日最难
睁 治得太阳真失出 只用一药即自平
眼那眼泪交流 裡边痒痒外边搡搡
来搡去 眉毛倒 好似大海水未流 有朝
有日水流乾了 如同明灯無了油 不怕
两眼睁不开 最怕瞳人回了头 天憑日
月为光 人憑手足为活 见好女好不如
自己两个眼好 秀才無眼难科举 巧
女無眼难扣花 为人失了目不值半文 十
有眼的天堂 無眼的地獄 看不見还得

何世英手迹

我认为，在走向未来我国新医药学之前，中医和西医都要大发展，都要现代化。没有中西医的现代化，谈不上中西医的真正结合，更谈不上发展成为新医药学。

所谓“新医药学”应是中医、西医两大生物医学体系，从开始自然渗透到未来高度融合所形成的具有中国特色的新医学体系。这一新医药学体系的形成和发展，不仅造福于中国一个国家、一个民族，而且是对世界医学乃至全人类的贡献，是中国医学界一代人甚或几代人神圣的使命，是一项远非子承父业、一门一户、一省一地所能完成的光荣而艰巨的大事业。

——何世英

何世英（1912—1990），天津市人，我国当代著名中医临床家、中医理论家、教育家和中医脑病新学科创始人。1936年毕业于华北国医学院，为施今墨先生高足。行医、著书立说50余载。曾任天津市儿童医院中医科主任、天津市中医医院总顾问、中华医学会理事、中华全国中医学会理事、中华全国中医学会脑病学组组长、天津市中医学会会长、天津市卫生局咨询委员会副主任委员、天津市医药管理局顾问委员会副主任委员、天津市经济开发区国际医学培训中心主任、《天津中医》杂志主编、天津市科学技术协会常委、天津市政协第五、六、七届委员、天津市政协常委、农工民主党天津市委员会顾问。

何世英在学术上一贯主张传统中医与现代医学相结合，继承与发展相结合，理论与实践相结合。在长期临床中，先为大方脉，继则专事儿科30年，晚年专攻脑病。对儿科常见病、多发病及脑内科疾患有丰富的经验。除发表过大量论文外，主要著作有：《儿科疾病》、《何世英儿科医案》、《医论选读》、《历代儿科医案集成》、《重订幼科类萃》等。

在从事儿科医疗实践期间，曾创制“清降丸”、“肺闭宁”、“磨积片”、“疏表灵”、“咳而安”等新剂型成药，对儿科常见多发病疗效显著，国内很多医疗单位照方配制，推广应用。后来首创中医脑病科后，全国不少地区相继建立中医脑内科、神志科、神经科、精神病科等，使中医脑病学逐渐成为中医的一门新兴独立学科。

遇恩师 学中医

何世英祖籍江苏，原是个书香门第的大户，也是个名医辈出的家族。光绪庚子年间，八国联军侵略中国，天下大乱，遍地“匪患”，民不聊生。何世英的爷爷“逃反”（躲避“匪患”）辗转到了天津。刚进天津，就被俄租界“老毛子”（俄国兵）抓住，四个人一组，四条大辫子往一起一捆，带到俄租界的工地上，开始了挖沟、打地基、盖房子的苦役生涯，从此家境一贫如洗。何世英的父亲跟着父辈们学徒做了搭棚小伙计，在大户人家红白喜事时，扎棚搭架，爬上爬下，挣钱很辛苦。有活干时，勉强度日；没事时分钱无收，经常是有上顿没下顿，饱一顿饥一顿的，哪有富余钱供孩子读书？何世英读了几年私塾后只好辍学在家。但他生性好学，经常跑到学堂外偷听，回来就在地上练习写字。有时忍饥挨饿攒下几个钱，全都用在旧书摊上买廉价的破旧图书了。由于家境贫寒，十六七岁时，何世英就开始在社会上谋生。除了在天津，还曾漂泊四方，先后闯荡到山东、湖南、贵阳等地，扛过“大个儿”，拉过“胶皮”，摆过卦摊儿、做过报馆校对员等，五行八作几乎都干过。一路上，军阀混战、满目疮痍的景象，使他产生了“从军救国”的念头。18岁那年，何世英流离到沈阳，投奔了当时国民党在东北成立的“讲武堂”。不巧，一个学期不到，接到家中报信：奶奶病危。何世英是家中的独苗，又是个大孝子，明知“讲武堂”的规矩森严，还是打了报告请假回家探望。因请假不准，于是偷偷逃跑。夜间被抓回来，当做“逃兵”绑在亭柱上惨遭毒打。不久，东北“讲武堂”解散，何世英得以回到天津。到家后，奶奶去世已有时日，父母也是贫病交加，无奈之下，只好再寻出路。这时，幸遇津门名医陈泽东先生，见何世英聪明好学，遂收其为徒，一边让其跟随抄方，一边辅导其学习中医经典。何世英得名师指点，如饥似渴地通读《黄帝内经》、《伤寒论》、《金匮要略》等经典著作，还下工夫将《濒湖脉诀》、《药性赋》、《本草备要》、《汤头歌诀》等医书倒背如流。正在这时，恰巧一个亲戚要到北平华北国医学院上学，需要一个书童陪伴前往照料生活起居。何世英遂顶差陪同前往。

华北国医学院是京城“四大名医”之一施今墨创办的，当时招的是中医大学生，相当一部分是从天津来的富家子弟，后来天津市的名老中医基本都是这一届的学生。到了北平后，何世英除了照顾亲戚生活起居外，每天送他到学校后就躲在学堂的窗外偷听。偶然有一次，施今墨路过，看到有个年轻人在门外专心致志地听讲，连旁边有人都不理会，甚为奇怪，将他叫到办公室，问道："你站在外面都听到什么？"何世英镇定自若，将中医经典《汤头歌诀》、《伤寒论》等一些章节朗朗背出。施先生又出了个简单的题目，让他对症开个药方。何世英毫不迟疑，随手拈来。一个对症的药方加上一手好字，令施先生惊诧不已，说："你明天不要站在外面了，给你添个凳子坐下来听。"这一偶然的邂逅，成为何世英一生命运的重大转折。

一位名人曾经说过：历史往往跟人开这样的玩笑，本来想走进这一个房间，却偏偏发现走进了另一个房间。命运没有让何世英走上从军报国的道路，而施今墨给他一个板凳却让他进入了中医的殿堂。从那一天开始，"不做良将便做良医"的想法在何世英的脑海中挥之不去，学习几近到了疯狂的地步。何世英白天上课都是竖起耳朵听讲，笔记记得十分认真。每天下午下课后，他不是到旧书摊上去找书，就是跑到西四牌楼一带，先在街旁的小食摊上吃顿简单的晚饭，然后就到北海旁的国立图书馆看书，一直到闭馆。阅读的书籍，除中医典籍外，还大量浏览西医、西药、解剖学书籍，3年下来，他做了百余本的笔记，密密麻麻的小楷，笔迹娟秀，内容浩繁，令人叹为观止。

由于施今墨的特殊关照，学期终了的考试都破例让何世英参加，他的成绩也每每名列前茅，深得施先生的喜爱和器重，每每出诊都将何世英带在身边。何世英不仅从恩师那里得到亲传和秘籍，还深受恩师为人豁达、思维开阔、治医严谨、处方精妙的影响，为日后成为出类拔萃的杏林中人奠定了基础。第三学年时，天津市官府举行中医师资格会考，天津市有近千名从医和在学的人员报名，经资格甄选500人取得正式考试资格，何世英也在其中。会考结果在报纸上公布，何世英高居榜首，像中第的状元披红戴花随官府组织的仪仗队沿着"绿牌电车"道（今和平区滨江道）一路走来，鞭炮齐鸣，锣鼓喧天，领队的人将一块蓝底白字硕大的牌匾送到家中，上书：“天津市中医师考试第一名何世英 天津市国民政府赠匾 民国廿三年”。会考过后回到北平，施今墨闻听喜出望外，将何世英叫到跟前，说：“你通过了政府的中医师资格会考，就有了行医资格。论你现在的情况，不如挂牌行医，取得实际经验可能更重要。碰到问题可随时写信来问我。边干边学，边学边干，我看你将来必有大出息！”何世英为了赡养父母，听了恩师的话，回津开始了悬壶生涯。到华北国医学院那一届学生毕业时，他已经行医一年了。学期结束时，施今墨惜才甚切，专门让人带信儿给何世英，让他务必回京参加毕业考试。何世英不负众望，又以第一名的优异成绩获取毕业证书。他的父亲没想到儿子在家境十分困顿的情况下出息成人，大喜过望，在经常去的龙泉浴池烫澡时，总是要喊上几嗓子：“我儿子叫何世英！”嗓门之大，震惊四座。直到中华人民共和国成立后，何世英的晚辈们去龙泉浴池洗澡时，老师傅们还津津乐道地提起这段往事。

入杏林 多历练

何世英开始行医，是在一家中药铺里坐堂。当时跟许多初行此道的人一样，他心里空落落的，看病没有什么把握。可就在此时，相继来了3位疑难病人，更着实让这个“初试牛刀”的年轻医生体会到：行医路上，真真“如履薄冰”的感觉。

第一次看病就遇上一个心肌梗死的患者。病人来诊时行走自若，只是稍感胸闷，精神比较紧张，当时诊脉后并未发现什么特殊情况，谁知病人回家后，药还没煎，即突然死亡。当何世英得知患者死亡时，吃惊不小，直到听说患者尚未服药，心情才稍稍放松下来。

第二个病人是个已濒临垂危的晚期肺结核患者，当时某位名老中医特向家属推荐，请何世英出诊，目的是想考验一下这个后生之辈的医术。何世英只出诊一次，患者则再未回头。后来得知事情原委后，何世英感到很是羞愧。

第三位病人是个精神疾病患者，已患病5年，症见经常嗝气，两手必须垂放，不能贴身和接触外物，触即打嗝。患者面色皖白虚肿，食欲不振，身软无力，精神抑郁悲观，自谓必死。遍历全市中西医，治皆无效。何世英先后予以疏肝理脾、调气降逆之剂治疗十余日，也毫无效果。

这三位病人给了何世英很大压力，甚至使他产生了悔不该当初学医的念头，但同时也使何世英想起了《东莱博弈》中"楚人操舟"的一段故事。做事假若开头就逢顺风顺水，倒会产生轻敌思想，说不定还会招致身败名裂。只有正确对待挫折和战胜困难，才有可能提高技术水平。

何世英仔细观察、认真分析了第三位患者的病情，联想到朱丹溪"宜以人事为之，非单纯药石所能全治"之语，决定停开药方，改为心理治疗。他发现病人每次打嗝必先躬身低头，如果病人能够避免躬身低头，则打嗝有可能控制住。他首先对病人解释不开药方的原因及本病预后良好的道理，然后要求病人尽量克制躬身低头的习惯，鼓足勇气，挺胸抬头，以坚强的毅力和精神与疾病作斗争。试做一次，病人立感憋闷，痛苦难忍。何世英鼓励他继续试做，并再三对病人讲："意志坚强与否，是决定这一痼疾能不能痊愈的关键。如努力为之，虽五年之病，旦夕可瘥。"经过病人自己的努力，坚持了两天，打嗝基本停止，面容及精神也明显好转。后来遇到心情不快，间或又有发作，但终以意志控制，而获痊愈。这一病人的治疗结果，给了何世英极大的鼓舞，为他以后努力提高技术、积极解决疑难病症增添了勇气。

那时，何世英特别同情家境贫寒的人，凡是穷人，看病不收费。病人没钱买药，何世英就替病人家属交钱，还时不时地去看望这些穷病人。这些病人里，有沿街讨饭的乞丐，有遭老板毒打的小伙计，有生活潦倒痛不欲生的大爷、大娘，有拉“胶皮”积劳成疾的人力车夫，有被麻包压垮筋骨的“六号门”工人，有从郊区来的面黄肌瘦的农民……何世英在回首往事的时候，深情地说：“别看这些穷人们看病交不起钱，可我从他们的身上认识了许多病症，积累了大量的经验，这是花钱也学不到的。因此，我要感谢这些穷人，没有他们，也就没有我何世英的今天！”

一次，一个大户人家差人前来求医。何世英上门的时候，病人已经穿上寿衣，躺在停尸板上，准备一旦咽气就入殓了。何世英看过后，跟家属商量说：“该请到的大夫都请到了。老大夫看不好，我这年轻的大夫就更没底了，只能试一试。如果看好了，皆大欢喜；看不好，不要说我拿病人练手。一是责任担当不起，二是我何世英的名声坏了，一家老小的饭碗就给砸了！”在家人一再请求下，何世英开了三煎汤药。病人服药后，第二天睁眼了，第三天说话了，第四天脱掉寿衣从停尸板上走下来，径直到饭桌要吃饭。转天，报纸上登出一则新闻：“死马当活马医，何世英大夫妙手回春。”消息一传出，何世英名声大噪，不仅天津市的大户人家上门求医，连北京的达官显贵和清朝皇室的遗老遗少也纷至沓来。一时间门庭若市，接何世英的黄包车你来我往，摩肩接踵。有时门前停着好几辆来接的车，车夫们为争个先手，发生争吵是经常的事。

给这些显贵们看好了病，常常获赏一些古董之类的物品。在这些物品里，何世英最看重的是犀角杯，因为这将在他的方剂中派上大用场（犀角现已代用）。他当时特别关注小儿疾病，小儿疾病具有流行性强、爆发范围广的特点，单靠门诊只能解决极少数患儿的问题。对此，何世英自己研制小儿中成药，其中有一种叫做“扶儿神”的，治疗小儿感冒以及高热不退特别见效，几乎成为家家常备的药。药方中十几味中药里的君药就是用犀角杯磨的粉（犀角现已代用）。当时，何世英全家都跟着做药，家里几乎变成了前店后厂。前面客厅是门诊室，后院是做药的作坊。一家人切药、捣药、研磨、分装、包药、装盒，忙得不亦乐乎。何世英按照西药的包装方法，亲自设计了硬皮包装盒，盒上有“扶儿神”三个大字，中间是何世英六个儿子依次排成阶梯形的照片，旁边一则广告语：“何世英创儿科药，六个儿子保健康。”盒内有一页使用说明，上面有主治、用量、注意事项等，语言专业规范，通俗易懂，与当时的西药包装相比毫不逊色。家藏的犀角杯大部分用于这个药的制作了（犀角现已代用）。何世英打趣地说：“向来英雄好汉是劫富济贫，我也是，不过我是‘借富济贫’，借着给富人们看病，赚来的钱和物几乎都用在小药上了，让老百姓少花钱治大病。”

中华人民共和国成立之前，中医大夫的装束几乎都是长袍马褂，唯独何世英出诊时穿西服，扎领带，腋窝下还夹着一个洋皮包。这曾引起不小的议论，说他“不中不洋”、“不伦不类”。对此，何世英只是轻描淡写地说：“西医进入中国后，中医大夫逐渐受到排挤，被人瞧不起，说中医‘不科学’，中医大夫‘自己都不讲卫生’，是‘土医’、‘卖草药的’，社会地位低下。我不服这个气。为什么？西医传入中国不过100年的历史，在此之前中华民族繁衍数千年始终是世界人口第一大群体，很大程度上得益于自己的中医。中医世代相传、千锤百炼、不断丰富，已经形成独具特色、博大精深的医学脉络，有太多西医不具备的长处。人家看不起中医，我们中医大夫不能看不起自己。但是，我们也应看到西医在理论体系、诊断方法和制药技术方面有许多长处值得我们中医学习。我穿一身西服革履出诊，不是追求时髦或是哗众取宠，而是要带头改变中医在人们眼里的形象，表明中医大夫是有尊严、讲体面的。同时，表明中医要现代化，不能一成不变，落后就要被排挤、被淘汰。”民国时期的天津《大公报》曾有一则新闻，醒目的标题就是：“为维护中医社会地位，何世英大夫仗义执言”。

这可能反映了当时中医大夫受到排挤的形势相当严峻，逼迫众多中医大夫奋起抗争，并且不得不思考中医的出路问题，何世英是其中的一个代表。

中华人民共和国成立后，何世英亲身感受到国家变得蒸蒸日上，从一个支离破碎的国家变成了一个走向稳定、光明、日新月异的国家，为此，他精神异常振奋，带头成为天津中医界首批进入国营医院的私营中医大夫。从此，他将中医职业作为一项为社会服务和弘扬、发展祖国新医药学的事业来做，誓言鞠躬尽瘁、死而后已。

专儿科 显奇才

1956年，何世英参加了天津市儿童医院中医科的筹建工作。在没有先例可循的情况下，先是建立了我国最早的中医儿科，尔后又建立了国内首家中西医结合儿科病房。自此，以大方脉见长的他专注于儿科，以其高超的医技拯救了无数患儿的生命，解除了无数患儿的沉疴病痛，所谓神医妙手，实乃名不虚传。

早在华北国医学院就学时，学校聘请对儿科很有造诣、临床经验非常丰富的施今墨胞兄施光致讲述儿科，令何世英受益匪浅。创立天津市儿童医院中医科之后，何世英不仅置身于儿科常见病、多发病的繁忙诊务之中，而且还有机会通过病房工作和西医内外科的会诊工作接触到大量儿科急性传染病和疑难危重症，并多次参与中西医结合的儿科抢救工作。庞杂、疑难、棘手的医疗工作考验着何世英，锻炼着何世英，也显示着何世英的聪明才智。无数次与病魔惊心动魄的“战斗”中，何世英就像一名洞悉敌我、足智多谋的将军，指挥着中医中药这支“看似平常之军”，取得了一场又一场令人拍案叫绝的胜利。多少年之后，当尘埃已经落定，“战鼓”已息，重温何世英这些记录下来的“医案”，仍然令人心潮澎湃，热血沸腾，并且不由得要从内心为何世英，也为中医学而欢呼、喝彩。这里从其众多疗效卓著的病案中，撷取一则，以飨读者。

杨某，一岁半，十天前出麻疹，近四天来高热，抽风，项强，咳嗽，气喘，于1959年3月31日入院。经治疗咳喘好转，但仍发热。于4月6日清晨，突然神志昏迷，瞳孔散大，对光反射迟钝，呼吸浅，时有停顿现象，无明显发绀。请中医科会诊，查体见心率160次/分钟，心力尚可。两肺有散在湿性啰音，左侧较多。腹部稍胀。晨间有两次强直性痉挛，每次数分钟。口唇干裂，舌尖有红点，脉象弦数。印象：麻疹后肺炎，中毒性脑炎。辨证：疹毒未尽，复感外邪，引动肝风。

处方：局方至宝丹，每日两次，每次半丸。加服羚羊角粉0.6g，犀角粉（现已代用）0.6g，合研。每日4次，每次0.3g，用鼻饲法灌入。

4月7日复诊：未见抽风，但仍昏迷，肺部体征同前，再进前药。

4月9日复诊：体温正常，神志清醒，心肺未闻异常，但瞳孔仍稍大，反应差，似无视觉。证为病后伤阴，肝木失荣。停服局方至宝丹、羚羊角粉、犀角粉（现已代用），改予养肝明目法。

处方：石斛夜光丸18.8g，分12包，日2次，每次1包。

4月14日复诊：自服石斛夜光丸后，视力恢复很快，远距离能看见，近看较差。瞳孔对光反射左侧接近正常，右侧迟钝。脉象转缓。肝木得荣，阴分渐复，证势好转。再进石斛夜光丸。

4月24日复诊：一般情况好，视力远近距离均能看见。停用中药，准备出院。

30多年的儿科临床，何世英治疗的患儿病种繁多，其中既涉及流行性感冒、麻疹、痢疾、水痘、传染性肝炎、白喉、急性传染性多发性神经根炎、流行性乙型脑炎等多种急性传染病，同时也涵盖了重型肺炎、新生儿肺炎、肺脓疡、中毒性消化不良、胃黏膜脱垂、消化道出血、慢性肝炎、肝胆系统感染、肝昏迷、肠蛔虫病、肠绦虫病、急性肾炎、尿毒症、肾病综合征、泌尿系感染、病毒性心肌炎、风湿性心脏病、再生障碍性贫血、白血病、血小板减少性紫癜、过敏性紫癜、过敏性紫癜性肾炎、神经性头痛、颜面神经麻痹、癫痫、大脑发育不良、脑积水、中毒性脑病、化脓性脑膜炎、顽固性失眠、湿疹、荨麻疹、过敏性唇炎、烫伤、系统性红斑狼疮、硬肿症、脓毒败血症、类风湿合并败血症、遗尿、尿崩症、先天性巨结肠症、嗜伊红细胞肉芽肿、发热待查、小儿夏季热等近50种内外科疑难危重病症。这些令人望而却步的急、危、难、重之症，在何世英缜密辨证、深谙病机、切症选药的治疗中，往往是沉疴顿起，快捷取效。这种案例，不胜枚举。

何世英的六子何其行在天津一中上学时，有一个名叫徐双星的同学，直到现在每每见面的时候，总还要提起其父何世英给他治好多年哮喘的事。他说："你父亲太神了，八分钱的小药，吃了两个礼拜，病就彻底好了。"还有一次，何其行正在天津大学的操场上看足球比赛，旁边一位机械系姓陈的老师跟他聊闲天，当得知他的父亲是何世英时，一下抓住他的手，惊呼道："我们全家可得感谢你父亲一辈子！"说着用手指着场上正在奔跑的一个壮壮实实的小伙子说："那是我儿子。6岁那年，得了大脑炎，高烧40℃，持续好几天不退，医院去过了，有名的大夫也请过了，都摇头说没辙了。最后请到你父亲，让服安宫牛黄，六倍小儿的量，开始吓得我们不敢给孩子用。你父亲说：放心，出问题我负责。结果服下转天就退烧了。"说完，球赛也不看了，非要拉何其行去吃饭。像这样的事，何其行直到现在还每每会碰到。

小儿疑难杂症是何世英特别关切、甚为用心的，临证时，他经常会开出一些"出奇制胜"的药方。1968年秋季，有一位从新疆维吾尔自治区远道来津求医的患儿，家属口述：患儿史文学，

13岁，早前得了癫痫，后来发展成一种怪病：不能听稍微大一点的声音，比如，一家人正在吃饭，有人将筷子突然撂到桌子上发出了声音，小孩即昏厥，一头栽到桌子上；房子里静静的，如果有人推门进来，门轴一响，患儿随即倒地昏厥过去，人事不知。如此之类，日复一日，越发频繁。曾经到各大医院、医学院，找知名大夫求医问药，几乎倾家荡产，但始终不见好转。来津前，小孩在一条小河沟边玩水，旁边的树林里乌鸦“呱”地一叫，小孩应声倒在河沟里。大人们找到的时候，嘴里塞满了泥沙，脸庞已青紫。将泥沙掏出来，小孩才呼出一口气得救。一家人抱头痛哭，情景凄惨。这时，有人建议他们到天津找何世英看。来到天津的时候，何世英正巧在武汉参加一个全国的学术讨论会，病人只好先到各大医院求治，得到的回答不是“鲁米那控制”就是干脆的“没治”。何世英回津后，听到病情陈述，认为特殊，特别安排患儿来他家中住下。诊病那天，何世英从询问病史、望诊、号脉、叩诊到开方，历经三小时之多。特别是开方时，何世英拾起了久违的香烟，一根接一根地抽，全神贯注于如何下药上。周围的人受到这一气氛的感染，都屏住呼吸静悄悄地等待，大气不敢出一口。何世英终于开出了一个药方，上有20多味药，尽是全蝎、蜈蚣、乌梢蛇之类五毒俱全的猛药，制成蜜丸，日服4粒，早晚各2粒，两星期的量，先观察效果，日后再做修改。

服药期间，何世英下班回来第一件事就是向孩子探问情况：感觉如何，胃口怎样，心里难受不难受，等等。起初，史文学还时不时地抽羊角风或是听声音摔倒在地，几天以后，日渐好转，发病频率见缓，程度见轻。一星期后，竟奇迹般地既不抽羊角风也不怕声音了。刚来的时候，鼻青脸肿，脑袋磕得像一个发面包，已经失去了人形，谁看到这个孩子时，都会联想到电影《夜半歌声》里半人半鬼的宋丹萍，让人既心疼又害怕。现在，肿胀开始消退，脸颊慢慢有了红润。当时正值“十年动乱”高潮时期，毛主席最新指示一发表，街上就开始敲锣打鼓地游行庆祝。史文学跟何家的孩子一起上街看热闹，震天响的口号声此起彼伏，看得非常开心——没事了！史文学一家人高兴得泪流满面，管何世英叫“救命恩人”。

何世英又给开了三个月的药量，制成蜜丸带回去，改为日服两粒，早晚各一粒。回家后三个月，史文学的病彻底痊愈了，长到18岁时，已经是一米八的大个子，在农场开上了拖拉机。后来，何世英在讲课时介绍了这一病例，通俗地说：“人在幼儿阶段神经系统发育不成熟，很脆弱，特别是在受惊吓时又突然受凉，很容易罹患神经系统疾患。这个孩子得的病俗称‘小癫痫’，表征比较罕见，也比较特殊。患病有比较强烈的诱因，是在河南老家节粮度荒时，小小年纪随父亲到生产队的地里偷苞谷，被队长发现，逃跑当中越过一个小河沟时，正巧队长大声一吼，小孩受到惊吓，失足掉到河沟里。受惊既狠受凉又甚，开始诱发羊角风，后来得不到及时医治，发展成小癫痫。从病理上来讲，小癫痫较一般癫痫更复杂，中枢神经系统发生病变的程度更深。声音信号一般时，刺激作用不大；当声音信号较大时，传导过程当中刺激了中枢神经，引起一过性失觉，造成四肢肌肉的麻痹，瘫痪跌倒就在所难免，一般几分钟后就会恢复正常。但是，久而久之会造成累积性外伤甚至意外窒息死亡，病儿和家属都会异常痛苦。对于这种病，单纯从中医的角度或是单纯从西医的角度出发，都会感到棘手，必须突破中医和西医的界限，将双方的优势结合起来，用西医解剖学、病理学和中医的辨证论治综合起来分析，再用中医擅长的药理学来对症下药，才能显现药到病除的效果。这个病例，我也不过是在这一思路上进行尝试和探索罢了，没想到会如此成功。其实，我一直在琢磨，一般癫痫也好、小癫痫也好，将来是否有可能通过外科手术的方式解决，再加上中医药调理，可能来得更快一些、效果更完美一些。有机会与西医界同仁探讨探讨。”

创方药 改剂型

在天津市儿童医院任职期间，为了提高中医科的整体治疗水平，也为了方便西学中的医师能够比较准确地使用中药，何世英先后研制了27种协定处方和固定用方，包括吹喉药、流行性乙型脑炎协定处方、消黄汤、新生儿肺炎协定处方、新生儿消化不良协定处方、肾炎协定处方、肾炎水肿方、肾病综合征协定处方、解毒清血汤、脑积水方、加味小陷胸汤、复血汤、硬肿汤、驱蛔汤、驱绦汤等。每个处方均包括药物组成、剂量、用法、服法、功能、主治及详尽方解，在《何世英儿科医案》一书中，配有每个方剂临床运用的典型病例，令研习者能看得懂、学得会、用得上。透过这一首首凝聚着何世英心血和汗水的方剂，我们看到的是一个充满着公心和仁心的精诚大医。

何世英在多年专注儿科工作后，发现了不少阻碍中医儿科发展的问题，其中他认为最为突出的是剂型问题。他发现儿童服用汤药有很多困难，特别是煎药问题，药量多，服用不便，药量少，达不到疗效，而且煎药过程中也容易烧干炭化，造成浪费。纵观历史，其实这一问题早就引起古代医家的重视。公元11世纪《小儿药证直诀》中所载132方，就有124方属于丸、散、膏、丹、药饼子等简便易服的剂型。何世英认为，这种传统的有效方法，是应该得到继承和发扬的。

在临床实践中，何世英发现有一些儿科古方和验方成药虽然流传下来，但因为年代久远，许多在组方上几经删改，疗效不专不佳。另外，当时所存的有限种类的成药也仅能治疗少数儿科病证，大部分儿科疾病缺少专门药物。为了解决这一问题，从1960年开始，何世英总结个人经验，筛选出疗效比较满意的儿科方剂，先后配制出清降丸、疏表散、清化丸、吹喉药、清肺丸、咳而安、化痰散、解痉散、肺闭宁、喘逐平、痼痛定、抗痫灵、回苏散、磨积片、增食丹、荡痢平、溃疡丸、疳积饼、胆郁通、消水灵、蟾蜍散、实肾丸、双效丸、凉荣丸、驱虫丸、蛲歼膏、除湿灵、接骨散、透脓散、烧伤药膏、平疝丸等儿科常用中成药达31种。这些儿科中成药，单纯剂型就有片、丸、糖颗粒、糖浆、水剂、散剂、软膏，治疗范围既涵盖一般儿科常见病，也包括某些儿科急性疑难危重病，使当时儿科临床治疗常见、多发，甚至疑难重症几乎都有专门的中成药。

何世英认为，配制成药的目的，固然是解决剂型问题，但更重要的还是要提高临床疗效。以最常见的急性扁桃腺炎来说，由于对抗生素敏感性的减弱，有些患儿往往服用西药多日不能解热而转看中医。何世英观察到患儿除了局部病变及全身的高热外，多数伴有口唇红、脐腹疼痛、大便秘结等症状，从多数舌红、苔薄黄、脉弦数来看，风热相搏，来势甚暴，其病机则里热偏重。据此，治以清热解毒、化瘀通便，服用成药“清降丸”后，患儿一般翌日或当日大便畅下，便后热退，局灶改善，炎症随之消退。其疗效明显较西药抗生素为优。当然，何世英在重视成药的同时，也对它的局限性有着清醒的认识。他曾反复强调，如果患儿病情复杂，无对症成药时，仍需要服用汤药，而绝不能强选成药、削足适履。

何世英认为，研制中成药不能想当然或是自欺欺人，是要付出心血和汗水的，否则，就会成为“江湖骗子”。他在研制中成药的过程中，都是经过认真的病理分析，然后进行反复试用、追访病人、系统观察、数据统计、制订标准等，成熟一个推出一个，绝不马虎。在20世纪六七十年代，电话和汽车对于中国百姓来说还像梦一样遥远，为了获取一个经治病患的信息，或者为了追访一个患儿的远期疗效，何世英常常是骑着自行车不辞辛苦地走街串巷，登门拜访。一个偌大的天津市，从河西到河北，从南开到红桥，不管多远，只要能够获得第一手资料，何世英总是不辞辛苦，亲临问询、查看，他从不愿意通过道听途说来获取患者治疗的信息。

有一次，正值八月酷暑，已经50多岁的何世英与科里的一位年轻医师一道骑车前往天津北站附近的一个患儿家中了解情况，一路上烈日当头，挥汗如雨，骑了近一个小时的自行车后，何世英干渴难耐，很想买根冰棍儿解解渴，凉快一下，可一摸兜里竟发现没有带够买冰棍儿的钱，二人无奈，只好在街边买了两杯淡茶，聊以解渴，然后就又上路了，直到找到病人家，了解了病情才返回医院。何世英这种严谨的科学态度给他的同事、弟子和学生们留下了深刻的印象，成为影响他们一生的宝贵的精神财富。

经过多年的探索和努力，何世英总结、撰写、发表了大量有关儿科中成药临床观察的学术文章，如：1964年在《天津医药杂志》发表的《磨积散治疗小儿单纯性消化不良208例临床疗效观察》，1965年在《中医杂志》发表的《胆郁通治疗小儿传染性肝炎的经验介绍》、《肺闭宁治疗婴儿喘嗽》、《儿科常见疾患新成药15种临床应用经验介绍》和《续儿科常见疾患新成药15种临床应用经验介绍》等。在《何世英儿科医案》一书中更是不乏一味或两味小小的中成药治愈儿科临床“大病”的案例，令人看后不禁对中成药的疗效连连称奇。

曾有这样一个病案：男童蒋某，12岁，1964年4月30日初诊。患儿自周岁起，患咳喘长期不愈。发作不分季节，每隔四五天，最多不过两个月，即发作一次。每次最短四五天，最多延续三个月之久。发作时每由一声咳呛，即发暴喘。三年来胸廓变形，右前胸下部凹陷，胸脊向右侧弯，胸透有肺气肿。经不断医治，最初尚能控制，近几年来诸药罔效，已停学年余。现又急性发作14天，来天津市儿童医院就诊。

检查：咽微赤，呼吸迫促。心脏未闻及异常，肺右前方呼吸音低，两肺尖部均有散在哮鸣音。腹软。舌苔薄白，脉象沉滑而缓。印象：支气管哮喘。辨证：肺气虚，痰饮喘嗽证。

处方：喘逐平10丸，一日3次，每次3丸（当时重量，每丸3g）。

5月6日复诊：3天未喘，有时呛咳及寒冷刺激时也均未引起喘嗽，只是今晨感觉胸闷，痰多。继服喘逐平。

5月8日复诊：胸闷消失，痰液减少。长期服喘逐平，每隔半月门诊复查一次。4个月后未能坚持服药。

11月16日复诊：患儿已经7个月未喘，于8月间复学，并参加了体育活动。现因感冒发热咽痒，引起了喘嗽发作，但不严重。仍给服喘逐平，两天后喘嗽止。1965年8月追访，患儿一年来仅有两次感冒引起轻喘，均服喘逐平后迅速缓解。

临床观察中见证的一个个鲜活有效的案例，令何世英对中成药治疗小儿疾病充满信心。他开始进一步用现代医学的客观指标来验证自己创制的成药药效。1971年3月，《天津医药通讯》报道了何世英做的有关“清降丸”临床研究的结果，其中包括“十二例咽炎、扁桃腺炎病儿服用清降丸前后的细菌培养结果”、“四十六例咽培养之细菌对药物的敏感试验结果”和“清降丸不同稀释度细菌敏感情况”三份资料。1971年天津市儿童医院细菌室有关“清化丸”的实验报告也出来了，它们是：“十三株金黄色葡萄球菌对清化丸的敏感实验结果”、“二株绿脓杆菌对清化丸的敏感实验结果”、“十三株金黄色葡萄球菌对常用抗菌素的敏感实验结果”和“二株绿脓杆菌对常用抗菌素的敏感实验结果”。这些以现代科学方法取得的数据，印证了中成药的疗效，肯定了中医的科学性和实用性，对社会上一些怀疑和否定中医的观点是强有力的回击，这是当时一般中医大夫想做而没做到的。

何世英卓有成效的工作，给天津市儿童医院的诊疗用药体系和中西医结合工作带来了深远的影响。尤其是自制的中成药，成了院内治疗的“一大亮点”，全院上下、中西医莫不使用。尤其是中医科的医师们，都以何世英为榜样，在辨证论治的原则指导下，临床上尽量使用古方成药及本院自制的成药，只有当遇到复杂的病情以及不常见的疾患，成药不能适应时，才使用汤药。时至今日，中医科仍然沿用这一传统，当然，这一切均是建立在何世英创制的诸多适合临床、疗效卓著的中成药基础之上的。

何世英一贯提倡中成药要体现“精、便、廉、效”四个字，即：配伍求精，摈除繁杂重复；服用求便，适合患者特点；成本求廉，减轻家庭重负；重在疗效，快速解除患者痛苦。他认为，这四个字缺一不可，缺一个字都不是真心为人民服务，都不是一个真正的“良医”。多少年来，天津市儿童医院都是受何世英的这一思想影响，改良剂型、不断创新、制药为民、精益求精，使自己品牌的中成药久负盛名，赢得社会的好评和欢迎。直到今天，全国各地来此求医求药的患儿仍络绎不绝，尽管儿童医院制药厂生产规模不断扩大，但很多药物仍然供不应求。许多病儿家属说：“何世英的药，我们自己小时候得了病吃，儿女一辈儿吃，现在轮到孙子一辈儿还在吃。这药就是管用，还便宜，小药治大病。”

经时方　综合用

何世英在早期的临床工作中，比较侧重以六经辨证指导外感热病及其变证的治疗，疗效显著，深受患者好评。有一位男患者，30岁。素有痰饮留伏的哮喘宿根，因受外邪而复发，半月不解。中西医药罔效，病势垂危，已准备后事。症见喘息鼻煽，张口抬肩，胸高气短，头汗如珠，面色发青，烦躁不安，舌苔白腻，两脉弦滑大而数，沉取无力。何世英据证论治，认为属痰气交阻，闭塞气道，邪盛正衰，肺气欲绝。乃以扶正降逆、定喘化痰之法，投麻杏石甘汤、葶苈大枣泻肺汤加重剂人参治之，药未尽剂而喘已定。

再如某老翁，初秋突发高热，日泻十余次，中西（日医）医共治疗三天均无好转，病势危殆，于是请何世英出诊。何世英见病人精神恍惚，烦躁气促，遍身炽热有汗，泻下褐色水液而恶臭，腹痛不著，纳呆不吐，溲少而赤，舌质红，苔黄腻，脉弦滑而数。当时诊为太阳阳明合病协热下利之表里证，以葛根黄芩黄连汤治之，一剂而瘥。

一老妇年近古稀，外感高热 4 天，热退匝月，日夜不能合眼瞬息，西药安眠、中药安神俱无效。烦躁，痛苦难堪。舌质光红而干，脉弦细而数。何世英辨证属少阴热化证，水火未济，而以黄连阿胶汤治之，一剂酣睡，再剂安眠。

还有一男性患者，50岁。先发热 10 天，退热后 20 天不饮，不食，不语，仰卧，昏睡而不闭目，有时长出气，半月无大便，舌苔白腻遍布，两手俱无脉。中西医均拒绝治疗，已备好衾椁，等待气绝。何世英按邪热内陷、痰热郁结、阻滞中脘、气机痞塞论治，而予小陷胸汤原方。服后两小时，病人即能闭目深睡，减少了长出气。翌晨突然坐起，诉饥饿，索食物，家人反而惊惧，以为“回光返照”。疑惧稍定，姑与之食，见其食后又安睡，知其已有生望，于是由惧转喜，再邀复诊。何世英继续以小陷胸汤加玄明粉予之，翌日得畅便。由此神态自如，其病若失。

与诸多医家相似，初入医道的何世英体会到了经方的妙用，那就是经方用的得当，真的是“效如桴鼓”。但很快新的问题就出来了，在进一步的医疗实践中，何世英感到：囿于经方一隅是不能解决一切外感热病的。在某些情况下，必须用温病辨证及应用时方才能取得效果。

例如神昏一症，完全按照《伤寒论》胃家实处理是不符合实际的。又如《伤寒论·辨太阳病脉证并治》有“伤寒发汗，已解，半日许复烦，脉浮数者，可更发汗，宜桂枝汤。”而对于外感热病初期属于温病范畴者，依然坚持“一汗不解，可以再汗”的原则，则是错误的。再譬如临床许多感冒或猩红热的患者，首先有一个外感过程，症见自汗恶风，口干而渴，有的中医把这种温病按伤寒论治，予桂枝汤，服后劫阴动血，容易造成急性肾炎的表现：水肿、血尿，最终延误病机而造成恶果。正如《伤寒论·伤寒例》所云："桂枝下咽，阳盛则毙。"更譬如流行性乙型脑炎，如以六经辨证，则只能受到阳明经病的局限，在把好流行性乙型脑炎三关（高热、惊厥、呼吸衰竭）中，即使对于高热的消退有效，而对于控制惊厥和呼吸衰竭则常显无力。何况流行性乙型脑炎在临床上常表现为暑温证和湿温证的不同类型。所有这些，都不是六经辨证所能指导，也不是单用经方所能解决的。

何世英开始意识到，由于历史的局限性，《伤寒论》绝不可能概括万病，它的理法方药，也绝不可能完全适用于一切外感热病。一段时间的临床实践让他认识到，《伤寒论》与《温病条辨》虽均为外感热病所设，但二者既有区别，各具特点，又相互联系，密不可分。温病学说是在《伤寒论》的基础上发展起来的，先有《伤寒论》的六经辨证，后有温病学说的卫气营血及三焦辨证，二者是一脉相承的。但它们在某些方面又是有区别的。叶天士就曾说："盖伤寒之邪，留恋在表，然后化热入里。温邪则热变最速。"概括地说明了伤寒与温病在初期阶段的不同特点。中期阶段伤寒与温病均可出现半表半里及胃肠里热证，不同点是温病到了中期阶段，除可见胃肠里热的气分证外，还可出现中毒症状的营分证和邪入心包的热闭证。后期阶段也不尽相同。伤寒后期多有伤阳之证，温病后期则多见伤阴之证。

何世英在临证中逐渐体会到，伤寒与温病针对的是外感热病的两大不同类型，每一类型包括若干病种，同一病种又可能在病程中出现不同的证候。只有在治疗中，将六经、三焦、卫气营血辨证密切地结合起来，只有根据具体病情，灵活掌握，合理运用这两种辨证方法，经方、时方不偏废，不存几百年来所谓的"寒温门户之见"，才能在外感热病的治疗上进出有方、游刃有余。

何世英在其后来的文章中就曾谈到：我个人在早期临床时，虽然在经方上有所收获，但后来也常应用时方而收效。因此，我个人既不是经方派，更不是时方派，而是综合派。

承师学 重发展

数十年间，施今墨一直将何世英视为自己最得意的门生，何世英则将施今墨视为自己一生的恩师和榜样。每每提到施今墨，何世英总是深情地说："施今墨是我的恩师，没有他的关照和栽培，我可能枉活一生。他教导我有三句话，一是治病在救人，童叟不要欺；二是不要做'杀人不用刀'的庸医，庸医害人不见血；三是中医不能守旧，要发展必须向西医学习。这三句话是我一生的座右铭，是我一生治医、治学和做人的准则。"施今墨生前几次来津，何世英听到消息后都主动登门拜访，一方面表达敬仰之情，另一方面继续向恩师学习。当时何世英身边的晚辈医师，有的不知如何称呼这位京都名医，何世英就笑着说："你们管他叫师爷就对了！"可见师徒二人感情之深。

施今墨治病，博采古今南北各家之长，遇有疑难之症，必参合医理，穷源溯流，深思巧构，疗效突出。其临床特点很多，外感内伤均有所擅长。例如对急性传染病，呼吸、消化、循环、泌尿系统疾病，特别对神经系统疾患，他均有独到之处。施今墨尤擅长妇科，特别注意调理气血，强调"气以帅血，理血必先理气"之旨。对功能性子宫出血、子宫脱垂、闭经、滑胎、妊娠恶阻、盆腔急慢性疾患等，疗效极为显著。施今墨处方，喜开"对药"，如厚朴花与代代花连用，大生地与大熟地连用，砂仁壳与豆蔻壳连用，苍术与白术连用等。用药剂量非常谨慎，麻黄均用蜜炙且分量极微，一般0.9~1.5g，很少用至3g。另外施今墨还常谆谆告诫慎用葛根，必要时以青蒿代之。

何世英深承师法，每获良效。但随着时间的推移，发病的环境条件以及药材资源、产地、药性强度等都在发生着变化，需要对药剂做出适应性调整，否则，一些经方、验方也会逐渐失去应有的效力。何世英在秉承师学的基础上，不断做出调整。例如：老师慎用葛根，而何世英则经常习用，并无副作用发生。老师对某些药物使用剂量甚微，而何世英则根据病情需要，往往超量应用始能奏效。又譬如老师用葶苈子经常不超过1.5g，而何世英则用至9g。另外何世英感到麻黄定喘，对急性呼吸道疾患虽小量亦效；但对于慢性者，墨守微量，往往无济于事。老师治疗头风证中的神经性头痛，喜用虫类平肝息风药，一般的头风病用地龙、僵蚕，稍重一些的用全蝎，特重的才用蜈蚣，而且用蜈蚣，每剂从未超过1条，何世英则根据病情需要，只要遇到头风病必用蜈蚣，并且每剂最多用至16条，效果显著，也无中毒反应。有一病例，很能说明这一点。

男患者宋某，31岁，某面粉厂工人。1956年2月15日初诊：头痛四周，阵发性，痛时剧烈难忍。一周前头痛突然昏倒，手足厥冷，当时由厂医送往某医院脑外科住院检查。医院考虑脑肿瘤，决定开颅探查。患者不同意手术，于术前一日自动出院来何世英处求诊。

当时患者精神紧张，头痛时额汗如珠，常有幻视，夜梦纷纭，不能酣睡。舌质暗红，苔少，脉象弦数。证属肝风上扰，头风重证。宜镇肝息风。

何世英开出处方：天麻9g，豨莶草9g，菊花9g，蒺藜9g，桑寄生15g，赭石18g，山慈菇9g，煅磁石30g，川黄连4.5g，龙胆草4.5g，蜈蚣3条，全蝎9g，水煎服。

上方加减服至2月28日，头痛好转，但头部有时有上撞感。睡眠时间略长，但梦多、幻视已轻，脉象弦数转缓。

改拟处方：紫石英24g，煅磁石30g，生龙齿15g，赭石15g，茺蔚子 15g，生石决明 30g，全蝎 9g，僵蚕 4.5g，龙胆草 4.5g，菊花 9g，地龙 9g，钩藤 9g，天麻 9g，豨莶草 9g，蜈蚣 4 条。

从 2 月 28 日起，依上方加减服至 4 月 4 日。一个多月中，蜈蚣用量陆续增至 16 条，头痛全止。再服五六剂后逐步减量，一般情况仍好，乃停药观察。后到某医院脑外科复查，已无阳性体征，恢复工作。

何世英认为，在临床方面每个人经历不同，故有不同的经验积累，在认真继承师学的同时，也要注意博采众长，这样才能不断进步，有所发展。比如，何世英喜欢用葛根，就是得益于他的启蒙老师陈泽东。陈泽东以善用温燥药而闻名，里证动辄姜、附、桂，表证常用苏（苏叶代替麻黄）、葛、柴。何世英虽然后来投入施门，但对陈派用药已先入为主，且在其以后长期的临床体验中，他也愈发感到诸如葛根等温燥之药的太多妙用。因此，兼采各家之长，善于独立思考，推陈出新，这正是何世英的治学治医之道。

何世英在临床上，还非常重视中医民间经验方的使用，譬如对于某些流行性乙型脑炎的重症患者，当其昏迷惊厥等脑症严重而使用中药汤剂配合安宫牛黄丸、局方至宝丹等疗效不佳时，何世英曾采用天津王静齐治疗暑痉的经验方“回生散”治疗，竟然挽回了不少重笃患者的生命。反复应用后，何世英体会，“回生散”不但能够解除深度昏迷和惊厥，而且还能很快地制止剧烈头痛。再譬如对于尿潴留的患儿，何世英早年常常采用古人的经验“脐腹葱熨法”治疗，就是将麝香五厘放脐上，再以大葱一束炒热外敷，用后小便很快得以通利，不再潴留，屡试屡验。一生秉承着务实求真的精神，以一颗平等心对待一切有效的医术，绝不厚此薄彼，这就是何世英的为医做人之道。

何世英是个“敢为天下先”的人，他一生开创了很多个第一，而且他还一直在不断地设想着、开拓着。他用三七治愈尿毒症患儿后，依据中医对三七“止血不留瘀，祛瘀不伤血”功效的认识，提出三七是否能改善肾脏微循环，促进肾功能恢复的问题。他在用蟾蜍散治愈系统性红斑狼疮后，提出蟾蜍是否通过免疫抑制作用，控制狼疮病变，而促使其肾功能恢复的问题。他在用苏合香丸成功抢救不足一岁的中毒性痢疾患儿后，提出苏合香丸是否有增强心肺功能，改变微循环瘀血状况，防治急性弥漫性血管内凝血，使其达到既灌又疏的效果的问题。他在应用“回生散”解救流行性乙型脑炎深度昏迷，剧烈头痛后，提出应当研究“回生散”药理作用的问题。诸如此类的发现、探索，伴随着何世英一生的从医之路，从青年到壮年再到老年，他从未停歇过披荆斩棘、开拓进取的脚步。

何世英师古但不泥古，敢于挑战前人的论断；何世英重视他人的观点，但也绝不人云亦云。所有这一切都源于他的求实精神，他更善于从实践中总结、发现和求真求是，绝不墨守成规。

譬如他提出小儿夏季热不一定局限于江南，在我国北方有的地方原本就有该病，并且近年似有从南方向北方扩展的趋势；他反对用“痛泻要方”治疗绿便，主张使用“一捻金”。他指出，小儿腹泻常有深绿或墨绿色大便，验便无异，体重不减。中医学儿科文献对深绿便的记载不多，而对腹泻大便色青的记载不少，称为“惊泻”或“肝泻”，常用“痛泻要方”。其实《内经》在五色与五脏取类比象中，只有青、赤、黄、白、黑，配合肝、心、脾、肺、肾，其中并无绿色。所以是后世牵强附会地把绿、青合二为一，故误以“痛泻要方”治疗绿便，致使其疗效并不满意，但很少有人纠正。何世英多年来用“一捻金”治疗该病，效果很好，解决了历来被人忽视的这一难题。

对于中医“温病忌汗”，何世英也提出了异议。他认为，不能说温邪完全不能从皮肤表层驱出，当温病初起，邪犹在表时，是可以用辛凉解肌的。吴鞠通《温病条辨》里的银翘散、桑菊饮就是温邪透表最典型的方剂。何世英进一步指出，这种解肌当是辛凉解肌。由于温病初起，属于“阳盛”，虽可解肌散热，但不能使用麻黄、桂枝一类的辛温药，因为辛温药会使阴液被劫、热益增高，故古人曾有“桂枝下咽，阳盛则毙”一语，是值得玩味的。譬如收治的流行性乙型脑炎病人，凡是属于“温邪初起，邪犹在卫”的，一般使用银翘桑菊合剂后大都身见潮汗，获得早期痊愈。

对热病下法的认识，何世英更是从实践中敢于总结，敢于挑战常人的论断。当时全国各地总结治疗流行性乙型脑炎的经验中，有主张在高热阶段忌通大便的，何世英认为这点实有深入研究的必要。他指出，温病初起，邪在卫分，当然不能通下，假使邪入中府，神昏谵语，大便燥结，舌生芒刺，或“热结旁流”，则往往需用通下法方能获得热撤神清。温病过程中所发生的脑症状，大都是“邪入心包”，通灵开窍，咸寒解热，如紫雪散、局方至宝丹、安宫牛黄丸等是治“邪入心包”最有效的药。如果运用了这一类的药，并不能达到预期的目的时，必须鉴别是否伴有“热入中府”的问题，假使有这样一个因素存在，应该考虑“釜底抽薪，通下撤热”，至少也应该在消除“邪入心包”的基础上，配合通下，方可奏效。临床上就是有一部分患者，在高热惊厥的情况下，发生便泄，便色黑褐如败酱，臭味刺鼻，根据“热结旁流”、“通因通用”的方法，反使大便整复。个别的患者经过一下未愈，再下三下后，始收功效，正如吴又可《瘟疫论》里所说：“承气本为逐邪而设，非专为结粪而设，必俟其结粪，血液为热所搏，变证迭起，实乃养虎遗患，医之咎也。况多有溏粪失下，但蒸作极臭，如败酱或如藕泥，临死不结者，但得秽恶一去，邪毒从此而消，脉证从此而退。”王孟英所谓“邪有下行之路，腑气通则脏气安也”。因而，如何能“高热”而“忌通大便”？

何世英的探索，随着他工作在不断地深入着，他对于七味白术散扶助脾阳恢复肠胃升清降浊功能、补养脾阴纠正高度脱水作用的思考就很是发人深省。何世英发现，在宋代钱乙《小儿药证直诀》中载有："7月7日后，吐泄……不能食乳，多似睡，闷乱，哽气，长出气，睡露睛。"这段描述，颇似泄泻引起了脱水代谢性酸中毒。又如明代万密斋《幼科发挥》中谓："小儿泄泻，大渴不止者，勿与汤水饮之，饮之则口愈渴而泄愈甚。宜生脾胃之津液，白术散主之。"还说："渴只饮本方，一切汤水禁之勿与，则胃气上升，津液自升，泄泻止矣。"更说："白术散乃治泄作渴神方。"可见万氏不但注意泄泻引起失水，而且在补水方面，还认识到给饮白开水不但不能止渴，反而加重口渴，这与现代医学对补充液体的看法基本是一致的。那么，如何结合脱水的病理，来研究七味白术散对泄泻病儿生津止渴作用的机制呢？

现代医学在小儿失水方面，如血钠低于130mg/L当量，认为是低渗性脱水。其症状表现颇与小儿泄泻变证的伤阳证相似。这时细胞外液渗向细胞内，使血容量更低，容易出现休克及肾功能受损，皮肤弹性极差，两眼及前囟内陷，但不出现口渴。血钠在130~150mg/L当量，为等渗性脱水。其症状表现颇与小儿泄泻阴阳两伤证相似。患儿稍口渴，精神倦怠，皮肤冷及弹性差，两眼及前囟下陷。血钠高于150mg/L当量，为高渗性脱水。其临床表现颇与小儿泄泻伤阴证相似。此时细胞内液渗向细胞外，而细胞内也失水。故表现为烦躁，发热，口渴，有时甚至惊厥（属急惊风证）。但皮肤弹性尚好，休克、肾功能受损症状较少发生。根据以上一般脱水标准来看，七味白术散主治泄泻口渴，有利于高渗、等渗脱水的修复。

七味白术散的治疗机制从中医来说，属于滋补脾胃之阴阳，生津以止渴。从现代医学来设想，整个方药是否含有与输液相近似的物质成分，或者是其他的功能作用？对于这个问题，何世英认为实有深入研究的必要。一般胃肠道外输液，仅在病儿不能进食或必须迅速纠正其耗损及不平衡状态时，方考虑使用。对于心肾功能不良的患儿，输液量更须慎重考虑。输液要有一定的条件和设备，故无论是补充小儿电解质、热量或营养，口服仍是最自然和最好的途径。这是现代医学所公认的。中医学的生津护阴法，如能防止体液的消失和通过机体的调节功能以维持电解质的平衡，就可以有利于减少胃肠道外输液。

何世英以上的设想完全来自儿科的实践，所以这样设想、这样探求是因为他知道，一旦这种设想能够被科学和新的实践加以检验和证实，则必将使中医在更大的范围与程度上造福于祖国的儿童。

年逾古稀的何世英，积其一生之历练和学识，再一次把他的开拓精神推上了一个新的高峰，他主张多学科理论研究中医，要发展心身医学、气象医学等新的研究领域，把人与自然、人与社会联系起来进行有机的辨证。在他离开我们之后20几年的今天，重温何世英的这些观点和设想时，我们发出的不仅仅是赞叹，还有对其“高屋建瓴”、“远见卓识”的折服。

何世英热爱中医，在弘扬中医的道路上从不停歇。他一生笔耕不辍，著述颇丰。他一生做过无数场中医学术报告，透过这些，我们看到的是一个毕生为中医事业而奋斗的勇士。既是勇士，就无所畏惧，何世英就是这样，他从不回避对中医发展的担忧，提意见、找问题、呈建议、指方向，对中医学愈爱之、愈忧之、愈疾呼之。

对于中医的现状，何世英提出了6大担忧，它们是：对党的中医政策能否真正贯彻的担忧；对很多人认识上尚未解决“中医学是否科学”的担忧；对中医后继乏人的担忧；对中医机构发展慢、条件差、病床少的担忧；对中西医结合这支力量还非常薄弱的担忧；对中药自然资源日渐减少的担忧。

何世英指出，中医儿科当前存在的最严重问题是没有接触急症和急性传染病的机会。像天津市儿童医院这样的综合性医院，门诊急症中医不能插手不说，由于未建立传染病科，平日既不收也不看急性传染病。中医儿科本来长于治疗麻疹，现在也看不到了，经验成了书本上的空谈。长此以往，确实要像有人指责的那样：中医不会治急证。通过各地中医治疗流行性乙型脑炎的成果，何世英还指出，发扬中医学不应只是偏重慢性疾病，应在急性病方面扩大研究范围，特别是传染病，因为中医对传染病有着极为丰富而多彩的治疗方法，不只限于流行性乙型脑炎。《伤寒论》和后世温病文献就是治疗急性传染病的宝库，而这个宝库是取之不尽、用之不竭的。

谈到中医兴衰存亡问题的解决办法，何世英发人深省地说道："中医的生存、中医的兴盛，有些是可以通过中医本身努力来实现的，而更多的问题则是体制问题，是执政者对中医的认识问题，靠中医本身是无能为力的。而正是这一点的突破和改进，从长远来看，才是关乎中医，包括中医儿科能不能长期存在的重大问题。"

老益壮　脑科创

"十年动乱"期间，何世英被打成"反动学术权威"，关进了"牛棚"。白天打扫医院的楼道、厕所、院落，晚上被关在一间小黑屋里。那一阶段，他情绪十分低落，曾产生过自杀的念头。幸好由于市政府不断有车将他接出来给来津的中央老同志看病，他才得以较早地被"解放"出来，幸免于难。"四人帮"被粉碎后，何世英抓紧一切时间整理自己的临床经验、藏书、资料和国外医学发展动态，并汇集编撰成册，站到天津中医学院和天津职工医学院的讲台上亲自授课，在医院的门诊、病房言传身教一批又一批的年轻实习生。这一时期，何世英已步入高龄，除了在医院应诊外，身兼社会职务达27个之多，还经常参加卫生部、卫生局政策方面的研讨会以及全国和地方性的学术会议，加上各地科委、学会不断邀请去做学术报告、讲学，这对于一个年近古稀的老人来说，其工作繁重程度可想而知。即使这样，他又开始了一个全新的征程，为中医学的发展开辟了一片全新的天地——中医脑病新学科。

由于一生中治愈了不少脑神经和精神疾患方面的疑难杂症，何世英晚年在担任天津市中医医院总顾问期间，于1983年创建了国内首家中医脑内科，亲自带领一个由中西医组成的团队，接待全国各地络绎不绝的患者，开始了中医脑病学的研究。从门诊到病房，从病案收集整理到教学的传、帮、带，处处都有他辛勤忙碌的身影。

在中医学的文献中，早就有对脑、髓等的记载，如《素问·五脏生成篇》云："岐伯对曰：脑、髓、骨、脉、胆、女子胞，此六者，地气之所生也，皆藏于阴而象于地，故藏而不泻。名曰奇恒之腑。""诸髓者，皆属于脑。""髓海不足，则脑转耳鸣。"历代医家治疗脑病，也已积累了极为丰富的经验。但根据中医理论体系中的脏腑学说，五脏为人体的核心，脑的生理功能和病理变化分属于五脏当中，脑这一奇恒之腑，居于从属地位。脑病的治疗亦从五脏论治。在1985年6月的《天津中医》上，何世英发表了《中医脑病专刊》的发刊词，在这篇发刊词中，何世英指出："中医就是根据脑病从五脏论治这一整体出发，用来指导神经精神病的医疗实践，这种治疗方法是中医学的一大特色。"同时，他也指出：中医由于历史和技术手段的原因，长期以来很少打开和触及人体这个"黑箱"禁区，对人体微观的研究没有跟上时代前进的步伐，使中医脑病迟迟不能形成单独的学科和理论体系，影响了中医对脑病进行全面、深入、系统的研究以及临床治疗优势的发挥和提高。

何世英认为，搞中医脑病之初，首先要解决统一脑病病名的问题，而这就必然要涉及整个中医病名的问题。脑病若能沿用中医传统病名，那定是众望所归，但是因为中医脑病病名太少，有时又仅以病因病机或主症代替，所以临床辨证运用起来远远不够。因此，何世英主张对于中医脑病，可以暂时统一使用现代医学脑病的病名，必要时附以中医传统病名，以资参考。就此，何世英进一步指出，使用西医病名，并不会降低中医的学术价值，事实上，只有当我们运用中医的理论体系和治疗方法，解决了难以医治的病症时，中医学在脑病治疗中的作用才能得到真正的体现和肯定，也只有通过这样一种过渡，我们才能最终完善中医脑病的理论体系，包括形成一套完整的具有中医特色的脑病病名。

西医学里分脑内科和脑外科，中医学由于在某些方面的局限性，尚不能解决脑外科疾患，但是中医对于脑内科疾患，无论神经、精神病证都有着比较好的疗效。特别是对顽固性剧烈头痛、西药已无济于事的顽固性失眠，以及难以缓解的抽搐及不少精神疾患等等，中医药均有明显的止痛、安眠、解疼、益智、宁心的作用。何世英对脑内科疾病的辨证治疗有一套完整的施治方法，临床屡获良效。单以他对头风病的治疗为例，经过脑内科 230 例头风病患者一年多时间的追访初步小结后，发现总有效率达到 93%，痊愈率达到 41.3%。对于像脑病这样的重症顽病，何世英曾谈到他的治疗心得，那就是：只要按照中医的理论去悉心辨证论治，就会收到良好的效果。

以下是两则何世英当年在脑内科门诊的病案，个个痼疾顽症在他洞彻精到的辨证、巧妙灵活、丝丝入扣的用药中，化为乌有。这些真实的案例，让我们看到了中医治疗脑病的光明前景，也令我们对一代名医何世英的精湛医术由衷地感到佩服。

病案一　男性张某，32 岁。初诊：1983 年 7 月 19 日。主诉：患者于去年 6 月突然头痛，难以忍受，曾在部队医院住院治疗，服西药不见好转。经沈阳某总医院 CT 检查，考虑脑瘤，行开颅探查手术。术中发现不是脑瘤而是血肿（因先天性脑血管畸形出血后所致)。术后一般情况尚好，可进行体力活动，智力无异常。

6月初，劳累后出现右侧肢体无力。7月初，突然失语，右侧肢体不能活动，嘴向右歪，流口涎，经中西医药及针灸等治疗不见好转，反而加重，故来本院脑内科门诊就诊。

患者病前有高血压史四五年，血压150~160/90~110mmHg。诊查：神清，表情淡漠，失语，鼻唇沟右侧变浅，口角向右侧歪斜，右上肢软瘫，不能抬起，也无握力。右下肢可以活动，但无力行走，需人搀扶。舌质暗淡，舌苔微黄腻，脉沉弦。辨证：肝阳上亢，风痰痹阻脉络，发为偏枯。治则：祛风通络，化瘀平肝。

处方：丹参12g，桃仁10g，茺蔚子10g，钩藤15g，地龙12g，生石决明30g，僵蚕10g，豨莶草12g，桑寄生25g。6剂。

二诊：7月25日，服前药后，病情明显好转，已能说话，但不利落。下肢活动增强，可以自行走路，不用人搀扶。肌肉尚紧，伸舌仍向右㖞。

处方：石菖蒲10g，郁金6g，桑寄生30g，竹叶10g，桃仁10g，生石决明30g，丹参12g，僵蚕10g，茺蔚子15g，地龙12g，钩藤15g。6剂。

三诊：7月28日。前药只服3剂。近两天来多睡不醒，日夜如是，很少说话，纳差，不愿活动。舌苔转白腻，脉至迟数不匀。

处方：苦丁茶5g，石菖蒲6g，竹叶10g，钩藤15g，建曲10g，陈皮10g，僵蚕10g，桃仁10g，茺蔚子15g，桑寄生30g，合欢花10g，郁金5g。4剂。

四诊：8月1日。已不嗜睡，能说话但仍不利落，纳可，精神较好。

处方：荷梗10g，苦丁茶9g，石菖蒲6g，竹叶10g，钩藤15g，建曲10g，僵蚕10g，桃仁10g，茺蔚子15g，桑寄生30g，合欢花10g，郁金5g。6剂。

五诊：8月8日。症状明显好转，走路较前有力，行动方便，语言清楚，谈笑自若。右上肢能抬举过头顶，唯笑时仍见嘴向右㖞，效不更方，原方药再服6剂，后又服6剂。

六诊：8月22日。说话清楚，笑时嘴㖞已经不明显，右上肢活动恢复正常，已有握力，能持重物。舌苔薄白，脉弦转缓。按原方加味，改配丸药常服，以期巩固。

病案二 女性患者冯某，43岁。初诊：1983年6月30日。主诉：因丧夫逐渐精神异常，意识反应迟钝，两腿活动无力，走路困难。开始生活尚能自理。近两年来，上述症状加重，意识有时模糊，缺乏思维能力，经常失眠，精神呆板，行为拙笨，语声低微不清，走路需人搀扶，否则常易摔倒，头部已有数处摔伤，上肢活动尚可，近两月下肢有轻度浮肿。诊查：伸舌颤动，仅能伸出舌尖，舌质润，苔薄白，脉弦缓无力，两手平伸震颤，纳呆，大便秘结。辨证：肝气郁结，肝风内动。治法：疏肝解郁，息风定志。

处方：合欢花10g，夜交藤15g，蒺藜10g，竹茹10g，竹叶10g，莲子心5g，生龙齿15g，益智仁10g，贝齿15g，茯神10g。7剂。

二诊：7月7日。服上药7剂，精神明显好转，有喜笑表情，答话较前稍迅速，且多准确，能安静睡眠，行走稍见利落，唯伸舌尚迟钝，舌及两手平伸震颤均减轻。仍继前法治之。

处方：合欢花12g，夜交藤20g，蒺藜12g，竹茹10g，竹叶10g，莲子心5g，生龙齿15g，益智仁10g，贝齿20g，茯神10g，石菖蒲6g，陈皮10g。6剂。

三诊：7月14日。精神、饮食、睡眠尚好，手颤益轻，下肢浮肿已消，活动较前灵活。照上方去竹叶，仍服6剂。

四诊：7月21日。一般情况仍好，现已有说有笑，且语言较流利，原卧床不能翻身，现已能翻身活动。原方不变，再继续服药6剂。

五诊：7月28日。对答自如，舌尖伸出较长，两手平伸已不再颤动，唯下肢活动尚感乏力。

处方：桑寄生25g，怀牛膝10g，合欢花10g，夜交藤15g，蒺藜10g，莲子心5g，益智仁10g，贝齿15g，茯神10g，6剂。

六诊：8月4日。患者独自一人来诊。精神好，走路自如，已不感乏力，语言流利，伸舌自如，并已能做些家务活，偶尔尚有失眠，兹处下方善后以巩固疗效。

处方：桑寄生25g，怀牛膝10g，合欢花10g，夜交藤20g，蒺藜10g，竹叶10g，莲子心5g，益智仁10g，贝齿15g，茯神10g，酸枣仁10g。

翻阅何世英生前组织编写的《中医脑病学》理论教材遗稿资料，内容广博而精深，从中医脑病的理论定义、涵括的范围、诊断标准、辨证分型、疗效判定、病例病案到参考索引的国内外资料，几乎面面俱到。他在著述中将现代医学已经从单纯的生物医学模式向生物—心理—社会医学模式转变这一新观点引入中医脑病学的研究，将脑内、神经、精神作为中医脑病学研究涵盖的范围，将中医对脑病从肝胆、从心肾论等的传统认识、治疗经验和西医脑组织解剖学、诊断学、药理学、精神病学、心理学结合起来所形成的新认识、新经验、新医药、新理论作为论述的主要内容，将"科学、求实、深入、严谨"的态度作为建立中医脑病学理论体系的立足点和基本要求。论述中指出，这一体系在中医史上是开创性的，在世界医学史上是中国独有的，从实践上看是具有强大生命力和发展前景的。何世英素来做事严谨，虽然在国内首创中医脑病专科，但不让学生弟子们过多地对外宣传，直到经过两年的临床实践验证了中医在治疗脑病方面具有巨大的优势，应当得到推广，造福于民、造福于子孙后代，始才认为"中医脑病学"作为一个新兴独立学科的条件基本成熟了，正式对外提出

“中医脑病学”的概念。1985 年,《全国首届中医神经、精神病学术讨论会》在津召开，会上成立了中华全国中医学会中医脑病学组，何世英被推举为第一任组长。1989 年“第二届全国中医脑病学术讨论会”进一步肯定了“中医脑病”作为独立新学科的必要性，成立了中华全国中医学会脑病学术委员会，何世英被推举为主任委员。这两届学术会议后，“中医脑病学”作为新学科正式登上了中医学发展的历史舞台，成为中医药学的一朵奇葩。

中西合 一生梦

何世英曾经说过:“清政府 200 年闭关自守，影响了中国自然科学与医学的发展。医学是社会科学与自然科学的综合体，中医的特色要保持，还必须发展。整体观念、辨证论治、灵活性强，这是中医学的基本特点，但中医缺乏定性、定量、时相等方面的客观指标以说明之，医学体系限于宏观，而患者个体情况不一，每个医生掌握中医理论和经验水平程度不一，感觉有所偏差，辨证结果就不一致，治疗则更有出入，因此，中医有待于用先进的现代科学技术加以研究，使之微观化、客观化。”

其实，何世英深受施今墨医学思想的影响，早就有汇通中西医药之志。他始终认为中医应走中西医结合的道路，以西医之长，补中医之短。他主张中西医学熔于一炉，不能有门户之见。但是在以往的年代也只能是空想。中华人民共和国成立后，使他多年融贯中西医的想法真正变成了现实。为了中西医结合，他一路奔走着、尝试着、奋斗着、呼喊着，可以说，中西医结合是他一生的追求、一生的梦想。

在何世英看来，中西医是在不同的历史条件下，各自形成的不同的医学体系。两者各有所长，各有所短。他在医疗实践中真切地体会到有些中医的所长正是西医的所短；反过来，有些西医的所长，也正是中医的所短。何世英经常用临床事例来说明中西医取长补短、相互结合的必要性和重要性。譬如：急性肾炎的患儿，当其临床症状刚刚消失之时，中医常常认为病已痊愈，但岂知部分没有症状的患儿，其尿化验的指标可能并不正常，而正是这部分患儿就存在着临床症状再度出现，甚至发展为慢性肾炎的可能性，在这方面单凭中医是很难预知的。又如肝炎病儿临床出现黄疸的中医容易认清，可如果属于无黄疸型的肝炎，单凭中医方面的检查，就又很难确诊了。再如急性肠炎与痢疾二病，临症往往相同，没有大便化验鉴别，则不易区分对待。由此可见，只重中医，不懂西医，不仅会影响到疾病的诊断与治疗，而且还是关系到疾病预防与巩固的重大问题。

相反，只重西医，不用中医，同样会在临床上困难重重。譬如发烧的疾患，现代医学一般都要给予阿司匹林之类的解热药物治疗，有的病人经过一两次服用而热退，但也有不少病人经过多次服用而烧反复不退。何世英指出，这时如果能够结合中医整体观点进行辨证，分析矛盾的特殊性，抓住发烧的实质，给以针对性强的中医药特殊治疗，就有可能迅速扭转局面，提高临床疗效。另外，西医有时遇到某种疾病确定不了诊断，只能停留在对症治疗的水平上，这种对症治疗只能解决局部问题，不能从根本上祛除疾病。而实行中医辨证施治，则可以把消极的一面转化为积极的一面，甚至可以把注定了的“不可逆”也变为可以逆转，有时疾病的痊愈甚至可以走到西医最后诊断的前面。

何世英指出，诊断明确、指标客观、应急措施多是西医之长；辨证施治、灵活性强是中医特点。两者结合起来，扬长避短，发挥优势，就更能提高临床疗效。在儿科临床方面，何世英更是强调中医有很多经验可以补西医之不足。以收治流行性乙型脑炎为例，统计天津市儿童医院1978年共收治的流行性乙型脑炎患儿362例，通过西医抢救加中药治疗，并以中药治疗为主的中西医结合方法，平均病死率仅2.8%。又譬如肠麻痹症，西医常需肛管排气，而效果有时并不理想。中医辨证该病有属肺气不宣，大肠壅滞的实证，也有脾阳虚衰，运化失调的虚证。对于前者应用“小儿一捻金”或“牛黄夺命散”，对于后者则以温脾消胀之剂内服，常常能收到立竿见影的效果。再如，清热利湿法治疗新生儿高胆脂血症；凉血散瘀加镇摄法治疗小儿过敏性紫癜；清热解毒、逐瘀化浊法治疗肺脓疡；淡渗祛湿、驱风止痒法治疗小儿顽固性皮肤过敏疾患等，对于这些西医西药治疗相当棘手的病症，中医药的疗效也都非常突出。

大力提倡中西医结合，这与何世英的临床实践是分不开的。在天津市儿童医院工作的30年中，他曾多次参与急、危、重症病人的抢救工作，这让他更深切地体会到中西医结合的重要性。譬如：中医在治疗流行性乙型脑炎上，固然有它的辉煌成就，但也不能否认它存在一定的缺点，当病人发生吞咽困难、痰涎壅闭、呼吸急迫的时候，是难以接受中药治疗的，须要通过鼻饲、吸痰、输氧等各种西医的辅助疗法，在病人循环衰竭时，更要注射强心剂，方能使其维持生命。也就是说，流行性乙型脑炎重笃病人在某种特殊情况下，唯有得到适当的西医辅助，才能给中医药充分发挥作用留出机会。再譬如急性传染性多发性神经根炎的患儿，很容易出现呼吸肌麻痹，西医的气管插管和抢救措施是挽救病人生命的前提和依据，在这个前提之下，再结合中医辨证论治，合理用药，才有可能更快更好地挽救病人生命、解除病人痛苦。在这里，中西医密切配合，特别是积极发挥西医的抢救作用，至关重要。

由于在自己的医疗实践中，一次次地目睹了中西医结合所创造的奇迹，而这种奇迹是无论单纯西医药还是单纯中医药都不可能取得的，因此，何世英不止一次地写到、谈到：对于急性病、对于流行性乙型脑炎、对于多种凶险的传染病乃至对于儿科常见多发病，中西医配合得好，治愈率就高，反之则低下。言语虽简单，但源于亲身的实践，发自肺腑，掷地有声。

对于中西医结合的途径和方法，何世英也有他独到、丰富的见解。他强调西医辨病与中医辨证相结合、中西医诊断方法相结合、中西医理论相结合、西医物理疗法与中医相结合、中西药物相结合以及中西医专家团结协作等等。

首先，关于西医辨病与中医辨证相结合，何世英认为这是中西医结合比较行之有效的途径。因为中医病名少，诊断失于笼统，所以应当借鉴现代医学的方法，达到辨明病症的目的，所谓“西医辨病”，可以使我们对疾病首先做出正确的现代医学的诊断，不至于贻误病情，然后再通过中医辨证施治的方法，抓住疾病的症结，对证选药，有的放矢，这样才能在治疗上取得良效。对于这一结合方式，何世英曾反复告诫身边的同道，作为一名中医，越是想搞好中西医结合，越是要紧紧抓住中医辨证论治的精髓不放，一定要坚信中医学认识疾病的方法和理论，坚持用自己的理论指导实践，而绝不能一味地让西医的诊断牵着鼻子走，那样就显示不出中医的优越性，也达不到中西医结合、更好地治愈疾病的目的。

其次，中西医诊断方法的结合。中医儿科明显地存在着诊察方面的缺陷。自古儿科又称哑科，是因为小儿既不能自诉病情，家属反映的情况也不见得完全可靠；另外，小儿情绪容易激动，脉象也不稳定；再者，儿科的特殊诊法指纹观察法，又存在标准难以掌握的缺点。因此，中医儿科诊察方法必须扩大，诊察指标必须力求客观化，这就要求我们适当结合西医的诊察方法。何世英指出：几十年前中医儿科很少使用体温表，现在不是普遍应用了吗？为了便于了解呼吸道疾患病情的轻重以及心功能情况，中医儿科工作者也没有理由拒绝采用听诊器。只有从病人实际出发，打破保守，虚心采纳西医之长，补中医之短，才能有助于促进中医的发展。

第三，中西医理论相结合。何世英早在华北国医学院就读时就受施今墨的影响，钻研中医的同时也研习西医基础理论。他多年来将中医对疾病的认识与西医的病理学相对照、比较和分析，于20世纪50年代初撰写了《新中医病理学讲义初稿》。一本8开168页的手抄本书籍，笔迹工整娟秀，映照出一位怀有真正科学态度的医者、一位不断探索和创新的学者的一片丹心。在以后多年的临床中，何世英更是多次地讲到中西医理论的相互借鉴和结合使用的问题，譬如《中医对休克的认识及治法》、《从中医的特点谈中西医结合对急症危重病的治疗研究》等文章。对于他临床接触比较多的流行性乙型脑炎的病症，更是提出过具体的中西医理论结合的方法，即以中医的症状、舌脉等，结合西医检查结果，比如脑膜刺激征、体温、深浅腱反射、肌张力、病理反射等等进行中医分型，制定每型的用药基础方剂，进行临床观察，观察止抽、退热及神志转清的天数，总结中西医结合治疗哪型疗效更好。

第四，中医结合西医的物理疗法，探讨西医物理疗法与中医学的相通之处。何世英在临床中看到，对于一些严重高烧的病人，在中药采用苦寒清降法的同时，病房多使用冰敷的办法物理降温，并没有发生不良的后果，有时采取腋下、鼠蹊并用冰敷的办法，还可以使得高烧急速下降，当然这种办法不能控制热势的复燃，但起码能给中药以发生作用的机会。热病体外加冷，在两千年前，我们的祖先们就已经认识到这一问题，如《黄帝内经》就说："治诸热病，以饮寒水……必寒衣之，居此寒处，身寒而止。"就充分说明了这一点。当然，何世英也指出：使用物理降温要注意温邪表解的问题，以免温邪内攻，病情加重。"拿来主义"，凡是别人有用的东西，我们都应该"拿来"为我所用，这正是何世英务实精神的体现。

第五，中西药物的结合。首先，结合西药的制剂方法，改进中药制剂。何世英认为，中西药物的结合在儿科方面尤为重要，特别是中药剂型的改进，更需要用西医之长补中医之短。对于儿科中成药若干剂型的创新和改造，就是何世英借鉴西药制剂学的亲历实践。其次，充分利用西药药理学的知识，开拓出中药治疗的新领域。何世英对于现代药理学的知识很精通，且他常常将现代药理学已经肯定的某些中药的有效成分灵活运用于辨证施治中，效果非常之好，此可谓是合璧中西的典范。有一个验例就很能说明问题。

张某，男，3岁。其母代诉，大便泄泻一年，色黄，屡次做大便化验有脓球、红细胞，走遍全市各大医院均治疗不效。现腹痛，泻后则痛减。何世英诊断其属于慢性痢疾，中医辨证属于虚实夹杂。选用诃子肉6g，肉豆蔻6g，木香5g，川黄连6g，血余炭10g，炒泽泻10g。服3剂。

二诊：其父母携幼儿来诊，大悦，谓服药后腹痛已除，泻痢已止，患儿精神好转，纳食已香，大便每日一次，为软便。何世英嘱其继服上药，效不更方，并连续每周两次检查大便，连续三周，无异常发现，则为治愈。何世英后来分析其方时指出，本方所以灵验，除中医辨证严谨，用药精当外，从现代药理学角度看，黄连主要含有小檗碱，属于异喹啉类生物碱，经临床验证，它对细菌感染及其他病原体感染有效，故方中选用黄连，一举取效。

另外，对于多种过敏性疾患，何世英总是使用镇摄收敛的生龙骨、生牡蛎等含钙成分的药物，使荨麻疹、过敏性紫癜、过敏性紫癜性肾炎及皮肤瘙痒症的治疗效果明显提高，这也与他了悟这些中药的化学成份分析密不可分。

第六，与西医同道们共同切磋，研究制订治疗疾病的方案。像前面提到的很多协定处方，何世英均是在与西医专家同道，以中西医两种理论，研究、分析、探讨疾病的病因、病性、病机、病理后，反复推敲确定的，这也是这些方剂切中临床，疗效确实可靠的一个重要原因。在天津市儿童医院工作期间，他专门聘请了院内著名的西医内科专家到中医科定期查房讲课，他也借此机会向他们虚心请教、认真学习，充分体现了一位中医大家的风范。

坚持中西医结合，在临床中真正切实地做到中西医结合，并且深深地体会到中西医结合巨大优势的何世英，并不想到此为止，作为津门一代名医，作为全国知名的学者，他还要为中西医结合的推广奋臂疾呼。在多个场合、多篇文章中，何世英反复地、专门地讲解中西医结合的优势和必要。

例如1964年，在华北地区中医学术经验交流会上，何世英宣读论文《中西医结合治疗流行性乙型脑炎中医方面的临床体会》；1975年在宁夏回族自治区，做了“谈谈临床中西医结合”的学术报告；同年9月在延边朝鲜族自治州延吉市做了“新生儿疾病能不能搞中西医结合”的学术报告；1978年在天津市中医学会学术年会上宣读《中西医结合治疗儿童紫癜45例近期疗效观察》的论文。何世英在天津市卫生局1989年组织编写的《天津卫生事业四十年》中发表的文章《中医学理论重见光明》，集中反映了他的探索和思考。在这篇文章里，他从辩证唯物主义理论和现代科学技术当中的控制论、遗传学、解剖学、免疫学、分子生物学、医学气象学、时间医学、人类生命科学各个学科角度来诠释中医“阴阳五行、五脏一体、天人合一”这一沿袭千百年的传统理论和学说在内涵上所具有的科学性。在结论里，他引用毛泽东主席的话“中国医药学是一个伟大的宝库，应当努力发掘，加以提高”，然后提出自己的观点：“我认为在走向未来的我国新医药学之前，中医和西医都要大发展，都要现代化。没有中西医的现代化，谈不上中西医真正的结合，更谈不上发展成为新医药学。”他认为：所谓“新医药学”应是中医、西医两大生物医学体系从自然渗透到未来高度融合所形成的具有中国特色的新的医药学体系。这一新医药学体系的形成和发展，不仅造福于中国一个国家、一个民族，而且是对世界医学乃至全人类的贡献，是中国医学界一代人甚或几代人神圣的使命，是一项远非子承父业、一门一户、一省一地所能完成的光荣而艰巨的大事业。

中国工程院院士、天津中医药大学校长张伯礼在谈到何世英时，十分感慨地说："何老是我最敬重的先师和长辈。20 世纪 70 年代初，何老给我们授过课，所讲内容，理论联系实践，非常生动且风趣。我在儿童医院又跟何老抄方实习一年有余。这段经历使我终生难忘。何老博采众长，知识渊博，功底深厚，见解独到，在医德上堪称楷模，在医术上堪称大师，是著书立说卓有建树的学者，是中西医结合的倡导者和实践者，是中医药学理论体系现代研究的开拓者之一，尤其是在中医脑病理论和临床学术研究上作出了重大、突出、历史性的贡献。对何老的医学遗产和精神遗产要进行全面、深入和抢救性的发掘、整理，使其得到传承、发扬和光大。"

遗憾的是，何世英一生呕心沥血，积劳成疾，在壮心不已、才思横溢地攀登事业巅峰的时刻，意外中风夺去了他的生命。中风的那天晚上，他在家里与中医学会同仁研究活动安排，直到午夜时分。当时正值早春三月，暖气未断。客人走后，何世英异常兴奋，觉得屋里太热，随手将风窗打开躺到了床上。两个小时后，二女儿到父亲何世英的卧室去关风窗时，发现床头灯还亮着，一本《PC 计算机入门》的小册子掉在地上。何世英在床上挣扎着想说话，但身体已不听使唤，话也说不出来了，时间是半夜两点钟。两个月后的 5 月 8 日，何世英与世长辞……

尽管没有子女继承他的事业，尽管有人对他忙碌大半生追求"新医药学"的梦想可能不理解，但是，如果何世英在天之灵看到弟子和学生们在天津、在全国各地已经成为中医学事业的骨干和精英继续着他未竟的事业，尤其是看到不仅中医在努力向西医学习、世界各国的西医也在越来越多地向博大精深的中医学习，一生呕心沥血为之拼搏奋斗的“新医药学”之梦已经飞越中国的国界，向世界新医学的方向腾空而去，一生的辛苦一定会化作欣慰的泪水，变作甘霖洒向人间。

（撰稿人 薛 筠 何其行 杜文娟）

周凤梧卷

周凤梧（1912—1997）

红冠彩衣氣轩昂雍容大度五德彰
引吭高歌春光好神州遍地沐朝陽
濟寧金石书画会成立誌賀
癸酉清明 八十一歲鳳梧写於趵突泉畔

周凤梧手迹

医道精深，不可浅尝辄止，而医者责任重大，临证不可不慎。

——周凤梧

周凤梧（1912—1997），山东省临邑县人，祖籍浙江省萧山县。著名中医方剂学家、教育家、临床家。山东中医学院（现山东中医药大学）教授。中共党员，“九三学社”社员。

周凤梧1912年12月19日出生于山东省临邑县一个三代中医世家，曾祖父、祖父、伯父皆为临邑名医。16岁高小毕业，师从表兄张文奇医生启蒙学习中医。20岁后相继问业于山东名医王静斋、徐鞠庐、吴少怀，医术日进。1931年毕业于济南画校，师从画家黄固源，书画自遣。1940年领取行业执照，1945年借济南市永安堂药店坐堂悬壶，因医术高超，挂牌不久便名扬泉城。

1949年响应政府号召，成立济南市医务进修学校暨济南市中医学会，任该校中医部副主任及学会副主任。1951年5月组建济南市第一中西医联合诊所，任所长。1956年入山东省中医研究班进修，结业后留任教员。1958年调至新建校的山东中医学院任中医内科教研室副主任兼附属医院内科副主任、中药方剂教研室主任、《山东医刊》副总编辑等职。

从医、执教50余年，谙熟岐黄经旨，敏于临证变通，擅长内、妇、儿诸科疾病，精专中药方剂，善施小方，学验俱丰；为人师表，行为世范，尽心培养后学，深受学生爱戴；学识博深，勤于著述，主编和编著了《本草经百五十味浅释》、《黄帝内经素问白话解》、《黄帝内经灵枢语释》、《中医妇科学》、《中药方剂学》、《实用中药学》及《中药函授讲义》等，共计620余万字，畅销国内外。

历任中华全国中医学会理论整理研究委员会委员，中华全国中医学会理事，中华全国中医学会山东分会副理事长，山东省政协第四、五届常委，全国中医方剂研究会顾问，以及《山东中医杂志》、《山东中医药大学学报》编委会主任等职，享受国务院政府特殊津贴。

周凤梧一生情志高远，勤奋好学，淡泊名利，为中医药学发展作出了突出贡献。

学医须定心 读书择通达

1912年12月19日这一天，位于黄河以北的小城临邑县，有一户三代为医的周家诞生了一个男孩。室外寒风凛冽，房内喜气洋洋。父亲为他取名凤梧。

周家是临邑知名的中医世家，曾祖父、祖父、伯父三代医术相传，名噪邑城。至第四代，虽后生很多，却因学医艰苦，无人钟情医业，无奈将医术外授他姓。周凤梧少年时，周家生活尚宽裕，父亲送他进入私塾启蒙，后来他考入县城著名小学接受新学教育。16岁小学毕业时，先辈相继故世，家境日渐衰落，周家已无力供他继续求学。他思量着谋求一份能养活家庭的职业。就在他感到无助的时候，周家亲族商议，决定送他随表兄张文奇学医，这样既可以继承祖业，又有较好的收入。周家将重振祖业的希望寄托在周凤梧的身上。

张文奇是周凤梧伯父的亲传弟子，临邑县的名医。周凤梧拜张文奇为师后，开始了漫长、艰苦的学医之路。

张文奇原是晚清末科秀才，饱读经书，博览中医典籍，对中医的理法方药领悟颇深，承传周家医术，主治内科外感风热之病兼妇、儿各科病症，是临邑首屈一指的医生。当时他在县城广益堂药店坐堂行医，求医者甚众，忙碌不堪。周凤梧的到来，让他感到很高兴。在他的心目中，周凤梧天禀聪明，懂礼貌，勤奋上进，举止文雅。他记得晋代杨泉云："夫医者，非仁爱之士不可托；非聪明达理不可任；非廉洁淳良不可信。"周凤梧正是那种可托、可任、可信的后生。

晚清社会时局风云变幻，随着"西学东渐"，社会上刮起崇西贬中之风。张文奇忧虑中医的前途，担心日趋消沉的中医将在中国大地上消失，于是，他决定与周凤梧长谈一次，试探表弟能否定下心来潜沉枯寂义奥的中医典籍而不受外界的纷扰。

这次表兄弟或说师徒之间的促膝谈心，后来被周凤梧称为"一席启蒙话"。他说："表兄的一席启蒙话，帮助我奠定了正确的学习态度。"

张文奇说："医学是科学，原不应有什么国界。中医、西医皆以治疗人类疾病为目的。中国医学历史悠久，由于历史的原因，形成了独特的流派。不仅有独特的理论体系，也有独特的药物和技术。中医也是科学，在中华民族丰厚的遗产中，中医学是最宝贵的遗产之一。我们应当为此感到自豪，应当努力加以研究和发扬。"周凤梧说，表兄对中医学的真情热爱，使他深受感动，坚定了他学习中医的信心和决心。

张文奇还谈到如何才能成为一个学有渊源、根深蒂固的医学大家，而不是头痛医头、脚痛医脚的江湖郎中。张文奇说：初学之人非系统学习经典，打下坚实的基础不可。他说：《黄帝内经》、《伤寒论》、《金匮要略》、《本草纲目》皆为必读的经典。读书时务必要吃透全书精神，某些重要章节、条文和方药还须下一番背诵强记的工夫。读其他典籍要知道这本著作的成书背景。有的典籍往往掺杂了某些方言，甚至一些荒诞不经的东西，这是某些医家生怕真正的医理不动听，故意拿出一些玄学的话头来附会，让人觉得他们的医理高不可攀、深不可测；也有后世医家本来就才疏学浅，生怕别人说他医理浅薄就假借玄学瞎说一通，以抬高自己的身价。对于这类种种穿凿附会的东西，大可嗤之以鼻，不必采纳。当然多数医家著作，大部分内容是真实可信的，但有些地方良莠混杂、真伪难辨，读这类书务必下一番分析工夫，既不可全盘接受，更不可简单贬斥。

张文奇以"玉女煎"、"三拗汤"为例说：这类方名乍看上去难以知道它们葫芦里卖的是什么药，但只要临证应用有效，也就不必在方名上推敲了。总之，中医不是玄学，而是实用科学。学中医要从实用出发，不要咬文嚼字钻牛角尖。此外，今人学习中医，还有开拓进取、发扬光大的使命，只有继承古人又不泥古训，才能有所成就。表兄这一番肺腑之言令周凤梧享用一生，直至他耄耋之年撰写回忆录时，依然记忆犹新。

临邑县是个偏远的小城市，医生很少而患者众多。张文奇白天忙于坐堂施诊，无暇顾及周凤梧读书。因此，周凤梧随表兄学医的四年多时间里，大多是靠自己学习。他把白天读书中遇到的疑难问题集中起来，晚饭后请表兄答疑解惑，并仔细地记录表兄的讲解。之后再重读原著，直到心有所悟、心领神会为止。

周家先祖曾留下一批典籍，保存在张文奇家中，如李士材的《内经知要》，马元台、张隐庵合注的《黄帝内经素问》，陈念祖的《金匮要略浅注》，李时珍的《濒湖脉学》，以及《辨舌指南》，汪昂的《本草备要》，吴仪洛的《本草从新》，徐洄溪的《伤寒论类方》等。四年中，他通读了一遍，还背诵了《药性总赋》、《汤头歌》等歌诀。

周凤梧说：读《黄帝内经》才知道《黄帝内经》分成两部分，一叫"素问"，一叫"灵枢"，可合也可单独成书。《素问》讲生理、病理、诊法、治则；《灵枢》对经络和针灸的研究更为突出。《素问》和《灵枢》在中医学中同样是中医基本理论，是学习中医必读之书。《难经》以阐明《黄帝内经》的要旨为主，对经脉的论述尤为精湛，有创造性的立说。对三焦和命门的学说提出了新的论点。

他读的典籍大多是经后代医家注释的，但依然读不懂书中某些句子，百思而不得其解。例如，《素问·四气调神大论》云："交通不表，万物命故不施，不施则名木多死。恶气不发，风雨不节，白露不下，则菀槀不荣。"又如，《素问·六微旨大论》云："显明之右，君火之位也；君火之右，退行一步，相火治之；复行一步，木气治之；复行一步，君火治之。"此类句子，词旨古奥，读起来如坠五里雾中。为此，周凤梧请教张文奇，尽管表兄详尽释义，但只怨自己国学根底尚浅，医理知识尚薄，听讲时脑海懵懵，内心昧昧。

周凤梧说："我的读书办法是选择较为通达的部分内容学习；暂时搞不通的，留待往后再触类旁通。"他赞同叶霖的观点："运气之学，白首难穷，固不可不知，亦不可深泥。用以冠冕门面，此近来著书陋习，姑不足怪。若谓细考经注，便知某年某气，即见某病，而应桴鼓，特大言欺世耳。"他认为，叶霖此番议论有拨云作用。此后，他再读典籍，便放弃按章句、逐条文、释义的方法，而选择较为通达易懂的部分精研，暂时搞不通的，则搁置一旁，留待学识丰厚后再举一反三。周凤梧跟张文奇学习、侍诊，又掌握了四诊方法，满师后，于1937年全家迁居济南。

指点求名师 真知在成行

周凤梧首次诊治的患者是他的亲友。他说，满师后，我总想把学到的理论验证于临床，亲友间偶有小恙者，便毛遂自荐，背上药箱，无论路程远近都奔去诊治。今日施治，隔日必定前往探视，观察疗效。若见患者病情大有好转，便喜出望外，窃喜于心里。

然而经他诊治的病患“取效者甚少，得验者不多，甚至更有束手无策者”。他渐渐懂得“病不辨则无以治，治不辨则无以痊”的道理。

周凤梧来到济南，走进了繁华的都市。济南名医荟萃，如擅长温病又精于儿科的王静斋；精通脾胃学说的吴少怀；学验俱丰的徐鞠庐。他遍访名师，登门求教，以解迷津。

张某，男，26岁，体硕身壮，六脉洪数，舌苔黄厚，脊背恶寒，通体灼热，头痛身痛，目赤不渴，闷烦泛哕，但喜食冷物，大便尚调，小便短赤，吐痰带血。

查阅前医处方，乃小青龙汤加高良姜、砂仁、陈皮等。方中桂枝用至四钱，麻黄二钱，芍药五钱。周凤梧阅毕殊为惊骇，已得知该患者上述症状实为前医用药不当而误治，病已传变。他遂施小柴胡汤加蝉蜕、连翘和解。诊后，患者体热仍不解，诸症悉存。他百思不得其解，困惑之中，想起温病大家儒医王静斋老先生，急忙登门求教。王老答道：此证不但需用石膏，更应重用才对。他见周凤梧脸露迷惑，进而细说道：经云：春分前30日民病疠，春分后60日民病温。此乃风寒客于脉而不去，疠风所伤。除应用大蓟四两，火麻仁一两，先煎大蓟再和火麻仁捣烂为团，搓患者前胸后背及曲池、委中外，应重用清瘟解毒之品。该患者兼有咯血，更应加犀角（现已代用）钱许，并投绿豆衣一两，以解前药之热毒。至于恶寒，乃为“热深厥亦深”之象，为何不敢重用石膏？盖热解则寒亦解矣。凡遇此等证，只要放胆去用，即可收效。王静斋老先生指正说：此病乃疫疠之类，并非少阳之证，故施柴胡汤和解不效。

季某，男，28岁，曾患淋病，愈后形体羸弱，夜梦盗汗。前医以其汗液冰冷，谓为汗未出透，更令其睡热炕出大汗，致使元气愈虚。

就诊时，症见下肢冰凉，阴囊湿冷，胸闷短气，腹两侧如柱两条，时常隐隐作痛，胃纳不甘，时做美梦，咳吐白痰至黎明，每自汗涔涔，最苦恼者为胸闷气短。按六脉濡弱无力，舌苔白而微腻，口不思饮。

周凤梧辨证为肾阴亏损、命火衰微之候。处以瓜蒌皮、薤白、砂仁、香附之类以理气，解胸闷。然而两进未见成效。继用金匮肾气汤加川楝子、胡芦巴、吴茱萸、小茴香等，连服4剂，病情虽无大愈，患者自觉身体较前舒服。再次复诊，又突感胸闷加剧，五内烦乱，苦楚难忍。周凤梧至此已觉束手无策。他再求王静斋指点迷津。王老说：此病属虚劳。大凡虚劳之证，病难以速愈。临证应有王道功夫，冀其缓效。若虚怯过甚，起初处方分量务宜从轻，每一剂药仅重数钱，见效后缓慢加量。前方药用金匮肾气汤，实为正治，熟地腻膈，泽泻泄肾，两药均应减去，砂仁、香附犯虚虚之戒，尤为不当。王老说，病患其腹如柱，乃肾气上冲之候，肾囊寒湿属命门火衰之象。盖水火平衡，无火水难以布化，倘下焦寒湿耳，桂附势在必用。照旨化裁，药用附子9g以上，肉桂4.5~6g均可，组成桂附剂服用。

周凤梧经王静斋点拨，顿见光明。按王老主方适当化裁，制配丸剂，经治半载，病患康复痊愈。

在周凤梧遇到棘手的难症时，还曾求教于徐鞠庐、吴少怀两位名师。

某日，一位靳姓30岁男子上门求诊。主诉：脊膂恶寒灼热，晨起便溏，小便短黄，胃呆纳减，缠绵经月。辨证见：形体渐羸，精神萎怠，脉细苔白。周凤梧诊为脾肾两虚，施以温脾益肾、引火归元之方剂。服数剂后不效。二诊投药以表补，病情不减反益增，愈觉体力不支。周凤梧感到患者病势凶猛，延治不得，便领患者同车求诊于徐鞠庐，侍诊在旁，静听指教。徐鞠庐辨证后立案：恶寒身热，肢体疼痛，舌白不渴，脉浮细数，呛咳白痰，气促而短，大便溏泄，小便短赤，辨证为湿温误投表补，肠胃之湿热留恋不清，拟以苦温淡渗，化湿中之热。

立方：西茵陈 9g，制川朴 3.5g，猪苓 4.5g，茯苓 9g，生薏苡仁 15g，豆蔻 3g，大腹皮 6g，杏仁泥 9g，橘红 4.5g，苦桔梗 3g，淡竹叶 6g，藿香梗 4.5g，共 12 味，分进两剂。二三诊仍以西茵陈为君药加减。药后脾湿渐化，恶寒颇减。四剂后诸症悉除，痊愈静养。

徐鞠庐治湿温、暑温时令疫病之医术，也给他留下宝贵的经验。中医学之博大精深，使他深知“医者须穷理，凡辨证必于独异处诣病，立方须务求法度”的道理。

之后，周凤梧又问道于名医吴少怀。吴师说：“治病求本就是要维护脾胃，遣方用药，务要冲和；否则只见其病忽视根本，虽小病也难愈。”“维护后天之本以治病是王道之法，必须治上不犯中，治表不犯里，才能不违土气之敦阜，和肝温肾，又是调和脾胃所当着眼之处。”

经三位名师教诲指点，周凤梧对医理大有感悟，其医术也大有长进。因此，他深有感触地说：“钻研医学如同学习其他学问一样，自学虽是重要之路，但一旦遇有阻拦，还须有人指点，方才恍然有悟。自己艰苦用脑，时刻准备请教，虚怀若谷，披沙拣金，日积月累，方可较快入境。”此时的周凤梧经 12 年医理、医术的历练已经具备开业行医的条件，这年他 28 岁。

医药皆学问　精通贵有恒

1940 年秋，济南警察局布告称将举办省内中医资格考试。周凤梧赶去报名，在众多的考生中，初复两试，他皆取得优良成绩，顺利领取行业执照。起初他在寓所挂牌行医，一年后已小有名气。

1945年3月他受济南市前大街永安堂药店老板的邀请，在总店和大观园永安堂药店分店同时挂牌坐堂。济南永安堂药店，尽管不如北京同仁堂、杭州胡庆余堂、广州陈李济、汝州四知堂名震九洲，但它是山东省及邻省最知名的大药房。药房老板请坐堂医生之前要派职工四处暗访，唯有医德、医术都好，且开业时间长的医生才能被他相中。

周凤梧回忆说："自此以后，接触病人的机会日渐增多，除内科杂病外，其他如经带胎产、痧痘惊疳、疮疡肿毒等等都经常接触。诊治患者多了，更觉得自己知陋识浅，即所谓'书到用时方恨少'。"于是，他白天坐堂应诊，晚间挑灯苦读，有时直到东方发白，金鸡报晓。

此时期的读书方法周凤梧总结为三条：第一，在药店坐堂，柜台上放着许多市内各医家的处方，可以自由阅读。若见效方随时抄录，取人之长，补己之短。第二，利用诊余时间虚心向药工学习膏、丹、丸、散的制作技法，亲自操作，不但熟认了药店中常备的300多种中药饮片，而且对数百种药材的原产地、药性、外貌等默记于心。第三，结合诊治中遇到的问题，利用夜晚着重攻读临床各科医著，对照思索，若有所悟，记录心得。这时期读过的书有《笔花医镜》、《医学心悟》、《温病条辨》、《温热经纬》、《时方妙用》、《医方集解》、《济阴纲目》、《医林改错》及《医宗金鉴》中的"杂病心法要诀"、"妇科心法要诀"、"幼科心法要诀"和"删补名医方论"等部分内容。

这种与临床密切结合的学习方法，使他能按需要博览医籍，撷取精华，效果很显著。在永安堂读方、记方、认药、制药，对他日后临床处方遣药受益匪浅。显然这段难忘的经历后来成为他主攻中医方剂学、药物学，终成方药大家起到了关键作用。

中华人民共和国成立初期，刘惠民、吴少怀、周凤梧等山东名医创办了济南市医务进修学校暨济南市中医学会。刘惠民任中医学部及中医学会主任，吴少怀、周凤梧任副主任，周凤梧负责教学及学术活动。1950 年初，刘惠民曾对加强中西医团结、推进党的医药卫生事业提出若干具体建议，得到卫生部的赞赏。5 月，周凤梧接受刘惠民建议，毅然放弃收益颇丰的诊所，出面创立济南市第一中西医联合诊所，被推举为所长，遴选学验俱丰、医术高明的中西医药人员 30 余人参与诊所之事。他秉承“济世为良，愈病为善”的医德及“救死扶伤”的医道，要求诊所人员以恻隐之心、悯人之怀及精湛的医术服务患者。因此，诊所开业伊始便业务日兴，广受称誉，名扬泉城。不久诊所便扩建，成立了 6 个门诊分所，职工迅速发展到 300 余人。接着，他又在市内大观园东繁华地段购宅地 3.5 亩，盖起一幢三层门诊大楼、宿舍大院两处，制药部房产大院一处。

周凤梧深知，当前急需培养有知识和经验的医药人才。为此，他开办了中医、中药两个业余在职青年医药人员学习班，亲自制订教学计划和内容，并亲自授课，听者座无虚席。除诊所内人员外，闻名而来的求教者不胜其数。他亲自指导制药部自创成药，其雄鸡化骨膏、杏仁止咳糖浆等几种成药远销大江南北。

1953 年秋，济南市爆发了流行性乙型脑炎，一时间人心慌乱，市内各家医院住满患者。起初西医一般多采取冰敷降温，或服磺胺类制剂或抗生素（如青霉素、链霉素、金霉素及对位氨基安香酸）等药物治疗，多数患者治疗效果并不理想，死亡率依然居高不下。市卫生局紧急组织中西医联合治疗小组，抢救危重患者。为了观察中医药诊治流行性乙型脑炎的疗效，取得治疗经验，市属传染病医院将已由西医确诊住院的病人，分成中医组和西医组，各为 12 名病人。中医组由刘惠民、吴少怀、韦继贤和周凤梧 4 人负责。此外，中医组还负责省人民医院 5 名、铁路中心医院 3 名同病患者，所用之药均由自己配置和使用。

这些患者中最小的为 14 岁的少年，最大的为 60 岁的老人。

患者的共同症状是突发性高热（约 40℃），伴有头痛、呕吐、抽搐、嗜睡、昏迷、烦躁及谵语、头颈强直、四肢痉挛，甚至偏瘫，或扬手踯足、昏狂不安等。中医组诊断证属湿温病，且热重于湿，亟宜辛凉淡渗、芳香开窍，爰制以白虎汤加犀角（现已代用）、滑石，以大锅煎剂，普遍投服。另外按病情轻重、急缓，分别施以局方至宝丹、安宫牛黄散，或自制的清热镇痉散，灌服或鼻饲。经过短期治疗，患者均逐日好转，先后渐愈，无一例死亡。

安宫牛黄散、清热镇痉散、紫雪丹均由周凤梧创办的联合诊所制药部生产。他亲临该部抓药品炮制质量，使每剂药均发挥良效。

在总结会上，有的医生说："中药石膏的化学成分是硫酸钙，西医用其做石膏床或石膏绷带，并没有治疗疾病的功用，今天竟然用以治疗流行性乙型脑炎，实在想不明白。发烧到 40℃，中医不主张用冰囊降温，同样不明白。"

其实，按中医理论，治湿温病禁忌汗、下、润。周凤梧说：因为"汗之则神昏耳聋，甚则目瞑不欲言；下之则洞泄；润之则病深不能解。"根据这个原则，如用发汗剂、利尿剂、泻下剂，则为非对证下药；冰囊冷敷这一招，在中医看来更不对头，因为这可使热无出路，迫邪内陷，造成恶化之局。

这次中西医结合成功救治流行性乙型脑炎患者的总结会，因某些人的"想不通"，未得到一致的结论而无果。

1955 年七八月间，济南市再次发生流行性乙型脑炎。周凤梧等名医奉命救治。经辨证认为，这次证候与前次不同，同属湿温病，但"湿重于热"而非"热重于湿"，故治则上除仍分别采用局方至宝丹及清热镇痉散抢救回苏外，着重施以芳香化浊、辛开苦降、淡渗利湿法为组方原则与之，而白虎汤加味对此证已不宜用。

两次抢救危重疾病的临床实践，使周凤梧不仅在辨证论治、组方遣药诸多方面增加了不少新的知识，而且进一步体会到中医学理论有着深厚的实践基础。正如表兄张文奇所言：“中医不是玄学，也不是高谈空理的哲学，而是实用科学。”周凤梧说，唯临床才能继承和发掘中医学里蕴藏着的许多闪光的瑰宝，唯临床才能通过更高一级的实践，使中医学的科学内涵进一步得到丰富和发展。

诲人终不倦　师者若兰芝

1956 年 6 月，山东省举办中医研究班，已过不惑之年、医业已有所成的周凤梧抱着“三人行必有吾师”的虚心态度报名参加了学习，结业后留下任教。他后来说，这就是所谓“先当学生，后当老师”。

周凤梧说：“大医诲人，必以规矩，学者亦以规矩，使学者有阶可升，至神明变化，出乎规矩之外，而仍不离乎规矩之中，所谓‘从心所欲不逾矩’。”尽管已名噪泉城，但他心知肚明，自己毕竟是坐堂出身，根基尚浅，尤其不懂学校教与学的规矩、培养人才的规矩。因此，这次进修学习是一次与名师切磋、掌握教学规矩的极好机会。

1958 年 8 月，山东中医学院成立，周凤梧调到该校任教。学院创建之初师资十分缺乏，有些教师通常要兼授几门课程，非通识之材难以承担。刘惠民院长慧眼识珠，常把暂时缺乏教师的课程请周凤梧讲授，只要教学需要，周凤梧总是欣然同意。后来他在回忆录中写道：“中医学是一门实用科学，要想达到一定的境地，必须刻苦勤奋，专心致志，既不能浅尝辄止，更不能畏难而退。”几年间，周凤梧相继讲授了医史、金匮要略、内科、妇科、中药学、方剂学等多门课程。

在教学中，周凤梧常以自己学医经历中的得失谆谆教导学生。他说：“专读仲景的书不读后贤之书不可取，仅读后贤之书而不读仲景之书更不可取。二者兼备，临证方可有济。”

他指出，东汉张仲景所著《伤寒杂病论》，后世注释版本很多。第一位注解者是成无己。他不像后人那样自作聪明地乱加己见，他是按《伤寒论》原意，加以解释。有人认为他很少发挥，其实这正是他诚实可靠的地方。但是，学习《伤寒论》也切忌拘泥不化。

读《金匮要略》，周凤梧推荐陈修园的《金匮要略浅注》，认为该书比较浅显易解，适用初学者。陈修园云：“学者必先读《伤寒论》，再读此书（指《金匮要略》），方能理会。盖病变无常，总不出六经之外。《伤寒论》之六经，乃百病之六经，非伤寒所独也。《金匮》以《伤寒论》既有明文不再赘，读者当随证按定六经为大主脑，而后认证处方，才得其真谛。”周凤梧说，后来各种医书，在辨证立法、组方遣药的法则方面，皆超不出这两书的范围。中医学虽历代名家辈出，但其学说的基本理法都是一致的，仲景《伤寒论》六经分证处方是体现中医辨治思想的典范。六经各有其主病，病各有其主症，证各有其主方，方各有其主药。与此情况相适应，一方除有主药外，还有随证立方、依方加减的规律。这里既贯穿着明确的原则性，又包含着高度的灵活性。

周凤梧在30余年的执教中，持守着“为人师表”、“行为世范”的为师准则。为教好一堂课，他常常普查资料而废寝忘食，直到满意为止。他讲的课内容丰富，深入浅出，说理明透，广受学生喜欢。对于前来求教者，他总是平易近人，耐心教诲，关心备至。

他对学生说：“医虽小道，是乃仁术，如后生不敏，尽管已卒业于高校，倘束书不读，或复习而不达其意，将以救人，适是以杀人多矣。”又说：“钻研任何学问，自学很重要。但一遇疑难，还必须有人指点迷津，往往起到拨开云雾的效果。”

1963年，毕业于山东中医学院函授部的孙朝宗医生曾多次登门求教于周凤梧。他回忆道："周老说，除《黄帝内经》、《难经》、《伤寒论》、《金匮要略》外，他最尊崇的就是《傅青主女科》。这本书少而精，要细读；王清任之《医林改错》也不错，虽然有不当之处，但那几首逐瘀汤确实独创，颇有高妙之处，也必须习用，临床大部分疾病，尽可治疗。周老的话，我一一记之。后来，我曾诊治一位慢性咽炎病人，其病症正合王清任之血证红肿症，遂应用会厌逐瘀汤加减调之。服药13剂，咽喉肿痛消失。周老的指点再经临床，使我知识大增，懂得了若为血证，必用血药，而非清凉之药可比其效。"

1974年秋，周凤梧为中医班讲授《中药学》。这位身材魁伟、鹤发童颜、精神矍铄、可爱可亲的老教授，在讲台上侃侃而谈。当讲到辛夷药时，他从包中取出一个卷轴，挂在墙上，说："这是'辛夷'，又叫'木笔花'，属于辛温开窍的药物，常常用来通鼻窍。"学生们被周老亲手绘制的那淡紫色的花儿吸引住。

光阴荏苒，转瞬流逝20年。山东中医学院中医文献专业的几位教师商量着组织一个论坛，且为论坛取名，如"小草"、"长青"、"远志"、"甘雅"、"青果"等等。原七四级毕业留校任教的一位老师大声道：辛夷。他说：辛夷春寒料峭之际开放，向人们昭示春天的来临，象征着中医百花园的繁荣；辛夷能通窍，启发童蒙，后学者须顿悟、觉悟；辛夷的谐音"心怡"，蕴寓着中医能使患者除痛苦，解烦恼，心旷神怡。大家鼓掌赞同。"辛夷论坛"之命名由此定了下来。"辛夷花"盛开象征中医事业后继有人，繁荣昌盛。每当看到辛夷树，后学们就怀念起周凤梧教授。

执教30余年，周凤梧培育学生达数千之众，可谓桃李满天下。但他始终"桃李不言，下自成蹊"，以他的医德医术和诚挚之心，感召学生。他亲传徒弟两人，后来均为博士研究生指导教师。其中，邹积隆曾任山东中医药大学校长，刘持年任该校方剂教研室主任。周凤梧指导硕士研究生14名，其中4人考取北京中医药大学和上海中医药大学博士研究生或赴日本深造，并取得博士学位。他指导的研究生中，两人被授予省市级“拔尖人才”称号，1人任医院院长，1人任研究所所长，6人任科室主任，均具有副高级以上职称，成为中医药医疗、教学、科研的骨干。周凤梧说：“吾以区区坐堂中医，竟能执教于最高学府，欣慰之至。每当见到学生满怀信心地奔向祖国四化建设岗位的时候，由衷地感到‘得天下英才而教之’一乐也。”其自豪之情溢于言表。

1979年6月20日，周凤梧在中华全国中医学会成立大会召开之际，作为唯一的山东代表，应邀参加了国家领导人召开的有岳美中、张赞臣、王绵之等名老中医参加的座谈会。欣慰之余，他赋诗一首，云：“枯木逢春春无际，风云际会会有时。伏枥犹有千里志，试教岐黄换新姿。”热切期望中医药事业，在我国医疗卫生事业中发挥更大的作用。

擅治内杂温　尤长时令病

周凤梧学识渊博，医理精深，不仅擅治内科杂证，而且对温病学亦有深入的研究，尤以治疗湿温、暑温、痧胀等时令病为专长。

1945年9月，周凤梧接诊一位青年男性患者，但见形容枯槁，两目暗黄，痰涎胶着难咯出。自诉胸闷不饥，口渴不饮，两脚酸痹不良于行，午前畏寒，午后潮热，小溲短赤混浊，大便微溏。按六脉濡细，察舌苔黄腻而微灰，显示湿热弥漫三焦，且虚象毕露。询问所服方药，前医认为感寒所致，误用苏防表散；后医又认为虚劳，误用参芪滋补，以致缠绵不解，日渐衰羸。嗣复请诊前医，仍以为表邪未解，拟再投表散之剂，幸患者以体力不支为虑未饮服。

周凤梧辨证后当即想到吴鞠通在《温病条辨》中云：“头痛

恶寒，身重疼痛，舌白不渴，脉弦细而濡，面色淡黄，胸闷不饥，午后身热，状若阴虚，病难速已，名曰湿温。汗之则神昏耳聋，甚则目瞑不欲言；下之则洞泄；润之则病深不解。长夏深秋冬日同法，三仁汤主之。”

他当即拟三仁汤合茵陈四苓方，四剂后诸症大减。复诊守原方，再进四剂，诸症若失，唯自汗不止。他认为，三仁汤加味进八剂，湿热之邪业已逐荡殆尽，自汗乃属患者病久多阴虚之故。复予当归六黄汤加味以善其后。三剂则汗敛，饮食调养月余，体力康复痊愈。

三仁汤合茵陈四苓方：生薏仁24g，苦杏仁9g，豆蔻4.5g（研），姜半夏9g，厚朴4.5g，黄芩9g，滑石12g，白通草6g，茵陈15g，炒白术9g，茯苓12g，猪苓6g，泽泻4.5g。上13味水煎2次，合兑分2次服。

当归六黄汤加味方：当归9g，生黄芪15g，生地黄12g，黄芩6g，黄连1.5g，炒杭白芍9g，麻黄根9g，煅牡蛎12g，浮小麦30g。上9味水煎2次，合兑分2次服。

周凤梧善用经方或验方，据证而加减，灵活变通，不囿于原方。临诊若患者病情较为复杂，须费思忖，仍从理、法、方、药之规则，逐一拨云见日，绝不贸然施重药。

1991年7月25日，有位70岁高龄的老妇前来求诊。主诉：近一周来，咽喉不爽，咯吐稠痰，黏如胶条，屡咯不辍，但不咳嗽，气逆胸满，烦躁泛恶，胃呆不甘，口淡不渴，夜寐不安，大便燥结，有时溏软，或干稀不调，小溲黄热，舌痛。自服牛黄解毒片，舌涂冰黛溃散，未效。临床发现：舌苔淡黄而黏腻，厚如积糊，满布舌面，不见舌底，舌质边尖深红，舌体左边沿中部有绿豆大白色凹陷腐溃点。六脉濡缓无力。既往病史：近年来经常口中黏腻，气逆烦躁，日晡为甚，睡眠不甘，静时阵发汗出，劳则加剧，微风而栗，虽盛夏之时，亦不敢行坐于电扇之旁，怠于外出。

辨证：患者素体欠壮，阴阳两虚，抵抗力低下，湿滞中焦，积而化热。近月来，正值盛夏酷暑，气压低，气温高，又逢时降大雨，蒸热凌人，困闷倦怠，以致津聚成痰，升多降少，湿热交蒸，伏毒内发，故现上述诸症。

治法：急则治标，缓则治本。宜先予辛开苦降，宣化淡渗，蠲痰除湿，清热解毒。他证待后徐图。

方剂：拟二陈汤加味与之。

姜半夏 10g，白茯苓 12g，陈皮 6g，旋覆花 10g（包煎），黄芩 10g，黄连 5g（打），连翘 10g，板蓝根 10g，牛蒡子 10g，滑石 12g，生甘草 6g。上 11 味，水煎 2 次，药汁合兑分 2 次服。3 剂，每日 1 剂。

7 月 28 日二诊：咯痰略少，去而不彻，诸症显效未著，舌边糜烂斑块加大如黄豆，边覆白腐，苔仍淡黄厚腻。施前方续服 3 剂，以观察之。

7 月 30 日，患者感到舌体灼热，舌根麻木，咀嚼不爽，胃中泛哕。急赴某院口腔门诊求治，诊为“扁平苔癣”，服麦迪霉素，每次 2 片，6 小时服 1 次，另外服维生素 B_1、B_6，每次 2 片，日服 3 次。患者服药一昼夜，病未稍瘥，烦躁不宁愈加，遂自停药。

7 月 31 日三诊：患者稠痰胶着已大减，舌苔略薄，舌体灼热疼痛，伸缩不利，咀嚼不便，糜烂斑块逐渐扩大。再拟渗湿清热解毒，三仁汤加味稍息之。

方剂：生薏苡仁 18g，苦杏仁 10g（打），豆蔻 6g（打），黄芩 10g，黄连 5g（打），姜半夏 10g，厚朴 6g，板蓝根 10g，牛蒡子 10g，滑石 12g，通草 6g，淡竹叶 6g。上 12 味煎服法如前。2 剂，每日 1 剂。

8 月 2 日四诊。服上方，痰涎胶着、烦躁泛哕均除，小溲仍有热感，大便通畅。舌面前半部苔已退净，根部略黏腻，脉仍濡缓无力。唯舌体左侧边沿已扩大为 11mm × 6mm 椭圆形之糜烂斑块，边沿周围白腐高突，溃面嫩红凹陷，酸咸甜味皆不敢接触，触之痛甚，舌体灼热疼痛，舌体僵木，饮食咀嚼、说话都感不便。

至四诊，舌体糜烂仍未除，反扩大。周凤梧沉思良久，仍认为此证病机与湿热痰浊、伏毒内发有关，非一般湿热溃疡可比。转拟益阴泻火、清热解毒、活血化瘀、除湿散结之法，取《备急千金要方》之湿热瘀化汤加减，重制其剂，补清双施，以遏其炎焰之势。

方剂：生地黄 12g，玄参 10g，石斛 10g，白花蛇舌草 18g，连翘 10g，蒲公英 10g，白芷 10g，赤芍 10g，红花 6g，昆布 15g，海藻 15g，生薏苡仁 18g，霜桑叶 10g，灯心草 6g，淡竹叶 6g。上 15 味，水煎 2 次，第一日得药液约 500ml，分 2 次服，第二日照上法煎 2 次服。取 2 剂，4 日量。

8 月 6 日五诊。药进 2 剂，舌木灼痛均已减，咀嚼、说话已无影响，但糜烂斑块仍被覆白腐，溃面未见显效，仍不敢接触酸咸诸味。效不更方，继投 2 剂，服法如前。

8 月 10 日六诊。症见糜烂斑块逐渐缩小，大如黄豆，溃面遍被白腐。食欲增加，二便自调，睡眠甚酣，为防刺激，仍忌食酸咸。效已桴应，原方再投 4 剂。

8 月 18 日七诊。诊见舌边糜面愈合，斑块消失，舌苔薄白，脉无变化。至此前述两症，均告霍然。嘱慎食将息，毋需再药。

此证在周凤梧近 50 例临证医案中，经七诊，历时 25 日才治愈，属难治之症。周凤梧认为，此案例病情较为复杂，本虚标实，虚实兼并，临床处理，颇费思忖。《素问·调经论》曰：“阳虚生外寒，阴虚生内热。”患者夙病气逆烦躁，日晡为甚，阳气不留于阴，阴虚也；自汗阵发，微风而栗，阳虚也。总是阴阳两虚之证。今患稠痰胶着兼舌体糜烂，乃湿热交蒸，伏毒内发，是为邪实之候。急则治标，缓则治本。当此痰热方盛之时，虚不受补，滋阴则增湿，扶阳则助热，补之无益，故议先行蠲痰除湿，清热解毒，予二陈汤加味，以辛开苦降，宣化痰湿。二陈汤燥湿化痰，理气和中，是治疗湿痰的一首主方；旋覆花功专宣通下气，消痰化饮，尤其痰如胶着者，为必用之品；芩连燥湿清热解毒；牛蒡子宣肺散结，以解咯痰不爽；板蓝根苦寒性降，凉血解毒，擅治斑毒口疮；连翘轻清而浮，向为疮家要药。后三味都为抑制舌糜而设。

周凤梧说，六淫之中唯湿邪最为缠绵，其病机如油入面，其治效如抽丝剥茧，病难速已。但治湿莫过通阳，通阳不在温而在利小便，故使滑石、甘草（六一散）清暑利尿。俾内蕴之湿热从下移泄，此两味尤为口舌生疮常用之品。继用三仁汤加味，仍意在清利湿热，宣畅气机。三仁汤只治疗稠痰胶着，而舌体糜烂未能有效控制，继续发展。

考舌体糜烂，又名“口糜”、“舌烂”，先贤早有论述。《素问·至真要大论》云：“少阳之复，大热将至，火气内发，上为口糜。”《素问·气厥论》云：“膀胱移热于小肠，鬲肠不便，上为口糜。”《医源》云：“此因胃肾阴虚，中无砥柱，湿热用事，混合熏蒸，证属不治。”等等。综述之，口糜一症，内属阴虚阳旺，心脾积热，湿热蒸腾，炎热嚣张，多急而重笃，非一般心火上炎，脾热熏蒸之赤而生白口疮等看待。周凤梧说，临床时幸好没有掉以轻心，否则如经久不愈，恶变难免。从病机病证来看，口疮与口糜大有相似之处，然轻重之分、愈后之别却迥然不同。口糜多呈腐白色苔藓状的舌证，不可疏漏，宜注意之。

口糜症的治法为养阴生津，清热凉血，故方中首取生地、玄参、石斛以滋阴，盖因阳虚则火炎，阴虚之火，非火有余，乃阴不足；又取白花蛇舌草、连翘、蒲公英清热解毒，散结疗疮；而白芷一味，虽属辛温之品，但配入大队清热利湿药中以反佐，亦能增强其化湿除浊、消肿排脓之效；赤芍、红花活血化瘀；昆布、海藻功专消痰散结，亦有利水作用；薏仁利湿清热、排脓消疮；桑叶轻清疏散，又专消泄肝胆之气分之火邪，以达釜底抽薪；灯心、竹叶清心火，除烦热，使火热湿浊，上清下导，斯邪无余蕴。

在治疗胃、食道之病时，周凤梧主张脏腑整体调理。他曾治愈一位56岁吕姓男子，西医诊为慢性胃炎。四诊后知：胃脘痛数年，反复发作，疼痛剧烈，甚则不能活动，伴胃部空感，口舌干燥，纳呆量少，六脉沉弦，苔少质红。揆之脉证，乃属胃阴亏乏所致。周凤梧认为，该证病机为气郁化火，迫灼胃阴，下汲于肾，胃液失亏而失所养，乃所谓“不荣则痛”。

处方：北沙参12g，玉竹15g，麦冬9g，生地黄12g，白扁豆9g（打），天花粉12g，桑叶9g，肉苁蓉12g，天门冬9g，川楝子6g（打），生甘草4.5g。上11味水煎2次分服。

连进12剂，胃思纳谷，气力大增，竟骑车10公里回家。

周凤梧以叶氏养胃汤为其正治正方，滋养胃阴，缓急止痛；加川楝子，配桑叶以清肺疏肝，理气止痛；加天门冬降火而滋肾阴，使胃阴得养，即所谓“肾为胃之关”之理；肉苁蓉甘温而润，补肾阳而不燥，助肾之气化，胃受于肾精滋养而不亏乏。脏腑整体调理用药，功效自然。

周凤梧曾治愈两例“食道裂孔疝”。一例西医称为“十二指肠球部溃疡”，另一例中医确诊为“食道裂孔疝”。20世纪60年代，中医尚不识“裂孔疝”之机理，顿觉无处着手。周凤梧随证辨识，认为其颇符合“胸痞反胃”之证候。“胸痞反胃”之证，其病机多与肺、肝、胃相关，肺气膹郁，胃气上逆，肝主疏泄，调节气机，其经脉“上贯膈，注肺中”，二脏一腑失和，则痰浊、气滞、瘀血阻于膈上，气机升降失职而变生诸证。

两病虽同为“食道裂孔疝”，但病证不同，应随证施治，以法立方，故“十二指肠球部溃疡”者方用香砂六君子汤加味试治，胃脘隐痛如故；继施瓜蒌薤白半夏汤合丹参饮，加佛手、甘松以宣肺和胃，化痰行气；炒杭白芍、玫瑰花以柔肝疏肝，行瘀通络。服30余剂而愈。

“食道裂孔疝”者处方为：全瓜蒌24g，薤白9g，桂枝1.5g，炒枳壳4.5g，姜半夏9g，陈皮6g，郁金9g，竹茹9g，生姜2片。上9味，水煎，缓缓服下，共服20余剂，言行一如正常之人，20余年中未再复发，疗效固牢。

妇疾护肝肾 儿病保稚阳

妇女一科，自古号称难治，医界视之为畏途。故前尝谓：“宁医十男子，莫治一妇人。”周凤梧每遇到妇科疾病，患者常有难言之隐，问证投药时显踌躇。于是，他致力于妇儿疾病的学习和临床，积累经验，探求规律，终成妇、儿科名家，并于1985年5月出版《实用妇科学》一书，阐述他的学术观点和治疗法则。

周凤梧认为，妇科病证如清代徐灵胎所言：“妇人之疾，与男子无异，唯经、带、胎、产之病不同，且多癥瘕之疾。其所以多癥瘕之故，亦以经、带、胎、产之血易于凝滞，故较之男子为多。”周凤梧把妇科之疾分为“经、带、胎、产、杂”五大门类；再细分为调经、崩漏、带下、种子、胎前、小产、临产、产后、杂病等九小类。无论哪一类病证，都离不开调匀气血，安和脏腑，通盛冲任督带。妇女气血不匀，脏腑失安，冲任督带欠通，常致六淫入侵，七情伤内，冲任督带损伤，即成为病，故此三者皆为病因。

六淫之中，以寒、热、湿三邪最易致病。寒属阴邪，故《素问·调经论》云：“阳虚则外寒，阴虚则内热，阳盛则外热，阴盛则内寒。”血为寒凝，流行不畅，经脉受阻，月经后期、痛经、闭经诸症由此而现。严重者可形成癥瘕积聚。如《灵枢·水胀》所云：“石瘕生于胞中，寒气客于子门，子门闭塞，气不得通，恶血当泻不泻，衃以留止，日以益大，状如怀子，月事不以时下。”热为阳邪，易伤气耗阴。热邪扰动血海，迫血妄行，可出现月经先期、月经过多、崩漏及产后发热等证候。湿为阴邪，重浊黏腻，阻滞气行，阻碍脾的运化，常见体重腰酸、四肢困倦、关节肌肉疼痛并守于一处，重者头重如裹，颈项酸痛；湿浊内阻更常见胸闷不舒，胃纳不佳，小便不利，大便溏泻，带下绵绵，下肢浮肿诸症。与男子相比，妇女易为七情所伤，亦易因七情失控而致病。周凤梧说：妇女在经、孕、产、哺时期易耗血，使机体常处于血分不足、气分偏盛的病理状态。因此，妇科病机中，常见因气血失调而致气虚、血热、血瘀等证。血为气之母，气为血之帅，伤于血必及气，伤于气亦必及血。血病则气不能独化，气病则血不能畅行，气与血相互依存，相互资生。临床中常见气血同病，气血两虚，气滞血瘀证候，只是以气病为主，或以血病为主的不同。

周凤梧说，心、肝、脾、肺、肾五脏功能失调，均可导致妇科疾病，但以肾、肝、脾三脏与妇科病最为密切。他提出，年少青春女子应重益肾。青春少女肾气初盛，生殖器官尚未发育成熟，若感受病邪，最易伤及肾气。肾气之盛衰，影响着人体的生长发育，更延及冲任二脉通盛及月经不调。中年妇女应重养肝。中年妇女大多已有孕、产、哺乳经历，数伤于血，血伤则肝失其所养。同时由于肝血虚，则肝气有余，气盛而易激动，七情失制，使肝气郁滞，气结不散，气逆不顺，气乱不序，致月经不调、痛经、闭经、带下等病。老年妇女须重健脾。老年妇女断经前后，肾气渐衰，气血皆虚，故先天之本的不足，全赖后天水谷滋养。脾为后天之本，气血生化之源。脾主运化，脾健则可使水谷精微调养气血，本固而枝荣。

因此，周凤梧认为，妇科疾病应根据妇女不同年龄的生理特点分别重视肾、肝、脾的护养和调理。他又强调，胃腑为水谷之海，五脏六腑皆禀气于胃，得胃气者昌，失胃气者亡，故妇科疾病应始终注意顾护胃气。他又指出，当代中医研究证明，肾在妇女生理、病理各方面的重要性应占首位。经、带、胎、产及杂病等无不与肾有密切关系。如月经先期、月经后期、月经先后不定期、月经过少、经闭、避年、崩漏、痛经、激经、带下病、流产、子肿、产后发热、断经前后诸症、子宫脱垂等等，均可因肾虚而致。根据异病同治法则，熟练地掌握补肾法，可以治疗多种妇科疾患。

梅某，女，26岁。1950年11月妊娠6个月，遍身水肿，小溲癃闭。某医院认为须将胎儿取出，始可治疗。其夫不肯，旋另转一家医院妇科，仍以取出胎儿为治疗之先决条件，否则，别无善策。无奈之下，遂忍痛允其手术。住院4个月，创伤虽愈合，然通体依然水肿，小便仍不利，令出院回家休养。患者已失去男婴，受尽痛楚，原病又未见消除，殊为懊丧。爰复改投中医。

周凤梧见患者全身肿胀，面项、四肢浮肿尤甚，皮薄而光亮，特别是项及颏，按之凹陷不起，手胀不能握，腰酸足凉，胃纳量少而不甘（也与忌盐有关），小溲短少，大便稀软，气短胸闷，精神疲倦，体力不支，六脉濡弱无力，舌苔灰腻。辨证为脾肾阳虚乃病机之所在。除嘱兼开盐方以助饮食外，遂拟金匮肾气丸加车前、琥珀等利水之品。药进四剂，虽无不良反应，但无效验。转思脾肾阳虚，且舌苔灰腻，在此阳虚阴盛之际，采用熟地黄、山药、山茱萸等以滋肾阴，反助湿滞，碍脾运，虽有淡渗之味，温阳之品，作用力微，与法相背，宜乎不应。遂转方以健脾温阳利水为主，计服30剂，肿胀消除。唯久病之后，气血两伤，宫体似有坠感，嗣拟气血双补佐以升提，制丸善后，诸症全瘥，健康恢复。

开盐方：鲫鱼一尾（约250g），剖去鳞杂，食盐一两，装填腹腔，置铁锅内反复干炙令焦，研细末。每用少量以调味。

第一方：熟地黄15g，炒山药12g，山茱萸9g，牡丹皮9g，茯苓18g，泽泻9g，熟附子6g，肉桂3g，车前子12g（包煎），琥珀粉3g（分2次冲）。上10味水煎，2次分服。

第二方：高丽参3g（另煎兑），炒白术12g，茯苓18g，大腹皮12g，干姜皮6g，生桑皮9g，陈皮6g，熟附子9g，炒杭白芍9g，鸡内金9g，砂仁3g。以上10味水煎，2次分服。

第三方：高丽参15g，炒白芍六60g，茯苓六60g，炙黄芪45g，熟地黄60g，炒山药60g，炒杭白芍45g，当归45g，陈皮15g，砂仁15g，肉桂9g，炙甘草30g，升麻9g，柴胡9g。上14味共研细末，加炼蜜500g为丸，如梧子大。每服9g，每日2次，早晚饭前一小时温水送下。

妊娠水肿，又名"子肿"，是临床常见症。但患者肿胀加重，尿量减少，体重日增，若延误就医，难免中毒。周凤梧认为，本病的病机是脾肾阳虚，但各有偏重，偏脾虚者，宜健脾利水，白术散为主方；偏肾虚者宜温阳利水，真武汤为主方（方中附子有毒，恐伤胎，可改为桂枝）；脾肾俱虚者，两方可以化裁合用。如辨证明确，用药确当，自不难取效而保产。倘必胶柱鼓瑟，机械从事，就很难取得好的效果。

他将妇科治法概之为补肾填精、疏肝养肝、健脾调胃、调和气血四法。养肾肝即是益冲任之源，源充则流自畅，疾病自可痊愈；健脾胃即是用药不宜过用滋腻克伐之品，免伤脾胃正气，祸及后天之本；调和气血，任通冲盛，则经、带、胎、产周期不乱，身体无病。有病用药仍以调和气血为要旨，不宜耗散，以防滞血滞气或伤气伤血。

周凤梧治小儿之病非专攻，他临证时不敢有丝毫疏怠。"宁看十妇人，不看一小儿"的说法并不是虚言。元代危亦林在《世医得效方·小方科》有云："为医之道，大方脉为难，活幼尤难。"古人云："难治者，莫如小儿，名之曰哑科。以其疾痛烦苦不能自达；且其脏腑薄，藩篱疏，易于传变；肌肤嫩，神气怯，易于感触；其用药也，稍呆则滞，稍重则伤。故不通化之源者，断不可作儿科也。"

周凤梧深知小儿体禀少阳，天癸未行，脏腑柔弱，易虚易实，易寒易热，证情极为复杂。他曾治愈小儿急性黄疸型肝炎、儿瘦、唾多流涎、小儿强中等多种小儿疾病，效验均佳。他说，小儿为稚阳之体，不任克伐。投药以药味平和，组方须慢功缓图，不苦不涩，无吞咽之难为要。如施小儿调胃散治瘦证，方用炒山药90g，建曲90g，清半夏75g，藿香60g，炒麦芽45g，炒谷芽45g，炒枳实60g，橘皮45g，木香45g。上9味共研细末。每次服1.5g，每日2次，加白糖温水调服。该药主治小儿脾胃虚弱、消化不良、肚大青筋、多食消瘦或胃呆纳少、大便不畅等证，效验明显。

“小儿强中证”是周凤梧遇到的最为棘手的小儿病。所谓“小儿强中”是指小儿阴茎无故坚硬勃起，而久久不痿。这种病发生在小儿身上实在罕见。

患儿刘某，男，3周岁。1983年4月10日初诊。家长代诉：患儿阵发性阴茎勃起，伴有痛苦不适已有五月余，近两月加重。病史：1982年11月，该患儿突然频繁呕吐，腹部不适难忍，同时阴茎勃起，哭闹不安，日发3~7次，每次数十秒钟。经中医推拿，西医对症治疗，十几天后渐趋平复。1983年1月，因感冒发烧，鼻出血，旧病复发频繁，且逐渐加重，阴茎勃起日达20余次，每次持续数分钟。是年3月以后，多于早上醒后发作，晚上明显减少。约半年内辗转数家中西医医院，未见效果。

初诊见患儿发育一般，面色憔悴，脉弦，苔少，舌红而燥。不发作时，唯口干多饮，余皆正常。患儿自出生3个月始，反复腹泻、呕吐，至两岁方愈。之后，时有便秘、鼻衄等症。审其舌脉，度其病情，确定为强中证。

周凤梧认为，小儿稚阴稚阳之体，不耐损伐，长期吐泻，胃阴不足。胃属阳明，阳明主宗筋，“前阴者宗筋之所聚”；且久病及肾，更致肾阴亏虚，不能涵木，肝必失滋养。肝在体为筋，且足厥阴肝经之脉络阴器。阳明、厥阴亏则阳亢，故阴茎异常勃起。该病多发作于晨间，亦应肝气升发之时。此外，便秘、鼻衄、口渴多饮亦为阳明实热之象。治当滋水涵木，兼清阳明。但患儿长期服药，胃气大伤，当先以谷气养胃气，以固后天之本，故暂不给药内服，拟外用方稍息之。玄明粉10g，纱布包扎，每晚睡前外敷于两手心，连用一周。《本草从新》载，玄明粉性咸寒软坚，能治阳强之病。外用即先挫阳强之势。

4月16日复诊。用上方后，阴茎勃起次数减少，胃纳亦佳，遂疏方内服。用大补阴丸合玉女煎化裁，少佐肉桂引火归原以滋阴潜阳，兼清阳明。

方剂：生地黄12g，炙龟甲9g，知母6g，黄柏6g，生石膏24g，麦冬6g，北沙参6g，肉桂1.5g。上8味水煎服，日服1剂。

进药6剂后诸症皆轻。原方加减再进2剂，基本痊愈，遂停药，仍用玄明粉外敷3次，以巩固之，病竟全瘥。追访一年，未再复发，该儿健康、活泼、发育良好，甚感欣慰。

医药同一理　治病练于药

周凤梧对方药的兴趣始于济南永安堂药店坐堂行医，而将方剂学定为主攻，则是他任山东中医学院中药方剂教研室主任之时。他原本对药物的药性、药能、药征及炮制、调剂、用量、煎法和组方已有了广博知识，但他仍以为攻读药学须从博至约，追本溯源，下一番辨识精粗、真伪的工夫。

诸多本草著作，他首推清代汪昂的《本草备要》和吴仪洛的《本草从新》。周凤梧认为，《本草备要》所选之药均为临床常用药物之上品，既实用又便于记住。《本草从新》对前书再次增删补改，尤为可信可用。中医师日常处方用药一般熟练掌握200~400味常用之药已够，然而他告诫说，这些药物还须临床反复温习，才能运用自如，若想依此一劳永逸，是不现实的。

对于医理与药理关系，他认为："中医中药相互依存，医理药理同为一理。理法方药中的'药'字，除了传统界定的意义之外，还应包括药之品种辨析、炮制方法、剂型选择等方面的内容。"

他说：自古以来良医未有不识药者，张仲景、孙思邈、李时珍皆是如此。为医不识药是一大缺憾。明代张景岳云："凡诊病施治，必先诊阴阳，乃为医道之纲领。阴阳无谬，治焉有差？医道虽繁，而以一言以蔽之者，曰阴阳而已。故证有阴阳，脉有阴阳，药有阴阳。若能明彻阴阳，则医理虽玄，思过半矣。"

他举例说，医生处方只管写药名，却不知道药物的基原是什么；调剂员照方抓药，亦不管能否治病。二者只在字面保持一致，实际上所需所给有时并非一物。比如片姜黄与色姜黄是热寒不同、功用各异的两味药，若错投或代用，不论何病，凡方中之姜黄皆以片姜黄或色姜黄付之，可能导致疗效的起伏。

什么是药？周凤梧说："凡是能够治疗疾病的物品，就统称之为药。"《类经》云："药以治病，因毒为能。所谓毒者，以气味之有偏也。盖气味之正者，谷食之属是也，所以养人之正气；气味之偏者，药饵之属是也，所以去人之邪气。其为故也，正以人之为病，病在阴阳偏胜耳；欲救其偏，则为气味之偏者能之，正者不及也。是凡可辟邪安正者，均可称为毒药，故曰毒药攻邪也。"因此，周凤梧说，药物只是补偏救弊的东西，不可久服，否则导致脏气偏胜，反导致疾病。

"药"字包括药物辨识、剂型选用、炮制、煎煮和制剂方法。就煎法而言，又有先煎、后入、浓缩、兑汁、包煎、烊化及毒药煎法等内容。他说："为医只有知医知药，知人知病，临证才能胸有成竹，药到病除。若为医只会辨病而不识药，即使处一得之方，亦须合宜之药，效疗方显。"

所谓"知药"，就是熟悉药材的药性、药味、归经、功效、配伍及原生地。周凤梧指出，《伤寒论》第222条"渴欲饮水，口干舌燥者，白虎加人参汤主之"；《金匮要略·消渴小便不利淋病脉证并治第十三》"男子消渴，小便反多，以饮一斗，小便一斗，肾气丸主之"；《金匮要略·妇儿产后病脉证治第二十一》"产后腹痛，烦满不得卧，枳实芍药散主之"。对上述条文，许多人以为人参即红参。然红参性甘温，疗渴欲饮水症是不妥当的。肾气丸中干地黄现在用熟地黄，而熟地黄性甘温滋润，疗阴虚消渴，虽无不可，但总不甚贴切。许多注家大多从配伍上勉强解释，不得要领。

所谓"知人"，就是熟知患者的体质、年龄、病情、季节、地域、生活习惯等。因时、因地、因人，主方随证化裁，药物随证变通，方药才能得应其效。

周凤梧稔知组方法度，不仅配伍严谨，而且用药精当，体现了方以法立、法以方传的治则。他说，诗词有格律，组方也有法度。所谓法度，是指治疗疾病的法则及众多方剂中总结出来的治疗规律。《神农本草经》序例中云："药有阴阳配合……有相须者，有相使者，有相畏者，有相恶者，有相反者，有相杀者。"这些论述就是药物配伍运用的最早准则。他在此基础上提出了"相对配伍"的概念。

所谓"相对配伍"，就是把药的性味、功效、作用趋向等不同的药物，在一定的条件下，按照组方法度配伍组方的一种方法。邪气有轻重不同，禀赋有强弱之别，年龄有长幼之殊，性别有男女之分，地区有南北之异，同一种病因人而异，不可简单以同一类药物组方，而须"相对配伍"，才能方药中的，药到病除，屡见奇效。周凤梧从"相对配伍"为组方之法，提出以下七种配伍形式：

（一）补益药与祛邪药配伍

药物有补有泻，补药与泻药配伍，适用于虚实夹杂之证，或增强补益药之功效。表散药与补益药配伍，适用于体虚而有表邪之证，若在表散中适当加入补气、助阳、滋阴之品，疗效尤显。攻下药与补益药配伍，适用于里有实而正气虚者，此类患者或因素体亏虚，或因误治而气血双亏，或因津液不足，或因阳气虚乏，故不攻则不能去其实，不补则无以救其虚，攻与补为伍，两者兼顾。清热药与补益药配伍，适用于里有热而气津已伤者，如石膏与人参配伍，则“石膏凉散之力与人参补益之力互相化合，能旋转于脏腑之间，以搜剔深入之外邪，使之净尽无遗”（张锡纯语）。消导散结药与补益药配伍，适用于气滞、血瘀、痰聚、食积等而兼有虚证者，如消痞散结的枳实与补气健脾的白术配伍，用于脾胃虚弱、运化失司之饮食停滞，腹胀痞满。通利药与补益药配伍，适用于宜通而兼虚证者，如利尿的猪苓、泽泻与阿胶配伍，通利血脉的细辛、芍药与当归配伍，下乳的穿山甲、王不留行与当归、黄芪配伍等。

（二）寒凉药与温热药配伍

寒凉药与温热药配伍，适用于寒热互见证，即外寒内热，或恶寒互结，或上热下寒者。如桂枝与石膏配伍、桂枝与大黄配伍、干姜与黄连配伍等。又如附子与大黄配伍，去大黄之性，取大黄之用，“去性存用”，两者虽寒热性异，但并用共成温下之良方。

（三）补阴药与补阳药配伍

张景岳云：“善补阳者，必于阴中求阳，则阳得阴助而生化无穷。善补阴者，必于阳中求阴，则阴得阳升而泉源不竭。”周凤梧在《论补肾之组方》中说：补肾阴之古方，如六味地黄丸、大补阴丸、知柏地黄丸、左归饮、左归丸等，其主要组成部分多为熟地、山茱萸、山药，三者均有补肾之效。其中，熟地为补肾中元阴之正药；山茱萸协熟地养心血，补肝心，血足可以转化为精；

山药补脾、肺之气而运化呼吸及水谷之精微，转输于肾而充精气。三者兼顾五脏，各司其职。乍看诸补肾阴之药中阴药比阳药还重，补阴方中为什么不是“阳中求阴”？周凤梧解释道：古方补肾阴药物配伍，力主补中有通，补中有泻，这是阳中求阴之变通之法，阳中求阴用补阳之药物为主法，两法只要在确保激发阳化之机，调用自身的真阴以化阳，即为阴中求阳。

（四）升浮药与沉降药配伍

升浮药与沉降药是两类作用趋向不同的药物，两者配伍以调气机之升降。清代石寿堂云：“用药治病，开必少佐之阖，阖必少佐以开，升必少佐以降，降必少佐以升。或正佐以成辅助之功，或反佐以作向导之用。”开阖升降为气机调节的方式。周凤梧说，润肠通便的肉苁蓉，配以升举清阳的升麻以治疗大便不通，在补脾升阳药中伍以赭石以降胃气。

（五）辛散药与酸收药配伍

辛散之药可散邪气，酸收之药能敛精气，两药配伍，散中有收，收不敛邪，邪去正复而致阴阳和平。

（六）刚燥药与阴柔药配伍

刚燥之药多为辛温（热）之性，阴柔之药多为甘凉（寒）之性；刚燥之药多有伤阴耗气之偏，阴柔之药常具滋腻碍胃之弊。若能将两类药合理配伍，即可纠偏补弊。如附子、白术与生地黄配伍。

（七）动静结合配伍

补血药与行血药配伍、止血药与活血药配伍即是动静结合配伍之实例。张秉承云：“血虚多滞，经脉隧道不能滑利通畅，又恐地（熟地黄）芍（白芍）纯阴之性，无温养流动之机，故必加当归、川芎辛香温润，能养血而行血中气者，以流动之。”如在多味止血药中配以少量活血药物，使血止而无留瘀之弊。

周凤梧提出“相对配伍”是按照组方法度，即以“法以证立，方从法出，以法统方”总治法为依据，总结历代医家组方经验而形成的观点。因此，“相对配伍”是临床常用的配伍方法之一。他用“相对配伍”法研究了多种经方，如桂枝汤证等，对辛甘温热配伍组方的阐释，更有高屋建瓴之处，别具一格。

他认为，药物的四性（寒、凉、温、热）和五味（酸、苦、甘、辛、咸）是中药药性理论的核心。学中药者若能熟谙其理，便能深知药物性品配伍的真谛。他说，《素问·至真要大论》中“寒淫于内，治以甘热，佐以苦辛，以咸泻之，以辛润之，以苦坚之”和“寒淫所胜，平以辛热，佐以甘苦，以咸泻之”是辛甘温热配伍组方的理论基础。辛味药温通助阳，甘味药益气化阳，合而用之，即含“辛甘化阳”之义。辛甘之品同属四性中的温热，温为热之渐，热为温之极，大热则为温之最。因此，辛甘温热剂又可分为性温和性热两种。

临床中，辛甘温热剂多用于阳虚证。以五脏而论，阳虚证有心阳虚、肝阳虚、脾阳虚、肺阳虚和肾阳虚；以病情轻重而论，有阳虚轻证和阳虚重证；以补阳之功力而论，有辛甘性温补阳力缓和辛甘性热补阳力峻。不同证型，随证组方施治。

以心阳虚证为例，探其组方施治特点。心阳虚是指各种外邪致心脏阳气不足，气血失于温运而引发的证候。心阳虚多由久病体虚，年老阳气虚衰；或外感汗出太过，耗损阳气；或素体禀赋不足，心阳不振，不能温运气血；或思虑过度，劳伤心神，心阴不足，阴损及阳，耗伤气血。症见：心阳虚轻证为心悸，胸闷，四肢微寒，倦怠慵乏，舌淡苔白，脉细弱；心阳虚重症为猝然心痛，体寒肢冷，手足唇鼻青紫晦暗，面色㿠白，汗自出，脉沉细弱，舌淡胖嫩苔白，更甚者心阳暴失，宗气大泄，厥、脱、汗、息微、脉绝诸症并见，或猝然胸痛及背，心悸气短，面色苍白，喘不得卧，大汗淋漓，四肢厥逆，神志不清，舌淡紫暗，脉微欲绝。

辛甘温热剂组方：心阳虚轻证治宜温补心阳，配伍组方选用人参、炙甘草、桂枝、大枣等辛甘性温药，以合辛甘化阳、甘温益气、助阳须先益气之旨，桂枝甘草龙骨牡蛎汤主之。心阳虚重症治宜温阳逐寒，组方宜用肉桂、干姜、附子、乌头、川花椒、人参、炙甘草、黄芪等辛甘性热之品配伍。《医宗金鉴》云："既有附子之温，而复用乌头之速，佐干姜行阳，大散其寒，佐蜀椒下气，大开其郁，恐过于大散大开，故复佐赤石脂入心，以固涩而收阳也。"若心阳暴脱引发亡阳危证，则以辛甘大热之附子、干姜、肉桂为主，辅以甘温益气助阳之人参、黄芪、炙甘草等配伍组方。

周凤梧说，中药的四性、五味、归经等药性理论已被医家熟悉，然药性理论的真谛是四性和五味。药性的寒热凉温与五味配伍，可构成多种组方，以治不同疾病。常用的有辛温辛凉配伍，治头面或卫表之疾，如柴葛桂枝汤（《幼幼集成》）治小儿伤风证等；辛温甘寒配伍，可如桂枝甘草汤之温通心阳，但调和阴阳之妙却被近人忽视；辛温酸寒配伍，桂枝汤及其类方均属此种；辛温苦寒配伍，辛温开通气机，祛寒化瘀，和胃降逆；苦寒清热和胃，消痞除满，二者合用能调和中焦，升清降浊，多用于气郁、痰结、胸痹、痞满、湿热等证；辛温咸寒配伍，辛能行气解郁，咸能软坚散结，二者合用行甘气而化痰结，用于痰核、瘰疬、瘿瘤等证；苦辛合用，寒热补泻并投，用于肾阴不足，水不涵木，或肝（相）火妄动，横逆犯胃，胃阴被灼而变生诸证，病情寒热错综，虚实相兼，乌梅汤为代表方。

周凤梧对药性研究可谓炉火纯青，运用自如，所论观点丰富了中药学宝库。

治学倾全心　著述严把关

周凤梧出身于中医世家，成长过程中养成了读书的习惯。明代吕坤云："无地而不学，无时而不学，无念而不学，不会其全，不诣其极不止，此之谓学者"(《呻吟语》)。读书须不倦，不倦在固志。临床、教学、著述、绘画四件事伴他一生。临床体恤患者，对求诊者不分贵贱、贫富，一视同仁，无论工人、农民、车夫、贩卒、走艺、优伶、巨贾、显宦，一律热情相待，以仁爱之心，悉心诊治。贫苦患者，不收诊费，还助以药资。应诊时，态度和蔼，面带笑容，患者面前从不说是道非，评论他医。他以精湛医术和丰富的临床经验及朴实医风、高尚医德，深受患者爱戴和信赖。国内中医人才不足，渴望求知者广布各地，他自告奋勇承担辅导工作。凡全国各地寄来请求解惑释疑的文稿、信件，无论水平高低，问题深浅，皆认真审订、修改，及时邮复，从未因事繁忙而延误，更无拒之，深受后学敬重。

周凤梧爱读书、用书、写书。刘向《说苑》云："智莫大于阙疑，行莫大于无悔。"历代医家的著作帮助他开阔视野，增长见识，丰富知识，少做悔事。

一天，周凤梧读到唐代武周时期张说写的《钱本草》一文，曰："钱味甘，大热，有毒。归心、肺、脾、胃经。偏能驻颜，彩泽流润。贪婪者服之，以均平为良，如不均平，则冷热相激，令人霍乱。其药采用时，采至非理则伤神。此至流行，能役神灵，通鬼气。如积而不散，则有水火盗贼之灾生；如散不积，则有饥寒困厄之患至。一积一散谓之道，不以为珍谓之德，取与合宜谓之义，使无非份谓之礼，博施济众谓之仁，出不失期谓之信，人不防己谓之智。以此七术精炼方可。久而服之，令人长寿。若服之非理，则弱志伤神，切须记之。”

他读后赞不绝口，便铺纸磨墨，一气呵成，酣畅淋漓，写成《常用“中药”钱》一文。

他写道：“此文以药喻钱，以药论钱。在有人提倡‘一切向钱看’的今天，大有一读的必要。读后须深思之，探索之，躬行之，体验之。面对金钱，应精炼‘七术’，即道、德、礼、义、仁、信、智。如能具备这‘七术’的炮制方法，使热性转平，毒性减低，心情愉悦，就会健康长寿。不然如生吞活咽，则必损脾害胃，心悸不安，以至昏智迷神；若热毒发作，必致气溃身亡。不可不忌。”

《常用“中药”钱》是篇小文章，在周凤梧“诊余文抄”中并不特别耀眼，然而他以区区短文告诫后学，若想修成一位良医，须经“七术”炮制，才可具仁爱之心、聪明理达、廉洁淳良的医德。

周凤梧一生勤于著述。先后主编或编著的著作有：《黄帝内经素问白话解》(1958 年)、《中医妇科学》(1973 年)、《中医方剂学》(上、下两册，1976 年)、《实用中医学》(1981 年)、《实用中医妇科学》(1985 年)、《黄帝内经素问语释》(1985 年)、《实用〈千金方〉选按》(1986 年)、《古今药方纵横》(1987 年)等。此外，他还编著了《本草经百五十味浅释》(1959 年)、《中药函授讲义》(1966 年)、《土单验方选编》(1976 年)、《长寿篇》(1984 年)、《药性赋注解》、《汤头歌注解》(1985 年)等普及读物和函授教材，共计 620 万字，可谓著述等身。

周凤梧善取众家之长，又博通经典，长于临床，深知读者的需求，他的著作深受广大读者喜爱。1966 年之后，由于“十年动乱”，有关方药的教材极感阙如。周凤梧立即编著了《中药方剂学》，于 1973 年发行全国，印数达 8 万册之多，销售殆罄。《实用中药学》、《黄帝内经素问语释》、《实用中医妇科学》均印刷 3 次，仍供不应求。周凤梧著书崇尚实践，不尚空谈。论史必溯源追本，精萃史实；讲药必穷辨真伪；写病必结合临床，统以理、法、方、药，标以现代医学病名，补充旧本所未列病种；行文必用通俗文体，遵古又不泥古。

1980年，年近古稀的周凤梧受邀担任《名老中医之路》（1~3辑）主编，与其他两位主编张奇文、丛林合作编辑出版。三辑共计70余万字，记载当代全国名老中医89位，历经3年时间，史料翔实，笔墨晓畅，弥足珍贵。邓铁涛说："《名老中医之路》是一部20世纪当代名中医的'成才史'，是历史学的新分支，是一部世界独有的中医教育史，也是一本20世纪中医传奇文学。这本巨著是21世纪青年中医和有志于发扬中医药学的人的必读之书，是一部值得中医教育家和高等教育行政部门深入研究的重要著作。"

读者朱炳林以《到处逢人说凤梧》为题著文阐发收获。他写道："要不是当年周先生他们深感抢救名老中医经验刻不容缓，我们也就得不到这份宝贵的医学财富。随着时间的流逝，已经成书的3册《名老中医之路》更加光彩照人！周先生他们做了件功德无量的好事，我哪能不逢人便说呢？"

2005年，《名老中医之路》三辑合订本出版，两年后再出版该书"续编"。合订本出版时，周凤梧仙逝10年了，而他的贡献却留在人们的心中。

周凤梧的晚年仍写作不辍，有"医论医话"23篇，"诊余文抄"26篇。他叹"时乎之不再来"！他坦言："我为中医事业每完成一项任务，辄觉身心轻松，精神欣快，这是人生最高的奖赏、最大的享受，也从著述中获得不少的教益。"古人云："习读书之业，便当知读书之乐；存为善之心，不必邀为善之名。"晚年的周凤梧已把读书、写作视为一件快乐之事，而且从容地享受愉悦。"学而时习之，不亦说乎？"

治学扬正气 泼墨以自遣

周凤梧除教学和临床之外，曾先后担任过《山东医刊》、《山东中医学院学报》、《山东中医杂志》、《齐鲁中医》等医刊的副总编、主编，对这些期刊给予支持和指导。“文不成熟，绝不签发；因人取文，违背大义”是他选取文稿的标准。

有位教授的文稿，内容佶屈聱牙，咬文嚼字，苦涩乏味，洋洋万言，不知所云。周凤梧读后认为辞藻固然华丽，却不知讲的是何物，坚持退稿不取。但对无名后辈则充满热情，奖掖鼓励。有位叫万方的长沙阀门厂青年工人，业余爱读医史，偶有所得，书写成文。1979年，万方写了一篇处女作《医史研究三议》，文稿投寄几家杂志都被退回。他鼓足勇气又把稿件寄到《山东中医学院学报》，怀着忐忑之心等待回音。周凤梧读了该稿，眼睛一亮，一位工人能指出医史研究中的问题，实为不易。他嘱编辑回复作者该稿可用。在登载时他又以编辑部的名义写了按语，说：“万方同志提出的问题是值得重视的。应当在医史研究和医史教学中清除非历史学的观点。”《山东中医学院学报》发表万方的文章后，引起了中医史界的重视。万方于当年被调进湖南省湘潭师专中国科技史研究室当了老师。1985年，万方又在《山东中医学院学报》发表了他的《自学医史浅陋谈》一文。周凤梧再次执笔写下按语：“一个初中程度的人，自学成才，而且有如此深湛的造诣，实在令人钦佩！‘百善勤为先，万恶懒为首’，‘业精于勤’，诚者斯言！本人可为青年人的模范，本文可给后学以启迪。”这一番怀着深厚情感的评说寄托着他对青年人的厚望。

他经常说：“一个刊物内的每一篇文章，要看它能够给读者多少东西，作为取舍标准；故凡高谈阔论，空泛无物，或华而不实之作，概爱莫能取焉。”在周凤梧办刊思想及严谨学风的熏陶下，他主编的三家期刊在行业内均享有较高的评价。

周凤梧性情耿介，直言不讳，难免得罪他人，遭人责难。但山东省中医学会之事，大至工作规划，小至一个学术会议，甚至评选学术论文，大多请他主持。自20世纪50年代调到省中医学会起，他的博学、开明、公正、果断的作风就备受同行的敬重和称赞，从而树立了很高的威望。对全国或山东省中医工作中存在的问题，他敢于提出个人意见，赤胆忠心，无所顾忌。而这些意见是经他思考多时，又来自业内外，常常能切中时弊，言而有据，他人很难推拒。20世纪80年代中期，他发表了一篇题为《谈目前中药工作的几个问题》的文章，指出："目前药品短缺，质量低下，临床药学工作亟待开展等问题普遍而严重地存在着，极大地影响了医疗工作。药之于医，犹皮之与毛，皮润毛荣，皮枯则毛衰；皮之不存，毛将焉附？故繁荣中医，必先发展中药；药之于医，亦犹工之与器，工欲善其事，必先利其器，故欲提高疗效，必先提高药效。"他认为，药材短缺问题的症结在于生产、管理、价格三者关系处理不当；而解决问题的办法不外开源和节流两条道路。他说："开源主要是药材部门的工作。要认识到中药材是一种特殊产品，在产销矛盾上有更加突出的多面性和复杂性，必须兼顾目前急需和保护药源两个方面。采取特殊政策和科研手段改变生产途径和经营管理方式，从根本上解决问题。另一条措施是扩大应用品种，医药双方都有责任。"在节流方面，他提倡开小方和应用煮散。他说：近些年来，出现了一股处方庞杂的歪风，一剂汤药动辄二三十味，有的重量竟达一公斤，不仅严重影响了医疗质量，而且造成极大浪费。群众反映："宁喝十碗治病药，不灌一锅杂烩汤。"煮散是将药材粉碎成粗粒，煮后去渣服用的剂型。煮散有效成分易于浸出，用相当于汤剂三分之一的剂量即可达到与汤剂相同的效果。

在这篇近万言的文章中，周凤梧充分发表了对中医药工作的观点，批评有据，建议可行，言自肺腑，情可动容。因此，他的文章引起了中医界广泛好评，受到了主管部门的高度重视并被采纳。

学生刘持年说：先生对中医敢于提出个人见解，敢于坚持正确的意见，逆水行舟，知难而进。甚至忍辱负重，遭人责难。但先生横眉冷对，昂首直前，表现了一个正直中医的风骨气概。正如先生在《光明中医》题词中所言："我是四代中医，只要为中医事业的振兴，责无旁贷，甘愿鞠躬尽瘁，死而后已。"

周凤梧自19岁时随名画家黄固源学画后，每于医教之暇泼墨绘画以自遣，终年不辍。工花鸟、人物、虫兽，尤善画虎。常以医画共论，新意盎然。他说："医画相通，画讲画格，医为仁术，画格为人格的投影，医德为仁者之高。做人之道，天行健；为医之道，没有高尚品德，宏远抱负，超越胆识，厚重学问，难成大器。"他以孔子"士不可以不弘毅，任重而道远。仁以为己任，不亦重乎"作为座右铭。为人、为医、为师、为画都求"外师造化"、"中得心源"，不游戏人生，光明磊落。

周凤梧画虎，常用题跋以言明哲。如"虎者阳物，百兽之长，能击鸷，性食魑魅者也。""若害人之鬼，以苇索缚之，射以桃弧，投虎食也。"意表做人要学虎性，不畏魑魅，能食害人之鬼。

周凤梧画花，或雍容华贵，或群芳争艳；画树，最喜松柏；除虎之外，画动物以鸳鸯、梅雀最为生动。无论画什么，务求神韵而非貌似。索画者，积纸盈尺。曾有人愿代售他的画作，周凤梧却回答道："我的画一钱不值，给钱不卖。只是以艺会友，所谓'秀才人情纸半张耳。"凡好友求画者，碍于"纸半张"情面，难以启口回绝，为偿画债，耗费了他的大部分休闲时间。他叹道："一生哪有真闲日，百岁仍多未了缘。"

周凤梧的画参加山东省历年举办的画展，精品之作曾送至北京参加"全国民主党派成员作品展"。"群芳争艳"、"旭日苍松"、"呼啸生风"、"鸳鸯"、"梅雀"等作品均为多家期刊登载，有的还流传到美国、加拿大、日本、韩国及中国台湾、香港地区。

他一生荣誉称号难计，然淡泊如故。他说："荣誉只能说明过去，在研究中医科学事业上，永远有攀不完的高峰。" 1997年山东的《联合日报》刊载他的专访文章，谓其"四乐斋主人"。四乐即"奉献为乐，助人为乐，书画最乐，知足常乐"。然而，就在这一年的9月10日，周凤梧因劳累过度突发心肌梗死而仙逝，享年85岁。

学生邹积隆、刘持年、王永新合写了一篇题为《白绢朵朵寄哀思》的纪念文章，记述了告别仪式哀痛状况。文章写道："淅淅沥沥的小雨一直下着，告别厅里，鲜花簇簇，白绢朵朵，周老安详地睡在万花丛中，身上覆盖着中国共产党党旗，来自全国各地的学生及好友依次向这位医界泰斗肃立致哀。守护在一旁的我们，透过泪水模糊的双眼凝望着老师的仪容，平日里那位热情洋溢、谈笑风生的周老师哪里去了？"

"钢笔是武器，阵地是处方，三个指头探明病魔来路，一双慧眼望穿罹患迷障。一生戎马倥偬，两鬓吐絮如飞霜。指挥无数扶正祛邪的战斗，培养几多杏坛精兵与良将。半个世纪的风风雨雨，写就十部辉煌的乐章。抽暇翰自遣，丹青百花齐放，笔下莺歌燕舞，纸上寒梅生香。" 这是一位相交如故的好友题赠的一轴条幅，以赋叙事抒情，概括了周凤梧辉煌的一生。情绵绵，意切切，录此以作本传的结束。

（撰稿人　吴石忠）

千祖望卷

干祖望（1912—　　）

干祖望印

四言句贺

本校五十周年校庆

方知天命，功就名驰，

华华学子，俱成鸿师，

国丁盛代，谁肯怀私，

中医大厦，赖力坚支。

来校工作

五十年老职工

干祖望 撰书贺

干祖望手迹

读书教书藏书著书，一世靠书饱腹；

言洁行洁手洁心洁，终生以洁持身。

——干祖望

干祖望，著名中医学家，中医耳鼻喉科临床家。现任南京中医药大学教授，曾任中华中医药学会第一届耳鼻咽喉科分会主任委员。1990年由人事部、卫生部、国家中医药管理局确定为首批全国老中医药专家学术经验继承工作指导老师。1991年起享受国务院政府特殊津贴。

干祖望1912年农历九月二十六出生于上海市金山县张堰镇。他17岁学医，21岁开业，擅长咽喉外科。1951年，在上海松江县城厢第四联合诊所挂出全国第一块“中医耳鼻咽喉科”招牌。1956年，在《新中医药》杂志连载第一部《中医耳鼻咽喉科学》。1972年，在南京中医学院（现南京中医药大学）附属医院创办“中医耳鼻咽喉科”，该科于1984年被卫生部确定为全国重点专科建设单位。从干祖望17岁拜师学医算起，迄今已有80余年。在这80余年中，他经历了寒窗之辛、攻读之苦、创业之艰、奋斗之难。一分耕耘一分收获，他也得到了无数病家的信任和爱戴，拥有了“桃李满天下”的喜悦。他珍视国家给予的荣誉——江苏省政府颁发的“优秀教师”奖章，同样珍视病家敬赠的“神医”金匾和“妙手回春”锦旗。

焚膏继晷　寒窗磨砺

清末民初，黄浦江以南的金山、松江一带，是文人荟萃之地，享有盛名的“南社四子”（柳亚子、邵力子、姚石子、姚蓬子）之一的姚石子就是金山人。金山有不少读书人，以科举入仕为奋斗目标，张堰镇的干紫卿就是其中之一。

干紫卿祖祖辈辈都以种地为生，到了他这辈却把锄头丢了，一心想通过读书中举入仕。清末废除科举，他便成了当地人们戏称的“老秀才”。梦想破灭，干紫卿只得在上海一个大富翁家司账。但他深信“书中自有黄金屋”、“书中自有千钟粟”。不过老秀才的“屋”与“粟”不在“书中”，而在“书外”。他是“书外也有薄汤粥”。那时，江浙一带有许多刻版的书坊，如上海的墨海书馆、扫叶山房、千顷堂，江苏的翰香斋、古愚堂、绮春阁等。干紫卿就靠一只乌篷船，载满了书坊刻印的图书，云游全国各地，寻找他的“上帝”。所以，干紫卿也是江浙有名的版本学家。其子干颂平持操其业。1912 年 9 月的一天，干家喜得第五代单传的孙丁。干紫卿因望孙心切，盼其光宗耀祖，故为其取名“祖望”。

为了实现家族的未竟之志，1916 年，干紫卿带着 4 岁的孙子干祖望来到姚石子家塾就读。姚家是赫赫有名的望族，干紫卿期待自己的孙子在这里走上成名成家之路。由于祖父对孙儿的盼望笃深，姚氏家塾对幼小的干祖望进行了超前、超量的灌输式教育。此后漫长的寒窗生活取代了欢乐的童年，干祖望犹如被锁进囹圄，整天除了吃饭、睡觉，就是念书、背书。一年 365 天里，只有过年才休息两天。好在干祖望能吃苦，肯用心，姚家称他“是块念书的料”。17 岁那年，干祖望就阅读了“四书五经”、《离骚》、《史记》、唐宋八大家以及六朝的骈体文。回顾这些，干祖望常说：“我写书写稿无数，全凭文学功底；我的文学功底，全靠少年时期的苦读苦练！”

干祖望有位姓李的表兄，是当代书画宗师刘海粟的学生。郭沫若名著《棠棣之花》的封面，就是他设计绘制的。干祖望童年时常去表兄家玩耍，于是也学着涂鸦。久而久之，那素描、那国画，竟也像模像样起来。17 岁那年，干祖望被刘海粟创办的上海美术专科学校的代理校长徐朗西免试录取。看来他要与丹青结缘，在画坛上一展雄才了。但是一个偶然的机遇，改变了干祖望的一生。

干祖望的邻居中，有一陆姓人家，家境殷实。陆家有一子，陆父想按自己的愿望，把儿子培养成受人尊敬的名医，于是辗转托到嘉善县西塘镇钟道生门下，一次为儿子付清了 4 年的学费——600 银元。当时，米价是 5 块钱一担，一担为 75 公斤，可见学费之昂贵。出人意料的是，老子的苦心与儿子的意愿相悖。儿子是洋学堂毕业的，英语很好，对中医不感兴趣。一天，两位同龄人聊天，陆子长吁短叹："家父害苦我了。我英语好，却要学中医；你国学底子厚，偏去学绘画。真是阴错阳差。"干祖望只有陪着叹息。突然陆子眼睛一亮，兴奋地拉过干祖望的手问道："你去学中医，我去学画画，我俩交换，如何？"

"哪能换呢？"干祖望被这突发奇想弄得目瞪口呆。

"只要你愿意换，下面的事，你就别管了。"

干祖望回家征得祖父同意，便答应了陆子的建议。陆子是如何与父亲谈妥的，不得而知，但两个青年之间的专业交换就这样定了下来。这场李代桃僵的私下"交易"，倒是阴不错，阳也未必差矣。1929 年 2 月，行过三跪九叩的大礼，干祖望正式拜浙江省嘉善县西塘镇名医钟道生为师。

钟道生出身贫寒，自幼丧父，靠母亲辛勤劳动抚养到 15 岁，被送进苏州沐泰山堂药店当学徒。那时，苏南名医马培之正好到沐泰山堂坐堂行医，见钟道生人虽小，但十分机灵，勤奋好学，又能吃得苦，便欣然将他收为关门弟子，不仅不要学费，还"倒贴”饭钱。俗话说：“名师出高徒。”有了名师指教，钟道生在医道上自然突飞猛进，若干年以后便在沪杭一带负有盛名。

干祖望拜师时，钟道生已年届六十，诊务非常繁忙。当地的达官贵人，杭州、宁波、上海等地的富豪财阀常常不惜重金请钟氏诊病。作为一方名医，钟道生每年收入颇丰，但他从未忘记老师马培之的教诲——“医生当以德为先”。每当贫苦农民有疾病和困难时，他总是慷慨解囊相助。干祖望曾亲眼看见他为了救治一个普通农民的急病，不顾自己年迈，雪夜出诊，却不收分毫，心中十分感动。一般百姓来看病，付一些“谢意”（诊费），钟道生也从不计较多少。他常对徒弟们说：“我们给病人治病，不可以问病人付了多少钱，如果按取酬多少而对病人采取不同的态度，那就丧失了医德。”

钟道生对徒弟的要求也十分严格。拜到他门下的学生必须具备良好的医德，养成良好的医风，同时要遵守约法三章：第一，要勤读书；第二，要勤练功；第三，要勤干活。每月一小考，每年一大考，就考背书、考擎拿功、考配方磨药。干祖望从小读书，也算吃惯了苦，每天背书、练功都不偷懒。钟家有一座面临香江的厅房，名为“江厅”。主人整天忙于医务，很少坐到厅上，这里就成了干祖望读书的好地方。侍诊之余，他总是手捧中医经典，在厅中孜孜以求。因此，钟家的人戏称他为“江厅厅长”。

擎拿术是喉科的一种治疗手法。早晨的练功时间，干祖望总是鸡鸣即起，练习擎拿术的基本功——“三指抓陶坛”。陶坛，即一尺高的陶瓷坛子。开始是练习抓空坛，左右两手各抓一个。以后在坛中逐渐加入沙子，增加重量。最后，要把装满沙子的坛子从容地抓起来，两手前平举、侧平举，就像做操一样。练好了这套功夫，再学习和练习擎拿术就得心应手了。这套功夫练不好，操作擎拿术就没有“底气”，收不到疗效。干祖望知道，要有真本事，须吃苦中苦。为此，他每次练功都不敢有丝毫马虎。

在钟家的四年，干祖望眼勤、手勤、脑子勤。每天老师开诊，他都是一边捧墨侍诊，抄录医案，一边用心观察，仔细揣摩，因而很受钟道生老先生的赏识。几年下来，干祖望尽得师传。

悬壶历练 浦南扬名

1933年4月，干祖望21岁，即在金山张堰镇挂牌行医。起初，人们看他只是一般青年郎中，少有患者上门求诊。干祖望并不着急，他知道，只要自己有过硬的本领，打开局面是早晚的事。干祖望开业挂牌“咽喉外科”，常要熬制外用药。每当这时，他便敞开大门，让熬药的香气飘散出去。有时天气好，他干脆把炉子搬到门外，让香气飘满整条大街，吸引许多人来观赏。这是祖父教他的一招，吸引群众，扩大影响。几年之后，随着医疗水平的提高，干祖望不再坐“冷板凳”了。诊所逐渐门庭若市起来。每天门诊之余，他依然认真研读医籍，写下心得，自我总结，不断提高医术。这段时间，他熟读了《黄帝内经》、《伤寒论》、《神农本草经》、《温病条辨》等。

20世纪三四十年代，中国的卫生防疫工作很差，每年都有“疫喉”流行。浦南一带常有“急喉风”（急性喉梗阻）发生。患者咽喉肿痛，吞咽困难，甚至呼吸亦困难，生命危在旦夕。干祖望学医时练的“抓坛功”为其熟练掌握擎拿术打下了良好的基础。在那个年代，气管切开术应用尚不普及，擎拿堪称绝技。他凭借娴熟的擎拿技术，配合中药内服、外治，挽救了许多危重病人的生命。

干祖望擎拿时，让病人正坐于方凳上，不能坐者，让别人在旁边扶着坐。病人上肢放松下垂。施术者站在病人背后，一只脚踏在凳上，脚大趾对准病人的尾骶骨处，膝盖紧抵于病人脊背，予以固定，另一只脚踏在地上，将两手置于病人的颈项部，两拇指按在颈后哑门穴下，食指、中指按在两侧天窗、扶突、天鼎穴上。这样，就可以开始运气操作了。

1946年，34岁的干祖望迁至松江。当地一米业巨商患了直肠癌，且已届晚期，托人到处求医，最后请到嘉善的钟稚声。钟稚声是钟道生的儿子，他子承父业，同时也"继承"了父亲的名望，因此要价很高，出诊费100银元。可是，钟氏几番出诊，病家仍无半点好转迹象。无奈，钟稚声向病家推荐："松江本地有一个干祖望，是先父的高足。你们不妨找他试试吧。"这样，就把干祖望推了出来。干祖望出诊只收两个银元。一番望、闻、问、切之后，他略作思索，挥笔写就一纸医案。业内人士看后，无不称道，理法方药，滴水不漏。出诊几次，患者病情倒也有了几分好转，因而对干祖望十分感激，派人送来一块"妙手回春"牌匾，还在许多场合为干祖望作"义务宣传"。

这一炮打响之后，干祖望名声大振，业务逐渐兴旺起来。几年以后，他成了松江、金山及浦南一带的名医。几十年后重提此事，干祖望只道是"运气好"，碰上了机遇。"由于当时京剧界的泰斗余叔岩患了膀胱癌，《晶报》和《菊报》每天都刊登余老板的病情及医学界大名家为他开的医案或处方，我都烂熟于心，因此就成竹在胸了。"其实，"运气好"是次要的，如果胸无点墨，即使碰上再好的运气，也无济于事。

行医中，干祖望牢记老师的教诲，对待病人，不论贫富，不分亲疏，一概尽心尽力地给予诊治。正因为如此，干祖望在金山、松江两地医界很有声望，几次当选为两地中医协会的会长。

有一段时间，国民政府对中医采取一系列压制政策，引起中医界的强烈反抗。干祖望虽然年轻，却也深知这是关系到中医事业生死存亡的大事。他常常奋笔疾书，写下了许多为中医争地位的文章。与此同时，他还提出中医自身需要发展的观点。例如，1946年，他在《中华医药报》上发表《中医师不得打针与用西药之我见》一文，明确提出："卫生署"关于中医师不得打针与用西药的条文，是对中医的压制；但作为中医师也应该相信自己，大力使用、积极发展中医自己的丸、散、膏、丹。否则，如果中医师不重视、不发展自己之长，就好比身在"佛门"却老是诵念《圣经》一样，最后要葬送中医的。这种观点如今已成为多数人的共识，但在当时确堪称难能可贵的独到见解。

又如，1947 年，他在《中医药周刊》上发表《如何挽救中医外用药之没落》一文，对一些中医师盲目尾随西医、抛弃中医精华的现象痛心疾首。"能辨出雷佛奴尔、代马妥尔的优劣，而竟不知红、黄、升、降药的成分！"他呼吁，要在药物配制方法、规范等方面加强研究。

由于干祖望文字功底扎实，所写杂文、诗词、小品，使读者感觉畅快淋漓，1946 年他竟被松江《茸报》聘为长期特约撰稿人。几年时间，他在此报之副刊"五茸草"上，以"冷来阁"等笔名发表了 1000 多篇小品文。

衷中参西　创立新科

中医很早就有咽喉科，而耳病、鼻病归属在内科、外科等其他专科。1943 年，也就是干祖望开始独立行医的第二年，他看到了一本张崇熙编写的《东亚西医函授学院讲义》。从这本书中，他了解到西医学有"耳鼻咽喉科"，而自己的"专业"只是"中医咽喉外科"，于是，一个梦想从此萦绕心头：要在中国建立"中医耳鼻咽喉科"！可是当时的中国，即使在大城市的西医院也很少设立耳鼻咽喉科，更何况连医院都没有的中医！干祖望的想法一说出口，就引来许多人的讽刺和嘲笑，他们说："一个乡下郎中想变成金凤凰。"但是干祖望就是干祖望，一旦立志就不会轻易改变，哪怕"衣带渐宽终不悔，为伊消得人憔悴"。

1951年，松江第四联合诊所成立了。这是诊所从个体走向集体的第一步。为了成立这个诊所，干祖望和他的同道们做了许多努力。他认为，医学要发展、要进步，死守着个人的家当，死撑着个体的诊所是没有出息的。办诊所、办医院、办专科是历史的潮流。在新诊室挂什么牌子？干祖望想，自己的专长是中医咽喉外科，但是研究耳鼻咽喉科已有多年，何不趁此机会把这个专科办起来！于是，他在诊室的牌子上赫然写上"中医耳鼻咽喉科"！萦绕心头16年的夙愿，终于得以实现。

纪念诊所开业一周年时，全体人员在他的诊室门前合了一次影。这张珍贵的照片，记录下了第一块中医耳鼻咽喉科招牌。

在松江联合诊所的耳鼻咽喉科内，干祖望接触了许多患者。在此之前，他虽然也读了一些耳鼻咽喉科的书籍，但书本和临床实际是不尽相同的。耳聋患者来了，你知道他是中耳炎，还是内耳疾病？鼻塞病人来了，你能辨别他是鼻炎还是鼻窦炎，或者是萎缩性鼻炎？声音嘶哑，从初期的声带水肿发展到后来的声带息肉，不用专门的器械检查，外表是看不出来的。可是干祖望只在书本上看过这些知识，缺乏检查的实践经验。不做专科检查，单凭望、闻、问、切，那就失去了专科的特色，也就不成其为专科了。干祖望不想办徒有虚名的中医耳鼻咽喉科，怎么办？他想到了进修学习。诊所的张所长知道了干祖望的想法，表示支持，但也提醒干祖望：你是一方名医，抛弃了红红火火的业务出去学习，在经济上和"名气"上都要受到很大的损失！干祖望当即表示：鱼与熊掌不可兼得，为了事业，作出些牺牲也在所不惜。

1952年秋，正值不惑之年的干祖望告别了妻儿和行医、生活了多年的松江，来到北京。他选择的进修地点是"中央机关直属第二医院"耳鼻咽喉科。在这里，从戴额镜、执音叉，到写病历、做手术，干祖望都虚心请教，认真练习，力求在短时间内掌握最多的本领。当然，学习西医的同时，他也没有忘记自己的使命——“西为中用”。他把这里的工作分为三类：一是诊断疾病和检验疗效的检查手段，中医耳鼻咽喉科需要应用，所以必须掌握；二是耳鼻咽喉的解剖、生理、病理知识，中医耳鼻咽喉科的理论需要与这些知识结合，所以也要理解，时间不够则先弄通大概；三是手术操作，中医耳鼻咽喉科工作中需要应用其中一部分，但自己西医基础不足，只能择要掌握一二。就这样，一年的进修学习后，干祖望感到自己更为充实了，对开办一个新的、名副其实的中医耳鼻咽喉科充满了信心。

回到松江，干祖望继续在联合诊所里诊治病人，逐步积累了一些耳鼻咽喉科的临床经验。此时，他开始在总结经验的基础上，探索中医耳鼻咽喉科的科学理论。

干祖望开设中医耳鼻咽喉科以后，越来越感觉到中医中药在这一领域很有发展前途。用现代化的检查手段来辨别疾病、识别证候，用中医中药的方法来治疗，这就是建立和发展中医耳鼻咽喉科的基本途径。在确定了这样的指导思想以后，他开始撰写《中医耳鼻咽喉科学》。写这本书，没有蓝本可供参考。干祖望手头的资料，就是中医古籍和几本西医耳鼻咽喉科学的讲义，以及自己的临床医案。

早在公元624年，唐代的太医署就曾设立过“耳目口齿科”，可是由于这个学科诊断和治疗疾病的方法和内科没有什么区别，没有专科特色，所以后来就为“咽喉科”、“咽喉口齿科”所代替了。耳鼻咽喉科的病种则分散在各科之中。如耳鸣、耳聋、眩晕、失音等隶属于内科，鼻疖、鼻息肉、化脓性中耳炎等则属于外科，鹅口疮、乳蛾（扁桃体炎）等属于儿科，有些病如鼻衄、梅核气还属于妇科。清代，因白喉、猩红热等喉科的温病流行，从事喉科的医生相应增多，喉科专著也逐渐出现。可以说，古代医籍中有关中医耳鼻咽喉科的资料是丰富的，但是不成系统，尤其缺少耳鼻咽喉局部临床表现与辨证施治关系的理论。要整理这些理论，不仅要有勇气、智慧和经验，还要付出很多的劳动。

经过许多个不眠之夜，干祖望完成了这本有历史意义的著作。很快，上海的《新中医药》杂志决定连载发表。1956 年 3 月，全国第一部《中医耳鼻咽喉科学》问世了。也许因为那时没有第二个人搞这个专科，所以这本书问世时的影响并不大。25 年以后，全国各地中医院普遍建立中医耳鼻咽喉科的时候，人们才惊讶地发现了这份弥足珍贵的资料！这时，干祖望已经将原著的 10 万字扩充了 6 倍，使之成为内容详尽的专科教科书。

矢志不渝 担纲大任

干祖望说："一名医生既是临床家，又是理论家少有；但我就是理论家，也是临床家。我成名，40% 是临床，60% 是写作。"确实如此。干祖望在踏入医门之初，就在业余写小品文，被松江《茸报》长期聘为特约撰稿人；后又在《新中医药》杂志连载耳鼻咽喉科方面的医学论文，探讨"升"、"降"、"灵"、"膏药"、"水膏药油纸"等外科用药的秘方，解释"走黄"、"乳蛾"等病名，并对《疮疡经验全书》、《银海精微》、《尤氏喉科》等书进行大量的考证等。他还在 1947 年第 21~22 期《中医药周刊》上发表《如何挽救中医外用药之没落》，在 1954 年 2 月的《中医杂志》上发表《中药化学制剂升药介绍》，在同年 11 月的《中医杂志》上发表《祖国宝贵遗产之一的膏药简介》，在 1956 年 8 月的《江苏中医》上发表《介绍白降丹》等文章。

当时蜚声国内外的中医药大师、江苏省卫生厅副厅长、中国科学院学部委员叶橘泉与干祖望从未谋面，素不相识，但他看到干祖望的许多文章及医案觉得十分适用，应发扬光大。而叶橘泉的代表作《整理中国医药须设医院实验说》、《近世内科用药处方集》、《临证实用药物学》等，干祖望也早已拜读。他们观点一致，遥相呼应。1954 年的春天，两人开始书信交往。叶橘泉发现干祖望是个人才，于是向江苏省卫生厅建议，将其调入江苏省中医研究所工作。

1955 年，江苏省医务工作会议在南京召开，叶橘泉驰书松江并附上请柬，邀请干祖望作为特邀代表来宁参加这个盛会。干祖望与神交已久的叶橘泉终于见了面。在短短几天的会议期间，叶橘泉几次约见干祖望。二人共同切磋医道医术，展望江苏中医事业的发展，真可谓人逢知己，相见恨晚。

1956 年，干祖望调入江苏省中医研究所，从此与叶橘泉同寓金陵，谈文论史，讲药言医。1989 年 7 月 10 日，叶橘泉大师仙逝，干祖望面对恩师、同道与朋友的遗容体会到了钟子期谢世后俞伯牙毁琴的滋味。他悲痛欲绝，挥毫写下这样的挽联："神交而识荆而共事四有八年，世上深情时恨短；道德也文章也寿考享九秩三岁，人间亮节孰谓多！"

由于种种原因，省城设立中医耳鼻咽喉科的条件并不成熟。干祖望先是被省中医研究所留下，研究整理中医医史文献，几年以后，又调到江苏省中医院外科，同时兼任南京中医学院的中医喉科学教学工作。

干祖望的性格十分倔强。这使他在事业上不屈不挠。他不会打牌，不会做菜，不逛商店，不消磨时光，只会钻书堆。他八小时以外的娱乐活动很少，所以业余时间都用在读书上。读了多少书，他自己也说不清，但可以看到的是，书房内的书越堆越高。回忆起这段时光，干祖望说："这是我一生中第二度寒窗苦读。我相信孟子之言，'天将降大任于斯人也，必先苦其心志，劳其筋骨，饿其体肤，空乏其身，行拂乱其所为'，从而坚持焚膏继晷，刺股悬梁般苦读。我相信知识总是有用的。"

除了读书，干祖望还做了许多其他的工作。他把自己的临证医案整理了 1000 多篇，认认真真地誊抄，装订成厚厚的一本；把

30部清代的喉科专著细读了一遍，有几本还作了校注；把过去所写的文章重新整理了一遍；此外，还写了许多随笔，酝酿了一些新的理论和观点，为日后的论文、著作“高产”奠定了基础。

1972年，南京中医学院附属医院（当时为江苏新医学院第一附属医院）设立中医耳鼻咽喉科，由干祖望负责。多年夙愿一朝实现，干祖望兴高采烈。他每天早出晚归，在临床工作中投入了极大的热情和精力。对每个前来就诊的患者，他都热情服务。为了建设好这个新的专科，干祖望呕心沥血。他无偿贡献出自己多年研究出来的验方，制成“鼻渊合剂”、“参梅含片”、“止眩冲剂”、“黄柏滴耳液”等中成药；他建立起“嗓音病专科门诊”、“变态反应性鼻炎专病门诊”、“鼻窦炎专病门诊”、“口腔溃疡专科门诊”等小组，使许多难治病种在这个专科收到较好的疗效。

在干祖望的不断努力下，中医耳鼻咽喉科的一个个小组很快发展成为正式的科室，人员也从两人扩展到十多人。因为他们用中医中药诊断、辨证、治疗许多耳鼻咽喉科疾病有特色，有良效，所以在南京、江苏乃至全国都有了较大的影响。在这个专科正式成立12年以后的1984年，卫生部将南京中医学院附属医院耳鼻咽喉科确定为全国重点专科。

1980年，干祖望接受了卫生部下达的任务：办一期全国中医耳鼻咽喉科进修班。时间紧，任务重，师资少，教材缺。对此，他看到的不是困难，而是一个期盼了多年的可以让自己充分发挥才智、有声有色表演的舞台。他每天上午给学员上三小时课，下午在门诊带学员临床实习，晚上备课和编写讲义，硬是靠自己带个学生，把为期半年的进修班办成了。这期间，只穿插了几天的外地、外单位专家讲座，绝大部分课程是他唱的“独角戏”。

由于第一期办班成功，学员反映良好，也因为国家急需大量专科人才，此后的1981年、1984年、1985年、1986年短短几年中，南京中医学院竟接连办了4期全国中医耳鼻咽喉科进修班，为全国各地培养了近100名专科人才。进修班的专业课每次200多课时，大部分是由干祖望主讲。这段时间，按照学校计算工作量的方法，他每年要完成工作量4000小时以上。由于他在教学方面的卓越贡献，1985年9月10日，在中华人民共和国成立以来的首届教师节，他被评为“江苏省优秀教师”。省长亲手给他戴上了一枚金光闪闪的奖章。

20世纪80年代，随着中医事业的发展，全国各地的中医院逐渐成立了耳鼻咽喉科。在解决了专科“后继乏人”的问题以后，还必须解决“后继乏术”的问题。要提高整体的学术水平，就必须开展学术交流活动；要保证经常性的学术活动就必须成立学术组织。对此，干祖望心里十分清楚，所以他一有机会就向有关方面呼吁，要求成立专科学术组织。

1983年，江苏省中医学会成立了中医耳鼻咽喉科专业委员会，干祖望当选为主任委员。1987年，中华全国中医学会成立了耳鼻喉科学会，也是由干祖望担任主任委员。专科学会成立以后，全省乃至全国的中医耳鼻咽喉学科每1~2年举行一次学术活动，在征文、审稿、开会等方面都逐步规范，对提高学术质量起到了重要的作用。

藏书状元　治书“茧斋”

干祖望一生最大的爱好是藏书和读书。他手头只要有点钱就用来买书。他曾写过一副对联：“人因工作瘦，家为买书贫。”这是对他自己的真实写照。

1990年元旦，南京文化界评选“藏书状元”，数百人参加角逐。最后，干祖望荣登榜首。金陵胜地，六朝古都，是人文荟萃之地。干祖望能够夺冠，一是以其藏书之多而取胜，二是以其治书有序而出众。干祖望的书多，难以用数字表达，因为数字常常在变化。干祖望家的房间四壁，从地面到房顶都是书，达1万册左右。其中中医书籍独多，是理所当然；字典辞书也是重点；其余如“四书五经”、佛学道教、天文地理、古史今说、诗文典籍等，范围广泛。干祖望藏书的另一个特色是有序。他将书一一分类，编号40余门，按序排列，用时可信手拈来。他给书分类，一是按印制方法，即把线装书专门放在一组书柜，把现代排印本、影印本放在其他书柜。二是按内容，分为工具书、丛书、医史、医经、本草、方剂、耳鼻咽喉全科书、各家医籍、医案、西医书十个大类。干祖望收藏的线装书中，有许多是珍本、善本，单清代喉科专著就有33种。其中《尤氏喉科》、《喉科指掌》、《喉科紫珍集》、《重楼玉钥》、《古事比》、《尚有录》等书，都是国内现存很少的珍本。此外，还有影印本的《医学入门》、《河间六书》、《东垣十书》、《陈修园医书全集》等。

干祖望把自己的书房命名为“茧斋”，一是形容书房小得如蚕茧一般，二是说书房四周都是书，如同茧壳，自己在书房中读书、著书，如同蚕在吐丝做茧一样。他自题曰：“我事涂鸦你吐丝，两般姿态一般痴；年年自缚琅嬛里，乐叹庐陵太守知。”足见他对书的感情之深。

干祖望为了收藏，每周要去一次书摊、书店。到了八九十岁时，则每月一次。如今他已是近百岁的老人，一年还要去两三次。每到一个地方出差，他总是挤出时间去书店转一下。他逛书店，一是看书，二是买书。有一次，他看到一本好书，可身上没有钱，回家取钱，又怕这本书被别人买走，于是毫不犹豫地把自己心爱的“西姆”牌手表押上，回去取钱买了这本书。他因为买书也曾引起不少家庭“内战”。干祖望的妻子没有工作，三个子女还要读书。全家五口人的生活全靠他的薪水维持，本来生活就比较拮据，可他买书又要花不少钱。妻子曾给他“约法三章”，每月给他两元钱，后来增加到10元、20元，而干祖望一分钱也没有花在其他方面，全都花在买书上了。

干祖望有一个习惯，说来令人难以置信——每当伤风感冒、身体不适时，他就上街走走，逛逛书店，出一身汗，病就好了。有一次重感冒，他照常上街，在发热较高、头晕眼花、差点迷失方向的情况下，仍然找到书店，买了50元钱的书回来！说他“嗜书如命”，真是一点儿也不为过。

从干祖望的成才之路来看，勤于读书、善于读书是他成为博学大家的重要前提。他说，医师向有“家传医”和“儒医”之分，现代医生多出自科班，应是“儒医”，其知识来源、知识更新均依赖于勤读书，善读书。

干祖望读书重视“博”、“选”、“思”三字。

一、读书首重“博”

干祖望常说，为医不读书，临证难免陷入捉襟见肘的窘境。博学才能多识。读中医书，不可局限于医书，有许多医学知识散在于文学、历史、地理等各种书籍中，因为古代文人中有许多通晓医道者。读书犹如采蜜，能穿梭于百花丛中者则收获愈丰。有些书籍，虽名不见经传，亦有采撷价值。像儒、释、道三教杂著，浏览一番，不无益处。自古以来，中医不断吸收多种学科的营养。例如，淋巴结肿大之“臖”字，出于《玉篇》；喉疾声嘶而声带休息之护理，最早见于《汉书·昌邑贺王传》；“五轮”一词，从《楞严尊经》（佛教书）引进；“水失金生”一语，为《医道还原》（道教书）阐明。《进学解》说“玉札丹砂，赤箭青芝，牛溲马勃，败鼓之皮，俱收并蓄，待用无遗者，医师之良也”，是很有道理的。《儒门事亲》邵辅中亦说：“医家奥旨，非儒不能明。”

二、读书难在“选”

藏书万卷，是为阅读。然而医书之多，足以汗牛充栋，人生之短，又似白驹过隙，即使是昼夜伏案，也不能尽览。清代的张文襄（之洞）说："读书宜有门径。泛滥无归，终无所得；得门而入，事半功倍。"这方面，干祖望亦有一套经验。他认为，若论储存信息，人脑不如书柜，更不如电脑。而选择阅读、消化吸收，则是人脑的长处。人读书的目的应该是消化吸收，要达到这个目的，必须在阅读时有所选择。没有选择，那就失去了人脑的一个重要功能。

学识的广博和专一是相辅相成的。干祖望博览群书，目的是发掘和整理医学的珍宝，提高医学水平。他经常从大量的百科书籍及报纸、杂志、广播、电视等媒介中采集各种信息，遇到有价值的内容，就取一纸片记录下来，夹到某一类书中。例如，他翻阅佛教书，发现古天竺吠陀"净身"学说与金元名医张从正"汗吐下"学说有密切联系，就继续选择了一些书籍做深入研究，从而论证了这一古代的"中西医结合"理论。又如，他从《山海经》中找出了许多五官科药物的记载，在《苏沈良方》中发现了治疗鼻衄的方法，在《梦溪笔谈》中找到了古代"人工喉"的记载，等等。至于取用百家之说，对某一学术问题进行旁征博引则更是屡见不鲜。

三、读书贵在"思"

干祖望认为，学习中医理论，要粗浅读通并不难，但是要精通某些深奥的精微理论，则需要认真思考。不加思考、食而不化的读书方法，古人称"死读书、读死书、读书死"，诚非虚语。"头悬梁，锥刺股"，其苦读精神可敬可佩，但倘泥古不化，纵有满腹经纶也是教条主义，于医学事业无益也。

他认为，学习中医有一个懂→通→精→化→神的过程。普通的中医工作者对中医理论应该做到"懂"、"通"，争取达到"精"。高层次的人员应该在此基础上提高一步，达到"化"和"神"的境界。所谓“化”，即化生，造化。艺术达到精妙之境为“化境”。所谓“神”，乃变化之极，妙万物而为言，不可形诘者也。要达到神通广大、变化多端的境界，除了具备聪明的头脑以外，知识积累和勤奋思考是必不可少的。

读书还要有追根寻底的精神。善于观察事物，去粗取精，去伪存真，是科学分析事物的方法。干祖望读书，不主张钻牛角尖，但对有些东西也常常花很多工夫追究其所以然。例如，金代刘完素在《素问病机气宜保命集》中提到“耳聋治肺”，这是一种十分独特的观点。按照常理，肾开窍于耳，耳聋应责之于肾，所以刘氏理论不为一般人所理解。干祖望研究发现，刘氏理论是从《难经·四十难》中“肺主声”的观点引申而来的。到清代，王孟英在《温热经纬》中提出：“肺经之结穴在耳中，名曰笼葱，专主乎听。”结合临床实践，类似咽鼓管急性阻塞或卡他性中耳炎所致的耳聋，往往伴有鼻塞、流涕、咳嗽等肺经症状，可以用三拗汤之类方药疏风宣肺通窍，取得良好效果。

崇尚《内经》 提倡创新

《内经》是中医理论的基础，其中的理论经过两千多年的实践检验，证明核心是正确的。现在的中医临床只有在这些正确理论的指导下进行，才能获得成功。但是仅仅局限于古人的水平显然是不行的，还要在善于撷古的基础上勇于创新。自古以来，名医与普通医生的区别就在于临床上有自己的独特见解和经验。干祖望不是个普通医生，他在通读百家的基础上，常能“独具只眼”，引申发挥出不同的观点。

一、专科着眼看“天人相应”

干祖望十分重视《内经》的整体观念，包括其中“天人相应”的理论。《灵枢·邪客》指出：“天圆地方，人头圆足方以应之。天有日月，人有两目。地有九州，人有九窍。天有风雨，人有喜怒。天有雷电，人有音声。天有四时，人有四肢。天有五音，人有五脏。天有六律，人有六腑。天有十日，人有十指……天有昼夜，人有卧起。”《素问·阴阳应象大论》说：“天有四时五行，以生、长、收、藏，以生寒、暑、湿、燥、风。人有五脏化五气，以生喜、怒、悲、忧、恐。故喜怒伤气，寒暑伤形。”干祖望认为，这些理论以取类比象的方法论述自然界与人的关系，不能说十全十美，但形象地揭示了人的生老病死与自然界有密切关系这一道理，对临床很有指导意义。

人之五官在解剖上与外界相通，更易受外界气候的影响。例如，冬天气寒风冷，鼻炎、鼻窦炎患者中属肾阳不足者病情多加重，这时用药可多加附子、肉桂、干姜、细辛之类；夏天暑迫湿蒸，脾虚气弱者往往见舌苔厚腻，耳窍、鼻腔分泌物秽浊，这时用药宜选藿香、佩兰、荷叶之类；春暖花开，是过敏性鼻炎的好发季节；金秋燥令，常为萎缩性鼻炎、咽喉炎的活动期。这些都说明，掌握“天人相应”的知识是十分重要的。

二、功夫尽在经文之外

孟子曾谓：“尽信书不如无书。”此语有读书必须独立思考之意，也包含读书应有所发挥之旨。干祖望熟谙《内经》，更善于发挥经义。

《素问·宣明五气》篇说：“五气所病……肾为欠为嚏。”干祖望据此而悟出了温阳补肾治疗过敏性鼻炎的方法。他认为，肾阳乃卫阳之根，肾阳不足，则脾肺失其温煦，卫气生化之源不足，宣发之职失司，以致清窍不温，阴霾笼罩，而喷嚏频频、清涕无制、鼻膜苍白等症俱见。用金匮肾气丸治之，俾肾阳充沛，脾肺得温，卫阳宣发而诸症得已。

又如《素问·阴阳类论》指出："喉咽干燥，病在土脾。"干祖望将此理论加以发挥，提出了用补中益气汤、参苓白术散等益气升阳、健脾利湿的方药，治疗某些慢性咽炎、慢性喉炎，收到很好的效果。

干祖望还曾编撰《仿内经》，其中论述喉之生理说："喉有五属：无形之气者，心为音声之主，肺为音声之门，脾为音声之本，肾为音声之根。有形之质者，声带属肝，得肺气之鼓舞而能震颤；室带属脾，得气血之濡养而能活跃；会厌、披裂属于阳明；环杓关节隶乎肝肾。""音调属足厥阴，凭高低以衡肝气之刚怯；音量属手太阴，别大小以权肺之强弱；音色属足少阴，察润枯以测肾之盛衰；音域属足太阴，析宽窄以蠡脾之盈亏。肝刚、肺强、肾盛、脾盈，则丹田之气沛然而金鸣高亢矣。"证之于临床，这些观点很有指导意义。

标新立异　敢为人先

干祖望提倡学术争鸣。他对中医的理论有着深刻的理解，笃信这些理论是科学的。他还认为，科学的理论是需要不断发展的，发展离不开学术的研讨。因此他提出许多不寻常的理论和观点。

一、"五诊"学说

望、闻、问、切四诊，是中医诊治疾病的手段。中医耳鼻咽喉科的特点之一就是需要对耳鼻咽喉口腔作详细检查，采集局部表现，然后以此为据，审证求因，作出有特异性的治疗。因此，专门的检查手段是不可缺少的。例如，外耳道、听力、鼓膜、前庭功能检查以及鼻腔、咽部、喉部及口腔的各项专门检查，还包括一些实验室的理化检查，等等，干祖望把这些专门检查称为"查诊"，与望、闻、问、切并列为"五诊"。

有人认为，观察鼓膜、声带都只是借助工具的望诊，不必另列“查诊”一项。干祖望认为，这种说法看似有理，其实并不正确。现代器械设备的检查，有许多并非是医生“望”所能及、“闻”所能知的。例如听力计检查、前庭功能检查等都超出了四诊范畴。因此，强调查诊对中医耳鼻咽喉科的临床和学科发展都是必要的。

查诊有利于辨病诊断，固无疑义，对辨证施治的价值如何？干祖望认为，很有价值。举喉炎为例，历代医家往往以“金实不鸣”、“金破不鸣”来概括声音嘶哑的病机。今有查诊，喉镜犀烛，窥见诸如声带小结、声带息肉之类，很多不属肺实肺虚之证，却可以消痰化瘀法获效。还有一些鼻咽癌、喉癌等患者，若无查诊，也不能早期发现，而坐失治疗良机。如此种种，不一而已。

当然，只凭查诊来辨证、辨病也是不正确的。干祖望强调，应该“望、闻、问、切、查”五诊合参。

二、“十纲”学说

八纲是指阴、阳、表、里、寒、热、虚、实八类证候。八纲作为辨证纲领，是以表里分病变部位，以寒热别病理性质，以虚实说明病变过程中正邪双方力量对比情况，再把表、热、实归入阳证，里、虚、寒列为阴证。

干祖望从多年临床实践中体会到，八纲学说并不完善。首先，阴阳二纲既是八纲中的总纲，则不应与其他六纲并列，否则形同虚设，也不符合逻辑。其次，在辨证时明确标本和体用十分重要，故他提出“十纲”的学说，即表、里、寒、热、虚、实、标、本、体、用（阴阳为总纲）。

标、本在中医学中含义很广泛，有代表主次、本末、轻重、缓急等多种意义。治病须分标本，这是早在《内经》中就明确了的。除了《素问·标本病传论》和《灵枢·病本》是专论标本的篇章外，还有许多论述散见于各篇。这些论述对临床辨证施治很有指导意义。例如《素问·标本病传论》说："大小不利治其标，大小利治其本"，体现了"急则治标，缓则治本"的思想，是在复杂证情中掌握主次先后的准则之一。

体、用属哲学范畴，指本体和作用。这里作为辨证纲领，是取其人体器官和功能的意思。本体器官是功能产生的基础，功能作用是生命器官活动的表现。两者既相互对立，又相互依存，即如《素问·六微旨大论》所说："器者，生化之宇，器散则分之，生化息矣。"一般而言，器质病变和功能病变是不可绝对分开的。但是人体各部位的疾病，又有轻重的不同，因此就分别以"功能性疾病"和"器质性疾病"来表示人体器官量变和质变的不同。器质性病变即"体病"证候，功能性病变即"用病"证候，这就是体、用两纲的含义。在耳鼻咽喉科，辨别体、用具有重要的临床意义。例如，声音嘶哑，如果只是过用性疲劳，或是短期的声带充血和水肿，属于"用"的病证；癔病性失音，也属于"用"的病证。在这些情况下，内服中药是较佳方案。如果检查发现有声带息肉之类有形的赘生物，则属于"体"的病证，一般手术摘除的效果优于服药。当然，查出属"体"的病证，不一定依赖手术，如基底广泛的声带息肉、声带肥厚、室带肥厚、慢性肥厚性鼻炎、鼻息肉等，坚持中药治疗，也能奏效，只是疗程较长。

巧读《伤寒》 活用经方

《伤寒论》和《金匮要略》是东汉张仲景的巨著。其中所载300多首方剂，被后世医家奉为"经方"。这些方剂如何应用于治疗耳鼻咽喉科的疾病，原书所载不多。干祖望对此进行了悉心研究，归纳总结出耳鼻咽喉科常用的经方30余首。

桂枝汤、真武汤治疗过敏性鼻炎。过敏性鼻炎见鼻黏膜苍白，鼻涕清稀量多，遇寒而发作或加重。轻症属肺气虚寒，卫表不固，可用桂枝汤调营卫、温经脉而宣通鼻窍；兼见畏寒肢冷，小便清长，为重症，属脾肾阳虚，可用真武汤温脾肾、除寒水而止嚏敛涕。

小建中汤治疗慢性鼻炎。慢性鼻炎鼻涕量多、鼻甲肿大，而充血不明显。病程较长，大便溏薄者，属脾气虚弱，可用小建中汤，或加黄芪，而为黄芪建中汤。

葛根黄芩黄连汤治疗鼻前庭炎。鼻前庭炎病在鼻前庭皮肤，有时迁延不愈，利用葛根芩连汤疏风清热、表里同治，可获良效。

白虎汤、白虎加人参汤治疗鼻出血及急性咽炎。鼻在头面，诸多阳经会聚于此，尤其是足阳明胃经，夹于鼻之两侧。阳明为多气多血之经，阳明经热盛，常发为鼻衄。鼻出血势急量多，色红而艳者，可用白虎汤治疗；若因出血较多而兼有气血不足之证，可用白虎加人参汤。急性咽炎邪热传里，见咽部疼痛，口中有臭气，干渴喜饮，咽部黏膜弥漫性充血，色泽红艳，脉洪大而实，是阳明热证，可用白虎汤；脉洪大而软，兼有虚证，用白虎加人参汤。

甘草干姜汤治疗寒证失音。天气暴冷，淋雨吹风，常易导致寒邪侵肺，肺气失宣而声音嘶哑。声带水肿而不充血，舌苔薄白，脉浮紧者，用甘草干姜汤温中祛寒，往往有良好效果。

麻黄杏仁石膏甘草汤治疗急性喉炎。急性喉炎由于风热犯肺者较多，见声音嘶哑，咽喉疼痛、微干，声带轻度充血，舌边尖红，苔薄白或微黄。此属风热在表，兼有肺热，可用麻黄杏仁石膏甘草汤以疏风宣肺清热。

此外，干祖望还用理中汤及竹叶石膏汤治疗复发性口疮，泽泻汤治疗梅尼埃病（美尼尔病），五苓散、防己黄芪汤治疗非化脓性中耳炎，黄土汤治疗鼻出血，猪肤汤治疗慢性咽炎，甘草小麦大枣汤治疗梅核气及幻嗅、幻听、癔病性失音，桂枝茯苓丸治疗声带息肉，百合地黄汤治疗干燥性鼻炎、咽炎，独参汤、四逆汤治疗鼻腔大出血，甘草泻心汤治疗白塞综合征，等等，都收到了良好的效果。

私淑东垣 重视脾胃

中医学认为，五官的归经属脏不同，例如肾开窍于耳，肺开窍于鼻，心开窍于舌等。但这些器官都位于人体头面部，属于“空清之窍”，有赖于人体清阳之气上升而营养，才能保持正常功能，这就是《素问·阴阳应象大论》所说的“清阳出上窍”。脾胃为气血生化之源，脾主升，胃主降。清阳上升，浊阴下降，均依赖脾胃之运化功能。有学生问干祖望：“您觉得您的学术思想中吸取古代医家最多的是哪位？”干祖望笑而不语，在黑板上写下四个大字：“私淑东垣”。

金代医家李东垣，是脾胃学说大家。他提出：“饮食入胃，先行阳道，而阳气升浮也。浮者，阳气散满皮毛，升者，充塞头顶，则九窍通利也”；“脾胃内伤，百病由生。”干祖望认为，李东垣的脾胃学说对耳鼻咽喉科临床很有指导意义，如健脾补土、益气升阳之法是耳鼻咽喉科的重要治疗法则。临床上对于脾气虚弱，稍一劳累即发作或加重的耳鼻咽喉科疾病，若病变局部肿胀、色淡，分泌物清稀，伴有面色白、头晕、语声无力、食少、大便溏薄、肢倦乏力、舌质淡胖、脉细弱等，即可采用补益脾胃法，以补中益气汤或四君子汤、六君子汤为主。

例如有一位男性教师，58岁，患慢性咽炎多年，咽部干涩、隐痛而不思饮，喉间常有黏痰而不易咯出，整日频频清嗓，早晨口中有甜味及黏腻感，食欲不振。若多劳累，则症状加重。曾服养阴清热中药，未有疗效。干祖望检查病人，见其咽黏膜虽然有充血，但仅仅是小血管扩张，并不红艳。黏膜干燥，咽后壁淋巴滤泡增生，舌淡，苔薄白，脉细弱。辨证为脾气不足，清阳不升。

处方：党参10g，白术、陈皮、半夏各6g，山药、黄芪、葛根各10g。服药5剂后，咽干、口黏都明显减轻，原方再服10剂，症状基本消失。

干祖望说，慢性咽炎在中医称为“虚火喉痹”，一般医生都认为是阴虚火旺，不敢用温燥的健脾益气方药来治疗。实际上，此病属于脾气虚弱证的很多。脾气虚弱，清阳不升，津液不得“上归于肺”，从而不得运行到全身，咽喉自然也就失于滋润，出现干燥、疼痛等症状了。这时，如果因患者咽喉干燥而用养阴凉药，无疑是雪上加霜，令患者脾气更虚，病情加重。所以，应当用六君子汤补气，加黄芪、葛根升清阳。脾气得充，津液上承，咽喉诸症便可得以缓解。该患者咽喉有痰，故方中用了半夏、陈皮。

东垣心法有三个特点：一是善用益气升阳法；二是用药轻灵，以量小取胜；三是遣方所用药味较多，如“韩信带兵，多多益善”。干祖望私淑东垣，独取前两条，常用健脾益气、升发清阳的方法治疗各种脾胃虚弱、清阳不升所致的耳鼻咽喉疾患。其处方不仅用药分量较轻，用药的味数也不多，一般为10g或10g以下，升麻、柴胡则常用3~5g。干祖望制方，药物一般在8~10味左右，有时只用3~5味。他的观点是：第一，耳鼻咽喉科疾病大多证候比较单一，全身性的、多脏腑的损伤较少，所以不必用太多的药。第二,一个方子的药味数量多，固然可以使其适应证广泛一些，但是用药多了，既耗费药材资源，又往往使方子失去“药专力宏”的作用。

例如他创制的一个经验方“升清流气饮”，用于治疗咽鼓管阻塞、气压变化而致航空性中耳炎。

药物组成为：升麻3g，柴胡3g，黄芪10g，青皮6g，木香3g，乌药6g，川芎3g，蔓荆子6g，菖蒲3g。此方是根据《疮疡经验全书》中20首“流气饮”，结合航空性中耳炎气闭、气滞的特点化裁而成，也是干祖望运用益气升阳法的一个代表方剂。

干祖望认为，许多表现为耳闭、鼻塞、咽喉肿痛的疾病，多数因“浊邪”阻滞了清窍。其机理是清阳不升、清窍失养而致气血不行，阻滞不通。《素问·四气调神大论》所说的“邪害空窍”就是这个道理。对此，健脾益气、升阳通窍的方法能够奏效，可用升发清阳药物加通窍活血汤。

一位女性工人，23岁，患鼻渊（鼻窦炎）十多年，每受风寒加重，鼻涕量多，眉心作胀，偶有痛感，波及头脑，四肢乏力。检查其鼻腔，发现鼻黏膜轻微充血，两下鼻甲肥大，表面不光滑，中鼻道有黏液性分泌物，舌苔薄白，脉微涩。干祖望认为，这是由于清阳不升，浊阴不降，肺气不能宣通鼻窍，久则血脉瘀滞，故鼻塞不通。治疗应采用升清通窍法。

处方为：升麻4g，葛根10g，辛夷、白芷、薄荷（后下）各6g，苍耳子、桃仁、红花、当归尾各10g，菖蒲3g。患者服药5剂以后，鼻塞缓解，鼻涕减少，头额不痛。再取升清益气方剂，调治半月而愈。

为什么能有这样的疗效？干祖望说：“虽然肺开窍于鼻，但是因为鼻位于颜面中央，与脾土相对应。鼻渊之证，初起以风邪侵袭肺经为多，久则往往子盗母气（五行学说中有土生金的理论，脾属土为母，肺属金为子），病邪延及脾经。脾虚清阳不升，则清窍为浊阴盘踞。《医林绳墨》云：‘鼻者肺之窍，喜清而恶浊也。盖浊气出于下，清气升于上，然而清浊不分，则窍隙有闭塞者焉。’此案之所以收效迅速，功归于升清之品能引通窍活血诸药上行，直达病所之故。”

对于耳鼻咽喉的疾病，益气升阳的方药能激发清阳之气上升，而宣通闭塞之窍，尤其是升麻、柴胡、葛根三味升提之品的配合应用，使升清作用十分有力。干祖望称其具有“冲击”作用，能大大加强行气活血方药的通窍功能。

发挥河间 妙用八卦

金代的刘完素，人称刘河间，曾根据《难经·四十难》中“肺主声”、“心主嗅”的理论，提出了“耳聋治肺”、“鼻塞治心”的观点。按理说，耳为肾之窍，鼻为肺之窍，耳聋理应责之于肾，鼻塞理应责之于肺。因此，刘河间的理论不为一般人所理解，加上他未说明治肺、治心当用何方剂，所以数百年来几乎无人采用这些方法。

干祖望在治疗耳病的时候发现，耳聋在中医和西医都是一个较大的范畴，最简单的分类是分为传导性耳聋和感音神经性耳聋，前者在临床上表现为肾和肝胆系证候的并不多。相当数量的咽鼓管急性阻塞、非化脓性中耳炎所致耳聋，往往伴有鼻塞、流涕、咳嗽等肺经证候。对此，用三拗汤之类方药疏风宣肺通窍，能取得良好的效果，正符合“耳聋治肺”。

又如慢性肥厚性鼻炎，一般的宣肺通窍药物不能奏效。根据患者鼻塞持久，鼻甲肥大、色紫红或暗红、表面不光滑、触之较硬，而且缺少弹性、对麻黄素不敏感等情况，辨证属于瘀血阻滞。根据“心主血脉”的理论，采用活络效灵丹之类能入心经的活血化瘀方药治疗，大多能获效。这正是“鼻塞治心”的道理。

这些创新方法，很快被全国各地的同行所接受和采用。连续好几年，在有关的中医刊物和学术会议上，“耳聋治肺”、“鼻塞治心”都成为热门话题。

心、肾、肝、肺四脏分别与八卦的离、坎、震、兑相对应。干祖望认为，这四脏的特性是：肝阳易亢，肺阴易虚，心火易旺，肾水易亏。临床上凡是见此四脏虚实夹杂的证候，在辨明主次的基础上清泻心火、滋补肾水、平肝潜阳、清热润肺，即泻离、填坎、伐震、润兑四种治法，是脏腑补泻的常法。掌握这个原则，有助于提纲挈领，达到事半功倍的效果。四法既可单施，又可合用，需视辨证而定。此四者未涉及脾，因脾属坤，居中，为万物之母，旺于四季，在运用四法时，均应兼顾脾胃之气。

《难经·七十五难》提出："东方实，西方虚，泻南方，补北方。"这是指采用泻心补肾法治疗肝实肺虚证。干祖望脱此窠臼，常用泻心补肾法治疗心火旺盛、肾阴不足、心肾不交而致耳鸣、耳聋等症。泻离，用黄连、黄芩及导赤散；填坎，用生熟地、玄参、麦冬等。泻离填坎的代表方是《辨证录·耳痛门》的两归汤，此方原由黄连、酸枣仁、熟地、丹参、麦冬、茯神六味药组成。干祖望常加上灯心草、竹叶、木通，仿导赤散之意，助黄连清心泻离；又加入菟丝子、覆盆子，助熟地滋肾填坎。

一名学生，21岁，右耳鸣响，如闻蝉噪，或似水沸声，朝轻暮重。头晕乏力，难寐心烦，口干咽燥，不欲多饮，大便偏干，舌红少苔，脉细弦。抱恙二稔，曾多方求治而未效。检查见右耳鼓膜轻度内陷，音叉试验：两耳气、骨导均无明显下降。干祖望认为，这是由于肾水不足，阴阳失调，清窍失于滋养，心火偏旺，循经上扰而致。治当泻离填坎。

处方：黄连1.5g，木通3g，辰灯心3扎，酸枣仁、熟地、麦冬、丹参、茯神、菟丝子、覆盆子各10g。服药5剂，患者耳鸣明显减轻，夜寐已安，鼓膜正常。原方续进5剂，诸症皆愈。

有人问：此患者弱冠之年，何以责之肾虚？干祖望说："此患者虽年轻，但其耳鸣朝轻暮重，心烦难寐，属阴虚火旺表现；头晕乏力，显然是虚证。《内经》说'肾开窍于耳'，《济生方》说'心寄窍于耳'，故从心肾二经论治而获效。"

伐震润兑，即清肝润肺的方法。伐震，主选羚羊角、钩藤、白蒺藜；润兑，常用百合、桑皮、柿霜。伐震和润兑法合用的代表方是羚羊清肺汤。肺金与肝木，正常情况下应该是金克木的关系。若肝木气盛，郁而化火，则有木火刑金的病理变化。临床常见的鼻出血，往往因这种病理变化而致，治疗应采用清肝为主、兼以润肺的方法。

一位男性工人，26 岁，因鼻衄时作时休 5 年而就诊。患者近半月来鼻衄发作频繁，常因咳嗽、喷嚏，鼻部稍受震动即衄血不止。头痛额胀，两目微红，口中干苦，性情急躁，舌红，苔薄黄，脉弦。干祖望为之检查，见鼻黏膜充血，鼻中隔左侧立特尔区糜烂，辨证为木火刑金，迫血妄行。

处方：羚羊角粉（另吞）1g，山栀、白芍、黄芩、桑皮、地骨皮、百合、麦冬、白茅根各 10g，藕节 3 个。每日 1 剂。外用黄连油膏涂搽鼻黏膜，每日 3 次。

5 天后复诊：患者诉鼻衄未发，头痛缓解。

干祖望说：鼻为肺窍，鼻衄多责之肺经火旺，阳络受损，然火之来又常因肝阳上亢，所以古人有“见血休止血”之训。羚羊清肺汤出自《外科正宗》，原方的药物较多，不外平肝潜阳、清肺养阴。这里删繁就简，择力专效宏之品，直达病所。羚羊角粉的清肝力量很强，但应中病即止；白芍、山栀、黄芩是凉肝清火的辅助药；桑皮、地骨皮则仿泻白散意，配伍百合、麦冬济兑润肺；白茅根、藕节凉血止血。诸药合用，使上亢之肝阳下潜，蕴结之肺热泄解，苦寒而不伤阴，滋润而不腻胃，故收效速捷。

鼻衄四时　咽炎三法

干祖望治疗鼻衄和慢性咽炎都有独到的经验。他认为，治疗鼻衄，中医中药具有长处。一般而言，鼻衄的辨证，发病急者多为实火；病程长者，黏膜红者，多为阴虚；黏膜淡者，多为气虚。这些原则与中医各科无二致。但是，鼻为气体呼吸出入之门户，与自然界气候变化的关系最为密切。春季之风、夏季之暑、秋季之燥、冬季之寒，均对鼻衄患者的病情有较大的影响。因此，治疗时必须区别对待。

春季配以疏风。春季为风邪当令，尤其在立春、惊蛰、春分等节气时，风邪侵犯而使鼻衄发病者增多，或者加重。此时治疗鼻衄，在辨证用药的同时，可以配合疏风宣肺，选用荆芥、防风之类药物。

夏季配以解暑。夏季气候炎热，暑湿夹杂，鼻衄患者发病较少，但若有发病，则常常有口渴、心烦、头晕、头重等症状。此时宜在治疗鼻衄的方中加入藿香、佩兰、荷叶等清暑化湿之品。

秋季配以润燥。秋天气候干燥，鼻腔黏膜亦易干燥、破裂、出血，止血必须配合润燥。燥邪有温、凉之分。胃火、肝火、肺热及阴虚火旺导致鼻衄者多兼有温燥，可配伍桑杏汤，常用药如桑皮、杏仁、天花粉、芦根等；脾虚、肾虚而气不摄血导致鼻衄者多兼有凉燥，可配伍清燥救肺汤，常用药如桑叶、阿胶、胡麻仁、枇杷叶等。

冬季配以化瘀。冬季天寒，血遇寒则涩，鼻衄患者之血脉易有瘀血停留，治疗当兼活血化瘀。如患者有热象，可用凉血活血方药，常用药如丹皮、赤芍、茜草等；有虚寒之象者，宜选温经通脉方药，常用药如当归、红花、蒲黄等。

慢性咽炎是一种“不起眼”的“小”病，同时又是发病率很高、对人民健康危害较大的疾病。慢性咽炎的病程长，许多中西药物的疗效都不理想。又由于患者的抵抗力下降，常常容易罹患感冒及其他疾病。干祖望选择这一疾病作为重点研究对象。他经过长期的临床实践，摸索出被称为“咽炎约法三章”的系列治疗方法，即轻清轻养、滋补肾阴和健脾益气。

第一，轻清轻养

慢性咽炎最常见的证候是肺胃阴虚，兼感风热。此时，养阴药滋腻，容易敛邪，清热药苦寒，可能伤阴，治疗颇为棘手。针对这种情况，干祖望采用了轻清轻养法。轻清选用桑叶、桑皮及五味消毒饮中的银花、紫花地丁、蒲公英等；轻养用沙参、麦冬、石斛、芦根等滋养肺胃之阴、有清热作用的药物。咽痛较甚者，加连翘、竹叶、薄荷；大便秘结者，加全瓜蒌、当归；痰多者，加天竺黄、川贝母。

第二，滋补肾阴

治疗咽喉疾病，干祖望有句名言："急治风热痰，慢补肺肾衰。"意思是治疗急性咽喉疾病主要用疏风、清热、化痰之法；对于慢性咽喉疾病，则重在补益肺肾。

慢性咽炎见肺肾阴虚证候者较多。患者常得病已久，咽喉干燥，黏膜充血暗红，舌红少苔，脉细数。治疗此证，干祖望大多采用六味地黄丸或知柏地黄丸，常用药如生地（或熟地）、山药、山茱萸、丹皮、茯苓、泽泻、知母、黄柏等。咽干较甚者，加天花粉、乌梅；黏膜萎缩者，加龟板、鳖甲；少寐多梦者，加酸枣仁、柏子仁。

第三，健脾益气

干祖望私淑东垣，临床常用健脾益气法治疗慢性咽炎。咽喉疾病的最常见症状是干燥疼痛。咽喉的多种炎症往往火热证候较多，所以一般宜用清凉药物，忌用温燥，故自古就有"二术（苍、白术）不入喉科"之说。干祖望认为，这一观点是片面的。对于一些脾虚气弱、运化失司、津液不能上承而致咽喉干燥者，用苍术、白术等略带温燥之性的药物，恰恰能起到燥湿健脾的作用。俾脾气运化功能健旺，则津液能上输而濡养咽喉，咽喉干燥自除。这也可以说是"以燥治燥"。《本草求真》说白术"能缓脾生津"也就是这个意思。干祖望用健脾益气法治疗慢性咽炎，常用参苓白术散，常用药如太子参、白术、茯苓、白扁豆、薏苡仁、陈皮、桔梗、甘草等。

值得注意的是，这毕竟是用温燥的药物来治疗咽喉干燥病症，所以辨证是十分重要的，临床需抓住病程较长、黏膜不充血、颜色偏淡这些特点。如果不属于脾气虚弱，用了补气药会因为“气有余便是火”，使慢性咽炎加重。临床常见一些患者，气虚的同时又兼有阴虚证候，表现为咽部黏膜轻度充血，分泌物质稀而量不多，舌苔薄而舌体胖。对此类患者，干祖望常采用气阴双补法。益气用太子参、白扁豆、山药等补而不燥之品；养阴选用沙参、麦冬、石斛、芦根等滋而不腻之药。

此外，慢性咽炎的临床表现多种多样，气虚、阴虚、风邪、痰热等常互相兼夹，在治疗时还必须分辨主次，灵活处方用药。

干氏疗法　干氏病名

从干祖望的第一部《中医耳鼻咽喉科学》到1999年出版的《干氏耳鼻咽喉口腔科学》，干祖望最早提出并且完善了活血化瘀法治疗声带小结和声带息肉，被称为“干氏疗法”；他还最早提出了“多涕症”和“喉源性咳嗽”的概念，被称为“干氏病名”。

喉属肺所主，肺又属金，所以清代《张氏医通》提出“金实不鸣、金破不鸣”为声音嘶哑的病因病机之后，200年来一直沿用至今。干祖望认为，现代中医利用喉镜检查可以看到声带息肉、声带小结等病变，但不能用肺实肺虚来解释。相反，用活血化瘀、化痰散结的方法治疗这些病变能取得较好的疗效。因此，我们不能局限于古人的观点，而应当有所发展。

一、治疗声带小结

声带小结的临床表现为声音嘶哑，患者多言之后更为明显。声带检查可见两侧声带边缘的前、中1/3处有对称性的隆起。声带多为灰白色。干祖望认为，这是“多言损气，气损则滞，滞则生痰，久则痰由无形而终至有形有质”。治疗宜以化痰散结为主，兼以活血化瘀。

他有一个经验方，药物组成为：昆布10g，海藻10g，瓦楞子30g，枳壳6g，天竺黄6g，射干3g，桔梗6g，甘草3g。

方中海藻与甘草属“十八反”之一，但《金匮要略》即有两药同用的先例。此方在临床应用多年均收到较好的疗效，且并未发现明显的毒副作用。小结成形，呈僵硬状者，加三棱、莪术各6g；气虚者，加黄芪10g，白术6g；痰多者，加川贝母粉（冲服）3g。

二、治疗声带息肉

声带息肉患者的声音嘶哑程度一般较甚。检查可见，一侧或两侧声带表面有赘生物，呈灰白色水肿样，半透明，有时为红色或紫红色或粉红色。干祖望认为，声带息肉多因脾虚生湿、痰浊凝滞而成，治疗当健脾化痰，利湿去浊，用六君子汤合三子养亲汤加减。

常用太子参12g，白术6g，茯苓10g，陈皮6g，制半夏6g，苏子10g，白芥子10g，山楂10g。

对方中山楂一味，干祖望似乎“情有独钟”。他认为，此药有“消磨各种息肉的作用”，故为必选之药物。

在干祖望著的《干氏耳鼻咽喉口腔科学》里，有两个特殊的病名——多涕症和喉源性咳嗽。这两个病种的命名是由干祖望首先提出来的。

多涕症常见于儿童和体弱的老人，临床表现为鼻涕量多无制，擤之难尽。在小儿，鼻涕多为黄浊，偶见白色；在老人，均为清稀涕，且常常在进餐时涕量骤增。小儿多属实证，治宜清泻肺热，可用泻白散合苍耳子散，常用药如桑皮、地骨皮、苍耳子、辛夷、薄荷、甘草等；老人多属脾肾阳虚证，可用缩泉丸。缩泉丸原是用于治疗脾肾阳虚而致遗尿的。干祖望认为，肾主水液，无论是遗尿还是多涕，其原因都是脾肾阳虚，肾气不能控制水液的正常运行，因此治疗原则相同。临床用乌药、山药、益智仁等组方以温补脾肾，均能取得好的效果。

喉源性咳嗽的特点是咳嗽因于咽喉作痒，咽喉中疑似有痰。患者竭力想把痰咳出来，却总是剧烈干咳而无法吐出痰来。患者常一天之中有几次阵发性的咳嗽，发作时面色通红，颈暴青筋，十分难受。肺、气管及咽喉检查，除见轻度充血以外，并没有大的病变。干祖望治疗此症，常用疏风、清肺、润燥三法结合，以三拗汤加味。常用药如炙麻黄、杏仁、桑皮、金银花、菊花、生地、麦冬、甘草等。不过，喉源性咳嗽有些是过敏性的，有些则是慢性咽炎的一种特殊表现，治疗应采取相应的辨证方法。

医案风采 杏林绝唱

干祖望爱好诗赋，尤其精于押韵、对仗、平仄的格联。他平时门诊撰写医案，虽可谓倚马七步，信手挥就，读之却朗朗上口，格律工整；析之理法方药，则自成一统，富有中医特色。因此，凡跟他抄方的学生，无不钦佩。大家称这些医案“不仅是精辟严谨的医学论文，而且是情趣横生的艺术佳作”。

干祖望的医案有以下几个特点：

一是融会经文。在医案中引用《内经》和其他中医经典著作的论点，是许多医家所共有的特点。干祖望引用经文如水乳交融，毫无生硬之感。例如，有一则“耳鸣”医案：

幼年因临考紧张，两耳鸣响剧作，以至失聪。以后因停学及用药治疗，有所好转。刻下左耳全聋，右耳稍能听到音响。检查：两耳鼓膜完整。舌红，边有齿痕。

临考紧张，多思多恐，思则伤脾，恐则伤肾，思则气结，恐则气下，而致气血离乖，肾窍失养，鸣聋俱作。经治耳鸣虽缓，聋聩已成定局，回聪难寄厚望。权宜益气升清，能有效否?

处方：黄芪10g，党参10g，白术6g，山药10g，当归10g，川芎6g，升麻3g，柴胡3g，葛根10g，甘草3g。5剂。

又如一则慢性咽炎医案：

咽病越两月矣，主症为梗介作塞，次为稍有疼痛，痰量较多，色白而黏，咯之不爽，时夹血丝。大便一贯偏稀。一度以情绪不快而症状加重。

检查：咽黏膜不充血，咽后壁淋巴滤泡增生，两侧索肥大。舌苔薄白，脉细而软。

虚火喉痹，养液滋阴，古有遗训。今也咽不充血，干不求饮，大便偏稀，显然非"阴虚生内热"之证。证属《素问·阴阳类论》之"喉咽干燥，病在土脾"。脾病则胃气失降，上逆则作梗；脾虚则精微之生化失常，咽焉得不干?至于痰中见红，虽然不能以脾不统血责之，但瓜田李下之嫌，总难开脱。脾虚大多气滞，气滞致津败液腐，黏痰因之而生矣。作射马擒王之计，当拟补脾益气，培土生金为是。方取参苓白术散加减之。喉科遗训有"喉痹不用二术"之嘱，但《珍珠囊》指出"白术生津"，李中梓更有生津止燥之论，何伤之有?

处方：太子参10g，白术6g，茯苓10g，白扁豆10g，山药10g，石斛10g，苏梗10g，沉香曲10g，佛手10g，橘叶10g。5剂。

二是巧用典故。干祖望常常用成语典故，使医案显得生动而有意境。例如一则鼻炎医案：

鼻病多年，如冬即黄涕奇多，滂沱不敛，鼻塞不通，进入春夏可不治自愈。现尚未应令发作，要求预防。

检查：鼻黏膜不充血。舌苔薄黄，脉细。

应未雨绸缪，冬病秋治；毋临渴掘井，寅患卯防。张元素认为："满座皆君子，小人无容身之地。"当以扶正为主。在理而言，冬作夏愈，症多寒证，而多涕黄浊，却是热象，可能冬为藏令，玄府秘塞，肺开窍于鼻，两肺又主皮毛。今肺热无从发泄，则不能不假道于鼻也。方取百合固金，参以宣泄之品。

处方：玄参10g，生地10g，百合10g，黄芪10g，白术6g，防风6g，桔梗6g，辛夷6g，浙贝母10g，桑皮10g。5剂。

三是对仗押韵。干祖望所写医案，在记述病情、分析病因的同时，最讲究的是文法，要求字句对仗，平仄押韵。例如他写的一则慢性咽炎医案：

一中年男性，咽喉干燥，畏寒便溏，夜多虚汗，每隔一月左右症状加重，且伴有舌生口疮。在记述了患者的病史、症状并检查以后，干祖望写道：

坤德不充，中州失健，故而便多稀薄；冬令难温，舌布齿痕，中气一衰，卫气失其篱藩之固；细芥风邪，轻轻一叩，即有弱不禁风之感。一劳即淫汗，此卫气弱，又为心火过旺，盖汗为五液之心液故也。因此每月必有高潮，如尾生之守信；同时案牍劳形，离火必旺，责是口疮复发，而独多于舌体。咽干求饮，饮水喜凉，所以一轮朔望，必剧发一次，事亦在情理之中。

总之，脾土内怯，属虚，证之本也；心火暗铄，属实，证之标也。治此证须标本兼顾，但刻下以治标为主……

洋洋洒洒数百言，既是精辟严谨的医家诊断书，又是集诗、联、骈、典于一章的艺术作品。

养生八字 归于"任真"

光阴如梭，如今干祖望已是年近百岁之人，却仍充满青春的活力。他很自信，说自己还不老，"躺着像70，坐着像60，站起来像50，走起来像40，一问年纪才知道是80"。的确，干祖望的身体总是比别人想象的要好。他80多岁能大气不喘地爬16层楼去查房，能连续站立3小时作学术报告；90多岁能为患者诊病疗伤，能步行数里；年近百岁还能看书读报、撰写文章。他的养生八字诀是："童心、蚁食、龟欲、猴行。"

首先是"童心"，即赤子之心，有五个方面的含义。

其一，纯洁无邪。无邪则心田宽畅开朗，而没有烦恼。所谓"心宽出少年"。再则无邪之心，没有损人、欺人、捉弄人、打击别人的邪念。"敬人者人恒敬之"，旁人对待他，当然也是友好的、善良的、热忱的、尊敬的。一个人身边有诸多人情温暖，心情自然舒畅、轻松而愉快。干祖望认为，这种养心得来的"效益"，比每天进多少卡的热能及打拳、跑步要高出几倍、几十倍。

其二，简单。头脑简单，不穷思瞎想，绞尽脑汁，而将精力用在事业上。要做到这点可是不易，俗谓"要聪明难，要糊涂更难"。但难不等于做不到，只要有真正的童心就不难了。

其三，乐观。有童心者都是无忧无虑的，很少为七情所伤。长期生活在"泰上忘情"的境界中，则可以"形全精复，与天为一"而长生了。

其四，对七情刺激不敏感，即使有所反应也很快就消失。"人生无苦乐，适意即为美。"所谓不伤乎七情者，终朝适意为乐。

其五，从来不考虑老与死。俗谚曰："想到老，一切了；想到死，穷到底。"因为想到老与死，心中必有"为日无多"之感，哪能再有雄心壮志。不考虑老与死，才能有"少年负壮气，奋烈自有时"的朝气蓬勃和精神奋发。

其次是"蚁食"。即饮食习性如蚂蚁，包括两大特点。

其一，不挑食。像蚂蚁一样什么都吃，白蚁还能吃金子呢！只要是无害于身心的食物，并不需要求精、求细、求美味。当然，卫生要讲，但也不必过于苛求认真。冷热之间更不能严格要求。干祖望认为，人本来就有耐热耐冷的机能，如鼻子对冷热的空气都能适应。有的人吃冷、吃热食物都无所谓，而有的人吃冷的马上胃不得安宁，这都是娇生惯养造成的。

其二，像蚂蚁一样吃得少。狼吞虎咽、恣食饱餐为患，早已众所周知。梁章巨《退庵随笔·摄生》曰："所食愈少，心愈开，年愈益。所食愈多，心愈塞，年愈损。"这是食多与食少利弊的最好总结。

再次是"龟欲"。龟"兆呈三策外，队列四灵中"，古人将其视为祥瑞的象征。它除了能在任何恶劣环境中长寿之外，更令人尊敬的还有"与世无争"、"一无奢望"两者。

一者，不意气用事，遇事以退为务，以柔克刚。孔子强调"戒之在斗"，是有深远意义的。"龟藏六"的典故，相当于我国的"龟缩"，对涵养性情，的确有很好的启发。但必须指出，我们所讲的"龟缩"，是指不求名、利、富、贵而言。凡涉及大是大非时，则应挺身而出，否则便是"苟活"。

二者，龟无欲望，一贯不争不闹。大至狮虎、小至蝼蚁都有角斗，而自古以来从未有人见到乌龟打架。因为龟无奢求，无占有欲，当然打不起来了。它有食则食，无食挨饿，好在不会饿死。龟的能量消耗极小，甚至可以不消耗。因为低耗，所以间接地养成了它不争不夺的性格。"俭以养廉"的说法，应该由此得出旁证。且看一个俭朴节约的人，是绝不会贪污腐化的。

"欲壑难填"最是人生大贼。儒家的"知足常乐"、道家的"欲界六天"、佛门的"欲尘"学说，都极言"贪"与"欲"对人的危害。"贪"与"欲"的基础是"想"，如什么都不"想"，也就不会有"贪"、"欲"之念的产生。"不如意事常八九，能得成全无二三。"希望越多，则失望也更多。失望之下，大则杀人越货，小则怨天尤人。前者自招祸灾，丧身辱志；后者怨忿自断，伐贼天年！而像龟一样的"寡欲"，则心境舒畅怡然。

龟欲的内涵是戒"争"与戒"贪"。但另一方面，立功、立德、立言要争，读书、学习、工作要贪。切不可把养生之道之戒争、戒贪移植到读书、学习、工作上去。故“人贵知足，唯学不然”。

最后是“猴行”。猴子是具有朝气与活力的动物，在思想方面反应敏捷，行动方面活泼轻快，终日无片刻之息。要做到这一点，一言以蔽之，即“勤劳不懒”。

其一，多动。多动不一定就要跑步、打拳等。在日常生活中，尽量不图舒服，少坐车子、电梯，以自己行走为主，还要自己动手做力所能及的事，即可达到锻炼的目的。“流水不腐，户枢不蠹，动也”一语的确是至理名言。

其二，戒惰。多动与戒惰好像是一回事，但多动是偏重于机体（身），而戒惰则偏重于思想（心）。干祖望的戒惰体现在平常少坐多立，乐于坐硬板凳，正襟危坐，一直保持英姿勃发、精神饱满。正可谓且看穷山恶水处，独多健康高寿者。

另外，用脑宜动不宜懒。尤其读书、学习、工作等多用脑，就不会有精力去动多余的、不正当的邪念了。

干祖望的养生八字决，来源于《庄子·在宵》的“必静必清，无劳汝形，无摇汝精，乃可以长生”。干祖望说，这八字又可以归结到两个字——“任真”。

晋代陶潜在《连雨独饮》中吟道：“天岂去此哉！任真无所先。”逯钦立校注引《庄子·齐物论》郭象注曰：“任自然而忘是非者，其体中独任天真而已。”干祖望认为，“任真”的意思是，养生须养身，养身先养心。“真”指天真，是心无杂念的天然、坦然状态。“任”是自由、正道的发展，即不加阻碍、不加破坏。“任真”才有可能达到《素问·上古天真论》描述的境界：“恬淡虚无，真气从之，精神内守，病安从来！”

干祖望主张，必须要澄清养生四误区。

误区一，重视“不足”，不见“有余”。不足或有余都是失去平衡，在物则倾，在人则病。截长补短，使之平衡，也就是补其不足，去其有余。但是人们在养生方面，总认为“不足”是首位，因此常“补其有余”，而导致火上加油的恶果。

误区二，盲补。大多数的人把“滋补”与“养生”作为同义词，这是十分危险的。其实，正确的“补”法是：“缺”要填补，“残”要修补，“短”要补充，“漏”要贴补，“损”要弥补。如果不缺、不残、不短、不漏、不损，何补之谓？所以小虚大补、不虚进补的盲补者等于是慢性自杀。

误区三，强调休息。有人认为，“休息有益，操劳有害”，所以常将安逸与养生等同起来。其实，过度的或不恰当的劳或逸都是有害的。事实上，动脑的人比不动脑的人聪明，右手比左手发达、灵巧、有力。因此，身勤则强，逸则病。

误区四，尽兴。正当的、适当的兴致对人的心身都有好处。过分的“尽”，则物极必反。《孔子家语·义解》的“水所以载舟，亦所以覆舟”就道破了这个奥秘。所以，少情欲、节声色、薄滋味的关键所在就是“少、节、薄”三字，也正是勿尽其兴而走到极端。

干祖望在生活中就是这样做的。有一次，他在杭州灵隐寺购得彩瓷的“福、禄、寿”三星，不料途中“禄星”摔碎。他不但没有为三星失耦而烦恼，反而回家后在两星旁贴上一副对联：“三星唯缺禄，一屋独多书。”他认为，书多，儿女好，身体健康，无钱也罢。

“新竹高于旧竹枝，全凭老干为扶持；来年更有新生者，十丈龙孙绕凤池。”年近百岁的干祖望，总是为他建立起来的中医耳鼻咽喉科能不断发展而感到欣慰；他的近百名耳鼻咽喉科学生也总是为有这样一位好老师、好带头人而感到自豪！

（撰稿人 陈国丰 严道南 干 千）

《中华中医昆仑》丛书150卷总名录

（按生年排序）

第一集	张锡纯	丁甘仁	萧龙友	王朴诚	恽铁樵
	曹炳章	冉雪峰	谢　观	施今墨	汪逢春
第二集	孔伯华	黄竹斋	吴佩衡	蒲辅周	陈邦贤
	李翰卿	李斯炽	姚国美	陆渊雷	张泽生
第三集	时逸人	张梦侬	叶橘泉	王聘贤	陈慎吾
	邹云翔	赵炳南	承淡安	余无言	刘惠民
第四集	岳美中	沈仲圭	秦伯未	赵锡武	韦文贵
	程门雪	黄文东	赵心波	董廷瑶	吴考槃
第五集	章次公	石筱山	陆南山	张赞臣	李聪甫
	刘绍武	陈存仁	朱仁康	陆瘦燕	姜春华
第六集	韩百灵	高仲山	李克绍	王鹏飞	刘春圃
	金寿山	哈荔田	何世英	周凤梧	干祖望
第七集	关幼波	王为兰	任应秋	罗元恺	祝谌予
	杨医亚	郭士魁	何时希	耿鉴庭	俞慎初
第八集	裘沛然	顾伯华	江育仁	邓铁涛	门纯德
	刘渡舟	尚天裕	朱良春	李玉奇	程士德
第九集	尚志钧	赵绍琴	董建华	米伯让	李辅仁
	张珍玉	班秀文	颜正华	于已百	颜德馨
第十集	路志正	方药中	王乐匋	黄星垣	谢海洲
	余桂清	何　任	王子瑜	程莘农	陈彤云

第十一集	焦树德	张作舟	张　琪	李寿山	张镜人
	王绵之	方和谦	印会河	王玉川	蔡小荪
第十二集	李振华	马继兴	王嘉麟	宋祚民	刘弼臣
	王雪苔	刘志明	吴咸中	李今庸	任继学
第十三集	裴学义	王宝恩	周霭祥	贺普仁	唐由之
	赵冠英	许润三	金世元	陆广莘	刘柏龄
第十四集	徐景藩	吉良晨	吴定寰	沈自尹	王孝涛
	张灿玾	周仲瑛	强巴赤列	张代钊	李经纬
第十五集	郭维淮	柴松岩	苏荣扎布	陈可冀	李济仁
	夏桂成	郭子光	巴黑·玉素甫	张学文	陈介甫

特别鸣谢

《中华中医昆仑》的出版，得到了以下多家企业、多位社会知名人士和具有远见卓识的优秀企业家的大力支持。在此，向他们致以崇高的敬意和衷心的感谢！

姚振华　李功韬　杨　钊　杨　勋　胡小林　谢秉臻

梅　伟　何伟诚　刘彦龙　周建良　邓耀华　周汉智

香港浩伟国际投资有限公司　顺丰国际(控股)有限公司

陈源池　李建军　苑　为　曹晓虹　苑牧鸽　兰　冰

崔晓浔　赵　兵　钟文心　薛蛮子　牧新明　李艾妮

张彩萍　吴力田　额尔敦　陶　莹　尹华胜　杨柳青

徐乃亮　陈经纬　伍　昕　孙　森　王泽楷　万真扬

魏建辉　刘秀芳　魏振业　魏兴业　魏超业　魏俐娜

魏　倩　董栋华　郑仁瑞　周明海　石　岚　周天蕙

周天沁　周天洋　王汉智　汤苏云　王　娟　王　宇

郭　扬　王中华　赵　杨　王天开　王天其　李琪群

丁　健　范中杰　TCL集团　张　爽　王洪川　张平义

李少勤　翁　斌　徐建胜　柏　松　何倩明　柏景文

过以宏　张文颖　李作灵　陈　艳　邱维廉　夏秋阳

张　辉　陈广才　王凤成　贾俊飞　张国富

特别鸣谢